I0254467

RODRIGUE
DE VILLANDRANDO

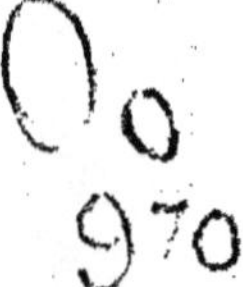

22614. — PARIS, TYPOGRAPHIE A. LAHURE
Rue de Fleurus, 9

RODRIGUE

DE VILLANDRANDO

L'UN DES COMBATTANTS

POUR L'INDÉPENDANCE FRANÇAISE

AU QUINZIÈME SIÈCLE

PAR

J. QUICHERAT

DIRECTEUR DE L'ÉCOLE DES CHARTES

PARIS

LIBRAIRIE HACHETTE ET Cie

79, BOULEVARD SAINT-GERMAIN, 79

1879

PRÉFACE

Ce livre est le remaniement de plusieurs articles que je publiai, il y a plus de trente ans, dans la *Bibliothèque de l'École des Chartes*. Je fis connaissance avec le personnage qui en est le sujet pendant que je recueillais les matériaux de mon édition des procès de Jeanne d'Arc. Sans avoir été l'un des compagnons d'armes de la Pucelle, Rodrigue de Villandrando faisait parler de lui dans le temps qu'elle parut. Je le trouvai tant de fois mentionné avant et après les événements de 1429, que je me persuadai qu'un homme dont le nom revenait si souvent avait rempli un rôle important. Je profitai de la correspondance et des déplacements auxquels m'obligeait la préparation de mon grand travail pour me renseigner, par la même occasion, sur ce Rodrigue. En peu de temps j'eus réuni assez de matériaux pour voir se former un ensemble qui me parut suceptible d'être mis en œuvre.

Je croyais alors avoir épuisé la matière. Lorsque ma notice eut vu le jour, je m'aperçus combien j'étais loin de compte. Comme il arrive à ceux qui ne sont pas rompus aux pratiques de l'érudition, j'avais négligé des sources de première importance. D'autres, auxquelles je m'étais adressé, avaient été de ma part l'objet d'un mauvais emploi. Et puis le sujet s'étendait bien au delà des limites où s'étaient renfermées mes recherches. Cet étranger a laissé des traces dans une infinité de lieux où je ne soupçonnais pas qu'il fût allé. J'en acquis la preuve par le nombre de textes nouveaux qui me furent signalés depuis. Je tins registre de tout ce qui se présentait, et c'est à l'aide de ce supplément d'informations que je reviens sur un récit qui est devenu inexact dans un trop grand nombre de ses parties.

Je confesse sans regret et sans honte l'insuffisance de mon premier travail, d'abord parce que, lorsqu'il parut, il était tout ce que j'avais pu faire de mieux ; ensuite parce que, tel qu'il fut, il répandit la connaissance d'un nom à peu près ignoré, et que c'est grâce à ce que l'attention avait été éveillée sur lui qu'eurent lieu les découvertes dont je profite aujourd'hui.

A la façon dont on comprend actuellement les recherches historiques, il faut renoncer à la prétention de les faire complètes, surtout si le sujet que l'on traite appartient aux siècles avancés du moyen âge. La difficulté tient à la dispersion des documents non moins qu'à leur abondance. Aussi serait-on mal fondé à donner comme définitive une composition, si laborieusement préparée qu'elle ait été, dont les matériaux appartiennent à l'immense répertoire de cette époque. L'ambition en pareille matière doit être de se borner à proposer des essais, que les chercheurs futurs auront à corriger ou à augmenter au hasard des pièces qui leur tomberont sous la main.

Quoique doublé de volume et presque entièrement refait dans les parties conservées de la première édition, le présent ouvrage ne vise donc pas à être autre chose qu'un essai. Nul doute que d'autres documents ne s'ajoutent encore à ceux qui ont permis de l'amener au point où il est. Tous nos dépôts d'archives ne sont pas encore inventoriés; plus d'une chronique manuscrite du quinzième siècle reste à publier, et il me semble difficile que l'Espagne ne fournisse rien de plus que ce que j'ai pu en obtenir. Quelles que soient cependant les découvertes à venir, je crois pouvoir affirmer d'avance qu'elles ne changeront ni la physionomie du personnage ni le caractère de ses actions.

L'intérêt de sa vie est de montrer jusqu'à quel point les institutions militaires furent confuses dans la France du moyen âge, et combien de maux l'on eut à souffrir avant qu'il sortît de là un commencement de régularité. Non seulement Rodrigue de Villandrando vit ce changement s'accomplir au cours de sa carrière, mais on peut dire qu'il fut l'un de ceux qui contribuèrent le plus à l'amener. En abusant au delà de toute mesure d'une force désordonnée qui détruisait le pays pour arriver à le défendre, il fit naître l'idée de fonder sur une armée permanente la sécurité du dedans et du dehors : il fut comme ces fléaux qui, par leurs ravages, ont suscité la découverte des principes de la salubrité. Sinistre recommandation, il faut en convenir, si elle était la seule qui s'attachât au nom de ce capitaine; mais l'équité veut que l'on ait égard à ce que, étranger comme il était, il s'attacha avec une fidélité inébranlable à la cause de la France, quand la cause de la France était désespérée. En tenant compte de sa constance, et de la part considérable qu'il eut dans maints combats glorieux et décisifs, et surtout de ce que, par des démonstrations incessantes, il déconcerta pendant de longues années les plans d'attaque de l'ennemi,

le bien mis en balance avec le mal, on est amené à conclure qu'il ne fit ni pis ni moins que beaucoup d'autres hommes à qui une place honorable a été assignée dans l'histoire de son temps.

Que si des moralistes sévères trouvent sans compensation ni excuse la plupart des choses qu'il a faites, je persisterai à croire qu'elles méritaient d'être mises en récit, ne fût-ce que pour témoigner de l'un de ces accès d'étonnante anarchie que, sous le couvert d'un ordre réputé impertubable, chacun des siècles passés a vus se renouveler en France, et dont la gravité échappe aux yeux de trop de personnes à cause de l'illusion produite par la continuité des règnes. C'est pourquoi j'ai transformé en un livre à l'adresse du public un mémoire qui ne fut composé d'abord que pour le monde restreint des érudits et des curieux.

VIE

DE

RODRIGUE DE VILLANDRANDO

Si l'homme qui porta le nom magnifique inscrit dans ce titre revenait d'entre les morts, il ne pourrait pas dire de lui les paroles que Brantôme a mises dans la bouche d'un de ses compatriotes : « A quoi bon discourir de ma valeur et de mes hauts faits, quand l'univers entier en est instruit[1] ? » Il s'en faut que l'univers connaisse les hauts faits de Rodrigue de Villandrando, et que sa valeur soit un sujet d'entretien parmi les hommes. En Espagne, où ses services lui valurent de son vivant des honneurs extraordinaires dont sa postérité jouit encore, le peuple ne parle de lui que comme d'un adolescent à qui une mort prématurée n'aurait pas laissé le temps de s'illustrer par les armes[2]. La France, qui fut le théâtre principal de ses exploits, a montré encore moins de mémoire. Jusqu'au moment où elle oublia tout à fait le nom de cet étranger, la seule idée

[1] No hay necesidad de contar mi valor e virtudes que todo el mundo las sabe. *Rodomontades espagnoles.*

[2] Voy. la légende rapportée ci-après, *Pièces justificatives*, n° LXXX.

qu'elle y ait attaché fut d'avoir appartenu à un malfaiteur. Voici en effet dans quels termes nous est parvenu le dernier écho de la renommée de Rodrigue, recueilli il y a deux cents ans par l'annaliste du Limousin : « Cet homme estoit si méchant et cruel, que son nom est tourné en proverbe dans la Gascogne, et pour signifier un homme brutal et cruel, on l'appelle méchant Rodrigue[1]. »

L'érudition ne s'est pas plus mise en peine du personnage historique que du personnage légendaire. Dans toute notre littérature savante on ne trouve rien qui le concerne particulièrement, si ce n'est un article de dix lignes que lui a consacré Moréri[2], et un autre, d'égale dimension, inséré dans l'*Histoire généalogique de la maison de France*[3]. Ceux de nos historiens qui l'ont mentionné n'ont pas fait autre chose que de prendre dans les chroniques françaises du quinzième siècle son nom, qui n'y apparaît guère autrement qu'associé à d'autres noms de capitaines, et presque toujours sous la forme altérée de *Villandras*[4]. Nul n'a eu la curiosité de recourir aux sources espagnoles, pour voir si elles ne

[1] Bonaventure de Saint-Amable, *Histoire de saint Martial, apôtre des Gaules et notamment de l'Aquitaine et du Limousin*, t. III, p. 701.

[2] *Dictionnaire historique*, t. X, p. 619.

[3] Tome Ier, p. 301.

[4] L'altération n'est pas si profonde que semblerait l'indiquer l'orthographe. C'est à tort qu'on ferait sentir la finale de *Villandras*, comme celle de *Ménélas* ou *Agésilas*. *As* final se prononçait, dans les noms propres, comme dans les noms communs ou adjectifs *bas*, *las*, *chasselas* : *Carpentrâ* et non *Carpentrasse*, *Mornâ* et non pas *Mornasse*, *Villandrâ* et non pas *Villandrasse*. *Villandrâ* n'était pas très éloigné de la prononciation *Villandrando* avec la pénultième fortement accentuée. D'ailleurs on a écrit aussi en français *Villandrant*.

fourniraient pas quelque renseignement de plus sur cet Espagnol; de sorte qu'une notice consacrée à sa mémoire par Hernando del Pulgar[1] est demeurée jusqu'ici comme non avenue pour nous autres Français, qu'elle intéressait le plus.

Mais Hernando del Pulgar n'est pas plus connu chez nous que Rodrigue de Villandrando. C'est le Plutarque espagnol du quinzième siècle, et il doit à la France l'idée du livre qui a établi sa réputation. Lui-même en a fait l'aveu. Dans un voyage accompli pour s'acquitter d'une mission diplomatique[2], il eut communication d'un recueil des hommes illustres du règne de Charles VII, composé par un certain Georges de la Vernade qui avait été secrétaire de ce roi[3]. La vue de cet ouvrage, qui ne nous est point parvenu, éveilla en lui le désir d'en faire un pareil pour son pays.

Je serais tenté de croire qu'il emprunta quelque chose de plus à Georges de la Vernade. Rodrigue ne pouvait pas manquer d'avoir sa place dans le livre qui frappa si vivement l'attention de son compatriote. Le secrétaire de Charles VII serait alors l'auteur où Hernando del Pulgar a puisé ses renseignements pour la

[1] *Claros Varones de Castilla*. Voy. ci-après, *Pièces justificatives*, n° 1.

[2] « Esso mismo vi en Francia el compendio que hizo un maestro Jorge de la Vernada, secretario del rey Carlos, en que copiló los hechos notables de algunos cavalleros y perlados de aquel reño, que fueron en su tiempo. » *Claros Varones*, *Prologo*.

[3] Envoyé à Louis XI par la reine Isabelle la Catholique dont il était secrétaire. Nous avons sa lettre de créance, qu'il présenta le 18 mars 1475 (Ms. lat. 6024, fol. 188, à la Biblioth. nat.), et la mention d'un cadeau d'argenterie (deux flacons et douze hanaps) que le roi de France lui fit à cette occasion. Ms. français 20685, f. 632.

partie de la vie du capitaine espagnol qui se passa en France.

Villandrando ou, conformément à la signature de Rodrigue lui-même, Villa-Andrando, est un village de la Vieille Castille entre Burgos et Valladolid. La famille qui porta ce nom ne fit pas d'abord très-grande figure, malgré l'illustre origine qui lui a été assignée par Josef Pellizer. Suivant ce généalogiste, elle serait descendue des comtes souverains de Biscaye. Le même auteur ajoute qu'elle fut partagée, depuis le treizième siècle, en deux branches, dont l'une se perpétua à Valladolid, tandis que l'autre émigra en France. La branche française aurait fondé la seigneurie de Villandraut en Guienne, qui ne tarda pas d'être portée dans la maison de Goth par une femme, et cette femme serait la mère du pape Clément V[1].

Il est notoire que Clément V, de son nom de gentilhomme Bertrand de Goth, naquit à Villandraut; mais tout le reste du récit de Pellizer est un tissu d'hypothèses et de rapprochements forcés, qui a pour unique fondement l'identité apparente des deux noms Villandrando et Villandraut. Or Villandraut n'est que la prononciation altérée d'un nom qui s'est dit d'abord en latin *vinea Andraldi* et qui, au quatorzième siècle, s'écrivait encore dans sa forme romane *Vinhandraut*[2].

[1] D. Josef Pellizer, *Informe del origen, antiguedad, calidad y succesion de la excelentissima casa de Sarmiento de Villamayor.* Madrid, 1663, fol. 93.

[2] Charte de 1313 dans la *Bibliothèque de l'École des chartes*, IVe série, t. IV, p. 81; Bladé, *Notice sur la vicomté de Bezeaume, le comté de Benauges, les vicomtés de Breuilhois et d'Auvillars et les pays de Villandraut et de Cayran*, p. 73. Bordeaux, 1878.

Ce qu'on rapporte des Villandrando de Valladolid offre plus de certitude. De père en fils ils exercèrent dans cette ville des fonctions administratives. Lorsque les Français entrèrent en Espagne sous le commandement de Du Guesclin, don Garcia Gutierrez de Villandrando, alors chef de la famille, se joignit à eux comme partisan du prince Henri de Transtamarre. Il se lia avec le chevalier Pierre Le Besgue de Villaines, le même qui, au dire de Froissart, arrêta de ses mains le roi don Pèdre, lorsque celui-ci cherchait à s'évader du château de Montiel[1].

Cette amitié formée sous le drapeaux amena le mariage de Garcia Gutierrez avec la sœur de Pierre Le Besgue : union brillante lorsqu'elle fut conclue, parce que le gentilhomme français venait d'obtenir, pour prix de ses services, le rang de grand de Castille avec le comté de Ribadeo en Galice[2].

Garcia Gutierrez donna le jour à Ruy Garcia de Villandrando, qui fut regidor de Valladolid, et à don Pedro, seigneur de Bambiella, qui mourut en 1400, jeune et veuf déjà depuis plusieurs années, laissant la dot de feu Aldonça de Corral[3], sa femme, fortement endommagée, et trois fils au moins dont l'aîné, Rodrigue, est celui que concerne cette notice.

Lors du décès de don Pedro, Rodrigue pouvait avoir d'âge treize ou quatorze ans. Ses frères et lui

[1] Froissart, l. I, 2e partie, ch. CCL.

[2] Josef Pellizer, *Informe del origen*, etc., fol. 94, r°.

[3] Elle est appelée Inez par le P. Anselme, ainsi que dans le *Dictionnaire* de Moréri. Le témoignage de Josef Pellizer présente plus de certitude.

restèrent sous la tutelle de leur oncle, Ruy Garcia, et de leur grand'mère, Térésa de Villaines. Il paraît bien que quelque chose leur avait été assigné, sur le revenu du comté de Ribadeo, par Pierre Le Besgue, qui vivait toujours; mais ce seigneur, accablé de vieillesse, négociait alors la vente d'un bénéfice sur lequel il avait trop à perdre à cause de l'éloignement[1]. Il se défit de son comté afin d'acheter, du prix qu'il en tira, la riche et libre seigneurie normande que l'usage était déjà d'appeler le « royaume d'Yvetot[2]. » Sa sœur, désespérée, fit tout ce qu'elle put pour retenir ce que cette aliénation faisait perdre à ses petits-enfants. Un procès dans lequel elle s'engagea ne lui réussit pas; elle mourut, et les pauvres orphelins n'eurent plus d'appui qu'en leur oncle le régidor, lequel n'était pas en situation de faire beaucoup pour eux, ayant une fille à marier, et préparant les choses de loin pour que le gouvernement de Valladolid lui servît de dot un jour à venir[3].

Voilà bien de la généalogie, mais qui n'est pas sans avoir son opportunité. Nul doute que les traditions de famille n'aient été pour beaucoup dans la destinée de Rodrigue de Villandrando. Issu par sa grand'mère d'une famille des environs de Paris (Villaines est près de Pontoise, et la résidence habituelle de Pierre Le

[1] Jose Maria de Eguren, *Noticia histórica del origen y fundacion del condado de Rivadeo*, dans la *Revista europea*, t. VII (1876), p. 213.

[2] Contrat passé au Châtelet de Paris, le 2 mai 1401. *Notice sur les rois d'Yvetot* dans l'*Annuaire de la noblesse pour* 1871-1872, p. 287.

[3] Pellizer, *Informe del origen*, etc., fol. 94, v°.

Besgue fut Villiers sous Néaufle-le-Châtel)[1], bercé avec le récit des exploits de son grand-oncle et induit de bonne heure à espérer que la fortune ne lui serait pas moins propice en France qu'elle ne l'avait été à Pierre Le Besgue en Espagne, lorsqu'il fut d'âge à voler de ses propres ailes, il se dirigea résolûment de ce côté-ci des Pyrénées

Il arriva lorsque s'annonçait la division fomentée par la rivalité des deux maisons d'Orléans et de Bourgogne, à la veille d'une guerre civile où il allait d'abord trouver de l'emploi.

S'il est le même qu'un certain *Rodigo*, que l'on trouve inscrit sur les rôles d'un corps d'armée répandu dans le Rouergue en 1412 et 1413[2], il faut admettre qu'il fit ses premières armes sous le fameux Bernard d'Armagnac, lequel avait formé lui-même ce corps d'armée pour s'en servir contre les commissaires du roi en Languedoc[3]. Il y a lieu toutefois d'hésiter sur l'identification, attendu que d'autres Espagnols du nom de Rodrigue servirent la France en ce temps-là (on en aura la preuve par la suite de ce récit), attendu aussi que notre Rodrigue ne figure jamais sans son nom de famille dans les documents administratifs qui le concernent.

Un témoignage plus positif que le précédent, et qui pourrait à la rigueur se concilier avec lui, nous repré-

[1] Lettre de rémission communiquée par M. Siméon Luce, JJ 139, n° 104, aux Archives nationales.

[2] Archives de l'Aveyron, C. 1345, f. 122, v°, et C. 1369, f. 3, v°. Communication de M. Paul Durrieu.

[3] Vaissete, *Histoire générale de Languedoc*, t. III, p. 430.

sente Rodrigue de Villandrando introduit de bonne heure auprès d'un capitaine redouté, qui était en même temps l'un des puissants seigneurs du pays d'origine des Villaines. C'est ce Villiers de l'Isle-Adam[1], de sinistre mémoire, à qui il était réservé de conduire l'entreprise nocturne par laquelle Paris fut définitivement livré aux Bourguignons. Mais, lorsque notre jeune castillan s'attacha à lui, on était encore éloigné de ce dénouement funeste. L'Isle-Adam, comme tant d'autres gentilshommes, n'eut point d'abord d'opinion arrêtée. Il prit les armes dans l'intention de servir le roi, et changea volontiers de parti, suivant que les chefs de l'un ou de l'autre parvenaient à confisquer la personne de Charles VI. Mais, à la troisième ou quatrième évolution qu'il voulut faire, il fut repoussé par le comte d'Armagnac[2]. Alors il devint l'implacable bourguignon que nous ont fait connaître les chroniques.

Par les termes dont s'est servi Hernando del Pulgar pour retracer les débuts de Rodrigue, le représentant comme un ouvrier qu'un patient apprentissage aurait conduit au plein exercice de sa profession[3], il faut entendre que le jeune castillan servit d'abord en qualité de page sous le capitaine, quel qu'il fut, qui l'avait premièrement accueilli, et que ce n'est qu'après avoir passé

[1] Chronique récemment publiée par M. Kervyn de Lettenhove, sous le titre de *Livre des trahisons de la France contre la noble maison de Bourgogne*, volume de la grande collection des documents inédits belges, intitulé *Chroniques relatives à l'histoire de la Belgique sous la domination des ducs de Bourgogne*, p. 162.

[2] Jean Jouvenel des Ursins, *Chronique*, ad ann. 1417.

[3] « Moço y despues hombre mancebo, etc. » Voy. *Pièces justificatives*, n° 1.

par les divers degrés de la domesticité militaire qu'il prit rang comme homme-d'armes dans une compagnie.

Personne n'ignore que les compagnies furent les corps de troupes dont se composaient alors les armées; mais, la composition de ces corps eux-mêmes étant moins généralement connue, quelques explications sur ce point sont nécessaires pour l'intelligence de ce qui suivra.

Il n'y avait rien de réglé, même approximativement, quant à l'effectif des compagnies. Cette expression a désigné indistinctement ce qui serait pour nous une brigade, un régiment, un escadron, voire même une compagnie dans la rigueur du terme. Mais, quel qu'ait été le nombre des hommes, pour toutes les compagnies l'organisation fut la même. Elles étaient formées de combattants à cheval, auxquels s'ajoutaient d'ordinaire un tiers ou un quart de fantassins. Ceux-ci maniaient l'arc ou l'arbalète, l'arbalète de préférence à l'arc dans les compagnies françaises. Les cavaliers étaient de deux sortes : les uns appelés hommes-d'armes, parce qu'ils étaient armés de pied en cap; les autres, moins bien montés et plus légèrement équipés, étaient tenus pour les servants ou satellites des premiers. Chaque homme-d'armes en menait deux, trois, quatre à sa suite, selon ses facultés. Maîtres et servants, groupés ensemble, constituaient autant d'unités désignées sous le nom de *lances*, parce que la lance, une longue lance de quatorze pieds, était l'instrument distinctif de l'homme-d'armes. Celui-ci représentait le chevalier des anciens temps, et même, dans plus d'un esprit, persistait l'opinion qu'on ne pouvait pas être un homme-d'armes accompli, à moins qu'on ne fût chevalier. Mais, en dépit du préjugé, le plus grand nombre des lances étaient tenues dans les compagnies par des écuyers ou soi-disant tels, et il n'était pas rare de voir de ces écuyers commander à des hommes-d'armes chevaliers.

Les compagnies n'étaient pas permanentes. Elles étaient formées pour le besoin du moment, celles-ci avec de la noblesse, d'après le principe que la noblesse devait le service militaire en cas d'agression de la puissance dont elle relevait; celles-là, en plus grand nombre, avec des mercenaires de toutes les provinces du royaume, et même de tous les pays étrangers.

En temps de guerre, surtout lorsque la guerre se prolongeait, beaucoup de ces corps de mercenaires n'attendaient point qu'on les formât. Ils se formaient d'eux-mêmes et se soumettaient à des chefs de leur choix, ou qui s'étaient imposés à eux par leur énergie. Les engagements contractés ne mettaient pas le sort de tous les hommes à la merci d'un seul. On le voit par les attributions administratives des capitaines dans les armées royales. Quoiqu'ils se fussent loués eux et leur compagnie, ils ne disposaient point de la solde du corps entier. Ils étaient payés seulement pour eux, leur porte-étendard, leur trompette et une petite escouade placée sous leur commandement direct. Les sommes allouées aux autres étaient touchées par des officiers subalternes ou *chefs de chambre*, qui avaient à leur charge les hommes-d'armes de leur chambrée; et chaque homme-d'armes, à son tour, avait à la sienne son escorte de suivants.

L'effectif des chambrées ne fut pas moins variable que celui du corps entier. Telle se composait de cinq à dix hommes, telle de douze à quinze, telle de vingt.

Les gens de pied étaient administrés à part, d'une façon analogue. Lorsqu'ils étaient en nombre suffisant, ils avaient à leur tête un capitaine subordonné au capitaine de la compagnie. Leurs officiers subalternes s'appelaient connétables[1].

La compagnie de l'Isle-Adam fut, dès les premières prises d'armes, employée dans l'Orléanais et en Picardie; puis elle alla au secours d'Harfleur assiégé par les Anglais. Rendue maîtresse de Paris sans coup férir, pendant la nuit du 29 mai 1418, mais bientôt après surprise à son tour par un corps d'armée armagnac, elle eut à soutenir dans les rues une bataille sanglante dont l'avantage lui resta. Elle fut cantonnée ensuite à Pontoise et lieux circonvoisins, d'où elle se livra pendant un an à une guerre d'extermination. Enfin, ayant perdu Pontoise, elle suivit à la réduction de la France centrale son capitaine, que les événements avaient élevé à la dignité de maréchal du royaume.

C'est dans ces campagnes que Villandrando établit sa réputation de hardi combattant par son étude à bien faire et à rechercher les actions d'éclat. Il était toujours le premier à se proposer pour les postes dangereux et les commissions difficiles. Plus d'une fois, lorsqu'on était en présence dans l'attente de la bataille et qu'un champion du parti ennemi venait devant les rangs

[1] Tous ces détails sont extraits de la volumineuse collection des Titres scellés, aux manuscrits de la Bibliothèque nationale.

appeler qui osât se mesurer avec lui, on vit le castillan accepter le défi, vaincre son adversaire et en rapporter les dépouilles à son capitaine, qui l'honorait publiquement de ses éloges et de ses caresses.

Mais, si ces actes de valeur trouvaient leur récompense dans l'approbation des vrais soldats, pour d'autres ils furent un sujet d'envie. Les chefs subalternes craignirent d'être supplantés, à la longue, par ce jeune homme dont les exploits effaçaient les leurs. Ils cabalèrent contre lui, répandirent sur son compte des bruits que paraissait justifier son origine étrangère[1], et obtinrent enfin son exclusion de la compagnie : cela, lorsqu'il venait de s'acquitter, peut-être avec peu de succès, de la garde d'une petite forteresse du Gâtinais, où l'Isle-Adam l'avait posté[2].

Selon toute apparence, cette disgrâce se place à la fin de 1419 ou au commencement de 1420, dans un moment où la défection entama les troupes du parti bourguignon, à propos de la question, qui se posait déjà, d'exclure de la succession à la couronne le dauphin, qui fut depuis Charles VII. La chose fut trouvée si excessive, même parmi les exécuteurs des vengeances bourguignonnes, que plusieurs d'entre eux désertèrent plutôt que d'avoir à y souscrire. Le gouvernement qui se couvrait du nom de Charles VI fut on ne peut plus alarmé. Il menaça de sévir avec la dernière rigueur contre les transfuges. Tous les Castillans devinrent suspects, parce que leur roi s'était déclaré pour le dauphin,

[1] Hernando del Pulgar.
[2] *Livre des trahisons de la France.*

et qu'on savait qu'il avait fait voter par ses cortès l'armement d'une flotte destinée à soutenir la cause du prince déshérité[1]. La preuve que les craintes des Bourguignons à l'égard des Espagnols n'étaient pas sans fondement est dans ce fait, consigné par le religieux de Saint-Denis, que plusieurs arbalétriers de cette nation furent suppliciés à Saint-Denis même, pour avoir abandonné leur compagnie dans l'intention de passer aux Armagnacs[2].

La fidélité de Rodrigue aurait-elle été ébranlée? Un trait de lui, que nous raconterons tout à l'heure, rend inadmissible un pareil soupçon. Mais il est possible que, dans sa franchise, il ait désapprouvé tout haut le parti vers lequel il voyait ses amis incliner. Il n'en fallut pas davantage aux jaloux pour le représenter comme un traître.

Rendu à sa liberté par une injustice, il se tourna vers le parti pour lequel s'était prononcée la politique de son pays. Mais ce parti, il résolut de le servir à sa façon et à son heure, après qu'il se serait créé à lui-même une situation qui le mît désormais au-dessus des intrigues et à couvert des avanies. Il avait assez bonne opinion de lui pour se considérer comme le champion de la Castille, député pour le salut de la France. Il tint à ne se présenter que lorsqu'il aurait une suite avec laquelle il aurait fait ses preuves et qui lui permettrait de poser ses conditions. Bref, il songea, de soldat per-

[1] Fernan Perez de Guzman, *Cronica del rey d. Juan el II*, p. 157 et 174.

[2] Livre XL, ch. XII (t. VI, p. 370).

sécuté qu'il était, à devenir par sa seule industrie un officier compté pour quelque chose : résolution qui doit paraître singulière de la part d'un compagnon tel que lui ; car, étranger dans un pays, sans terre, sans amis, sans argent, avec des antécédents suspects, comment espérer de s'imposer aux autres ? Mais il se sentait né pour le commandement, et les circonstances favorisaient ses vues ambitieuses.

Les compagnies d'aventuriers étaient si supérieures aux corps de la noblesse fournis par l'appel aux armes, la force militaire du royaume résidait en elles d'une manière si évidente, qu'elles eurent l'insolence de ceux qui se sentent nécessaires. Si, à la fin d'une campagne, on ne voulait plus de leurs services, elles continuaient à guerroyer pour leur compte ; elles se maintenaient en dépit de toutes les défenses. Leur puissance était celle d'une association qui ne compte dans son sein que des bras armés.

La question capitale pour des troupes étant de subsister, malheur à la contrée où ces corps indépendants avaient pris domicile ! Bien que leur intention fût de vivre sur l'ennemi, ils n'étaient que trop souvent rejetés dans le pays ami, qu'ils traitaient sans aucune différence. Leurs jours étaient comptés par les dévastations. Vider les granges et les étables des villages, piller les châteaux, arrêter les passants pour en tirer des rançons, était leur ressource accoutumée. Ils s'attaquaient aux villes quand ils étaient assez nombreux pour les investir. Des communes populeuses et protégées par de bonnes murailles, mais qui se défiaient de la solidité de leurs milices, entrèrent maintes fois en composition, lorsqu'elles se virent bloquées sans espoir d'être secourues. Elles achetaient leur libération à prix d'argent, et telle fut la fréquence de ces traités, qu'on les désigna par un terme particulier, celui de *pactis* ou *patis*, sur quoi l'on forgea le verbe *appatisser* et le substantif *appatissement*.

Les choses avaient été mises sur ce pied par les [illegible]s des compagnies du quatorzième siècle, ceux dont Froissart a raconté les prouesses. Rien n'est saisissant comme les regrets de ces forbans, condamnés au repos par la vigueur du gouvernement de Charles V, lorsqu'ils racontaient au curieux chroniqueur l'heureux temps où ils avaient fait toutes leurs volontés dans ce plantureux pays de France, « le paradis des gens-d'armes », comme ils l'appelaient[1]. Eux, la France d'alors ne sut pas les appeler autrement que les *compagnons*, et ce terme jusqu'alors inoffensif ne fut plus prononcé sans terreur. Il était dans la bouche de tous les vieillards, pendant les années paisibles du règne de Charles VI. Il rappelait des maux que l'on ne croyait pas qu'il fût possible de voir arriver deux fois en un siècle. Et voilà que, par le concours de la guerre civile et de la guerre étrangère, de nouveaux corps d'aventuriers sortirent par centaines comme de dessous terre, et que la tradition des ci-devant compagnons se retrouva vivante parmi eux. On les jugea pires que leurs

[1] Froissart, l. IV, ch. XIV. Cf. De Fréville, *Des grandes compagnies au quatorzième siècle*, Bibliothèque de l'École des chartes, 1re série, t. III, 258, et V, 233; S. Luce *Histoire de Bertrand Duguesclin*, c. X.

devanciers. Ils furent flétris d'un nom sinistre, emprunté à des souvenirs plus anciens. On les appela les *routiers*[1].

C'est sur des routiers que Rodrigue de Villandrando se proposa d'établir son commandement, mais un commandement qu'il ne devrait pas à la faveur d'une multitude inconstante. Sa visée fut de se créer une compagnie où il n'entrerait que des sujets de son choix, astreints à l'obéissance par des serments terribles, et sur lesquels il exercerait un pouvoir absolu. Sûr d'arriver à ses fins, il se mit à l'œuvre en homme que n'étaient pas capables de décourager des débuts ingrats.

Les premiers routiers qu'enfanta la guerre civile avaient fait leur apparition sous la conduite de plusieurs chefs étrangers, dont l'un fut Espagnol et s'appela aussi Rodrigue[2]. Le sort de cette bande fut d'être

[1] « Hombres de armas de aquella gente perdida y desmandada que andava robando y rescatando la tierra, que llamavan los Franceses *roteros*. » Çurita, *Anales de la corona de Aragon*, l. XIII, c. LI.

[2] « Quædam nefanda concio octingentorum prædonum sub Polifer, Radingo, Philippoque de Spina, etc. » *Chronique du religieux de Saint-Denys*, l. IV, ch. XXXII (t. IV, p. 402 et 406). Dans la traduction française *Radingo* a été rendu par *Radingen*, rattaché comme nom de famille à celui de Polifer; mais plus loin la différence des deux personnages est indiquée : « Cum Polifer et Radingo, septem quoque aliis capitaneis fere triginta alii, ut meruerant, vitam suspendio adjudicati sunt finire. » La *Chronique de Jourenel des Ursins* dissipe tous les doutes, s'il en pouvait rester. On y lit à l'an 1411 : « Y avoit deux capitaines principaulx, lesquelz avoient larrons et meurtriers en leur compagnie en assez grant nombre. L'un estoit nommé Polifer et l'autre Rodrigo. » *Radingo* est donc à corriger par *Rodrigo* dans le texte latin. Le même nom se trouve dans les textes français du quinzième siècle sous les formes *Radigues*, *Rodigues*, *Rodiguo*. Quant au Rodrigue supplicié en 1411, ce doit être celui dont il y a une quittance de 1410 au Cabinet des titres de la Bibliothèque nationale. Le nom est *Rodigo de Salzero*. Il s'intitula « conduiseur d'arbalestriers » au service du duc d'Orléans.

enveloppée par plus forts qu'elle et d'essuyer le traitement qu'on infligeait aux malfaiteurs. Tout son état-major, Rodrigue en tête, fut amené de trente lieues à Paris, afin d'y être pendu haut et court au gibet de Montfaucon. Le souvenir de cet événement, présent encore à toutes les mémoires, ne mettait pas en recommandation le nom de Rodrigue. Loin toutefois de reculer devant une sinistre renommée, notre castillan s'en fit plutôt un titre à l'effroi qu'il était dans ses desseins d'inspirer. C'est sous son prénom tout seul qu'il inaugura sa vie d'aventure.

Errant sur les grands chemins, il rencontra un premier vagabond brave comme lui, pauvre comme lui, également incapable de perdre, également désireux de gagner, qui ne demanda pas mieux que de suivre sa fortune. Un autre se joignit bientôt à eux. Les voilà tous les trois, associés d'industrie et d'audace. Dans les lieux solitaires, à des heures choisies, ils épient de loin les pelotons en marche, ou bien ils font la ronde autour des campements ennemis. Sur les trainards, sur les imprudents qui s'écartent, ils accourent la lance en arrêt. Vainqueurs, ils emportent la dépouille ; vaincus, ils s'enfuient par les chemins creux ou à travers les forêts, dans des retraites connues d'eux seuls. Réduits d'autres jours à de moins nobles exploits, ils détroussent les marchands en voyage, surprennent les chaumières isolées, mettent à rançon le paysan[1].

Cette manière de guerroyer portait déjà le nom que

[1] Hernando del Pulgar.

nous lui donnerions aujourd'hui : elle s'appelait du brigandage. La forme du mot, au quinzième siècle, fut *brigandise*.

Les brigands pullulèrent en ces temps désolés. Il y en eut autant que de pervers et de désespérés impropres ou rebelles à la profession des armes, mais résolus à gagner leur vie le couteau à la main [1]. Ils furent des routiers solitaires, qui achevèrent l'œuvre de destruction générale en portant la main sur tout ce qu'il arrivait aux compagnies d'épargner.

Rodrigue, qui avait trouvé parmi ces bandits deux compagnons susceptibles de se plier à la régularité militaire, fit encore un certain nombre d'autres recrues de même aloi, si bien qu'en peu de temps il se vit à la tête d'une escouade, et qu'il put se donner pour ce qu'il voulait être, c'est-à-dire pour un chef de guerre. Le théâtre de ses exploits paraît avoir été la frontière de l'Auxerrois, du côté du Gâtinais. Là il se porta à une action qui montre la générosité de son caractère.

Comme il avait des espions autant qu'il en pouvait entretenir et qu'il était informé de tout ce qui se faisait autour de lui, il eut connaissance d'une expédition que les Français préparaient contre le maréchal de Lisle-Adam, alors occupé à faire le siège de Villeneuve-le-Roi.

Ce siège fut bien l'entreprise la plus téméraire qu'on

[1] « Præter eos qui pro Francorum partibus se militare dicebant.... erant alii sine numero desperati atque perditi homines... qui vulgo brigandi appellabantur. » Th. Basin, *Histoire du règne de Charles VII*, l. II, ch. VI.

puisse imaginer. On était au cœur de l'hiver (février 1421), et il était notoire qu'à une journée de marche autour de Villeneuve on n'aurait pas trouvé de quoi nourrir seulement un cheval, « à moins de lui faire paître la neige », ajoute le chroniqueur. Lisle-Adam osa venir néanmoins, et, prenant position sur les hauteurs avec une poignée d'hommes-d'armes démontés et une grosse bombarde, il incommoda tellement la ville qu'il n'y eut bientôt qu'un vœu parmi les bourgeois, celui de voir le capitaine de la place capituler. Il fallait se hâter. Le vicomte de Narbonne, commandant pour le dauphin dans la contrée, forma pour la délivrance de Villeneuve un corps d'armée qui allait se mettre en route, lorsque Rodrigue en eut la nouvelle[1].

Le coup ne pouvait pas manquer de réussir; Lisle-Adam avec sa petite troupe allait être enveloppé, et le sort qui les attendait tous était d'être passés par les armes; car, pour le moment, la fureur était montée à ce point, dans les deux partis, qu'on ne faisait plus de prisonniers. Les capitaines et les grands seigneurs étaient mis à mort aussi bien que les soldats[2]. Dieu sait si les Français se seraient épargné la joie d'immoler le cruel et impassible témoin des massacres commis par les bouchers de Paris en 1418 !

Les horreurs de Paris, auxquelles il est de toute probabilité qu'assista Rodrigue, n'étaient pas de nature à lui avoir laissé des remords. Elles durent être à ses

[1] *Livre des trahisons de la France.*

[2] « Se ce n'uist fait, il estoit mort; car à cest heure, comme dit est, ne failloit parler de raenchon. » *Ibid.*

yeux un acte d'hostilité comme un autre, et un acte commis contre des gens qui étaient alors ses ennemis. La voix qui s'éleva en lui, en apprenant la détresse de Lisle-Adam, fut celle de la reconnaissance. Oubliant l'injure qui lui avait été faite, il ne se ressouvint que des bienfaits de ce seigneur ; et comme aucun serment ne l'attachait encore au parti français, il crut qu'il était de son honneur d'empêcher qu'un homme de guerre éminent, son ancien maître, périt sans gloire dans un vulgaire égorgement. En conséquence, il dépêcha un exprès au maréchal pour l'instruire de ce qui se préparait.

Lisle-Adam ne se le fit pas dire deux fois. Il ordonna à ses hommes de ramasser leur bagage et, la nuit venue, il se retira à Sens où le reste de sa compagnie tenait garnison. Le vicomte de Narbonne, arrivé le lendemain, ne trouva à la place de l'ennemi qu'un monceau de cendres qui fumaient. Les Bourguignons en s'en allant avaient eu soin de mettre le feu à leurs baraquements, afin qu'on ne fît pas butin de ce qu'ils n'avaient pas pu emporter[1].

Il faut que cette aventure ait eu beaucoup de retentissement, puisque c'est d'un chroniqueur flamand que nous en tenons le récit. Elle donna l'éveil aux capitaines français sur le danger qu'il y avait à laisser hors des cadres un partisan entendu et résolu comme cet aventurier espagnol. Le dauphin reçut le conseil de le prendre à sa solde. L'été suivant, Rodrigue fut incorporé dans la compagnie du maréchal de Séverac avec

[1] *Livre des trahisons de la France.*

sa bande, qui formait une chambrée de vingt écuyers hommes-d'armes, c'est-à-dire une cinquantaine au moins de combattants[1]. Il eut la gloire de faire flotter un pennon à ses armes à la suite du grand étendard de France, qui marchait déployé devant le maréchal[2].

La compagnie de Séverac fut attachée à une armée qui envahit le Mâconnais en 1422, au moment où Charles VII prenait le titre de roi. On voulait chasser les Bourguignons du pays; car le Mâconnais ne faisait pas partie du duché de Bourgogne : il relevait directement de la couronne. Il fut non pas reconquis, mais ravagé d'un bout à l'autre; la plupart de ses villes furent mises à feu et à sang. De Tournus il ne resta debout que l'abbaye et les églises[3].

Cette campagne eut pour Rodrigue l'avantage de le rapprocher de deux personnes qui lui furent utiles par la suite : Imbert de Groslée, bailli nominal de Mâcon, mais sénéchal effectif de Lyon, et le puîné d'Armagnac, comte de Pardiac. Ce dernier est le même qu'on appelait familièrement « le cadet Bernard », à cause

[1] Ms. fr. n° 20388 de la Bibl. nat., fol. 79 : « Rodrigue de Villedendro (*sic*), escuier, reçoit de Macé Héron, trésorier de Mgr le régent le royaulme, daulphin de Viennois, 32 livres tournois sur ses gages et de dix neuf aultres escuiers de sa chambre et compaignie à l'encontre des Anglois, en la compaignie de Messire Almaury de Severac, mareschal de France, et soubs le gouvernement de Mgr le Régent. Dernier aoust 1421. »

[2] Ses armes, consistant en un fascé de 8 pièces, écartelé d'un croissant baissé, figurent sur le sceau de plusieurs actes qui nous restent de lui. Elles décorent le titre du présent ouvrage. Selon Paillot, les croissants étaient échiquetés d'or et de sable en champ d'argent, et les fasces étaient d'azur en champ d'or.

[3] Juénin, *Histoire de Tournus*, p. 211.

qu'il avait le prénom de Bernard, porté par son défunt père, le connétable d'Armagnac. Par son entremise, Rodrigue fut introduit dans la maison de Bourbon ; car Bernard d'Armagnac, en ce temps-là, fut fiancé avec une princesse de cette famille, et en considération de cette illustre alliance, le nouveau roi le décora du titre de lieutenant-général en Charolais, Mâconnais et pays environnants [1].

Un titre comme celui-là était une provocation à l'adresse du duc de Bourgogne, héritier légitime du Charolais et seigneur en espérance du Mâconnais, dont il comptait obtenir la cession du gouvernement anglo-français. Le prince n'étant d'humeur à se dessaisir ni de son droit, ni de ses prétentions, se prépara à tous les sacrifices pour retenir, ainsi qu'il les retint en effet, les pays menacés ; et comme ses adversaires ne se lassèrent pas non plus de les attaquer, il s'établit là une lutte sans fin, dont le théâtre s'élargit à maintes reprises, de sorte que le Beaujolais, le Forez, le Velay même, furent de la partie chacun à son tour, et p r moments tous ensemble. On verra Rodrigue jouer son rôle dans cette guerre, dont les péripéties ne durèrent pas moins de douze ans. Il ne tarda pas à y paraître avec le titre et la fonction de capitaine, ayant déjà sous son commandement une compagnie entière et se disant au service du comte de Pardiac.

Lorsque le roi n'avait pas de quoi solder les compagnies, les princes et grands seigneurs les retenaient à

[1] *Histoire généalogique de la maison de France*, t. III, p. 427.

leur compte, et ne leur faisaient pas voir davantage la couleur de leur argent; mais ils les laissaient se pourvoir comme elles l'entendaient, et souffraient tout de leur part, pourvu que de temps en temps on pût dire qu'elles s'étaient rencontrées avec l'ennemi.

Cependant la situation du royaume ne faisait qu'empirer. Réduit déjà à moins du tiers de la France actuelle, il allait se diminuant tous les jours de quelque nouveau lambeau, soit par le progrès des armées ennemies, soit par la défection des villes, qui répudiaient un gouvernement si manifestement incapable de les protéger. Le monarque de vingt ans, qui avait à se débattre au milieu de ce naufrage, ne sachant où donner de la tête, cédait à toutes les suggestions. Il se laissa persuader que le mal venait de ce qu'il y avait trop de Français sous les armes; qu'à part la noblesse, élevée dans le sentiment de l'honneur militaire, ses sujets n'étaient bons qu'au pillage; que, s'il voulait reconquérir ses États, il fallait qu'il se servît de troupes étrangères. Alors il envoya demander des Écossais au roi d'Écosse, des Lombards au duc de Milan[1], et il décréta le licenciement de toutes les compagnies qui couraient les champs, à l'exception de quatre cents lances (environ deux mille hommes), qui seraient conservées pour désarmer les autres[2].

Rodrigue de Villandrando, en sa qualité d'étranger et sans doute aussi par le crédit du comte de Pardiac,

[1] Chronique du héraut Berry, dans Godefroy, *Histoire de Charles VII*, p. 370; Vallet de Viriville, *Histoire de Charles VII*, p. 391 et suiv.

[2] *Pièces justificatives*, n° II.

fut du nombre des capitaines maintenus. Presque aussitôt on le mit dans une petite armée formée sous le commandement de Louis de Culant, amiral de France, pour agir, non pas contre les routiers, mais contre les Anglais et Bourguignons vainqueurs à Cravant[1].

Après leur succès, ceux-ci s'étaient concentrés dans le Nivernais. Par une enclave de cette province, située en face du bec d'Allier sur la rive gauche de la Loire, ils tenaient en échec Bourges, considérée à ce moment comme la capitale de la France. C'est pour les chasser de là que l'amiral arriva en toute hâte.

Sous un pareil chef, Villandrando ne put que redoubler d'ardeur. Louis de Culant avait combattu pour la Castille contre les Maures. Il fut à ce fameux siège d'Antequera, qui aujourd'hui encore est l'un des plus glorieux souvenirs militaires de l'Espagne[2]. Le capitaine castillan était engagé d'honneur à faire aussi bien pour la France que son général avait fait naguère pour son propre pays.

Les Anglo-Bourguignons furent rejetés de l'autre côté du fleuve par la prise de Cuffy et de la Guerche, qui étaient les places d'armes d'où ils s'avançaient jusqu'au cœur du Berry[3].

Cette opération eut lieu peu de temps avant la bataille de Verneuil, où il n'est pas dit expressément que Rodrigue ait assisté, mais où l'on sait que donnèrent

[1] *Chronique de Raoulet*, publiée par Vallet de Viriville à la suite de Jean Chartier, t. III, p. 183.

[2] Cabaret d'Oronville, *Vie du duc Louis III de Bourbon*, éd. Chazaud, p. 206.

[3] *Chronique de Raoulet*, l. c.; *Chronique du héraut Berri*, p. 371.

les troupes qui avaient fait la campagne du Nivernais. Il est même spécifié que les Espagnols y furent réunis en un seul corps, sous le commandement du vicomte de Narbonne[1].

Ce capitaine est celui auquel on impute la perte de la journée. Le gros de l'armée française, composé de gendarmerie mise à pied selon la tactique des Anglais, ne formait qu'une masse profonde. Le vicomte de Narbonne, placé à la tête de la colonne, aurait fait prendre de trop loin le pas accéléré, de sorte que sa division, harassée par la distance qu'elle eut à franchir, se trouva sans force pour entamer les lignes ennemies[2].

La vérité est que cette division, renversée au premier choc, couvrit le terrain de morts, parmi lesquels son général et quantité d'hommes de marque; mais les Écossais, qui venaient derrière, tinrent ferme et si longtemps, qu'on ne se souvenait pas d'avoir jamais vu pareille résistance. Ils auraient eu le dessus, sans une faute du duc d'Alençon. C'est sur ce prince que doit retomber la responsabilité de la défaite. En élevant une sotte question de préséance au milieu de l'engagement, il fit manquer un mouvement de la cavalerie d'où dépendait la victoire[3].

La conséquence de la bataille de Verneuil fut l'ajournement des projets de réforme militaire. Les Écossais furent exterminés, les Lombards, occupés à

[1] « Le visconte de Nerbonne et sa bataille, en laquelle estoient touz les Espaignols. » *Raoulet*, p. 186.

[2] *Chronique de la Pucelle*, éd. Vallet de Viriville, p. 225.

[3] Vallet de Viriville, *Histoire de Charles VII*, t. I, p. 416.

piller le bagage des Anglais, ne furent d'aucun secours; et, bien que cette leçon n'eût pas dissipé l'illusion où l'on était à l'égard des troupes étrangères[1], les pertes qu'on avait faites obligèrent de remettre à une autre saison le désarmement des compagnies franches. Les routiers reprirent de plus belle le cours de leurs exploits.

Le silence qui a commencé sur les actions de notre capitaine se prolonge pendant trois ans. Il nous est permis d'affirmer que ce long espace de temps ne se passa pas pour lui dans l'inaction; car aucun des hommes qui eurent alors la lance au poing ne trouva un seul jour pour se reposer. Occupé dans des lieux dont l'histoire ne nous est pas parvenue, se signalant de son mieux contre les Bourguignons et les Anglais, appatissant les villes ennemies, et, lorsque la faim le pressait, les villes de son propre parti, il traversa, sans trop indisposer contre lui ses protecteurs, la période fortunée pendant laquelle Hernando del Pulgar dit que le cœur lui croissait en raison de ses prouesses, et ses prouesses en raison de ses recrues, et ses recrues en raison des profits qu'il procurait aux gens-d'armes[2]. C'est alors

[1] Hector Boethius témoigne que d'autres Écossais furent envoyés à Charles VII pour remplacer le contingent qui avait été anéanti à la bataille de Verneuil, *Historia Scotorum*, l. XVI. Dans le Ms. latin 6024 de la Bibliothèque nationale, il y a les instructions d'une ambassade envoyée par Charles VII au roi de Castille, en mars 1425-6. On y lit cet article : « Le requerront (le roi de Castille) que ceste saison il lui vueille aidier de deux mille hommes d'armes bien montez et armez, et en icelui nombre de gens d'armes ait deux ou trois cens hommes à la genete, se il samble audit roy expedient que ainsi se face. » Fol. 18.

[2] « Cresciendo de dia en dia el coraçon con las hazañas, y las hazañas con la gente, y la gente con el interesse. » Voy. *Pièces justificatives*, n° 1.

en effet qu'il donna tant d'accroissement à l'effectif de sa compagnie et que, sa renommée appelant sous sa bannière autant d'hommes qu'il en voulait, il lui fut possible de maintenir cette compagnie sur le pied d'un corps d'armée imposant, malgré les pertes qu'il avait à réparer sans cesse.

Il ne faudrait pas attribuer le succès de Rodrigue seulement à son audace et à son bonheur. Au dire de son biographe il possédait au suprême degré les qualités et les talents nécessaires pour le métier qu'il avait choisi : juste, d'une sévérité inflexible, fidèle observateur de sa parole, par-dessus tout cela, général vigilant et bon tacticien. Il ne souffrait dans son camp ni querelle, ni violence, ni pillerie. Si quelque excès de ce genre lui était dénoncé, il faisait venir le coupable et le tuait de sa propre main. Impossible avec lui que le partage du butin amenât des discordes, parce que rien n'appartenait à personne, qu'il n'eût entendu les rapports de ses lieutenants. Jusque-là toutes les prises de la journée étaient tenues en réserve, pour être ensuite distribuées à chacun selon son mérite. Avait-il donné sauf-conduit à quelqu'un ou passé contrat avec une ville, malheur à celui des siens qui l'enfreignait ; car, à moins de fuir, le coupable était pendu sans rémission.

Mais ce capitaine, qui comptait pour si peu la vie d'un homme lorsqu'il s'agissait de maintenir la discipline, en revanche, il était tout soin, tout étude pour le bien-être de sa compagnie. Il voyait sans cesse l'état des vivres, du fourrage, de l'équipement, et, s'il y manquait quelque chose, il ne dormait pas qu'il n'y eût été pourvu.

Avant un engagement, toutes les mesures avaient été prises pour qu'il rapportât le plus et coûtât le moins possible. Nul ne savait mieux dresser une embûche, ni asseoir un camp, ni trouver le point faible pour attaquer, le côté fort pour se défendre. Attentif, calculateur, impassible jusqu'au signal du combat. L'affaire engagée, il se jetait au milieu de l'ennemi avec une fureur aveugle, si plein d'assurance en son impétuosité, qu'il avait coutume de dire : « Il n'est résistance qui vaille contre la tête d'un Espagnol en colère. »

J'emprunte tous ces traits à Hernando del Pulgar. Leur assemblage sent un peu le panégyque, et il y a grande apparence que, sous la plume d'un Français, l'éloge eût été plus mesuré; mais personne, assurément, en France ni ailleurs, n'aurait contesté les droits du routier espagnol au renom d'un vaillant et savant capitaine.

Le héraut d'armes Berry, que sa profession tint attaché aux armées pendant toute la première moitié du quinzième siècle, affirme, dans sa chronique, que les Français avaient oublié le métier de la guerre pendant les années pacifiques du règne de Charles VI, et qu'ils ne le rapprirent qu'au milieu des alertes où ils furent tenus si longtemps par les Anglais [1]. Quelques

[1] « Or doibt l'on sçavoir que le mestier des armes se doibt apprendre ; car quant les Anglois vindrent et entrèrent en France, les François ne sçavoient presque riens de la guerre; mais par longuement apprendre,

hommes, guidés par leurs dispositions naturelles, restaurèrent les principes et furent les instituteurs de leur génération. Rodrigue de Villandrando a sa place marquée parmi eux.

Un autre côté par où il eut l'avantage sur la plupart des hommes de guerre de son temps fut l'instruction. Le sort ne l'avait pas fait naître en vain dans une ville d'université. Lui et ses frères furent mis aux écoles de Valladolid. L'un de ses puînés, appelé Pierre de Corral, du nom de leur mère, composa un livre d'histoire[1]; lui-même sut écrire en espagnol et en français. Sa signature nous a été conservée au bas de plusieurs actes; elle est élégante et dénote une main assurée. Sur une lettre que possèdent les Archives communales de Lyon, elle est accompagnée de quelques mots dont l'écriture est meilleure que celle du scribe qui a tracé le reste[2]. Rodrigue, homme de loisir, aurait pu tenir sa correspondance et administrer ses affaires sans le secours de personne; mais Rodrigue, capitaine, et plus tard grand seigneur, fut obligé d'entretenir à son service des secrétaires, un trésorier, un maître des comptes, enfin tout le personnel d'une maison bien ordonnée.

ils sont devenuz maistres à leurs dépens, et à la fin ont deffaict les Anglois. » Dans Godefroy, *Histoire de Charles VI*, p. 437.

[1] C'est Çurita qui nous apprend que Pierre de Corral était frère de Rodrigue : « un hermano suyo que se llamara Pedro de Corral. » *Anales de la corona de Aragon*, l. XIIII, c. LXXI. Fernan Perez de Guzman parle d'ailleurs avec peu de considération de cet écrivain : « Como en estos nuestros tiempos hizo un liviano y presuncioso hombre, llamado Pedro de Corral, en una que llamó Coronica Serracina, que mas propriamente se puede llamar trufa o mentira paladina. » *Generaciones, semblanzas e obras de D. Enrique III y D. Juan el II*, etc., cap. I.

[2] *Pièces justificatives*, n° XXXIII, et le fac-similé ci-contre.

Il est temps de reprendre le fil des événements.

On était au déclin de l'année 1427. Toute la région de l'ouest, depuis les possessions anglaises de la Guienne jusqu'à la Loire, était plongée dans le désordre précurseur d'une guerre civile; car le sort de cette malheureuse France, si amoindrie, si cruellement maltraitée par l'ennemi sur tout son pourtour, était de voir à tout moment ses défenseurs armés les uns contre les autres.

Présentement, un parti à la tête duquel figuraient le connétable de France, les princes de Bourbon et le comte de Pardiac, poussait à outrance le seigneur de La Trémoille, ministre en faveur, qui prétendait gouverner sans rendre compte à personne, et qui s'était prémuni contre les attaques de ses adversaires en remplissant de routiers à sa dévotion la plupart des forteresses du Poitou. Les mécontents ne s'étaient pas fait plus de scrupule de retirer les compagnies de devant l'ennemi pour se préparer à la lutte. On s'observait des deux côtés, et, le cas échéant, on escarmouchait. Là est l'explication d'une aventure qui nous remet sur la trace de Villandrando, en nous le montrant campé autour de Ruffec, sur la route de Poitiers à Angoulême.

Deux hommes-d'armes espagnols de sa compagnie rencontrèrent, en battant l'estrade, un gentilhomme et son page qui leur semblèrent suspects. Il se trouva que c'était un Du Plessis, qui était capitaine pour le roi du château d'Angle en Poitou. Il allait, disait-il, visiter une de ses terres en Angoumois. Les autres jugèrent probablement qu'il allait en commission pour

M. de la Trémoille : ils le déclarèrent de bonne prise et le mirent à rançon. La somme était forte. Le prisonnier en paya une partie et demanda à être relâché pour aller recueillir le reste; mais, lorsqu'il fut libre, il porta plainte au roi, le suppliant d'interposer son autorité pour lui faire rendre ce qu'il avait déjà soldé. Charles VII en effet décerna un ordre de restitution, dont un poursuivant d'armes porta la signification à Rodrigue de Villandrando [1].

Cependant les choses allaient au plus mal à l'autre extrémité de la province anglo-gasconne. Non seulement la Dordogne, mais le Lot, avaient été franchis. Le Quercy dans toute son étendue et la partie septentrionale du Toulousain étaient ravagés par les partisans à croix rouge. Un de leurs capitaines, nommé André de Ribes, s'était emparé de Lautrec. De là il appatissait Lombez, menaçait Castres, poussait des reconnaissances jusque dans le Rouergue et le Gévaudan. Renvoyé de Lautrec à prix d'argent, il n'avait pas quitté le pays [2].

Des choses étranges se passaient à son égard. Les châteaux du comte d'Armagnac lui étaient ouverts pour mettre en sûreté le fruit de ses déprédations. Plusieurs places fortes du domaine de la maison d'Armagnac, dont il s'était rendu maître dans l'Agenais et dans le Quercy, lui avaient été cédées en légitime propriété, et il en montrait les contrats; enfin il se faisait appeler « bâtard d'Armagnac », avec l'assentiment

[1] Ci-après, *Pièces justificatives*, n° III.
[2] Vaissete, *Histoire générale de Languedoc*, t. IV, p. 469.

du chef de la famille, bien que, d'après ce qu'on savait de son origine, rien ne justifiât cette qualité[1]. Comment expliquer que le grand seigneur dont le nom servait encore à rallier le parti français fit de ce nom la sauvegarde de tous les attentats commis contre la France?

C'est que le comte d'Armagnac touchait sa part des contributions de guerre levées par André de Ribes, et qu'en même temps, par les courses de ce partisan, il se donnait le plaisir de causer des insomnies au comte de Foix, son rival, qui venait d'être, de préférence à lui, gratifié du gouvernement du Languedoc. Sa perversité ne s'arrêta pas en si beau chemin. Afin d'extorquer la riche succession du maréchal de Séverac, qu'il savait dévolue à son frère Bernard, il séquestra ce vieux capitaine dans l'un de ses châteaux, et, après l'avoir contraint de changer ses dispositions en sa faveur, il le fit étrangler[2]. Par ce crime, qu'il mit impudemment

[1] Abolition accordée en 1449 au comte d'Armagnac, dans le registre JJ, 160, pièce 127 du *Trésor des chartes*, aux Archives nationales. Les griefs articulés dans cette pièce sont déjà énoncés dans un mémoire en béarnais, rédigé du vivant d'André de Ribes, qui existe aux Archives des Basses-Pyrénées, E, 216 : « El (le comte d'Armagnac) a receubut dever si un capitani dels Angles nomnat Andrieu de Ribas, loqual, jassia que sia homme inconegut, e non sap hom propriament dont el es hyssit ni qui es, lo dich conte l'a volgut retenir per bastart de l'ostal d'Armanach, non sap hom per qual titol, e ayssi lo far tot de son hostal. Item al dich Andrieu, angles e de la hobediensa dels Angles, le conte a balhas et donatz en pur don los castels, locs e senhorias de Torno, de Fumel en Agenes, de Gordo en Querci,.... item lo loc de Corbarrieu,... item del castel de Combefa, item de Rieupeyros, etc. » L'abolition ajoute qu'André de Ribes s'était emparé de Châteauneuf de Randon.

[2] Le P. Anselme, dans son *Histoire généalogique de la maison de France*, t. VI, p. 69, accuse à tort de ce crime le comte de Pardiac. Le comte d'Armagnac en est déclaré l'auteur dans un acte authentique de

sur le compte de son frère, il déchaîna sur le Languedoc les compagnies que le maréchal de Séverac, l'un des grands condottieri de son temps, avait entretenues à sa solde.

Pendant qu'il s'employait à défendre contre elles la sénéchaussée de Nîmes [1], Jacques de Bourbon, beau-père du cadet d'Armagnac, jugea le moment propice pour délivrer de la présence d'André de Ribes ses propriétés de l'Albigeois; car Jacques de Bourbon était comte de Castres en même temps que de la Marche. Il se fit prêter par son gendre l'assistance de Rodrigue de Villandrando, et lança ce capitaine à la poursuite du routier anglais. Celui-ci fut atteint en rase campagne, battu et pris : capture glorieuse qui fournit au vainqueur l'occasion de montrer une fois de plus sa loyauté; car, malgré les instances et les offres magnifiques du comte d'Armagnac, qui réclamait son cher bâtard afin de le punir, disait-il, Rodrigue le livra au comte de la Marche, par les soins de qui il fut sur-le-champ mis à mort [2].

Ce comte de la Marche, soit dit en passant, était le mari, mais mari fugitif, de la reine Jeanne de Naples : aussi lui donnait-on le titre de roi. Par un destin étrange, il goûta de la captivité sous toutes ses formes : d'abord prisonnier des Turcs à la bataille de Nicopolis, puis des Armagnacs au commencement de la guerre civile,

1445, rapporté par Mathieu d'Escouchy, ch. VII de sa Chronique, d'après un original où le nom du maréchal Séverac avait été laissé en blanc (édit. de Beaucourt, t. I, p. 65).

[1] Ménard, *Histoire de Nîmes*, t. III, p. 145.

[2] Vaissete, *Histoire générale de Languedoc*, t. IV, p. 473.

puis de sa femme, des mains de qui il s'évada. En dernier lieu, il se confina dans un couvent de Besançon, où il finit ses jours.

Son cerveau n'était sain qu'à moitié, à en juger par les actes qui nous restent de lui. On en cite un, entre autres, qui est une donation au monastère de Saint-Antoine en Viennois, pour qu'il y eût dans cette maison une cloche du poids de huit mille livres qui sonnerait tous les jours, pendant sa vie, autant de coups qu'il aurait d'années [1].

Il faut que dans le trésor de ce singulier monarque il n'y ait pas eu de quoi payer la campagne qui venait d'être faite à son profit, car presque aussitôt après Rodrigue affilia à sa compagnie deux des bandes ci-devant de Séverac qui s'étaient mises à vivre sur le Languedoc, et ce fut pour prendre la conduite de leurs opérations.

Jamais guerre de pillage ne fut menée avec un tel ensemble. Le nom du castillan, devenant inséparable de celui des deux chefs avec lesquels il avait fait société, résonna comme un glas incessant aux oreilles des populations : Rodrigue, Valette, Andrelin! Ils avaient établi leur quartier général entre le mont Lozère et la chaîne du Vivarais. De là ils dirigèrent leurs courses tantôt au nord, à des distances considérables, tantôt dans la sénéchaussée de Nîmes ou dans celle de Carcassonne [2]. La rapidité de leurs manœuvres est quel-

[1] Vaissete, *Histoire de Languedoc*, t. IV, p. 491.

[2] Ménard, *Histoire de Nimes*, t. III, p. 148, et les Pièces justificatives du même ouvrage, p. 223-227.

que chose de surprenant. A la fin de septembre 1428, le comte de Foix recevait à l'autre extrémité du Languedoc la nouvelle de leurs ravages autour du Puy; un mois après, nous voyons l'Hôtel-de-Ville de Lyon délibérant sur le moyen de les éloigner de la marche beaujolaise envahie par eux, et en novembre, ils occupaient les routes entre Avignon et Nîmes[1].

Les registres consulaires de Lyon nous apprennent quelle fut l'attitude de la ville en leur présence[2].

Lorsque l'on commença à entrer en arrangement avec eux, ils étaient postés sous les murs d'Anse, s'étendant en amont dans toute la vallée de l'Azergue. Au rapport d'un gentilhomme qui s'était fait leur intermédiaire officieux, ils étaient prêts à se retirer, pourvu qu'on leur payât la modique somme de quatre cents écus d'or. Le Corps de ville en délibéra le 16 octobre. L'archevêque et le clergé étaient prêts à contribuer pour une bonne partie des quatre cents écus, et la majorité tenait le marché pour avantageux, lorsque la conclusion fut entravée par trois ou quatre des conseillers, qui représentèrent qu'on allait entrer dans une voie déplorable; que jamais leur cité n'avait souscrit à de semblables accords et que, si l'on commençait une fois, la servitude n'aurait plus de fin; les routiers congédiés de la sorte ne tarderaient pas à revenir, ou d'autres à leur place. On se sépara sans avoir rien résolu.

Les compagnies, ne recevant pas de réponse, appatissèrent les villages entre Chazay et Bibost. Après plus

[1] Ménard, *Histoire de Nîmes*, t. III, p. 149.
[2] Ci-après, *Pièces justificatives*, n° IV.

d'une semaine écoulée, on leur envoya dire que les quatre cents écus étaient prêts, et que leurs capitaines les recevraient aussitôt qu'ils se seraient engagés à battre en retraite.

A cela les capitaines répondirent que ce n'était plus quatre cents écus qu'il leur fallait, mais huit cents, et que, jusqu'à parfait payement de la somme, ils continueraient à faire contribuer le pays, n'entendant pas d'ailleurs que l'argent qu'ils avaient déjà levé comptât dans les huit cents écus.

Ces paroles rapportées à l'Hôtel-de-Ville de Lyon mirent les conseillers en grande indignation. Il n'y eut qu'une voix pour dire qu'il valait mieux recourir au parti de la résistance; qu'avec huit cents écus d'or on se procurerait une compagnie de cent hommes-d'armes, laquelle, secondée par les milices du pays, suffirait bien pour donner la chasse à un ramas de bandits. La seule difficulté était de se procurer vite de l'argent : on y parviendrait par des emprunts.

Cependant le lendemain il fallut reconnaître que les prêts ne se feraient pas avec autant de promptitude qu'on se l'était figuré. On parla alors de mettre en campagne la noblesse du pays, en attendant qu'on eût de quoi solder des hommes-d'armes; mais le capitaine qui avait accepté de conduire des hommes-d'armes contre les routiers refusa d'y conduire des gentilshommes sans expérience de la guerre. Ce capitaine était le sénéchal de Lyon, Imbert de Groslée, que nous avons vu servir sous le même commandement que Rodrigue en 1422.

La ville finit par convenir que ce qu'elle avait de mieux à faire était de fournir de l'argent au sénéchal et de le laisser conduire les choses au plus grand avantage d'elle-même et du pays. On arrive toujours à s'entendre entre compagnons d'armes. L'accommodement eut lieu, et Rodrigue se retira sans laisser de lui une trop mauvaise impression. On le voit, à quelques années de là, placer des fonds chez un habitant de Lyon et correspondre avec l'Hôtel-de-Ville, pour le soin de ses affaires, dans les termes d'une bienveillance affectueuse [1] Mieux que cela : nous avons le compte acquitté d'une livraison de confitures et de torches de cire, que la ville lui fit faire en présent [2].

Il ne se comporta pas dans le Languedoc, après qu'il y fut retourné, de façon à nouer des relations aussi agréables avec les consulats des villes. A Nîmes, à Uzès, à Alais, il était en horreur. Ces communes auraient volontiers payé sa tête au poids de l'or à celui qui la leur eût apportée.

Nous arrivons à la mémorable année 1429, qui fut marquée par l'apparition de Jeanne la Pucelle. La fièvre d'enthousiasme qui se répandit partout fit partir pour les armées de la Loire tous les méridionaux qui se sentaient le goût des aventures. Les compagnies ne demandaient qu'à en faire autant. Sans doute celle de Rodrigue et les autres de son alliance se disposaient à suivre le comte de Pardiac; mais ce seigneur, lorsqu'il s'était déjà avancé jusqu'à Beaugency, reçut l'ordre de

[1] *Pièces justificatives*, n° XXXIII.
[2] *Pièces justificatives*, n° XXVIII.

rétrograder[1]. Sa place, lui fut-il dit, était à la frontière, du côté de Bordeaux[2]. Mécontent et réduit d'ailleurs à de très faibles ressources, il abandonna à elles-mêmes les compagnies de routiers. Celles-ci alors se retournèrent du côté du Languedoc.

Le comte de Foix avait établi si bonne garde dans la province, qu'il n'était pas facile d'y pénétrer ; mais la même politique, qui avait confiné le comte de Pardiac en Guienne, fut employée à faire sortir le comte de Foix du Languedoc. Il fut déclaré nécessaire que ce prince vînt avec ses meilleures troupes renforcer l'armée du roi, et, comme il ne s'y montrait pas disposé, on acheta par des faveurs son obéissance.

Son départ fut marqué par un incident qui prouva combien il avait eu raison de vouloir rester. Valette osa lui tendre une embûche au passage des Cévennes. Le comte en reçut l'avis lorsqu'il venait de se mettre en route, quittant à peine Montpellier[3]. Aussitôt il fit doubler le pas à son escorte, et toujours au trot, jusqu'à faire dix-sept lieues en une seule nuit (on était en décembre), il se trouva le lendemain matin en présence des routiers qu'il investit dans leur camp. Un vigoureux assaut contre lequel ils ne purent pas tenir mit le plus grand nombre d'entre eux en son pouvoir. Valette était parmi les prisonniers. Aussi déconcerté qu'un loup pris au piège, il confessa toute la conduite

[1] Guillaume Gruel, *Chronique du connétable de Richemond*, ad ann. 1420.

[2] Monstrelet, t. II, ch. LXIII (édit. Douët d'Arcq, t. IV, p. 356).

[3] Vaissete, *Histoire de Languedoc*, t. IV, p. 475.

de sa damnable entreprise. Son procès fut promptement expédié, sans écritures ni plaidoiries. Le surlendemain on le pendit à Nimes[1].

Il arriva ce à quoi l'on devait s'attendre. Lorsque les compagnies furent assurées de l'éloignement du comte de Foix, elles se mirent de concert au ravage de la province, d'autant plus impitoyables qu'elles avaient à venger la défaite infligée à l'une d'elles. Rodrigue se réserva le Gévaudan et le Velay, tandis qu'un second Valette, Guilhem Valette[2], prit le commandement des gens-d'armes de son frère défunt, et les conduisit plus avant dans la plaine qu'ils n'étaient allés jusque-là. D'une place forte nommée Cabrières, dont il se rendit maître auprès de Pézenas, il fit rage autour de Pézenas d'abord, puis jusque sous les murs de Montpellier[3]. C'était une contrée vierge de pillage, où il faisait si bon vivre, que deux autres capitaines de la même alliance, Oudinet de la Rivière et Archambault, vinrent se joindre à Valette et y trouvèrent leur profit[4].

Cependant les habitants de Nimes, menacés par des détachements du corps de Rodrigue, qu'on voyait à tout

[1] Chronique béarnaise de Miguel del Verms, dans le *Panthéon littéraire*, volume intitulé : *Chroniques et mémoires sur l'histoire de France au quatorzième siècle*, p. 594.

[2] Le Valette supplicié par l'ordre du comte de Foix avait pour prénom Jean, au témoignage des actes conservés dans les Archives de Nimes, dont Ménard a fait usage, *Histoire de Nimes*, t. III, p. 152. Le volume CIX des *Titres scellés de Clérambault*, à la Bibliothèque nationale, contient plusieurs quittances des deux Valette servant comme écuyers chargés de commandements : l'un capitaine d'arbalétriers, l'autre chef de chambre dans la compagnie du vicomte de Narbonne. Guilhem y est toujours appelé *Guillonnet*, et l'autre, *Forlon*.

[3] Vaissete, *Histoire de Languedoc*, t. IV, p. 476.

[4] Ménard, *Histoire de Nimes*, t. III, p. 152.

moment descendre sur Alais et sur Anduze, députaient au comte de Foix ambassade sur ambassade pour le presser de revenir. Le comte, qui au lieu d'ennemis à combattre n'avait trouvé en France que des intrigues à démêler, n'entendait pas perdre pour cela le fruit de sa campagne. Il ne bougea pas qu'il n'eût obtenu ce qu'il était allé chercher. Enfin il annonça son retour pour le temps de Pâques 1430, et les routiers, qui furent des premiers à en avoir la nouvelle, reprirent le chemin de la montagne pour gagner le Vivarais, où le castillan leur avait donné rendez-vous.

Là se présenta pour eux une affaire comme ils n'en faisaient pas souvent, une affaire où il y eut à gagner à la fois du butin et de la gloire[1].

A la faveur des manœuvres qui avaient brusquement arrêté les succès de Jeanne d'Arc, manœuvres dont tous les familiers de la cour de Bourgogne avaient le secret, le prince d'Orange, grand ami de Philippe le Bon et encore plus de son profit, forma le dessein de s'emparer du Dauphiné par un coup de main. Par l'acquisition de cette province, qui était comme le trait d'union entre sa principauté et d'immenses domaines qu'il possédait dans toute la longueur du mont Jura, il fût

[1] Deux relations composées avec beaucoup de soin, l'une par feu Vallet de Viriville (*Histoire de Charles VII*, t. II, p. 257), l'autre par M. le marquis Costa de Beauregard (*Souvenirs d'Amédée VIII, premier duc de Savoie*, Chambéry, 1859), et la publication intégrale, par l'abbé Chevalier, de l'enquête sur l'agression d'Anthon, *Processus super insultu guerre Anthonis* (*Bulletin de la Société de statistique de l'Isère*, 3e série, t. VI, 1871), m'ont permis de rétablir dans tous ses détails cet épisode de la vie de Rodrigue, qui laissait trop à désirer dans ma première rédaction.

devenu l'un des potentats de l'occident. Malgré son hostilité déclarée contre la couronne de France, on avait eu l'indulgence, pour ne pas dire la faiblesse, de lui laisser prendre possession de plusieurs châteaux du Dauphiné, dont il se prétendait héritier. Il en profita pour mettre secrètement des garnisons partout et pour induire ses amis à le servir quand l'heure serait venue. En même temps, il attira le duc de Savoie dans son entreprise et, moyennant l'offre du Graisivaudan qu'il lui laissait à prendre sur sa future conquête, il obtint de lui la permission de faire dans ses États une levée de trois cents lances.

Le complot ne fut pas tenu si secret que le sire de Gaucourt, gouverneur du Dauphiné, n'en apprît au moins le principal. Il informa le roi de ce qui se préparait, lui représentant combien la situation était périlleuse; car la chevalerie dauphinoise avait été exterminée à la bataille de Verneuil, et tout ce que lui, gouverneur, pouvait faire, était de réunir au restant de la noblesse du pays deux compagnies de Lombards dont Imbert de Groslée disposait comme sénéchal de Lyon. La réponse de Charles VII fut qu'il n'avait pas de troupes disponibles pour la défense d'un point si éloigné, et que le gouverneur n'avait qu'à faire de son mieux pour le salut du pays [1].

Dans cette extrémité Gaucourt, qui était un homme de résolution, eut bientôt fait de prendre son parti. Il contracta un emprunt sur l'impôt à voter par les États

[1] Fragment du *Registre delphinal* de Thomassin, publié par Berriat Saint-Prix, dans sa *Jeanne d'Arc*, p. 321.

de la province, qui étaient à la veille de se réunir, puis, muni d'une bonne somme d'argent, il s'éloigna en compagnie du sénéchal de Lyon. Ils n'avaient dit à personne où ils se proposaient d'aller, et, pour ne pas attirer les regards, ils avaient poussé la précaution jusqu'à se dépouiller de leurs armes [1]. Mis comme des gens qui partaient en promenade, ils prirent sans être remarqués le chemin d'Annonay.

Rodrigue de Villandrando et plusieurs de ses subordonnés, Valette entre autres, tenaient pour le moment leurs quartiers autour de cette ville. Il s'agissait de les enrôler pour la défense du Dauphiné. Les offres du gouverneur furent trouvées acceptables, puisque les bandes ne tardèrent pas à s'ébranler pour descendre dans la vallée du Rhône. Elles traversèrent le pont de Vienne dans la nuit du 26 mai 1430 et furent menées tout d'une traite devant Auberive, possession du prince d'Orange à deux lieues de là. La garnison logée dans cette place avait déjà commencé les hostilités ; on ne s'aventurait plus aux alentours sans risquer d'être capturé et mis à rançon. Plus de trente personnes notables du pays, victimes de ce genre de violence, attendaient dans les prisons du château que leurs familles eussent réuni de quoi les racheter.

L'attaque fut d'une vigueur extrême. En quelques heures les routiers emportèrent le bourg, puis la première cour du château, puis la seconde ; mais le donjon, tenu par une centaine d'hommes qui s'y étaient

[1] « Secrete et sine armis ». *Processus super insultu.*

retranchés, résista pendant deux jours. Pour amener ces gens à se rendre, il fallut commencer la démolition de la tour à coups de canon.

Quand on sut dans le pays la prise du château, il vint des ouvriers en foule pour travailler à la démolition de ce dangereux repaire. Il n'en serait pas resté une seule pierre debout, sans un ordre du gouverneur qui enjoignit d'épargner quelques pans de murs, afin de perpétuer le souvenir de la félonie du prince.

Cependant les États réunis à La Côte Saint-André décrétaient toutes les mesures de salut public dictées par la circonstance. Ce qu'on avait pu rassembler de troupes, joint aux compagnies de Rodrigue et de Valette, fut dirigé du côté où l'on s'attendait à voir paraître l'ennemi. L'armée enleva, chemin faisant, les châteaux d'Azieu et de Puzignan, où il y avait garnison d'orangistes. Elle s'arrêta devant le Colombier, qui ne voulut pas se rendre sans avoir eu l'honneur de subir un siége. C'est alors seulement que le prince d'Orange, qui s'était avancé par la Bresse, se trouva en mesure d'entrer en Dauphiné. Il passa le Rhône au bac d'Anthon dans la journée du 9 juin 1430.

Anthon est situé sur la rive gauche du Rhône en face du confluent de l'Ain. La berge dauphinoise, peu élevée en cet endroit, forme le premier gradin d'un massif montueux et boisé qui s'étend en longueur du nord au midi. Du côté de l'ouest, c'est la plate plaine jusqu'à Lyon, sauf une arête étroite qui se détache du massif et qui finit bientôt en un promontoire couronné par le château de Puzignan. A une lieue derrière cette arête, sur le versant du massif, on voit le Colombier.

Reçu en grande révérence dans le château d'Anthon, le prince d'Orange, dès le lendemain de son arrivée, y tint cour plénière comme dauphin de Viennois, et à ce titre, il partagea entre ses fidèles les offices de la province. A ceux qui n'eurent rien dans cette distribution il promit monts et merveilles. Il parla de la présence des Français devant le Colombier comme du prélude d'un triomphe certain pour ses armes. L'extermination du ramas d'aventuriers que lui opposait le sire de Gaucourt serait d'autant plus facile, qu'ils auraient à se défendre du côté de la place qu'ils assiégeaient. L'important était de se hâter. Dès le lendemain matin, quoique le lendemain fût un dimanche et la fête de la Trinité, on marcherait à la délivrance du Colombier.

En guerre on a beau proposer; le plus souvent c'est la fortune qui dispose. Il arriva que la garnison du Colombier se rendit dans la nuit du samedi à ce même dimanche, qui était le 11 juin, de sorte que les Français, libres sur leurs derrières, purent se préparer à recevoir avec toutes leurs forces l'armée qui venait les attaquer.

Pendant qu'on réglait l'ordre de bataille, Rodrigue demanda que la conduite de l'avant-garde lui fût confiée. Il savait que ce commandement appartenait de droit au maréchal de Dauphiné; mais il espérait qu'on voudrait bien pour cette fois déroger à l'usage, en considération de sa qualité d'étranger et de la composition des troupes qu'il avait amenées avec lui. C'étaient des hommes de tous pays, qu'il importait de ne pas laisser un seul instant dans l'inaction. En les engageant tout d'abord, on n'aurait pas à craindre leurs écarts, et, si le malheur voulait qu'ils eussent le dessous, les Lombards et la chevalerie dauphinoise, qui formaient le reste de l'armée, pourraient, en se retirant à temps, conserver au pays le noyau d'une force nécessaire à son salut[1].

Le maréchal de Dauphiné était Imbert de Groslée, qui se trouvait joindre cette dignité au commandement du Lyonnais. Il essaya vainement de défendre sa prérogative ; le sire de Gaucourt décida, en vertu de son autorité de général en chef, qu'il serait fait selon le désir du capitaine espagnol. Rodrigue prit donc les devants et se mit en embuscade sur la lisière d'un bois qui, aujourd'hui encore, couvre presque tout le massif depuis Anthon jusqu'à une plaine creuse d'une lieue de large, en avant du Colombier.

L'ordre était que l'avant-garde s'appuierait sur les compagnies de Valette et d'un autre routier[2], composant la division de droite. Les Lombards, sous les ordres des deux capitaines piémontais Georges Boys et Borno de Caqueran, devaient se tenir à gauche et surveiller

[1] *Processus super insultu*, et Thomassin, *Registre delphinal*.

[2] « Vocatum *Vallete* et Petrum *Churro*, capitaneos ructarum ». *Processus super insultu*. Ce nom de Churro, qui a l'air espagnol, figure sous la forme française *Churre* au contrat de mariage de Rodrigue (ci-après, pièce XXV) ; c'est assurément le même qui a été lu *Charre* par M. Marcel Canat, dans une lettre du capitaine de Charolles, écrite au commencement de 1431, pour annoncer aux gens du conseil de Bourgogne, à Dijon, que ce Charre, en compagnie du bailli de Mâcon, de Rodrigue et de Valette, se préparait à envahir la Bourgogne. *Documents inédits pour servir à l'histoire de Bourgogne*, p. 315.

le charroi qui s'acheminait du côté d'Anthon, escorté d'un fort détachement d'infanterie. Le sire de Gaucourt et Imbert de Groslée prirent le commandement de la division du centre, où avait été mise la noblesse du pays. Ce corps se mit le dernier en marche pour occuper le milieu de la plaine.

L'armée ennemie, de son côté, s'avançait par le bois, croyant surprendre les Français. Le prince, détrompé par ses éclaireurs, dissimula son étonnement, et, afin de donner le change, envoya demander la bataille au gouverneur de Dauphiné.

Il allait, lui et les siens, déboucher dans la plaine, lorsque des traits volant de droite et de gauche l'avertirent que les fourrés entre lesquels on marchait n'étaient plus ceux d'une forêt déserte. Le trouble commença à se mettre dans les rangs par le fait des chevaux qui se cabraient quand ils étaient touchés. Rodrigue se présenta alors avec ses hommes-d'armes, la lance en arrêt. Le voilà poussant cette cavalerie qui se trouvait massée dans un chemin montant, entre deux rangées d'arbres qui valaient autant que des murailles. La position n'était pas tenable. Les orangistes rétrogradèrent pêle-mêle pour aller chercher d'autres issues, et c'est à la débandade qu'ils arrivèrent sur le champ de bataille, occupé déjà par l'ennemi[1].

[1] Je me conforme ici aux indications de Monstrelet, éclaircies par l'étude du terrain. Le témoignage du chroniqueur picard est que : « les Bourguignons venoient par mi ung bois, et ne se peurent bonnement du tout rassembler ne mettre en pleine ordonnance de bataille, pour ce que iceulx François les envayrent soubdainement et vigueureusement. » La chronique du ms. français, n° 23018, de la Bibliothèque nationale (fol.

Les Français, vu leur petit nombre, faisaient si peu d'effet dans cette vaste plaine, que le prince, ne pouvant pas croire que l'attaque viendrait de leur côté, ne mit aucune diligence à réparer le désordre des siens. Il laissa ce soin à ses chefs de corps, et s'arrêta à conférer la chevalerie à de jeunes seigneurs qui la demandaient. Cependant, les petits groupes qui composaient l'armée delphinale s'étant ébranlés arrivèrent en un clin d'œil, tant leur course fut impétueuse, devant les lignes non pas encore tout à fait formées de leurs adversaires. Pour que ceux-ci parvinssent à achever leurs dispositions, il ne fallut rien moins que la résolution héroïque d'un peloton de jeunes gens de la noblesse bourguignonne, qui mirent pied à terre en jurant de mourir plutôt que de reculer d'une semelle. Ces braves furent fidèles à leur serment ; mais le temps qu'on mit à les abattre ne suffit point aux autres pour réparer le défaut de leurs premiers mouvements. Ils furent rompus dès que les trois divisions françaises eurent opéré leur jonction.

A peine y avait-il une heure que l'action était commencée, et l'on assistait à une chasse plutôt qu'à un combat. Des cavaliers laissaient là cheval et armures. Les fantassins en faisaient autant de leurs arbalètes,

199, v°), dit plus brièvement : « Le prince d'Orenge... fu rencontré d'un cappitaine nommé Rodighe, lequel en un destroy le attendy et combaty. » La relation officielle, contenue dans le *Processus super insultu*, supprime les circonstances préliminaires et représente l'action comme une joute engagée en rase campagne entre deux partis parfaitement maîtres de leur terrain : ce qui efface complètement le rôle de Rodrigue, après qu'il a été annoncé d'une manière si solennelle par le débat sur le commandement de l'avant-garde.

de leurs épées, des maillets de plomb dont on les avait pourvus, pour briser les bassinets et les cuirasses sur le corps des Français[1]. Ce n'étaient que gens éperdus courant dans tous les sens, ceux-ci pour gagner le Rhône, ceux-là pour se cacher dans les blés ou dans les bois.

De très vaillants hommes, qui n'avaient jamais reculé devant l'ennemi, perdirent la tête et tournèrent bride comme les autres : ainsi le comte de Fribourg, qui était venu avec une compagnie de Suisses; ainsi le seigneur de Montagu-Neufchâtel, chevalier de l'ordre tout nouvellement créé de la Toison-d'Or, que les Anglais avaient élevé à la dignité de grand-bouteiller de France. Pour avoir cherché son salut dans la fuite, il fut dégradé de l'ordre[2], et alla mourir de chagrin en Terre-Sainte. Le prince d'Orange lui-même, atteint de plusieurs blessures et menacé de toutes parts, s'en remit à la vitesse de sa monture. Il arriva inondé de sang au château d'Anthon[3]. La garnison lui ayant déclaré qu'elle était décidée à se rendre, quoiqu'il y eût dans la place des munitions et des vivres pour y tenir deux ans, désespéré, il se déroba à la tombée du jour avec la résolution de traverser le Rhône. Le même cheval, qui lui avait sauvé la vie le matin, la lui sauva

[1] « Grossos malleos plumbeos deferentes, de quibus adduci dictus d. Ludovicus de partibus suis Burgundie septem mulos oneratos fecerat. » *Processus super insultu*, c. XXXI.

[2] « Attendu qu'il s'estoit trouvé en journée de bataille où cottes d'armes et bannières avoient esté desployées, et avoit procédé si avant jusques à combattre sans estre victorieux, mort ni prins, etc. » *Chronique de Jean Lefèvre de Saint-Remy*, ch. CLXX.

[3] « Arnesiis suis ac dextrario, ex sanguine et vulneribus sibi illatis rutilante, in colorem rubeum transmutatis, sic quod vix cognosci preter per suum destrarium poterat. » *Processus super insultu*, c. XXX.

encore dans cette traversée périlleuse. Il aborda sans nouvel accident à la rive bressane. On dit que, lorsqu'il mit pied à terre, prenant dans ses mains la tête du noble animal, il le baisait en pleurant et l'appelait son libérateur[1].

Quelle terrible disgrâce pour un homme puissant, qui avait si pompeusement annoncé sa victoire! Sa gloire était tournée en honte, et son assurance de la veille n'allait plus être aux yeux de tous qu'une ridicule forfanterie. Quatre mille hommes de belles troupes qu'il avait venaient de fondre devant une armée (si cela peut s'appeler une armée) plus faible d'un tiers pour le moins[2]. Cinq cents des siens avaient mordu la pous-

[1] *Aymari Rivallii de Allobrogibus, libri IX*, p. 514. Le héraut Berri affirme, contrairement à cette assertion, que le prince repassa le Rhône par le bac d'Anthon. Au témoignage de Jean Chartier, conforme à celui d'Aimar du Rivail, il faut ajouter celui d'un contemporain qui a annoté une petite chronique dont le ms. est à la Bibliothèque Sainte-Geneviève (n° 1155, fol. 28) : « Messire Ymbert de Groslée, lors bailly de Lyon, Jehan Vallecte, Rodigues et plusieurs autres lui furent si fiers et si asprement l'assaillirent, qu'il lui convint passer la rivière de Rosne sur ung coursier, à l'endroict de Montluel en Bresse. »

[2] Une estimation précise est impossible, parce que les nombres fournis par les textes ne s'appliquent qu'aux lances, et que l'effectif des lances a été variable. Le compte des orangistes est donné en ces termes dans le *Processus super insultu* : « In exercitu d. Ludovici erant septingenti vel circa, tam milites quam scutiferi, associati suis grossis famulis bene armatis, ultra balistarios, sagittarios et alios pedites, grossos malleos plumbeos deferentes,... sic quod in dicto exercitu erant et extimabantur esse mille et septingenti pugnatores et ultra electi. » Comme par *combattants d'élite* il faut entendre seulement les hommes d'armes et leurs coustilliers, il n'y a pas d'exagération à porter à un peu plus de deux mille le nombre des servants, piétons et gens de trait de toute sorte. Quant à l'armée française, je l'évalue à un peu moins de trois mille hommes, en prenant pour base le témoignage du héraut Berri : « Rodigues de Villandras avoit trois cens lances et les gens de traict avec luy estans, et ceulx du Daulphiné estoient deux cens lances du pays. » Les Lombards sont à compter en sus.

sière, deux cents s'étaient noyés dans le Rhône, on ne pouvait pas dire le nombre des prisonniers, et lui, désobéi, méconnu, abandonné, il fuyait tout seul, laissant aux mains de l'ennemi ses châteaux, son matériel de guerre et toutes ses enseignes. Son grand étendard de soie rouge et noire, où il avait fait appliquer un soleil d'or dardant ses rayons jusqu'au bout de l'étoffe, fut porté à Grenoble pour être suspendu dans la chapelle des dauphins. Sa bannière, aux armes de Chalon, de Genève et d'Orange, échut en partage à Rodrigue, qui l'envoya comme offrande à l'église de Valladolid où reposaient ses ancêtres[1].

Si la journée fut belle pour quelqu'un, c'est pour le capitaine espagnol. Sa contenance sur le champ de bataille fut celle d'un lion. Il promenait devant lui l'épouvante et la mort, et les groupes sur lesquels il se jetait semblaient perdre la force de se défendre. Sa perte fut d'un seul homme tué[2], tandis que le gain lui arriva sous toutes les formes. « Homme plein de malicieux engin, dit la *Chronique Martinienne*, il exploita merveilleusement en la défense, sans y oublier son profit[3]. » Hernando del Pulgar nous apprend en quoi le savoir-faire de son avisé compatriote se montra ce jour-là d'une manière si notable. Lorsque la bataille fut finie, il s'entendit avec un de ses prisonniers et se fit dire par lui, moyennant qu'il lui promit sa liberté sans rançon, les noms et qualités des autres captures

[1] Thomassin, *Registre delphinal.*
[2] *Processus super insultu.*
[3] Édition Vérard, fol. 276, v°.

que ses gens avaient faites. De cette façon, tous ceux qui lui furent désignés comme de grands seigneurs, il les acheta au comptant bien au-dessous du prix qu'ils valaient, pour les taxer au décuple une fois qu'il les eut en son pouvoir[1].

Entre ceux dont il fut trafiqué de la sorte, nous connaissons François de la Palud et Guillaume de Vienne, ou, pour les appeler par leurs noms vulgaires, Varambon et le sire de Bussy.

Varambon, chevalier bressan, passait pour le meilleur capitaine de la Savoie. La journée d'Anthon lui fut particulièrement funeste. Outre qu'il fut ruiné, sa mère ayant été obligée d'ajouter huit mille florins de bon or à tout le sien qu'il avait donné pour se tirer des mains de l'espagnol, il eut le visage ravagé par une si effroyable taillade, qu'il dut porter depuis lors un nez d'argent[2].

Quant à Bussy, il sut ce qu'il en coûtait d'être l'héritier du nom le plus illustre de la Bourgogne. Sa délivrance fut mise à un prix si élevé que, pour parfaire la somme, il fallut quêter partout. La famille était épuisée par ce genre de dépense : une rançon du père, quelques années auparavant, avait coûté soixante mille écus[3]. Le duc et la duchesse de Bourgogne consentirent à tendre l'escarcelle en faveur du prisonnier. La preuve des démarches accomplies par eux auprès du gouvernement anglais existe dans une lettre ré-

[1] *Pièces justificatives*, n° 1.

[2] Monstrelet, l. II, c. xcv; Guichenon, *Histoire de Bresse*, IIIe partie, p. 293.

[3] *Histoire généalogique de la maison de France*, t. VII, p. 800.

cemment découverte de la duchesse au cardinal de Winchester[1].

Après la bataille, les capitaines se séparèrent pour aller, chacun de son côté, réduire les places où l'ennemi avait compté trouver ses points d'appui. Rodrigue prit sa direction du côté de Lyon, comme s'il se proposait de porter la guerre en Bresse[2]. Il laissait dire dans son camp qu'il avait mission de punir le duc de Savoie de sa connivence avec le prince d'Orange, et tous les rapports des espions bressans représentaient l'irruption des routiers comme imminente. Mais le capitaine n'avait en vue que de déjouer un dessein qu'on attribuait au même duc de Savoie sur Belleville en Beaujolais, propriété de la maison de Bourbon que le duc de Bourgogne, qui en avait l'hommage, aurait vue volontiers passer en d'autres mains. La démonstration fut complétée par l'occupation de Belleville, où Valette alla se loger avec sa compagnie.

Lorsqu'il n'y eut plus d'inquiétude à avoir d'aucun côté, les capitaines se réunirent de nouveau pour fondre sur la principauté d'Orange, retournant contre le prince le fléau de l'invasion qu'il avait voulu faire tomber sur les pays du roi. Aussi bien lui avait-on entendu dire plus d'une fois qu'il regarderait Orange comme perdue, si on lui enlevait Anthon; et le sire de Gaucourt n'eut rien de plus pressé que de lui prouver qu'il avait prophétisé juste[3]. L'armée, grossie du mar-

[1] *Pièces justificatives*, n° v.
[2] Garnier, *Inventaire sommaire*, etc., t. III, p. 84.
[3] *Processus super insultu*, ch. xxxv.

quis de Saluces, du vicomte de Tallard, du seigneur de Grignan, et de maints autres voisins qui avaient de vieilles dettes à se faire payer, arriva sans obstacle au bourg de Saint-Florent sous Orange[1].

Cette position fut enlevée dès le premier jour par escalade, et le siége posé sur six points à la fois autour de la ville.

La ruine colossale du théâtre romain, qui émerveille tous ceux qui la voient pour la première fois, formait alors le noyau d'une citadelle imposante. Flanquée de tours sur tout son circuit, elle gagnait par des ouvrages avancés le sommet du mont contre lequel elle s'appuie. On l'appelait *Gloriette*, et Gloriette possédait tous les genres de défense dont un château féodal fût susceptible au moyen âge. A sa force réelle s'ajoutait le prestige des souvenirs, ou plutôt des récits fabuleux vulgarisés par les romans. C'est là qu'on plaçait le séjour de Guibour l'enchanteresse, une espèce d'Armide convertie à la foi chrétienne, qui avait aidé Guillaume au Court-Nez à s'emparer furtivement d'Orange, pour en partager la possession avec lui. Pendant une absence du héros, Guibour, avec les dames de la ville, avait tenu en échec devant les murs les armées de trente rois Sarrasins.

Sans s'inquiéter de ce que disait la chanson :

> Elle ne doute de France tot l'empire,
> Ne la prandrez à nul jor de vo vie[2],

[1] Joseph de la Pise, *Tableau de l'histoire des princes et de la principauté d'Orange*, p. 122.

[2] Junkbloet, *Guillaume d'Orange, chanson de geste*, t. I, v. 1761.

les vainqueurs d'Anthon investirent à la fois le château et la ville.

Pour défendre l'un et l'autre il n'y avait ni magicienne, ni paladins. Lorsque les habitants d'Orange virent l'ennemi de tous les côtés, ils se prirent à réfléchir que leur seigneur était bien loin, que les passages lui étaient fermés pour venir jusqu'à eux, enfin qu'il valait mieux crier vive le roi! que subir l'assaut de ces Français, qui gâteraient la ville, s'ils la prenaient de force, tandis que, reçus sans résistance, ils ne séjourneraient guère, et par leur retraite laisseraient à la population la liberté de se retourner comme elle voudrait. En conséquence, il y eut soumission et de la ville et du château (3 juillet 1430).

Les vainqueurs firent leur entrée aux acclamations de la foule, ne trouvant sur leur trajet que des visages avenants. Lorsqu'on fut arrivé à la grande salle du château, Gaucourt entouré des capitaines, comme un Charlemagne au milieu de ses pairs, se donna le plaisir d'instituer de nouveaux fonctionnaires et de recevoir les serments au nom de roi. Jonquières, Gigondas, Courthezon, et toute la principauté jusqu'au territoire du pape, se soumirent à l'exemple de la capitale.

Cette conquête fut un résultat brillant, mais peu durable, de la défaite du prince d'Orange. Aussi n'en parla-t-on guère en France; mais au contraire, la bataille d'Anthon, qui avait sauvé la couronne delphinale, fut l'objet de tous les discours, et pour plusieurs une consolation de la perte de Jeanne d'Arc; car il est à noter que la Pucelle fut prise devant Compiègne le jour même que les routiers s'éloignèrent d'Annonay pour prendre le chemin du Dauphiné. On sut partout la part considérable que Rodrigue de Villandrando avait eue dans la victoire; quelques-uns allèrent même jusqu'à lui en attribuer tout l'honneur[1]. Son nom, depuis cette journée, fut familier à tous les Français.

Par une distinction rare pour l'époque, il reçut le témoignage public de la reconnaissance de la province. Un vote des États du Dauphiné lui adjugea la propriété du château et de la châtellenie de Puzignan, confisqués pour forfaiture sur Alice de Varax[2]. C'est cette dame en effet qui avait ouvert le château aux orangistes sur qui Rodrigue eut à le reconquérir[3].

On ne peut pas douter que Charles VII n'ait accueilli avec une satisfaction extrême la nouvelle de la victoire remportée par ses armes. Une autre personne qui ne dut pas moins s'en réjouir fut le seigneur de la Trémoille.

Investi d'un pouvoir de plus en plus absolu sur la direction de toutes les affaires, ce favori portait lourdement la responsabilité d'une suite de revers essuyés depuis qu'il avait mis Jeanne d'Arc à l'écart, de sorte que la défaite du prince d'Orange, quoiqu'il n'y eût

[1] Ms. 23018 de la Bibliothèque nationale cité ci-dessus, p. 46. La chronique de Metz, publiée par Don Calmet, dit également : « En celle année fu vaincus le princeps d'Orange par Rodigo, ung capitainé de France. » *Histoire de Lorraine*, t. II, pr. col. 207.

[2] « La plassa et terra de Pusignac en el Dalfiné, que le fu ballea et dounaa per les trois Estatz du Dalfinea et confirmea per le roy et le daulphin. » Ci-après, pièce n° LXXXIV.

[3] Ci-après, *Pièces justificatives*, n° VI.

contribué en rien, lui servit à justifier sa politique. Il sut même y puiser l'audace et la force de se débarrasser, par un coup d'État, de plusieurs familiers du roi qui lui portaient ombrage[1]. Un service de cette importance rendu au monarque et à son ministre semblait appeler une récompense peu commune. Cependant on ne voit pas que Rodrigue de Villandrando, après la victoire d'Anthon, ait reçu autre chose que le titre d'écuyer de l'écurie du roi.

L'usage était d'accorder cette dignité aux débutants dans la carrière militaire, que le gouvernement avait l'intention de s'attacher. Elle était de très-petit rapport. Elle avait pour plus clair avantage de donner entrée à la cour. Or la cour n'était pas un lieu que notre capitaine eût l'envie de fréquenter. Il n'entendait pas briguer par des courbettes ou par des intrigues les faveurs que ses prouesses ne lui rapporteraient pas d'emblée. Il était de l'école du vieux compagnon que Jean de Beuil a mis en scène dans son roman du *Jouvencel*. A un adolescent qui lui demande s'il ne ferait pas bien de commencer sa carrière par un voyage en cour, le vétéran répond : « Ha! voulez-vous jà aller faire la beste! Ha! beau sire, puisque vous avez voulenté d'estre homme de guerre, ne vous vault-il pas mieux d'estre monté et armé à vostre adventure pour la guerre, que d'aller à la court prier le roy ne faire l'ennuyeux après les seigneurs, despendant vostre argent et perdant temps, comme font plusieurs qui ne sçauroient vivre, qui ne

[1] Arrestation et mise en jugement d'Antoine de Vironne, André de Beaumont et Louis d'Amboise, au mois d'août 1430.

leur donneroit[1]. » En effet des hommes habitués comme ceux-là à rechercher le péril en plein air n'étaient pas propres à faire faction dans les antichambres, et ils savaient trop bien prendre pour s'abaisser au rôle de quémandeurs.

Un point reste obscur. Rodrigue, si peu rémunéré de ses services, si fermement résolu à ne jamais échanger le séjour de son camp contre celui de la cour, Rodrigue ne laissa pas cependant que de mettre sa personne et son épée au service de M. de La Trémoille. Il se lia avec ce seigneur comme s'il lui eût été redevable de beaucoup, et même au risque de compromettre l'amitié que lui avait témoignée jusque-là le comte de Pardiac. Quel peut avoir été le motif de cet attachement? je l'ignore, mais j'en vois très-bien la conséquence, qui fut l'impunité assurée aux routiers pour tous les désordres auxquels ils se livrèrent tant que M. de la Trémoille resta au pouvoir.

Rodrigue, en vertu du titre dont il venait d'être décoré, fut incorporé de nouveau dans l'armée royale. On le chargea, conjointement avec Imbert de Groslée, de la défense de la frontière bourbonnaise. Depuis le mois de septembre 1430, ils ne cessèrent de courir en avant de leurs lignes, faisant tout le mal possible aux Bourguignons du Charolais et du Mâconnais. Leurs ravages s'exercèrent principalement sur les terres de l'abbaye de Cluny, qui furent soumises au régime de l'occupation armée par la prise de Mazille, Pierre-Clos, Bois

[1] Analyse du Jouvencel, par M. P. Paris, *Les manuscrits françois de la Bibliothèque du roi*, t. III, p. 136.

Sainte-Marie et Sancenay. Le pays était gagné, si les capitaines avaient pu s'emparer de Cluny et de Paray-le-Monial; mais ils tentèrent sans succès le siège de ces deux villes[1].

Bientôt ils furent forcés de se tenir strictement sur la défensive, par l'arrivée d'un puissant renfort envoyé de Dijon sous la conduite du vicomte d'Avallon et du prince d'Orange, le vaincu d'Anthon, à qui le duc Philippe voulut procurer l'occasion de racheter sa défaite[2]. Pour seconder ces deux grands seigneurs, un troisième capitaine, supérieur par le talent, fut appelé de la Charité-sur-Loire, qu'il tenait contre les Français depuis le commencement de la guerre. Il est célèbre dans les chroniques sous le nom de Perrinet Grasset. Son véritable nom fut Gressart. Il était maçon de son état[3]; les événements le rendirent homme de guerre. En 1431 il portait le titre d'écuyer et de panetier de la maison de Bourgogne. Il fit de Montcenis son centre d'opérations pour la défense de Charolais[4].

Rodrigue, retranché de l'autre côté de la Loire, sut protéger à distance les places dont on s'était emparé,

[1] Marcel Canat, *Documents inédits*, etc., pp. 200, 304, 308; Garnier, *Inventaire sommaire des archives de la Côte-d'Or*, t. II, p. 5.

[2] Quatrième compte de Mahieu Regnault, parmi les comptes de la maison de Bourgogne, aux Archives de la Côte-d'Or, fol. 114, verso; Marcel Canat, *Documents inédits*, etc., pp. 304, 309, 312.

[3] *Chronique des Cordeliers*, ms. fr. n. 23018 à la Biblioth. nation., fol. 446, v°, *ad ann.* 1423 : « En ce temps fu prinse La Charité sur Loire par sublivelé et sans deffense par ung nommé Perrinet Crasset, *machon* et capitaine de gens d'armes de la partie des Bourguignons. »

[4] Cinquième compte de Mahieu Regnault, fol. 99, aux Archives de la Côte-d'Or. Le titre de panetier du duc de Bourgogne lui était déjà attribué en 1428. Cf. Lecoy de la Marche, *Titres de la maison ducale de Bourbon*, t. II, p. 238.

et par de fausses démonstrations tenir les Bourguignons en échec pendant plus de six mois. L'un de ses stratagèmes fut de faire croire à une jonction concertée entre lui et Barbasan, qui guerroyait alors en Champagne pour le duc de Bar, allié du roi de France. L'ennemi fut longtemps paralysé par la surveillance à laquelle cette feinte l'obligea[1]. A la fin, un hardi coup de main exécuté au profit du parti bourguignon ayant contraint notre capitaine à diviser aussi ses forces, l'avantage conservé jusque-là fut perdu.

On n'a pas oublié ce Varambon, qui paya si cher l'échauffourée du prince d'Orange. Dès qu'il fut rendu à la liberté, il ne songea qu'à réparer son désastre par la première belle prise qui se présenterait à faire.

Nous avons dit qu'il avait été ruiné par l'acquittement de sa rançon. Il l'était au point qu'on manquait de tout dans son château de Varambon, et que sa fille, qui vivait à l'abandon dans cette résidence, n'avait pas de quoi s'habiller pour sortir[2].

Le duc Philippe lui ayant confié d'abord la défense de Mâcon, il se comporta dans cette ville en vrai chef

[1] « A Martin Lourdain, le viij[e] jour dud. mois de décembre, la somme de six frans pour aller, lui vingtiesme de hommes d'armes, sur les marches de la rivière de Loire, où l'en disoit estre Rodigue et autres ennemis à grant compaignie pour venir devers le dit Barbasan. » Des commissions semblables furent données depuis le 19 novembre 1430, sans que Rodrigue soit spécifié parmi les ennemis qui les motivaient, mais avec l'indication que Barbasan assiégeait alors le château de Chappes. *Quatrième compte de Mahieu Regnault*, fol 140 et 143, r°.

[2] « Dépense du bailli de Bresse, qui était allé en armes avec quelques chevaliers à Varambon pour y prendre la fille de Varambon et la conduire à sa grand-mère, Aynarde de la Baume. Cette commission ne put être exécutée, parce que la jeune fille fut trouvée dépourvue de vêtemens et presque nue. » Garnier, *Inventaire sommaire*, etc., t. III, p. 85.

de routiers. On l'en retira sur la plainte des habitants[1]. C'est alors qu'il prépara, on dit avec l'approbation du gouvernement anglais, le coup qui devait lui rendre, à son calcul, l'équivalent de ce qu'il avait perdu.

Ayant ses propriétés en Bresse, il connaissait l'état du pays des Dombes, dépendance de la couronne ducale de Bourbon, mais dépendance défavorablement placée à cause de son isolement sur la rive gauche de la Saône. Sans tenir compte de la paix qui s'était rétablie entre le duc de Bourbon et le duc de Savoie, lui, vassal de la Savoie, mais plus bourguignon que bressan, il trouva légitime de porter la guerre dans les Dombes. En conséquence, il réunit une armée de pillards qu'il amena sous les murs de Trévoux dans la nuit du 18 mars 1431. La ville, où l'on ne s'attendait à rien de pareil, fut prise par escalade. Le vainqueur, après l'avoir livrée au pillage, s'y établit fortement, bien qu'il n'eût pas pu s'emparer du château[2]. Le prince Charles de Bourbon n'eut pas assez de sa noblesse pour le chasser de là. Il lui fallut l'assistance d'une partie des routiers[3]. Il en résulta que, pendant qu'on recouvrait Trévoux, on fut obligé d'évacuer les places conquises du Mâconnais et du Charolais. Dans toute cette région il ne serait pas resté aux Français un seul pouce de terrain, si quelques-uns, au cours de la retraite, n'eussent trouvé l'occasion de se saisir de Mar-

[1] Marcel Canat, *Documents inédits*, etc., p. 202-204.

[2] Aubret, *Mémoires pour servir à l'histoire de Dombes*, t. III, p. 555; Costa de Beauregard, *Souvenirs du règne d'Amédée VIII*, p. 79, et les pièces justificatives du même ouvrage, p. 228 et 233.

[3] Garnier, *Inventaire sommaire*, etc., t. III, p. 85.

cigny et d'y mettre une garnison que tous les efforts des Bourguignons ne parvinrent point à déloger.

A la suite de ces revers il fut question d'un retour offensif. L'armée bourbonnaise était à Charlieu au mois d'avril 1431 avec les bandes de Rodrigue et de Valette au grand complet, avec six chariots d'artillerie[1]. On s'attendait à la voir entrer en campagne, et déjà Fermoso, poursuivant d'armes du castillan, était allé porter le défi de son maître au prince d'Orange et à Varambon[2], lorsque le Forez fut bouleversé par une explosion de communisme.

Avoir à payer contribution sur contribution, et pour si peu de résultat, lorsque tant de privilégiés échappaient aux charges dont le pauvre monde était écrasé, avait exaspéré les populations d'entre la Loire et le Rhône. Une fermentation dangereuse s'était manifestée dès le temps de la mort du feu roi. A plusieurs reprises, pendant les dix dernières années, la force publique dut être employée, autour de Lyon, à disperser des rassemblements excités par des prédicateurs de robe courte, qui remontraient que la malédiction prononcée contre Adam avait atteint tous les hommes, sans exception de nobles ni de clercs; que chacun était tenu de gagner son pain à la sueur de son front; qu'il ne fallait plus de seigneurs, et qu'un seul prêtre suffirait pour le service de chaque paroisse[3].

[1] Marcel Canat, *Documents inédits*, etc., pp. 308, 316; Garnier, *Inventaire sommaire*, t. II, p. 5.

[2] Marcel Canat, *Documents inédits*, etc., p. 315.

[3] Pierre de Saint-Julien de Baleurre, *De l'origine des Bourgongnons*, p. 176; Lettre d'Imbert de Groslée au conseil de ville de Lyon (8 juin 1422), aux Archives communales de Lyon, AA, 82.

Ces doctrines, propagées dans les montagnes du Forez et du Velay, aboutirent à un éclat d'une violence extrême. L'historien De la Mure a mentionné cette perturbation sans en dire autre chose, sinon qu'elle fut l'ouvrage « de bandits qui étaient de la secte dont il est parlé au troisième tome des Conciles, lesquels, soutenant qu'il ne devait point y avoir d'inégalité de condition parmi les hommes, s'attaquaient aux gens d'église et aux nobles, assaillaient les chasteaux et maisons fortes, et y faisaient des hostilités épouvantables[1]. »

Le même écrivain ajoute que ces insurgés furent taillés en pièces par la noblesse forésienne. On peut hardiment donner pour auxiliaires aux nobles de Forez ceux du Bourbonnais et les routiers de Rodrigue, c'est-à dire toute l'armée réunie à Charlieu, laquelle fut empêchée par cet incident de servir à l'objet en vue duquel elle avait été formée. Outre la levée d'un impôt extraordinaire dont le capitaine espagnol eut sa part[2], un autre indice que les routiers contribuèrent à la répression est dans ce fait que, vers ce temps-là, ils se transportèrent, en remontant la Loire, jusqu'à la limite du Forez et du Velay.

[1] *Histoire des ducs de Bourbon et des comtes de Forez*, l. III, c. xvi (t. II, p. 147).

[2] « Notice des sommes payées à Georges Boix, à Rodrigo, au comte de Clermont, à Guichard de Marzé seigneur de Greysieu, et autres, sur les impôts levés en Forez au mois de septembre 1431 et au mois de juin 1432. » Lecoy de la Marche, *Titres de la maison ducale de Bourbon*, t. II, p 219. La pièce est au registre P 1402² des Archives nationales, cote 1328, et l'article qui concerne Rodrigue est ainsi conçu : « *Item* de l'impost, et le doublet, et commissions par nous faictes de la somme de vijᵉ treize escus pour Rodigo, ou moys de novembre l'an dessusdit mil cccc xxxj. »

Sur une sinuosité du fleuve qui séparait autrefois les deux provinces, comme elle sépare encore aujourd'hui les deux départements de Loire et Haute-Loire, se présente en amphithéâtre le pittoresque village d'Aurec. L'église est des plus anciennes de la contrée. On y voyait autrefois, plantée dans l'un des battants de la porte, une bossette en cuivre doré, au sujet de laquelle se débitait un conte qui doit trouver sa place ici, car Rodrigue en est le héros.

Ce seigneur espagnol, disait-on, étant venu à Aurec, entra dans l'église sans daigner mettre pied à terre. Il ne descendit de cheval que lorsqu'il fut au sanctuaire, et là, pour mettre le comble à son insolence sacrilège, il attacha sa monture après une statue de saint Pierre, qui décorait l'autel. Le châtiment ne se fit pas attendre. Le cheval entra en fureur et commença à faire de tels sauts, que son maître remonta dessus pour en venir à bout. Mais il n'y eut bride ni frein qui tinssent. L'animal s'élança de pleine course jusque dans la Loire, où il noya son cavalier. Le corps de Rodrigue fut repêché à Cornillon en Forez. Quant au cheval, il sortit du fleuve sain et sauf, et la bossette de son mors fut consacrée dans l'église d'Aurec en mémoire du jugement de Dieu, dont il avait été l'exécuteur[1].

L'histoire n'a rien à démêler dans cette légende, si ce n'est l'expression d'un sentiment populaire qui n'est pas en faveur de la piété de notre capitaine. Sa destinée n'était pas de périr noyé, ni de payer si chère-

[1] De la Mure, *Histoire des ducs de Bourbon*, t. II, p. 117.

ment une irrévérence, lui à qui il fut permis de commettre impunément, pendant une trentaine d'années qu'il séjourna dans notre pays, tous les excès imaginables.

Des actes nous ont conservé la mémoire d'une dévastation commise auprès de Montbrison, qui semble bien se rapporter encore au soulèvement du Forez.

Une montagne isolée, appelée à cause de sa configuration Saint-Romain le Puy, se présentait avec un triple étage de fortifications : au sommet un redoutable château protégeant un prieuré de bénédictins, au milieu une enveloppe de murailles élevées pour la défense du bourg, tandis qu'au bas une autre muraille circonscrivait une première enceinte ou basse-cour, qui était en temps de guerre le refuge des habitants de la campagne.

Dans un moment où cette basse-cour était pleine de fugitifs, les gens-d'armes de Rodrigue fondirent dessus. Ils dispersèrent les hommes, firent proie des provisions et du bétail, et laissèrent les lieux dans un état de délabrement que d'autres compagnies, venues après eux, changèrent en destruction complète. La relation n'ajoute rien de plus, sinon que la population rurale, qui commençait à reparaître en 1433, demanda pour sa sécurité le rétablissement du refuge de Saint-Romain [1].

C'est au cours de ces obscures opérations, le 7 mars 1431, que notre capitaine reçut enfin la concession en règle de la seigneurie de Puzignan [2]. L'acte

[1] *Pièces justificatives*, n° XXV.
[2] *Pièces justificatives*, n° VI.

royal qui consacra ses droits sur cette propriété ne dit rien du don qui lui en avait été fait, ou du moins qui avait été proposé pour lui, par les États du Dauphiné. La chose est présentée comme une faveur venant de l'initiative du prince. Les us monarchiques voulaient qu'il en fût ainsi. Peut-être même auraient-ils exigé que la motion des députés dauphinois fût regardée comme non avenue; mais en temps de calamité on passe par-dessus les principes. Il est permis de croire que Rodrigue de Villandrando, très-irrégulièrement remboursé de ses frais de guerre, criait famine, et qu'afin de lui faire prendre patience on lui lâcha d'abord ce morceau qu'il avait le droit de réclamer comme sien. Bientôt, sur sa menace de mettre le Languedoc au pillage (menace à laquelle il donna un commencement d'exécution par l'invasion du Rouergue[1]), on lui procura un supplément de quatre mille écus qui lui furent alloués par la province[2]. Enfin on prit le parti de l'envoyer contre les Anglais de la Guienne, afin de leur reprendre les châteaux de Saint-Exuperi et de Charlus, d'où ils désolaient le Limousin[3]. La suite des événements donne à penser qu'à cette mission en fut ajoutée une autre, qui consistait à faire payer cher son passage à des seigneurs dont avait à se plaindre le ministre omnipotent. Il faut savoir que M. de la Trémoille revendiquait en ce temps-là la succession du comté d'Auvergne,

[1] *Pièces justificatives*, n° VIII.

[2] Jolibois, *Inventaire sommaire des archives communales d'Albi*, p. 12, à la date du 20 août 1431.

[3] Inventaire manuscrit des Archives communales d'Ussel rédigé en 1719. Communication de M. Paul Huot.

qu'il prétendait lui être échue du chef de sa défunte femme, Jeanne de Boulogne.

Rodrigue prit le chemin de la Basse-Auvergne au temps de la récolte, qui était la bonne saison pour les routiers. Il menait avec lui ses associés Andrelin et Chapelle, ayant renvoyé Valette dans les Cévennes. Aux environs de Montpensier, il fait exécuter une battue générale, et tous les gens de la campagne qu'on lui arrête, il les emmène en captivité. Alors la province s'émeut. Jean de Langeac, sénéchal d'Auvergne, lui envoie des propositions d'accommodement, puis vient le trouver lui-même avec un banquier de Clermont pour fixer à l'amiable le chiffre du patis. Les villes joignent leurs soumissions aux politesses du sénéchal. Elles envoient des présents pour se recommander, généreuses à tout prix, même jusqu'à commettre des violences afin de se procurer plus vite les objets qu'elles destinent au terrible capitaine. On trouve que les consuls d'Ambert lui offrirent un cheval qu'ils avaient pris de force au bailli d'Alègre[1].

En vertu d'une délibération prise par les États d'Auvergne en 1430, la province, de concert avec celles de Bourbonnais, Beaujolais et Forez, avait créé pour la défense commune un comité de cinq personnes, qui devaient avoir le maniement d'un fonds spécial destiné à entretenir un contingent fixe d'hommes-d'armes et de fantassins. On était convenu que l'argent serait conservé avec toutes les précautions d'usage en ce temps-là, c'est-à-dire mis dans un coffre fermé de cinq serrures

[1] *Pièces justificatives*, n° x.

(autant qu'il y avait de commissaires), et que chacun de ceux-ci en garderait une clé[1]. Si ce coffre fût bâti, il ne reçut pas l'emploi auquel on l'avait destiné, puisque nous voyons, au bout d'un an, la province surprise n'avoir pas un soldat à opposer à ses envahisseurs.

De l'Auvergne Rodrigue passa en Limousin, ayant licence d'aller compléter sa moisson sur les terres de la maison de Ventadour, dont était la comtesse titulaire d'Auvergne, celle avec qui La Trémoille se trouvait en compétition. La ville d'Ussel, capitale du comté de Ventadour, éloigna la menace d'un siège en payant une contribution qu'elle ne put parfaire qu'à force d'emprunts. Nous avons les pièces d'un règlement de compte daté de 1431. Elles constatent que le comte de Ventadour avait prêté sa vaisselle d'argent pour aider ses sujets à se racheter. La malheureuse ville ne s'était pas encore libérée en 1439[2].

Les bandes, poursuivant la campagne qui leur avait été tracée, réussirent-elles à délivrer le Limousin de la présence des Anglais? On serait tenté de le croire quand on voit leur chef, à peu de temps de là, gratifié d'une seconde seigneurie. Le 3 avril 1432, Rodrigue reçut, à titre de propriété transmissible seulement à sa descendance masculine, le château et la châtellenie de Talmont-sur-Gironde[3]. C'était là un domaine d'une véritable importance par son étendue et par la station maritime qui en dépendait, une récompense à la hauteur d'une

[1] De la Mure, *Histoire des ducs de Bourbon*, pr. t. III, p. 196.

[2] Paul Huot, *Les archives municipales de la ville d'Ussel* (In-4°, Ussel, 1856).

[3] *Pièces justificatives*, n° XII.

action d'éclat. Toutefois les considérants de l'acte de donation n'allèguent point de succès récent obtenu sur l'ennemi. La seule raison qui soit mise dans la bouche du roi, c'est qu'il entendait que Rodrigue « fût désormais son homme, et plus astreint à le servir » : langage étrange, et plus digne d'un chef de parti que d'un souverain. Il fait penser aux factions qu'une détestable politique avait déchaînées de nouveau sur le royaume, après le beau mouvement de concorde qui fut l'œuvre de Jeanne d'Arc.

Lorsque, par suite des conquêtes nouvellement effectuées, on avait à se défendre sur une plus grande étendue de frontières, quatre guerres civiles étaient engagées ou menaçaient à l'intérieur : guerre pour la possession du pouvoir entre La Trémoille et les princes de la maison d'Anjou; guerre pour des intérêts de famille entre le duc d'Alençon et le duc de Bretagne; guerre de voisins qui ne se pouvaient pas souffrir entre le comte de Foix et le comte d'Armagnac; guerre entre les prélats et la noblesse des diocèses de Mende et du Puy. La cause de cette dernière est inconnue; mais on sait que des voies de fait avaient eu lieu dès le commencement de 1432, et que les deux partis ne négligeaient rien pour se mettre aussi promptement que possible sur le pied de guerre[1].

Nous ignorons trop de choses pour voir clair dans ce trouble universel. Tout ce qu'il est possible de discerner au sujet de Rodrigue, c'est le voyage d'un de ses écuyers, députté par lui comme ambassadeur auprès du

[1] Vaissete, *Histoire de Languedoc*, t. IV, p. 480.

duc de Bretagne[1]; c'est la présence de son associé Chapelle dans une armée qui combattait en Poitou sous la bannière de Bretagne, tandis qu'au contraire le bâtard de Bourbon, l'un de ses meilleurs amis, défendait le duc d'Alençon dans Pouancé[2]; c'est enfin une marche exécutée par Rodrigue en personne sur le Gévaudan.

Il n'eut pas le temps de se faire sentir à cette province. Outre que le conflit sur lequel il avait compté fut évité par l'effet d'une habile négociation, un ordre du roi l'appela dans le nord pour prendre part à une entreprise de première importance. Mais, avant de raconter cette nouvelle expédition, il faut parler d'une distinction que l'heureux aventurier venait de recevoir de son pays, et qui lui assigna un rang à part entre tous les capitaines de routiers.

On a vu que la sœur de Pierre de Villaines, grand-mère de Rodrigue de Villandrando, avait plaidé sans succès pour établir le droit de sa descendance à une portion du comté de Ribadeo[3]. La terre, dans son intégrité, et le titre, furent confirmés par le roi de Castille Henri III à l'acquéreur, qui était don Ruy Lopez d'Avalos[4], l'un de ses chambellans dont il ne tarda pas à faire son connétable. Ruy Lopez fit mauvaise fin,

[1] « A un escuier de Rodigo de Villandras, nommé Le Begue, venu vers le duc en ambassade à Moncontour de par son maistre. » Ordonnancement du 17 juillet 1432, extrait des *Comptes de Bretagne*, mss. français de la Bibl. nat., n° 11542, fol. 23.

[2] Guillaume Gruel, *La vie du connétable de Richemond*, dans Godefroy, p. 758; Lobineau, *Histoire de Bretagne*, t. I, p. 590.

[3] Ci-dessus, p. 6.

[4] Esteban de Garibay, dans la *Revista europea* de 1876, t. VII, p. 214.

comme c'est assez l'usage des grands favoris. En 1423 le roi Juan II le chassa de sa cour, dépouillé de toutes ses dignités et seigneuries, de sorte que sa chute remit à flot les espérances conçues jadis par les collatéraux de Pierre de Villaines. Or Rodrigue, qui était l'un des héritiers de ces prétentions, ne tarda pas à s'illustrer en France, et le bruit de ses exploits passant en Espagne plaida pour lui beaucoup mieux que les droits problématiques invoqués par sa famille. Toutefois il ne parvint à obtenir l'objet de sa poursuite qu'en forçant la main au roi don Juan.

Ce monarque ayant songé un moment, d'après les conseils de son nouveau connétable, Alvaro de Luna, à entraver les projets du roi d'Aragon sur le royaume de Naples, conçut pour cela un plan d'invasion auquel Rodrigue de Villandrando aurait coopéré en attaquant le Roussillon avec ses compagnies. Pour cette entreprise on comptait aussi sur le comte d'Armagnac, parce qu'il tenait par les liens du sang à la maison de Castille, et encore plus à raison de son inimitié bien connue contre le comte de Foix, qui, lui, se trouvait dans les relations les plus intimes avec le roi d'Aragon. Mais le roi d'Aragon, qui était alors cet illustre Alfonse qu'on a surnommé le Magnanime, eut connaissance de l'agression projetée contre ses États, et le secret ne lui en fut pas plus tôt découvert qu'il envoya des ambassadeurs en France, les uns pour tâcher de réconcilier par un mariage les maisons d'Armagnac et de Foix, les autres pour agir en sa faveur sur l'esprit de Rodrigue. La démarche réussit complètement auprès de ce dernier, qui alla jusqu'à promettre au roi Alfonse de le servir envers et contre tous, sauf cependant le roi de Castille. C'est le cadet de Villandrando, Pierre de Corral, qui porta cet engagement de la part de son frère[1].

Lorsqu'on fut informé de cela à la cour de Castille, Alvaro de Luna ne se donna plus de repos qu'il n'eût rompu entre les mains du roi d'Aragon les alliances que ce prince croyait tenir de ce côté-ci des Pyrénées. La concession du comté de Cangas de Tineo au comte d'Armagnac, et celle du comté de Ribadeo à Rodrigue de Villandrando, consommèrent ce coup de politique[2].

Ces évènements se passaient en 1431. Il faut qu'il y ait eu pour notre capitaine de longues formalités à remplir, peut-être l'obligation d'un voyage en Castille et dans les Asturies, où est situé Ribadeo, qui l'empêchèrent d'entrer immédiatement en possession de la dignité qui lui était échue. C'est seulement à partir du mois de juillet 1432 qu'il s'intitula, dans les actes, comte de Ribadeo, et quelquefois de Ribedieu, qui est la forme francisée du nom espagnol[3].

Rodrigue venait donc de lever bannière de comte, lorsqu'il reçut cette commission qui l'éloigna du Gévaudan. Charles VII lui enjoignait de se rendre à Orléans pour effectuer dans cette ville sa jonction avec le bâ-

[1] Çurita, *Anales de la corona de Aragon*, l. XIII, c. LXXI.

[2] *Centon epistolario del bachiller Fernan Gomez de Cibdareal*, p. 63; Alvar Garcia de Santa-Maria, dans les annotations de M. Jimenez de la Espada aux *Andanças e viages de Pero Tafur*, p. 545. Le témoignage de ces deux auteurs, confirmé par les actes, annule celui de Fernan Perez de Guzman et de Hernando del Pulgar, qui ont placé la concession du comté de Ribadeo à l'an 1439.

[3] Ci-après, *Pièces justificatives*, n°s XIII, XXXIV, etc.

tard d'Orléans, le sire de Gaucourt, le maréchal de Rais et l'aîné Xaintrailles [1]. Il s'agissait d'aller affronter, dans son camp défendu par dix mille hommes, le duc de Bedford, c'est-à-dire la science militaire personnifiée, l'homme dont le talent seul prolongeait la durée de la domination anglaise sur le continent.

Ce grand capitaine faisait alors assiéger, lui présent, la ville de Lagny, où une garnison française s'était maintenue depuis le temps de la Pucelle. Les assiégés, travaillés depuis six mois et manquant de vivres, allaient se rendre. Il fallait à tout prix leur faire parvenir les moyens de prolonger leur résistance, si l'on ne voulait pas voir se relever Paris, le Paris anglo-bourguignon, que l'occupation de Lagny tenait en détresse.

Rodrigue ne vint pas au rendez-vous qui lui avait été assigné sans laisser çà et là des traces de son passage. Un contemporain prétend qu'il menait cinq mille combattants à sa suite [2]. Un de ses détachements, traversant Pontlevoy, mit à rançon l'abbé du lieu après l'avoir dévalisé [3]. C'étaient là peccadilles de routiers, sur lesquelles on ferma les yeux en considération de l'excellente avant-garde que ces hommes allaient fournir à l'expédition.

[1] Monstrelet, l. II, ch. CXXI (t. V de l'édition Douët d'Arcq).

[2] « Le bastart d'Orléans en la compaignie de pluiseurs capitaines.... avec six mille combattans, et Rodigue de Villendras qui avoit aussi bien dessoubz lui en sa compaignie cinq mille combattans. » *Chronique des Pays-Bas, de France, d'Angleterre et de Tournay*, dans le Recueil des chroniques de Flandre, publié par M. de Smet, t. III, p. 418.

[3] Ci-après, *Pièces justificatives*, n° XIV.

La Seine passée à Melun, les capitaines s'avancèrent vers Lagny.

Lorsqu'on marche dans cette direction, on arrive tout près de Lagny sans l'apercevoir, parce qu'on a devant soi un coteau au revers duquel la ville est adossée. Mais ce coteau ne se prolonge qu'à un quart de lieue sur la gauche, de sorte qu'il laisse ouverte la prairie de la Marne, et c'est par là qu'on tourne pour gagner la ville, après avoir traversé un ruisseau qui va du coteau à la rivière. Si le camp des Anglais eût été établi sur ce point, le ravitaillement de Lagny était impossible; mais le duc de Bedford, s'attendant à être attaqué par la Champagne plutôt que par la Brie, s'était posté en amont dans la direction opposée. Ce fût une première erreur de calcul, qui fut suivie d'une seconde en ce que le duc jugea qu'il aurait à soutenir une bataille, et qu'il prit toutes ses dispositions en conséquence.

Le plan des Français était d'éviter la bataille, tout en feignant de la vouloir livrer. Ayant passé la nuit dans le village de Gouverne, à la source du ruisseau dont on a parlé tout à l'heure (on l'appelle à cause de cela le Ru de Gouverne), ils se partagèrent dès le lever du soleil en trois corps, dont deux devaient menacer le camp anglais, tandis que le troisième, composé des routiers sous le commandement de Rodrigue, se lancerait dans la prairie de la Marne pour introduire dans la place, par une porte qui était là, un convoi de vivres et de munitions.

A peine ce mouvement eut-il été aperçu du duc de Bedford, qu'il forma aussi son armée en trois corps dont chacun s'avança à la défense des points menacés. L'avantage du nombre n'était pas du côté des Anglais, à cause des hommes laissés pour la garde du camp et des lignes du siège: aussi le duc avait-il résolu de n'en venir à une action générale qu'autant qu'elle serait engagée par l'ennemi. Il commandait une partie de la chevalerie qui allait faire face à ce que nous pouvons appeler les réguliers français; le capitaine détaché sur la droite, afin de barrer le passage au castillan, fut l'ancien instituteur de celui-ci, le maréchal anglo-bourguignon Villiers de l'Isle-Adam[1].

Est-ce une combinaison fortuite, est-ce une provocation comme on s'en faisait alors à la veille des batailles, qui mit ainsi en présence le maître et le disciple? Les chroniqueurs n'en disent rien, mais ce qu'ils laissent voir très clairement, c'est que l'action décisive de la journée se passa entre ces deux capitaines, tandis que sur les autres points il n'y eut que des feintes ou des escarmouches.

L'engagement commença sur le Ru de Gouverne. Là le combat fut une mêlée opiniâtre. Longtemps on vit les deux partis gagner, perdre, ressaisir la rive opposée, et cela, tous les deux à la fois, ondoyant l'un sur l'autre, reculant ici, avançant là. Enfin l'effort des routiers l'emporta; les Anglais, culbutés et dispersés, leur abandonnèrent la possession de la prairie, où Rodrigue refit bien vite son corps de bataille pour courir aux lignes des assiégeants et les traverser; car cette partie de la besogne restait à faire.

[1] Monstrelet, l. II, ch. cxxi (t. V, p. 31).

Pendant le combat qui venait d'avoir lieu, les Anglais postés devant la ville avaient pris l'offensive contre les assiégés, et s'étaient emparés d'une forte redoute établie devant la porte par où devaient entrer les Français. L'étendard d'Angleterre, arboré sur ce point[1], portait au loin l'annonce d'un succès qui aurait été de grande conséquence, si la division du comte de Ribadeo eût été repoussée. Au contraire, par suite de la tournure qu'avaient prise les choses, les vainqueurs de la redoute furent écrasés entre les gens de Lagny, qui firent irruption par derrière, tandis que les routiers pressaient en face[2]. La position perdue fut reconquise par les Français, le terrain nettoyé et rendu libre pour la marche du convoi.

Mais le transport ne se fit pas si rapidement que le duc de Bedford n'eût le temps d'accourir avec une partie des hommes ralliés de l'Isle-Adam et d'autres pelotons retirés de la garde des retranchements. Il parut lorsque les charrettes, accumulées à la tête du pont-levis, prenaient le passage l'une après l'autre, difficilement, lentement.

Faire volte-face, conduire la moitié de son monde à l'ennemi, jeter l'autre moitié dans un ouvrage de terre que venaient d'abandonner les assiégeants, tels furent les mouvements que Rodrigue conçut et exécuta avec une merveilleuse promptitude. Alors commença un troisième engagement, plus meurtrier que les deux autres et plus pénible à cause de l'intensité de la cha-

[1] *Journal de Paris*, ad ann. 1432.
[2] Jean Chartier, t. I, p. 145.

leur[1]; car on était au milieu de la journée, et d'une journée d'août. La plupart des hommes-d'armes ayant mis pied à terre, on s'était abordé sur un espace très étroit, à travers les ouvrages du siège, et de part et d'autre on se tenait main à main, la pointe de l'épée sur la gorge. Heureusement pour les Français, ils eurent ce retranchement occupé par eux, qui leur servit pour reprendre haleine. Leurs chefs les y envoyèrent dix par dix, vingt par vingt, faire chacun à leur tour une pause de quelques instants, si bien que les premiers rangs ne cessèrent pas d'être tenus par des hommes rafraîchis et dispos[2]. Les Anglais, qui n'eurent pas la même ressource, s'épuisèrent sans gagner un pouce de terrain. Plusieurs tombèrent morts comme d'apoplexie, étouffés sous leur armure par la presse et par le chaud. Enfin le duc de Bedford, qui était sanguin et replet, se sentant lui-même très incommodé, donna le signal de la retraite[3]. On vit bientôt toutes les divisions anglaises à la fois se ramasser et reculer avec la plus fière contenance dans la direction de leur camp. On ne commit pas l'imprudence de les attaquer. Lorsque toutes les voitures du convoi furent entrées dans la ville, Rodrigue rejoignit le reste de l'armée, et l'on alla coucher au village de Gouverne. On s'était battu depuis huit heures du matin jusqu'à quatre heures du soir[4].

Telle fut l'action du ravitaillement de Lagny, action

[1] Monstrelet, ch. CXXI (t. V p. 34).
[2] Jean Chartier, t. I, p. 145.
[3] Lefèvre de Saint-Remy, ch. CLXXIII.
[4] *Chronique des Pays-Bas*, etc., publiée par M. de Smet, l. c.

dont le résultat valut le gain d'une bataille. Elle eut lieu le 10 août 1432, qui était un dimanche, jour décidément propice aux entreprises de notre capitaine.

Je ne sais si cela tint à sa présence et à ses conseils, mais les Français montrèrent dans toute cette campagne un esprit de conduite, voire même un talent de stratégie, dont ils n'étaient pas coutumiers.

La ville ravitaillée comme on vient de le voir, ils avisèrent d'en faire lever le siège, non point en attaquant les Anglais dans leur camp qui était plus grand que Lagny même[1], ni en tentant le sort d'une bataille que le duc de Bedford leur envoya offrir à plusieurs reprises, mais seulement par une démonstration habilement exécutée. Pour cela ils allèrent chercher un passage sur la Marne, aux environs de la Ferté, et remontèrent quelque temps la rive droite, comme s'ils avaient dessein de s'enfoncer dans la Champagne; puis, par un brusque changement de direction, ils se rabattirent sur la France qu'ils coururent jusqu'à Mitry[2]. Dans la crainte qu'eut Bedford de voir Paris attaqué, il y emmena précipitamment toutes ses troupes, laissant devant Lagny camp, artillerie et provisions[3]. On pense

[1] « A l'autre bout, en l'abbaye, il avoit fait faire ung parc fossoyé tout autour, plus grant que toute ladicte ville de Lagny. » Jean Chartier.

[2] Monstrelet, l. c. C'est à tort que les mss. et les éditions portent *Vitry en France*. Il n'y a jamais eu de Vitry ainsi surnommé; la correction *Mitry* est indiquée par toutes les circonstances du récit.

[3] « Furent si près prins, qu'ils laissièrent leurs canons et leurs viandes toutes prestes à mangier, et si grant foison de queues de vin, dont on avoit si grant disette à Paris, et de pain par cas pareil, dont le blé à Paris enchery telement, car le sextier monta le sabmedy ensievant de seize solz parisis. » *Journal de Paris*, ad ann. 1432.

bien que les assiégés ne laissèrent pas à toutes ces choses abandonnées par l'ennemi le temps de se gâter à l'air. Mille bras se mirent à l'œuvre pour transporter le matériel dans la ville et pour détruire les travaux d'investissement. La perte fut de plus de cent cinquante mille saluts, au dire des Parisiens que cet échec exaspéra contre le gouvernement anglais[1]. Rodrigue et les autres capitaines voulurent avoir leur part d'un si riche butin. Ils se la firent donner quelques semaines après, étant revenus pour mettre à Lagny un renfort de garnison.

Si la campagne était finie pour le roi, elle ne l'était pas pour M. de la Trémoille, qui n'estimait les victoires qu'autant qu'il y trouvait son profit. Par ses conseils ou au moins avec son autorisation, le comte de Ribadeo, à son retour de Lagny, se jeta en belligérant sur la province d'Anjou. Yolande d'Aragon, belle-mère du roi, et Charles d'Anjou, son fils puîné, gouvernaient alors ce pays en l'absence de Louis d'Anjou, appelé en Italie comme héritier présomptif de la couronne de Naples. Le castillan réclamait de la princesse et de son fils on ne sait quelle créance, dont il venait, disait-il, pour se payer sur les sujets du duché, si ses débiteurs ne le satisfaisaient pas dans le plus bref délai[2].

L'intérêt de la Trémoille, dans cette affaire, était de

[1] « Lequel siège, gens ad ce congnoissans affermoient que bien avoit cousté plus de cent cinquante mil salus d'or, dont la pièce valoit vingt deux s. p. bonne monnoie. » *Journal de Paris.*

[2] Guillaume Tringant, *Commentaire sur le Jouvencel,* § 11. Ms. de l'Arsenal, III, *Sciences et arts,* n° 233, signalé par M. Camille Favre, de Genève. Voy. *Positions des thèses soutenues par les élèves de l'École des chartes, de la promotion* 1870-1872.

susciter à Charles d'Anjou des embarras qui l'obligeassent de s'éloigner de la cour, parce qu'il voyait ce prince s'insinuer dans la confiance de Charles VII d'une manière alarmante pour son propre crédit. Mais, malgré tout ce qu'on fit pour l'épouvanter et en dépit des lettres provocantes du comte de Ribadeo, Charles d'Anjou ne quitta pas la place. Il comptait assez de bras à son service pour être sûr que ce qu'il y avait à faire se ferait sans lui. Son espoir reposait principalement sur Jean de Beuil, ami devoué de sa maison et de sa personne, qu'il avait appelé à son aide à la première annonce du danger.

La noblesse du pays fut convoquée. Dès qu'on eut de quoi former une compagnie, Jean de Beuil demanda l'honneur de la conduire à une entreprise contre Rodrigue de Villandrando, qui s'était établi dans un camp très-fort, en avant des Ponts-de-Cé.

Jean de Beuil était un jeune homme de grande espérance, qui ne respirait que la guerre, et qui en savait plus long sur ce point que bien des vieux capitaines : aussi s'était-il formé à l'école de La Hire. On eut confiance en lui, et on le laissa se mettre en campagne avec cent lances, contre le castillan qui en avait six cents[1].

Parti de la Touraine, il sut dissimuler sa marche jusqu'à Angers, et lorsqu'il fut dans cette ville, il députa son poursuivant d'armes au camp des Ponts-de-Cé pour intimer à Rodrigue l'ordre de se retirer dans les

[1] Guillaume Tringant, *Commentaire sur le Jouvencel.*

vingt-quatre heures, lui offrant sauf-conduit pour exécuter sa retraite à l'abri de toute agression[1].

Comme ce fut là une pure bravade, de l'inutilité de laquelle il ne put pas douter, il semblera qu'il aurait mieux fait de s'en abstenir et de tenter la surprise du camp, sans donner ainsi l'éveil à son adversaire. Mais en guerre il y avait de ces formalités chevaleresques auxquelles n'auraient manqué pour rien au monde les moins scrupuleux à violer toutes les lois divines et humaines, une fois que les hostilités étaient déclarées.

La sommation de Jean de Beuil fit sourire le comte de Ribadeo. Il répondit qu'il soumettrait l'affaire à son conseil pour en délibérer dans la quinzaine. Cela dit, il fit sonner le boute-selle, s'attendant bien à ce que l'ennemi ne tarderait pas à paraître.

Effectivement, Jean de Beuil suivit de près son émissaire. Comme il avait appris que les compagnies de Rodrigue laissaient à désirer sous le rapport des gens de trait, il s'était pourvu de trois cents arbalétriers d'élite. Lorsqu'il fut devant le camp, il vit des cavaliers en masse, remplissant une large rue dont une forte barricade de charrettes défendait l'accès. Il fit mettre pied à terre à une partie de ses hommes-d'armes, donnant aux autres, qui restèrent à cheval, l'ordre de tournoyer autour du camp, comme s'ils cherchaient à exécuter une seconde attaque. Prenant lui-même le commandement de ses cavaliers démontés et de ses arbalétriers, il les conduisit délibérément à la barricade.

[1] Jean de Beuil. *Le Jouvencel*. Voy. ci-après, *Pièces justificatives*, n°s XV et XVI.

La situation des hommes-d'armes de Rodrigue fut la même que celle de la cavalerie du prince d'Orange dans le bois d'Anthon. Agglomérés en masse profonde, les coudes serrés et la lance sur la cuisse, ils furent mis en désarroi par leurs chevaux qui ruèrent sous l'atteinte des traits. Avant que le capitaine eût avisé à un autre mouvement, la barricade fut franchie et les premiers rangs, qui seuls avaient la possibilité de combattre, furent enfoncés par l'impétuosité des assaillants. Plusieurs des combattants d'élite qui tenaient la tête des routiers, entre autres un Villandrando, frère de Rodrigue[1], tombèrent percés de coups, et pendant cette mêlée les gens de trait eurent le temps de se jeter sur le bagage et d'y faire du butin. Comme cela ne pouvait pas être de longue durée, le jeune capitaine donna à temps le signal de la retraite, et sa troupe, joyeuse et fière du coup qu'elle avait fait, s'éloigna plus vite que le pas, comme elle était venue.

Cette action fit du bruit en son temps, et la « détrousse des Ponts-de-Cé » fut l'une des prouesses qui défrayèrent les conversations des bivouacs[2]. Jean de Beuil en a fait entrer le récit dans son roman militaire

[1] Ignoré de Pellizer, ce frère de Rodrigue ne nous est connu que par le témoignage de Guillaume Tringant.

[2] De ce qu'elle est rapportée incidemment à l'an 1438 par Jean Chartier, Bourdigné l'a mise à cette même date dans ses *Chroniques d'Anjou* (t. II, p. 187 de la nouvelle édition), erreur que ce compilateur a augmentée d'une autre bien plus grave en ajoutant que : « le vaillant capitaine destroussé par Jean de Bueil tenoit le parti des Anglois. » L'extrait des Comptes de la ville de Tours rapporté ci-après, *Pièces justificatives*, n° XVII, établit d'une manière irréfragable la date de l'affaire des Ponts-de-Cé.

du Jouvencel[1], moins pour se targuer d'un coup de main qui lui faisait honneur que pour montrer le peu de valeur de la force à cheval, lorsqu'elle n'est pas en position de manœuvrer au large.

Il y a lieu de s'étonner qu'un militaire d'autant de ressource que l'était Rodrigue n'ait pas répondu sur-le-champ à la manœuvre de son adversaire par une manœuvre semblable. Faire descendre de cheval des hommes-d'armes n'était pas une chose si extraordinaire. Lui-même l'avait fait à Lagny avec promptitude et succès. C'était une habitude des Anglais. Dans les batailles, les plus vaillants de leur chevalerie, mettant pied à terre, venaient se ranger parmi les archers pour leur donner courage[2]. Il est vrai que le comte de Ribadeo n'avait pas pour le moment ses archers sous la main ; probablement aussi qu'ayant affaire à de la jeunesse française, il ne s'était point attendu à autre chose qu'à une bravade sans conséquence. Enfin il faut tenir compte de ce que l'alerte fut de très-courte durée.

Quoi qu'il en soit, il se trouva singulièrement blessé dans son amour-propre de cette leçon donnée à sa prévoyance. Il cria plus fort qu'un innocent, défia Charles d'Anjou, et finalement prit sa revanche en faisant tout le mal qu'il put, dans une course qu'il exécuta depuis les Ponts-de-Cé jusqu'à l'extrémité méridionale de la

[1] Rapporté textuellement ci-après, *Pièces justificatives*, n° xv.

[2] « Entre les Bourguignons, lors c'estoient les plus honnorez que ceulx qui descendoient avec les archiers, et tous jours s'y en mettoit grant quantité de gens de bien, affin que le peuple en fust plus asseuré et combattist mieulx ; et tenoient cela des Anglois. » *Mémoires de Philippe de Commines*, l. I, c. III.

Touraine. C'est là qu'étaient les plus belles propriétés de Jean de Beuil. Si celui-ci se trouva en force pour faire bonne contenance jusqu'à la fin, le nombre de ses adversaires lui interdit de s'opposer au ravage de ses terres ; car les routiers ne furent pas les seuls qu'il eût devant lui.

Des personnes « estant en auctorité autour du roy, » selon l'expression d'un contemporain bien informé[1], c'est-à-dire le seigneur de la Trémoille et ceux de sa faction, très-mécontents de l'affaire des Ponts-de-Cé, détachèrent une compagnie de la retenue du roi aux trousses de Jean de Beuil, qui était allé s'enfermer dans Mirebeau, sur la frontière du Poitou. Son butin des Ponts-de-Cé, qu'il n'avait point fait entrer dans la ville, lui fut enlevé. Il le regagna en se mettant à son tour à la poursuite de ses déprédateurs; mais ce fut au moment où ceux-ci opéraient par leur avant-garde leur jonction avec les troupes de Rodrigue, campées autour de La Haye. Il fallut rebrousser chemin et s'enfuir à toute bride.

Alors Rodrigue, à la tête d'une véritable armée, exerça ses représailles tout à son aise, en regagnant à petites journées la vallée de la Loire. Comme si ce n'était pas assez du dégât qu'il commit sur son chemin, toutes les villes situées à quelque distance, il les assigna en réparation de son dommage, leur faisant savoir par des exprès qu'elles eussent à lui fournir au plus vite tel ou tel des objets qu'il avait perdus en Anjou. La cité de Tours, taxée pour sa part au don d'un cheval,

[1] Guillaume Tringant, *Commentaire sur le Jouvencel*, l. c.

en appela au roi, qui écrivit à Rodrigue de se désister de sa demande. Alors, au nom du maître dont l'intervention le privait d'un cadeau de quelques écus, ce docile serviteur se fit livrer passage par la même cité de Tours, non pas pour vider le pays plus vite, comme on aurait pu le croire, mais pour aller s'établir à l'autre bout du pont, sur la rive droite de la Loire. Là, maître de toutes les voies de communication, il leva tribut pendant plusieurs semaines sur les passants et sur les convois [1].

On ne voit pas qu'en faisant tout cela Rodrigue ait compromis sa faveur ; on voit au contraire qu'il avança en dignité, car pendant l'hiver qui suivit sa campagne de Touraine il porta le titre de conseiller et chambellan du roi [2]. C'était l'office de cour supérieur à celui d'écuyer d'écurie. Qu'il l'ait reçu comme dédommagement de ses pertes aux Ponts-de-Cé ou bien à raison de ses prouesses en Languedoc, où il se rendit en quittant la Loire, ses titres pour l'obtenir furent, dans un cas comme dans l'autre, absolument de même aloi.

Le comte de Foix était toujours investi de la lieutenance générale du Languedoc, toujours aussi au plus mal avec le comte d'Armagnac, sans être mieux pour cela avec le sire de la Trémoille. Cet intraitable méridional tranchait du souverain dans son gouvernement. Ayant converti l'évêché de Béziers en citadelle, il assemblait là les États de la province au milieu de ses gens-d'armes, sous une batterie de canons dont il avait

[1] Ci-après, *Pièces justificatives*, n° XXII.
[2] *Pièces justificatives*, n° XVIII.

garni la plate-forme de la cathédrale. Il faisait voter les impôts, prenait sa part et laissait le reste à la disposition des commissaires du roi[1]. Lâcher les routiers contre un pareil tyran n'eût été que demi-mal, si lui seul et les siens avaient dû en pâtir; mais le plus fort des souffrances allait retomber sur les malheureuses populations confiées à sa garde, et c'est pourquoi, avec la grande apparence qu'il y a que l'agression de Rodrigue fut tolérée en haut lieu, on est forcé de conclure que la politique de ce temps-là fut une politique abominable.

Un appel aux armes de la noblesse et des communes du Bas-Languedoc, au mois de décembre 1432[2], nous instruit de l'approche des bandes. Celles-ci se cantonnèrent dans leurs retranchements accoutumés des Cévennes. L'hiver, qui fut un des plus rigoureux du siècle, les empêcha de faire d'abord trop parler d'elles; mais dès que les neiges eurent commencé à fondre, elles firent irruption de toutes les vallées à la fois, par Saint-Ambroix, par Alais, par Anduze, par Ganges et le Caylar[3]. La compagnie qui était sous le commandement direct de Rodrigue prit la droite et pénétra jusqu'en Albigeois. Le château de la Garde-de-Viaur, près de Montirat, devint le quartier général du capitaine.

L'alarme fut chaude à Albi. Le consulat fit travailler tumultuairement aux fortifications et décréta toutes les mesures que comportait l'état de siège[4]. A l'autre extré-

[1] Vaissete, *Histoire de Languedoc*, t. IV, pp. 471, 477.
[2] Ménard, *Histoire de Nîmes*, t. III, p. 236 des preuves.
[3] *Ibid.*, p. 237 et 238.
[4] Jolibois, *Inventaire sommaire des archives communales d'Albi*, p. 45.

mité de la ligne d'invasion, Nîmes n'éprouvait pas de moindres inquiétudes. On mit en état les engins de la commune; des hommes placés en observation sur la Tour-Magne et dans le clocher de la cathédrale eurent à signaler d'heure en heure l'état de la plaine, pendant que des courriers allaient dans toutes les directions, ou chercher des nouvelles des gens-d'armes de Rodrigue, ou annoncer dans les villages la visite prochaine de ces hôtes redoutables[1].

Cependant le comte de Foix, à qui était confié le salut de la province, n'apparaissait pas. Pourquoi n'amenait-il pas les troupes qu'il avait sous son commandement? où était-il? que faisait-il? On le saura dans un instant. Il suffit de constater ici qu'éloigné des lieux où son devoir l'appelait, il donnait ses soins à une correspondance secrète dont Rodrigue et ses routiers n'étaient que l'objet secondaire[2].

Les villes, lasses de ces alertes continuelles, parlèrent de composer. Il fut question de cela aux États de la province tenus à Béziers au mois de mars 1433; mais l'assemblée n'osa pas prendre des arrangements qui auraient pu indisposer le comte de Foix absent. En conséquence, elle vota purement et simplement une somme de cent vingt mille moutons d'or, sur laquelle elle laissait à prendre aux officiers du roi ce qu'il faudrait pour rétablir la sécurité dans le pays[3].

[1] Ci-après, *Pièces justificatives*, n° XXI; Ménard, *Histoire de Nîmes*, t. III, p. 160 et suiv.

[2] Ci-après, *Pièces justificatives*, n° XX.

[3] Vaissete, t. IV, p. 480, dit: « Les États indiqués à Béziers pour le 8 mars n'eurent pas lieu, à ce qu'il paraît. » Notre pièce justificative, n° XXIII,

Dans les actes d'où sont tirés les faits qu'on vient de lire, le nom de Rodrigue revient à tout propos. On dirait que les mesures de salut public ont été motivées par lui tout seul, et qu'elles sont prises uniquement contre sa personne. Les populations effarées ne voient que lui : il est à la fois dans la direction des quatre points cardinaux, et à la tête de toutes les bandes, et derrière les flammes de tous les incendies signalés à l'horizon. Il est vrai que la rapidité habituelle de ses mouvements avait accrédité l'opinion que ni le temps ni la distance ne comptaient pour lui. C'est au point que, depuis qu'il posséda le comté de Ribadeo, par ses apparitions fréquentes en Galice même au plus fort des opérations qu'il dirigeait en France, il devint pour les Basques un personnage proverbial. En Navarre et en Biscaye on disait de ces gens qui sont toujours par voie et par chemin et qu'on ne sait où saisir : « Il est comme Rodrigue de Villandrando, ici aujourd'hui, demain là[1]. »

Cette fois cependant ce ne ne fut pas le cas. Rodrigue avait des lieutenants pour s'en servir, et sa grandeur lui imposait alors d'autres soins que celui de diriger des razzias.

prouve qu'ils eurent lieu au contraire, et qu'ils votèrent l'impôt de la manière accoutumée. La tenue de l'assemblée et la question qu'on y traita ressortent d'ailleurs assez clairement du voyage d'un courrier député à Béziers par les consuls de Nîmes, au commencement de mars, « per saver novelas de las gens d'armas de Rodiguo et de mons. de Foix ». Rodrigue, ainsi que le comte de Foix, étant alors très éloignés de Béziers, ce qu'on pouvait apprendre sur leur compte, dans cette ville, n'était que les décisions prises à leur égard, ou les nouvelles que les États recevaient d'eux.

[1] « Rodrigo de Villandran egun emen eta biar an ». Esteban Garibay, auteur contemporain de Philippe II, nous a conservé ce dicton, encore usité de son temps. Jose Maria de Eguren, *Revista europea* du 9 août 1876.

La chose dont il paraît s'être surtout occupé en ce temps-là fut d'augmenter le nombre de ses alliances et de resserrer davantage celles qu'il avait contractées déjà.

On le voit, sous l'obligation des serments les plus solennels, s'attacher d'amitié (et de ce genre d'amitié qui entraînait l'assistance des armes) avec le vicomte de Turenne, alors le plus puissant seigneur du Limousin[1]. Le cardinal espagnol don Alfonse Carillo ayant été porté au gouvernement d'Avignon, il entretient une correspondance active avec ce prélat, qui s'était rendu son obligé en lui empruntant de l'argent[2]. Il est en échange de lettres et de messages avec la cour de Castille, avec le sire de la Trémoille, avec la plupart des barons de la France méridionale, et surtout avec la famille de Bourbon, où il poursuit une affaire de première importance pour lui, et qui est sur le point d'aboutir : celle de son établissement.

L'origine des relations de Rodrigue avec les princes de Bourbon a été indiquée précédemment. La connaissance commencée en 1422 était devenue une liaison intime, grâce à des circonstances qu'il faut savoir.

Le duc Jean Ier, chef de la famille, fut fait prisonnier à la bataille d'Azincourt, et taxé pour sa rançon à une somme d'argent si considérable que, depuis dix-huit ans qu'on cherchait à la compléter, on n'y était pas encore parvenu; et l'on n'y parvint jamais. Huit jeunes enfants, tant légitimes que naturels, que cette captivité

[1] Ci-après, *Pièces justificatives*, n° XIX.
[2] La somme considérable de 2000 ducats. *Pièces justificatives*, n° XIII.

avait rendus orphelins, s'élevèrent comme ils purent sous le gouvernement des femmes. Charles, l'aîné, qui portait le titre de comte de Clermont, dut, à sa sortie de tutelle, prendre en main l'administration du duché, Dieu sait au milieu de quels embarras. On était au plus fort de la guerre civile compliquée de la guerre étrangère. Dans les moments de répit où le Bourbonnais n'avait pas besoin d'être défendu contre les Bourguignons ou contre les Savoisiens, il fallait se rendre aux armées du roi, et de toute façon les frais de la guerre retombaient sur une malheureuse petite province qui, en temps de paix, rendait à peine de quoi faire subsister ses seigneurs.

Le prince qui se trouvait en face de ces difficultés jugea bonne à cultiver l'amitié d'un condottiere comme Rodrigue. Il comptait par là disposer à son gré d'une force militaire respectable, pour le payement de laquelle il aurait l'avantage d'obtenir des facilités. Le castillan, reçu dans les châteaux du duc, y fut l'objet d'attentions d'autant plus marquées, qu'il répondit pleinement à ce qu'on avait attendu de lui. Peu à peu il se familiarisa et prit de l'ascendant dans la maison. Il trouva dans l'un des bâtards, qui s'appelait Gui, un homme né pour la guerre : il lui donna un commandement dans ses compagnies. Un autre, qu'on avait fait chanoine à Beaujeu, ayant abjuré la profession ecclésiastique, il le prit également à son école, ne prévoyant pas où ses leçons le conduiraient. C'est cet Alexandre de Bourbon dont la mémoire a été perpétuée jusqu'ici à Bar-sur-Aube par un monument érigé sur le milieu du pont, à l'endroit d'où il fut précipité dans la rivière et noyé par ordre de Charles VII.

La famille comptait en outre deux bâtardes. La beauté ou le blason de l'une d'elles, qui s'appelait Marguerite, firent songer à Rodrigue qu'il n'avait pas à chercher mieux que cette personne pour faire une comtesse de Ribadeo. Il fit part de sa prétention, qui ne fut pas repoussée. L'unique difficulté fut de trouver ce que l'on détacherait du domaine ducal pour constituer une dot à la jeune fille. Soit qu'on ait jugé à propos de se passer du consentement du père, qu'il aurait fallu envoyer chercher à Londres, soit que le duc consulté eût fait savoir qu'il se remettait de tout à son fils aîné, le comte de Clermont fut seul en nom dans toute la conduite de cette affaire.

Le 24 mai 1433, il présenta à l'enregistrement de la chancellerie de Cusset les conventions arrêtées entre Rodrigue de Villandrando et lui pour l'établissement de sa sœur naturelle[1]. La dot se composait de la seigneurie d'Ussel en Bourbonnais, avec un revenu garanti de mille livres, plus une somme une fois payée de deux mille écus pour le trousseau. Vu le mauvais état du château d'Ussel, celui de Châteldon fut provisoirement assigné comme demeure aux conjoints. De son côté, le futur versa une somme de huit mille écus d'or pour constituer le douaire de sa femme, et il prit sur lui l'engagement « d'enjouailler ladite demoiselle bien et deument, selon son estat, » c'est-à-

[1] Ci-après, *Pièces justificatives*, n° xxv.

dire de lui acheter les parures et bijoux séant à princesse du sang royal et femme de comte.

La cession d'Ussel, bien qu'Ussel eût le rang de ville fermée, était loin de constituer une fortune. Outre la demeure seigneuriale reconnue inhabitable, le revenu de la terre était si loin du compte que l'on avait fait, qu'une retouche du contrat en date du 2 août 1436 prouve que, durant les trois premières années de son mariage, Rodrigue ne put réaliser que trois cents livres sur les mille qui avaient été stipulées[1]. Mais, se trouvant déjà posséder une vingtaine de seigneuries en Bourbonnais[2], et gagnant assez pour enrichir sa femme, il mit au-dessus de l'avantage pécuniaire l'honneur de s'allier à la maison de France.

Son intention parait avoir été d'abord de célébrer ses noces par une danse générale de ses bandes sur les terres du duc de Bourgogne.

Il avait à cœur de délivrer le Bourbonnais du voisinage d'un aventurier qui faisait mine de prendre dans le parti ennemi une situation analogue à celle que lui, Rodrigue, occupait dans le parti français. C'était aussi un espagnol, mais non pas un castillan. Les nôtres l'appelaient François l'Aragonais, ou, de son nom de famille plus ou moins fidèlement rendu, François Surienne. Les dispositions antifrançaises de la puissance sous laquelle il était né expliquent son hostilité contre tout ce qui tenait à la cause de Charles VII. Il porta pendant tout le temps des guerres la croix rouge, soit

[1] *Pièces justificatires*, n° XLI.

[2] Hernando del Pulgar, ci-après, p. 209.

des Anglais, soit des Bourguignons. Son dévouement aux Anglais lui valut la chevalerie de la Jarretière, conférée si rarement aux étrangers.

Ce capitaine occupait Marcigny qu'il avait eu l'adresse de reprendre sur les Français. Ceux-ci s'étant dédommagés de cette perte par la prise du château de Solutré près de Mâcon, on se poursuivit d'un côté et de l'autre avec un acharnement si préjudiciable au pays, que les habitants s'offrirent à contribuer pour une trêve, dont la première condition était l'évacuation des deux places. Mais lequel des deux partis voudrait s'exécuter le premier? Surienne insista pour être payé d'abord. On lui compta son argent, et Marcigny ne fut pas rendu[1].

Le comte de Ribadeo trouva les choses en ce point et jugea qu'au lieu d'attendre de l'Aragonais une chose qu'on n'obtiendrait jamais de lui, au lieu aussi de continuer indéfiniment la guerre d'escarmouches, il valait mieux tenter un grand coup. Ses compagnies, cantonnées dans le Lyonnais et le Beaujolais, étaient prêtes à se mettre en mouvement. On le savait à Mâcon et à Dijon, où l'inquiétude fut à son comble. Des convocations écrites furent envoyées dans toutes les directions à la noblesse bourguignonne, pour qu'elle se hâtât de venir à la défense des pays menacés[2]. Puis tout d'un coup le danger

[1] Marcel Canat, *Documents inédits pour servir à l'histoire de Bourgogne*, pp. 217, 220, 223, 225, 229, 231, 329.

[2] « Jacot Boisot, Guillaume Boisot, Simonnet Martin et Jehan de Monsterendel, notaires publiques, demorans à Dijon... ont escript en leur papier deux cens vingt lettres closes contenans chacune plus d'une fueille de papier, adrecées par Mgr le gouverneur de Bourgongne à plusieurs

se détourna; la Bourgogne eut à se porter contre une autre armée française qui s'avançait par la Champagne [1]. Quant aux routiers de Rodrigue, ils avaient disparu. Ils étaient partis pour une expédition qui fut le résultat des intelligences de leur capitaine avec le cardinal Carillo.

Avant d'aller plus loin, je placerai ici une anecdote qui se trouve consignée sur l'un des registres capitulaires de la cathédrale de Lyon.

Au moment où l'on se livrait à tant de commentaires sur les évolutions probables du comte de Ribadeo, les mêmes terreurs dont tout le monde était assiégé en Bourgogne troublaient le sommeil de la duchesse de Bourbon, l'épouse affligée du duc prisonnier dont nous parlions il n'y a qu'un instant. Cette princesse, alors en résidence à Lyon, était logée dans le cloître de la cathédrale. Entendant dire autour d'elle que les gens-d'armes de Rodrigue étaient convoqués pour porter la guerre en Savoie et qu'ils allaient venir camper près de Lyon, à tort ou à raison elle se figura qu'il y aurait du danger pour elle dans ce voisinage, et elle fit présenter requête au chapitre pour que les portes du cloître fussent fermées pendant la nuit. Les chanoines s'empressèrent de faire droit à cette demande : ce qui ne fut de

nobles des païs de Bourgongne, touchant qu'ilz soient à l'Abergement-le-Duc prez de Seurre, le xve jour de may M CCCC XXXIIJ, pour aler au devant de Rodrigue et autres cappitaines des ennemis, que l'on dit estre à grant puissance sur les frontières de Charrolois et Masconnois, en entencion d'entrer ès pays de Bourgongne, s'ils peuent. » *Septième compte de Mahieu Regnault*, fol. 103 v°, aux Archives de l[a] Côte-d'Or.

[1] Lefèvre de Saint-Remy, c. CLXXVI.

leur part que l'accomplissement d'un article inobservé de leurs statuts[1].

Ainsi donc, dans la maison de Bourbon, Rodrigue n'était point vu du même œil par la mère que par les enfants, et son mariage n'eut certainement pas l'approbation de la duchesse. Il faut que celle-ci ait ignoré jusqu'au dernier moment une union dont on lui avait fait mystère, ou qu'en étant instruite elle ait mieux aimé s'éloigner de sa maison que d'y donner son consentement. On conviendra que cette dernière supposition expliquerait mieux la crainte que lui inspirait l'approche des routiers à la veille du mariage de leur chef.

Revenons à présent à l'affaire négociée avec le cardinal espagnol.

Le comtat Venaissin était en pleine révolte contre la cour de Rome. Le pape Eugène IV ayant nommé au gouvernement de ce pays un vénitien de ses neveux, dont les habitants ne voulaient pas, ceux-ci portèrent plainte au concile de Bâle; car cette célèbre assemblée siégeait déjà depuis deux ans, et son hostilité contre le Vatican s'était manifestée plus d'une fois. Le concile déclara le choix du pape inacceptable, et nomma de sa propre autorité le cardinal Carillo[2].

Une enquête sur la vie et les mœurs du candidat romain avait donné de tels résultats, qu'Eugène IV n'osa pas le maintenir; mais il ne voulut pas non plus reconnaître l'élu du concile. Il nomma à la légation d'Avignon le cardinal de Foix, frère du comte de Foix.

[1] Ci-après, *Pièces justificatives*, n° XXII.

[2] Fantoni, *Istoria della città d'Avignione*, p. 314 et suiv.

Cependant Carillo, sans attendre l'approbation de Rome, avait pris possession du Comtat, et parce que sa présence à Bâle était indispensable, il avait mis à sa place dans son gouvernement l'archevêque d'Auch, créature du comte d'Armagnac ; de sorte que la contestation s'était envenimée de l'animosité des deux maisons rivales, Armagnac et Foix.

Le cardinal de Foix, éconduit lorsqu'il se présenta avec ses bulles, ne recula pas devant l'emploi de ce qu'on appelait alors « le bras séculier. » Il invita ses deux frères, le comte de Foix et le comte de Comminges, à le venir mettre en possession de son gouvernement avec la suite qu'ils jugeraient nécessaire pour une pareille entreprise.

On devine maintenant la cause de l'inaction du comte de Foix en face des désordres dont le Languedoc fut le théâtre pendant l'hiver de 1433. Retiré dans son château de Mazères, en plein comté de Foix[1], il faisait ses préparatifs pour la conquête du comtat Venaissin, et n'avait garde de dépenser à l'avance ses hommes et ses ressources. Aux supplications qui lui étaient adressées de toutes parts il répondait par la promesse d'une action énergique aussitôt que le subside annuel aurait été octroyé par la province. Les États s'étant réunis au mois de mars, ainsi qu'il a été dit précédemment, les fonds votés par eux ne furent pas disponibles avant le mois de mai[2], de sorte que les routiers auraient continué leurs méfaits pendant tout ce temps-là, sans leur

[1] Vaissete, *Histoire de Languedoc*, t. IV, p. 481.
[2] Ci-après, *Pièces justificatives*, n° XXIII.

concentration inopinée sur la Loire, qui fut prise pour la menace d'une invasion en Bourgogne.

Grâce à cette retraite les méridionaux respirèrent; mais le répit fut de peu de durée. L'entrée en campagne des troupes levées pour le pape fut le signal de nouvelles incursions.

Avignon était le point de mire du comte de Foix; mais s'emparer d'Avignon n'était pas une petite affaire. Le roi Louis VIII l'éprouva anciennement, lui qui y consuma ses efforts et sa puissance pendant trois mois; et cependant les fortifications du treizième siècle, qu'avaient-elles été auprès de celles qui se dressaient devant le comte de Foix? Il n'y avait pas de surprise à tenter avec ce colossal château, avec cette enceinte de murailles si bien crénelées, si bien gardées par une population qui avait juré de ne pas recevoir d'autre gouverneur que celui qu'elle tenait du concile.

Tout cela considéré, le comte jugea prudent de s'assurer d'abord du Comtat. Il fit irruption par le pont Saint-Esprit, mit garnison dans toutes les villes qu'il put se faire ouvrir, et n'établit qu'en dernier lieu ses lignes d'investissement autour d'Avignon [1].

Alors le cardinal Carillo, qui travaillait depuis longtemps à se faire un ami du routier, son compatriote, jugea le moment venu de lui découvrir les vues qu'il avait sur lui. Il lui représenta l'intérêt de la chrétienté tout entière engagé dans cette question du gouvernement d'Avignon. La reconnaissance des pères du con-

[1] Miguel del Verms, *Chroniques béarnaises*, éd. Buchon, p. 595.

cile et de tous les vrais fidèles, disait-il, serait acquise à celui qui prendrait la défense du droit contre les violences d'une famille criminelle. Finalement il l'exhorta à se proposer pour ce rôle glorieux.

Rodrigue ayant écrit à l'assemblée de Bâle conformément au conseil du prélat, la délibération suivit de près sa lettre. Par un décret rendu dans le temps où il célébrait son mariage en Bourbonnais, le concile, au nom de l'Église universelle, arma le bras du comte de Ribadeo, afin que, par lui, la cité pontificale fût préservée de l'outrage qui la menaçait [1].

Par quel côté Rodrigue pénétra-t-il dans le Comtat? Quelles opérations poursuivit-il pour l'accomplissement de sa mission? Voilà ce que je n'ai trouvé dit nulle part. On voit bien qu'une partie des routiers prirent position dans la senéchaussée de Nîmes [2], afin d'inquiéter le comte de Foix qui avait établi son quartier général à Villeneuve, au bout du pont d'Avignon. Au sujet des compagnies qui traversèrent le Rhône, nous ne possédons qu'un témoignage indirect : une plainte d'Eugène IV contre le concile qu'il accuse d'avoir déchaîné sur les terres de l'Église le meurtre, le pillage et l'incendie [3].

Le comte de Foix, pendant qu'il se tenait à Villeneuve, fit une chose excessive. Trouvant insuffisants les impôts votés à Béziers au mois de mars précédent, il convoqua de nouveau les États du Languedoc, et les

[1] Ci-après, *Pièces justificatives*, n° xxv.

[2] Ménard, *Histoire de Nîmes*, t. III, p. 160.

[3] « Unde tot guerrarum strages, tot rapinæ, tot homicidia, tot incendia suborta sunt. » Dans Raynaldi, *Annales ecclesiastici*, t. IX, p. 131.

obligea de lui venir octroyer d'acclamation, dans son camp, le surcroît d'une contribution de guerre énorme : 70 000 moutons d'or qui s'ajoutaient à 120 000 déjà payés. Le seul motif allégué pour justifier cette extorsion fut la nécessité de résister à Rodrigue[1]. Or n'était-il pas clair à tous les yeux que l'ennemi auquel on faisait la guerre n'était pas Rodrigue, et que la résistance aux routiers n'eût pas exigé qu'on s'engageât dans les frais d'un siège dispendieux? Mais ces anciennes assemblées d'États, assemblées payantes plutôt que délibérantes, n'étaient pas plus maîtresses de se soustraire aux fictions gouvernementales que de refuser les contributions qu'on les mettait en demeure de voter.

Dès que le comte eut de l'argent, il poussa son siège avec une vigueur extrême. A défaut de ces gros canons, dont des armées mieux pourvues que la sienne faisaient usage pour pratiquer la brèche, il employa contre Avignon les ressources de l'ancienne artillerie. Il fit construire de ces grandes catapultes, appelées *trébuchets*, au moyen desquelles des quartiers de roche pouvaient être lancés à des distances considérables. Une grêle de ces projectiles tombant sur la ville produisit l'effet d'un bombardement[2]. Des maisons furent effondrées, des personnes écrasées, et les Avignonnais

[1] Ci-après, *Pièces justificatives*, n° XXVII.

[2] « Grans engens ab los quals abatia et derocava los hostals de la dita ciutat d'Avinho. » Miguel del Verms, p. 595. On a, pour cette année même 1433, les comptes de construction de plusieurs de ces machines exécutées pour le duc de Savoie, à Bourg-en-Bresse. *Mémoires de l'Académie royale de Savoie*, deuxième série, t. I, p. 203 (1851).

commencèrent à trouver leur sort bien rigoureux. Une sédition éclata sur ces entrefaites. Un parti, qui voulait le rétablissement de l'obéissance au Saint-Siège, saisit l'heure propice. Les armes de Carillo furent abattues, et l'archevêque d'Auch, jeté hors du palais des papes, sortit de la ville par une poterne, tandis que le cardinal de Foix y faisait son entrée triomphale sous l'étendard de ses deux frères.

Rodrigue n'eut qu'à s'éloigner du Comtat avec le butin qu'il avait fait. Il repassa le Rhône, nous ne savons sur quel point, pour rallier les corps qu'il avait laissés sur la rive droite du fleuve. La saison n'était pas avancée. Il employa le reste des beaux jours à une exécution en grand sur les Languedociens, et principalement sur ceux du Rouergue.

Pourquoi cette préférence donnée au Rouergue? Le comte d'Armagnac, comme comte de Rodez, exerçait sur cette partie de la province une sorte de protectorat qui, à ce qu'il semble, aurait dû la préserver de la visite de Rodrigue; car Rodrigue n'avait pas rompu avec le chef de la maison d'Armagnac. Loin de là; dans son récent traité avec le vicomte de Turenne, tout en s'obligeant à servir ce seigneur envers et contre tous, il avait fait exception pour le comte d'Armagnac aussi bien que pour M. de la Trémoille[1]. Bien plus, il venait de servir l'intérêt et la passion du comte d'Armagnac par sa guerre contre le cardinal de Foix. Et voilà qu'au retour de cette guerre il livre au ravage un pays

[1] Ci-après, *Pièces justificatives*, n° XIX.

couvert des propriétés de ce même seigneur, et qu'il expose ses sujets à des violences dont on n'a pas l'idée.

Vouloir donner l'explication de ces faits contradictoires serait trop s'aventurer. Contentons-nous de rapporter un acte horrible, au sujet duquel le comte d'Armagnac fit faire par sa justice une information qu'il destinait, selon toute apparence, à devenir plus tard le fondement d'une poursuite criminelle[1]. Ce sera un trait de plus au tableau des mœurs de ce temps-là.

Une famille de chevalerie du nom d'Apchier, qui fut des premières en Gévaudan, se composait alors du père, de deux fils légitimes et d'un bâtard. Tous les quatre s'étaient attachés à la cause de Charles VII et servirent avec valeur, tantôt dans les compagnies régulières, tantôt à la tête d'une bande qu'ils firent et défirent tour à tour, suivant que leur convenance ou la nécessité les y portait. Ils étaient de toutes les parties où il y avait des coups à donner, et aussi de celles au bout desquelles on était sûr de trouver son profit. Aucune entreprise de routiers conduite dans leur voisinage ne les trouva indifférents. Ils s'y rendirent toutes les fois, sans qu'on eût eu besoin de les inviter.

Or, tandis que les bandes de Rodrigue amenées en Rouergue dévastaient les villages entre Milhau et Entraigues, le bâtard d'Apchier accourut à la tête d'une vingtaine d'individus armés. Le hasard ou des renseignements qu'il avait pris le conduisirent au village de

[1] *Pièces justificatives*, n° XXIX.

Fernugnac, qui était une seigneurie appartenant au comte d'Armagnac.

Informé que les habitants avaient caché en un même lieu leurs plus précieux effets, il se saisit de la personne de l'un d'eux, afin de se faire dire par lui l'endroit de la cachette. Cet homme refusant de parler, il le mit à la torture. Le supplice consista à l'exposer tout garrotté devant un feu violent et à le mettre aux abois en l'approchant peu à peu de la flamme. Le secret qu'on voulait avoir ne sortit de la bouche de ce malheureux que lorsque son corps n'était déjà plus qu'une plaie et son cas désespéré. Il expira le lendemain dans d'horribles souffrances. Le bâtard cependant avait mis la main sur le trésor du village. Il le taxa au prix de cinquante écus d'or, et ne s'éloigna pas que cette somme ne lui eût été comptée par les habitants.

Les états de service des quatre Apchier contenaient un certain nombre de prouesses de cette sorte, qui furent cause qu'ils jugèrent prudent, après que l'ordre eut été rétabli dans le royaume, de se faire délivrer par Charles VII un acte d'abolition de tout ce qui aurait pu donner lieu à poursuite, dans leur passé[1].

[1] Rémission octroyée à Montauban, au mois de janvier 144$\frac{2}{3}$, et renouvelée à Tours en avril 1448, à la « supplication de nos amez et féaulz Bérault d'Apchier, chevalier, Jehan et François d'Apchier, frères, enfans légitimes dudit Bérault, et Gonnet d'Apchier, son filz illégitime, etc., ...lesquelz et aussi autres qui ont esté et se sont mis soubz eulz, ...ont fait, commis et perpetrez plusieurs grans maulz, déliz, maléfices, pilleries, roberies, raenconnemens de places, villes, églises et forteresses en divers lieux de nostre royaulme, où ils ont tenu les champs, dès longtemps a, et semblablement ont les aucuns de leurs compaignies et estant soubz eulz,

Quand les militaires de la classe élevée avaient de tels péchés sur la conscience, on se demande de quoi leurs inférieurs ne furent pas capables.

Il faut faire la part du temps ainsi que de l'éducation, et ce serait n'en pas tenir compte que de traiter de scélérats tous ceux qui composèrent alors le gros des armées. Mais il est permis d'affirmer que, parmi ces hommes, il y en eut bien peu qui n'aient été coutumiers de ce que nous appelons des scélératesses. Imbus de l'idée que les armes étaient données au soldat pour faire à l'ennemi tout le mal imaginable, ils contractaient dans la pratique des hostilités d'affreuses habitudes, et trop souvent on les voyait se comporter, sans nécessité ni raison, comme s'ils eussent été dans le cas de légitime défense. De là les cruautés inutiles, les amusements féroces, comme de faire paître aux chevaux le blé en herbe, de jeter le grain et le vin dans les rivières, de démolir les maisons, de mettre les prisonniers à toute sorte de supplices, de faire périr dans les mauvais traitements les femmes, et de préférence les femmes enceintes, enfin de torturer et de massacrer pour le plaisir de voir répandre des larmes et couler le sang[1]. Mais rien ne réjouissait ces âmes sauvages à l'égal de l'incendie, dont les lueurs sinistres, et les cris qu'il provoque, et la terreur qu'il porte au loin, leur semblaient l'indispensable accompagnement

bouté feux en églises et villaiges, prins et ravy femmes, marchans, labboureurs et autres de divers estaz, etc., etc. » *Registres du Trésor des chartes*, JJ 176, n° 96, et 179, n° 112.

[1] Voir les prohibitions de l'ordonnance royale du 2 novembre 1439. *Ordonnances des rois de France*, t. XIII, p. 306.

de leur œuvre de destruction. Il y a là-dessus un mot bien cruel, quoique plaisant, ou plutôt parce qu'il est plaisant, du roi Henri V de Lancastre, homme pieux, s'il en fut, peu rieur d'habitude, mais soldat à la manière du quinzième siècle. A ses sujets de France, qui se lamentaient à ses pieds des incendies allumés de tous côtés par ses partisans, il répondit : « Bon, bon! guerre sans feux ne vaut rien, non plus qu'andouilles sans moutarde[1]. »

Revenons aux Bourguignons, que nous avons laissés aux prises avec les Français du côté de la Champagne. Une armée que leur duc amena de ses États du nord rétablit, non sans peine, l'intégrité de cette frontière, et donna ensuite la chasse aux partisans qui infestaient les abords de l'Auxois et du Nivernais. Il faut que le comte de Clermont ait eu des craintes pour ses terres, car Rodrigue, appelé du midi en toute hâte, vint exécuter en plein hiver sa diversion accoutumée. Il envahit encore une fois le Mâconnais, et se trouva le jour des Rois, 6 janvier 1434, au pied du mont Saint-Vincent, avec quatorze cents hommes que commandaient, sous ses ordres, son lieutenant Salazar et le capitaine Chapelle[2].

Sur le piton le plus élevé du mont Saint-Vincent est la ville du même nom qui, difficilement accessible à cause de sa position, était de plus à cette époque proté-

[1] Jean Jouvenel des Ursins, *Histoire de Charles VI*, ann. 1420 (p. 565 de l'édition du *Panthéon littéraire*).

[2] Lefèvre de Saint-Remy, ch. CLXXIX; Garnier, *Inventaire sommaire*, etc., t. II, *Comptes de Chalon*, B 3670, id.; *du Charolais*, B 3931.

gée par un fort château. Ville et château furent emportés par une audacieuse escalade, et les routiers prirent possession d'une place sans pareille pour le genre d'opérations qu'ils venaient faire dans le pays.

La nouvelle de cet évènement portée au duc de Bourgogne le mit dans une inquiétude extrême. Le soir même il fit partir de Dijon le bâtard de Saint-Pol avec cinq cents hommes-d'armes artésiens, ignorant quelle était la force de l'ennemi; mais l'expédition n'osa pas avancer lorsqu'elle eut appris, par les maraudeurs arrêtés sur les champs, que Rodrigue tenait le Mont Saint-Vincent avec une force égale. Alors le duc convoqua en toute hâte le ban de la Bourgogne et de la Franche-Comté pour seconder les Artésiens, qui s'étaient arrêtés à Buxy en attendant du renfort.

La brillante chevalerie qui répondit à cet appel s'entendait mieux à la parade qu'au métier de la guerre. Au lieu de conduire à couvert son plan d'attaque, elle vint tournoyer au pied de la montagne afin de reconnaître les lieux. Rodrigue compta ses adversaires et se tint pour averti. Sur-le-champ il ordonna de fermer les portes de la ville et envoya ses hommes dans les maisons faire main basse sur les objets qui se pouvaient emporter.

On fit des ballots de tout ce qui en valait la peine, et le soir, pendant que les Bourguignons concertaient autour des feux leurs manœuvres du lendemain, nos gens délogèrent sans lumière et sans bruit, s'éloignant avec leur butin par les chemins des bois. On en était encore, dans le camp bourguignon, à la surprise de ce brusque départ, que déjà ils étaient parvenus à refuge dans le Bourbonnais[1].

Il semble qu'à la suite de cette retraite Rodrigue soit allé chercher le reste de ses bandes, toujours cantonnées dans le Gévaudan d'où elles continuaient de menacer le Rouergue et tout le Bas-Languedoc. L'alarme était entretenue à Nîmes par des lettres du consulat de Milhau[2]. On s'attendait partout dans la sénéchaussée à une nouvelle irruption du terrible capitaine[3]; mais loin de songer à porter ses pas de ce côté, quand il se mit en route, ce fut pour retourner à la frontière bourguignonne. On sut à Dijon, dès les premiers jours de mars, qu'il stationnait à proximité de Charlieu avec des forces considérables

La reprise des hostilités fut différée à cause d'une grande assemblée qui allait se réunir à Vienne[5], et d'où l'on s'attendait à voir sortir du changement quant

[1] Lefèvre de Saint-Remy, ch. CLXXIX.

[2] Ci-après, *Pièces justificatives*, n° XXXII; Ménard, *Histoire de Nîmes*, t. III, p. 183.

[3] « Pardevant le viguier de Nismes, François Aurillac a reçu, le 4 avril 1433 (v. st.), du trésorier de Nismes 22 moutons d'or taxés par mandement du seneschal de Nismes et de Beaucaire, du 21 mars précédent, pour avoir été de Nismes à Masères (château du comte de Foix) porter audit séneschal certaines lettres des gens du Conseil du roy, estans audit lieu de Nismes, et de plusieurs barons, nobles, scindicz et consulz, manans et habitans de la ville du Puy et des pays de Velay et de Gévaudan, faisans mencion de Rodigo et plusieurs autres gens d'armes et de traict, lesquels se efforcent d'entrer en présent païs de Languedoc, et dès jà sont près des mettes et fins de laditte seneschauciée. » Note qui m'a été communiquée, et dont j'ai perdu la provenance.

[4] Marcel Canat, *Documents inédits*, etc., p. 340; Garnier, *Inventaire sommaire*, etc., t. II, *Comptes du Charolais*, B 3931.

[5] Chronique du héraut Berry, dans Godefroy, *Histoire de Charles VII*, p. 387.

à la situation du royaume. Pour la première fois depuis son sacre, Charles VII s'était décidé à tenir cour plénière. Il en trouvait l'occasion dans sa réconciliation récente avec son connétable Artus de Richemond, et dans les adieux qu'il lui convenait de faire à la reine présomptive de Naples et de Sicile, femme de son beau-frère Louis d'Anjou, que la princesse allait rejoindre en Italie. Le roi, ayant choisi la métropole du Dauphiné pour y réunir les députés de ses pays d'états du midi[1], avait invité à venir le trouver au même lieu les princes français et les ambassadeurs des puissances amies, notamment ceux du concile de Bâle; car les pères du concile poursuivaient la pacification du royaume avec autant et plus d'ardeur que la réforme de l'Église, et ils avaient des agents diplomatiques partout où ils pensaient que cette question si grave pût être utilement abordée.

Rodrigue assista à la réunion de Vienne en compagnie des Bourbons qui y étaient venus tous ensemble. Le duc prisonnier étant mort depuis peu, son titre venait de passer au comte de Clermont, son fils aîné : son titre et sa dignité, car à la couronne ducale de Bourbon était attaché l'office de grand-chambrier de France. Le nouveau duc exerça en grande pompe les devoirs de cette fonction, le roi séant à table[2].

[1] « Fist et tint le roy de France ung conseil, à Lyon sur le Rosne, des trois estaz du pays, c'est assavoir du Languedoc, du Daulphiné et du Limosin. » *Chronique des Pays-Bas, de France*, etc., dans la Collection des Chroniques inédites de Flandre, publiée par M. de Smet, t. III, p. 418. L'auteur a nommé Lyon à la place de Vienne, trompé sans doute par les lettres d'une première convocation, où Lyon avait été désigné comme lieu de l'assemblée.

[2] Berri, l. c.

Quant au beau-frère le routier, on ne sait pas quel rang lui fut assigné dans les cérémonies; mais des actes témoignent que la figure qu'il fit là fut celle d'un riche seigneur, à la bourse duquel plusieurs grands personnages, le duc tout le premier, furent trop heureux de recourir. La terre de Mont-Gilbert en Bourbonnais lui fut engagée par ce prince comme garantie d'une somme de six mille écus d'or dont il lui avança une partie à Vienne même, et il prêta sans gage mille autres écus d'or au vicomte de Comborn en Limousin[1].

Le résultat des conférences où l'on s'entretint de la paix ayant été qu'il fallait plus que jamais se préparer à la guerre, les États votèrent de quoi y subvenir et désignèrent les capitaines qui en dirigeraient les opérations. Rodrigue fut du nombre de ces élus[2]. A vrai dire, la commission qu'il reçut ne fut pas autre chose que la régularisation du commandement dont il avait été investi déjà par le duc de Bourbon sur la frontière bourbonnaise : aussi n'eut-il qu'à retourner au milieu de ses troupes.

Il les distribua à l'intérieur et autour de Charlieu, ville à lui, dont il fit une forteresse imprenable. Les murs étaient tout délabrés; il les remit à neuf. Il disposa dessus un système de machines volantes, au jeu desquelles devait s'ajouter celui d'une grosse bombarde qu'il fit fondre exprès[3]. Quand il se fut bien for-

[1] Ci-après, *Pièces justificatives*, n°s XXXIV et XXXV.

[2] « Ouquel conseil ilz ordonnèrent le duc de Bourbon, Rodrigue, Fortespice et pluiseurs aultres pour faire la guerre et tenir frontière. *Chronique des Pays-Bas, de France*, etc., l. c.

[3] Ci-après, *Pièces justificatives*, n° XLII.

tifié, il lança ses hommes par petites escouades sur le Mâconnais et sur le Charolais, qui furent ravagés simultanément.

La ville de Mâcon, craignant pour sa sûreté, jugea nécessaire, elle aussi, d'ajouter à la force de ses remparts[1]. L'année d'avant, elle avait exhaussé sa muraille au-dessus des créneaux moyennant une construction en pierres sèches dans laquelle on avait planté, à des intervalles rapprochés, des douves de tonneau taillées en pointe par le bout[2]. On faisait de ces ouvrages pour se prémunir contre l'escalade dans un cas pressant ; mais, à moins d'être réparés sans cesse, ils tombaient bientôt en ruines. C'est pourquoi les habitants de Mâcon trouvèrent que le plus sûr pour eux était de s'imposer la dépense d'une construction durable. Ils y pourvurent par le moyen d'une collecte hebdomadaire.

Rodrigue, malgré les récits que l'on faisait de ses forces, n'était point en état de s'attaquer à une grosse ville qui se montrait déterminée à se défendre. Il ne fit aucune tentative sérieuse sur Mâcon. C'est sur les bourgs et sur les châteaux que, cette fois comme les autres, il dirigea ses détachements. Les captures furent nombreuses et fructueuses. Le grand succès de la

[1] Marcel Canat, *Documents inédits*, etc., p. 225.

[2] « Pour obvier à emblée d'eschielles [le bailli] avoit advisé qu'il estoit nécessaire occuper (*sic*) les murs autour de la ville, c'est assavoir fermer les crénaux, excepté un pertuis à mectre la teste dehors, et par dessus mectre duelles de boysseaux éguisiées par devant, à un tour l'une de l'autre, et chargier par dessus de pierres... un pied d'aut ; et par dessus les premières d'icelles, mectre d'autres en forme d'un ratel. Et se divisera par cinquantaines et dizaines, comme sera advisé. » Marcel Canat, *ibid.*, p. 219.

campagne fut la prise du château de Chaumont-la-Guiche[1].

Cependant le duc de Bourgogne, qui était allé faire des levées en Flandre, arrivait avec le dessein d'accabler le duc de Bourbon en l'attaquant à la fois dans le Beaujolais et dans les Dombes. La perte de Chaumont lui fut d'autant plus sensible qu'il était exaspéré contre les routiers et qu'il avait juré d'en finir avec eux. Il donna à ses troupes des ordres impitoyables. Elles devaient procéder par le fer et par le feu, sans se laisser fléchir par aucune considération de pitié ni d'intérêt. Pour prêcher d'exemple, il fit noyer d'abord dans la Saône ou accrocher aux arbres plusieurs centaines de prisonniers, en expiation d'outrages qu'avaient essuyés des ambassadeurs venant devers lui[2]. Au siége de Chaumont, dont il voulut suivre les opérations de ses yeux, deux cents combattants qui tenaient cette place s'étant rendus à discrétion furent tous pendus. Monstrelet rapporte que dans le nombre il y eut un neveu de Rodrigue[3].

Les routiers, poussés avec cette fureur, n'eurent pas à chercher un refuge dans l'appui des populations. Leurs dérèglements les avaient rendus odieux à tous les habitants de la contrée, français aussi bien que bourguignons. Le vœu des campagnes était de les voir exterminés, et loin de leur prêter assistance, les

[1] Lefèvre de Saint-Remy, ch. CLXXIII; Monstrelet, l. II, c. CLXII; Garnier. *Inventaire sommaire*, etc., pp. 6, 40.

[2] Jean Jouffroy, *De Philippo duce Burgundiæ Oratio*, dans les Chroniques belges latines publiées par M. Kervyn de Lettenhove, p. 110.

[3] Monstrelet, l. II, ch. CLVI (t. V, p. 90 de la nouvelle édition).

paysans de tous les partis étaient prêts à tomber sur eux, s'ils croyaient pouvoir le faire sans se compromettre. Une lettre de rémission, accordée par Charles VII en 1448, contient le récit d'une de ces vengeances secrètes dont furent victimes deux hommes enrôlés sous Rodrigue de Villandrando[1]. Le fait se rapporte à l'an 1434; il eut précisément pour théâtre le Beaujolais, à la défense duquel s'employaient alors les compagnies.

Celle à laquelle appartenaient ces routiers, s'étant répandue autour de Villefranche, y commit tant de dégâts, que les habitants d'un village de la contrée, appelé Saint-Just-d'Avray, abandonnèrent la plupart leurs maisons pour se barricader dans l'église du lieu, d'où ils n'osèrent plus sortir.

Un laboureur qui demeurait dans un endroit écarté de la paroisse fut du nombre de ceux qui ne s'effrayèrent pas et voulut rester chez lui, quoi qu'il dût advenir. Deux hommes-d'armes frappèrent un soir à sa porte. Par aventure c'étaient des gens paisibles qui demandèrent, moyennant rétribution, à souper pour eux et du foin pour leurs chevaux, contents d'ailleurs de boire de l'eau et de coucher sur la paille, si on n'avait ni vin ni lit à leur offrir. Ces procédés honnêtes qui, à cause de leur rareté seule, eussent commandé des égards, ne firent qu'affriander la vindicte du paysan. Il se mit à considérer « les afflictions, rançons, pilleries et batures, et autres maux énormes et innumérables dommages » que le pauvre peuple de son pays avait

[1] Ci-après, *Pièces justificatives*, n° XXXVI.

supportés et supportait encore, tellement qu'il en vint à conclure que ce serait justice rigoureuse de tuer ces gens-d'armes et de les voler, comme eux ou leurs pareils en avaient tué et volé tant d'autres. Il sortit donc quand il fut assuré que ses hôtes étaient endormis, et s'en alla quérir aux environs plusieurs de ses amis, tant pour arrêter en leur compagnie l'exécution de son dessein que pour l'accomplir avec leur assistance. A cinq qu'ils étaient, ils entrèrent furtivement dans l'étable où dormaient les routiers, enlevèrent leurs armes, les garrottèrent, et les emmenèrent bien loin avec leurs chevaux. Arrivés dans un bois sur le coup de minuit, ils firent halte, puis ordonnèrent à leurs prisonniers de se confesser l'un à l'autre. C'était leur dire le sort qui les attendait. Les autres, loin de s'y résigner, commencèrent à remuer les bras, comme s'ils pensaient se dégager de leurs liens; mais aux premiers mouvements qu'ils firent, on les tua avec leurs propres épées qu'on avait eu soin d'apporter à cet effet. Leurs assassins, après les avoir dépouillés jusqu'à la chemise, délibérèrent que deux d'entre eux iraient déguisés vendre les chevaux, non pas à Villefranche, non pas à Beaujeu, non pas même à Lyon, où on aurait pu les reconnaître, mais à Vienne en Dauphiné. Ainsi fut-il fait, et les neuf écus provenant de la vente furent partagés entre eux cinq; et personne ne sut rien de l'aventure jusqu'après la destruction totale des routiers, que le laboureur de Saint-Just alla se dénoncer et demander grâce au roi, dans la crainte d'être inquiété un jour ou l'autre par la justice du duc de Bourbon.

A la guerre il en est de même qu'au jeu. A une bonne veine succède une mauvaise. Rodrigue cessa de gagner, depuis qu'il eut affaire à la nouvelle armée qu'avait amenée le duc de Bourgogne. La situation où il s'était déjà trouvé en 1431 se renouvela de point en point. Il avait à répondre à l'ennemi à la fois dans le Charolais, dans le Mâconnais et dans les Dombes[1]. Ses compagnies forcément disséminées ne purent porter aucun coup décisif. Elles n'empêchèrent ni la concentration des forces bourguignonnes à Mâcon, ni l'invasion du Beaujolais, ni la prise de la forte place de Belleville[2]. L'hiver approchant, les vivres leur manquèrent sur le terrain de leurs opérations. Leur chef fut obligé de les conduire à la pâture dans le pays de Velay[3].

Vers le temps de la prise de Belleville, le roi de Castille députa au duc de Bourgogne l'un de ses hérauts d'armes. A quelle fin? Ce n'est que pour traiter une affaire de rançon ou pour apporter quelque réclamation concernant un fait de guerre qu'un émissaire de cette classe avait pu être choisi. On sait que les hérauts d'armes étaient désignés par un sobriquet, qui fut d'ordinaire un nom de fief ou de seigneurie. Celui-ci s'appelait

[1] Lefèvre de Saint-Remy, ch. CLXXXII; Garnier, *Inventaire sommaire*, etc., t. III, p. 85. Deux passages inintelligibles de Monstrelet se rapportent à cette guerre des Dombes. Le premier dans le chapitre CLVI (livre II), quand l'auteur mentionne, à la suite de la prise de Chaumont-la-Guiche, celle de *Benain :* il faut lire *Baneins* près de Trévoux; le second à la fin du chapitre CLXII où on lit : « ledit duc de Bourgongne envoia une autre armée de ses pays, *gens de doine*, en tirant vers Lion sur le Rosne. » Il est vraisemblable que le nom de Dombe se cache sous cette absurde leçon.

[2] Lefèvre de Saint-Remy, l. c.

[3] Vaissete. *Histoire de Languedoc*, t. IV, p. 483.

Villandrando. Soit que ce nom le désignât à la vindicte bourguignonne, soit que, sa commission ayant été de passer d'abord par le camp de Rodrigue, cette démarche eût fait naître des soupçons, arrivé à Chalon où se tenait alors le duc, il fut déclaré prisonnier. Toutefois on le relâcha au bout de quelque temps; on le dédommagea même de la dépense qu'il avait été obligé de faire durant sa captivité[1].

L'aventure est d'un mince intérêt, mais elle devait trouver sa place dans ce récit, comme preuve de la célébrité dont notre capitaine jouissait dès lors dans son pays natal; car c'est assurément en considération de sa personne que le nom de Villandrando fut attaché à l'un des offices de la maison militaire du roi de Castille.

On était en décembre. Le duc de Bourbon, enfermé dans Villefranche et serré de près par une armée de Picards, semblait perdu, lorsque le bruit se répandit tout à coup qu'il était en pourparlers pour faire sa paix avec le duc de Bourgogne[2]. Ce dénouement en effet ne se fit pas longtemps attendre. Il eut pour conséquence, non seulement la cessation des hostilités sur les deux rives de la Saône, mais encore la réconciliation des Français et des Bourguignons, qui fut scellée, plusieurs mois après, par le traité d'Arras.

Pendant que les négociations préliminaires de ce rapprochement si désiré suivaient leur cours, Rodrigue de Villandrando fit à la province de Limousin une visite qui n'était pas celle d'un apôtre de la paix. On

[1] Marcel Canat, *Documents inédits*, etc., p. 353.
[2] Lefèvre de Saint-Remy, ch. CLXXXII.

le voit par le vote d'un subside que les États du Bas-Limousin accordèrent au mois d'août 1455 pour payer les frais de la résistance opposée au routier. Le vicomte de Ventadour fut l'un des combattants porté sur l'état de répartition. Les deux places principales de son domaine, Ussel et Meymac, avaient été assiégées pendant deux mois[1]. Il tint bon dans Ussel, et Meymac sut également se préserver; mais la contrée ne laissa pas que de beaucoup souffrir.

Pourquoi cette course en Limousin? Aucun document n'en donne l'explication; mais les pièces abondent pour établir que les deux parties haute et basse du pays étaient dans le plus grand trouble. Les Anglais, maîtres depuis des années de Domme et de Mareuil, deux places formidables du Périgord, s'étaient avancés de là dans le Limousin, où ils détenaient plusieurs châteaux. La province n'était pas en situation de leur résister, ayant pour gouverneur un prince du sang toujours absent, Charles d'Anjou, qui avait mis un lieutenant à sa place, et celui-ci ne parvenant point à réunir dans un effort commun les grands seigneurs de la contrée, qui ne songeaient chacun qu'à la défense particulière de ses terres. C'est pourquoi on manda de l'ouest les contingents qui s'y trouvaient à la disposition du seigneur de Pons et du sénéchal de Poitou[2]. Or ces auxiliaires, soldats et capitaines, étaient des routiers

[1] Ci-après, *Pièces justificatives*, n° XXXVII.

[2] Répartition d'une aide de 5000 livres et d'un supplément de 1800, accordés par les États du Haut-Limousin en septembre 1435 (Bibl. nat., Manuscrits français, n° 23902, à la date).

de la veille, imparfaitement convertis au service des troupes régulières. Le sénéchal de Poitou, Jean de la Roche, était surtout noté pour ses exploits de condottiere. Il avait été naguère aux gages du sire de la Trémoille, et rien ne prouve qu'il ne continuait pas à travailler pour ce maître, quoique celui-ci fût tombé en disgrâce. Ses troupes en effet ne délivrèrent le Limousin que pour se substituer aux Anglais, comme si elles avaient eu mission de discréditer par leurs excès le gouvernement de ce Charles d'Anjou, qui était, comme on l'a vu, l'ennemi personnel du ministre déchu. Dans cette supposition, Rodrigue de Villandrando aurait joué, à l'extrémité opposée du Limousin, le même rôle que le sénéchal de Poitou[1]. Il y a quelque chose de plus certain : c'est qu'un aventurier des montagnes du Velay, nommé Jean Delaporte, après avoir servi sous Rodrigue, obtint un commandement sous Jean de la Roche ; que cet homme prit le château de Saint-Exupéry, qui était l'une des places occupées par les Anglais, et que, lorsqu'il y fut, il s'y établit si solidement que le vicomte de Turenne, propriétaire de ce château, ne put l'en faire sortir qu'au prix d'une grosse allocation votée encore par les États[2]. C'est ainsi qu'amis et ennemis

[1] Son hostilité contre tous les défenseurs officiels du pays est incontestable. Dans l'état de répartition cité précédemment on lit cet article : « Au capitaine de Peyrat, pour lui aider à paier sa rançon aux gens de Rodrigues qui l'ont tenu longtemps prisonnier, a esté ordonné x l. t. »

[2] Quittance de Pierre de Beaufort, vicomte de Turenne, du 4 nov. 1435, pour la somme de 3000 livres à lui allouée par les États du Bas-Limousin, assemblés à Userche au mois d'août précédent, « pour avoir et recouvrer en nostre main (c'est lui qui parle) le chasteau de Saint-Exuperi estant audit païs détenu par Jehan de la Porte, pour aucun debtez

battaient monnaie à l'envi les uns des autres, et que les malheureuses populations étaient réduites à financer toujours et sans fin.

La tradition méridionale sur Rodrigue, que j'ai rapportée en commençant, arrive dans les annales limousines du P. Bonaventure de Saint-Amable à propos d'une démonstration hostile contre Limoges[1], et la date de ce fait, selon le même auteur, serait l'an 1436. Il me semble plutôt devoir être rattaché à la campagne dont on vient de voir que furent affligés les vicomtés de Ventadour et de Turenne. La source où avait puisé le P. Saint-Amable était certainement l'un des registres de l'Hôtel-de-ville de Limoges. La destruction de ces registres, pour le quinzième siècle, rend aujourd'hui le contrôle impossible ; mais on peut supposer que la date de l'évènement aura été confondue avec celle du payement de la dépense à laquelle il avait donné lieu : c'est un genre d'erreur auquel on est exposé lorsqu'on fait usage des anciens livres de comptes. Aussi bien l'année 1436 est une année de la vie de Rodrigue tellement remplie, qu'il ne serait pas aisé d'y trouver le moment d'une pointe sur Limoges.

Le P. Saint-Amable donne pour motif à l'invasion de son pays le dessein formé par le capitaine espagnol

touchans le fait dudit païs. » Ms. français 22420, p. 32, Bibl. nat. Il est à noter que dans une rémission que Jean Delaporte se fit donner par le roi, en 1447, il n'est dit mot ni de ses exploits en Limousin, ni de son commandement sous le sénéchal de Poitou. Voy. ci-après, *Pièces justificatives*, n° XXXVIII.

[1] *Histoire de saint Martial, apôtre des Gaules et notamment de l'Aquitaine et du Limousin*, t. III, p. 701.

d'aller guerroyer les Anglais en Guienne. Cela cadrerait très-bien avec la situation de 1435, parce qu'après la délivrance du Limousin on eut à le défendre encore contre l'ennemi qui gardait toutes ses positions limitrophes[1]. Mais comme la suite du récit du P. Saint-Amable prouve que l'expédition de Guienne qu'il a eue en vue est celle dont il sera question ci-après à l'an 1438, il vaut mieux conclure que son récit est fondé sur un anachronisme manifeste.

Tenons-nous-en donc à cette très-grande probabilité qu'après le ravage du vicomté de Ventadour, le Haut-Limousin eut son tour de donner asile à des hôtes malfaisants, de voir rançonner ses habitants, et le pillage de ses campagnes s'accomplir jusque sous les murs des plus grosses villes.

Limoges cependant ne se résigna pas à contempler dans la sécurité qu'elle devait à ses fortifications le ravage de sa banlieue. Lorsqu'elle fut informée de l'approche du capitaine, elle lui envoya dire qu'il eût à prendre le large. Celui-ci, blessé d'une semblable injonction, ordonna au contraire de faire tout le mal possible aux abords de la ville; après quoi il affecta de passer avec ses équipages sous les yeux des habitants.

Très imprudemment il s'engagea, lui ou l'un de ses lieutenants, entre la Vienne et les coteaux, quand tous

[1] Au mois de décembre 1436, le Limousin contribuait encore « *pro evacuatione et deliberatione montis Dome, in manibus inimicorum antiquorum existentis*. Bibl., nat., Ms., fr., n° 22420, pièces 46 et 47. Cf. Vaissete, *Histoire de Languedoc*, t. IV, p. 483. La place de Domme ne fut reconquise qu'à la fin de l'année 1438. Ms. français, n° 20417.

les chemins et passages en avant du faubourg avaient été barricadés. Partout se présentèrent des enchevêtrements de grosses voitures chargées de blocs de pierre. Les routiers, n'étant pas assez de bras pour débarrasser la voie, reconnurent bientôt qu'il fallait revenir sur leurs pas ou prendre leur chemin par la traverse, au milieu des vignes dont la côte est couverte autour de Limoges. Ils s'arrêtèrent à ce dernier parti qui était le pire. Leurs charrettes s'empêtrèrent dans les vignes sans pouvoir avancer, et les hommes, occupés autour des roues et des chevaux, ne présentèrent plus bientôt que des groupes en désordre. Alors les paysans, qui s'étaient réfugiés dans Limoges, sortirent accompagnés de la milice communale. Ils eurent bientôt enveloppé les hommes et les voitures. Leur nombre les rendit maîtres de tout sans coup férir, et ils n'eurent qu'à faire sauter les toiles des charrettes pour reprendre chacun, soit ses propres effets, soit l'équivalent de ce qu'il avait perdu. Les routiers interdits, non seulement se laissèrent enlever leur butin, mais consentirent encore à lâcher les prisonniers qu'ils emmenaient avec eux.

Ce récit d'un auteur qui ne brille pas par l'exactitude n'est pas sans laisser du doute dans l'esprit. On se demande si toutes les circonstances qui étaient consignées au manuscrit ont été exactement interprétées. L'imprudence du chemin pris à travers les vignes paraît surtout injustifiable. Laissons-en la responsabilité au P. Saint-Amable. Il ajoute une chose que l'on croira plus aisément. C'est que les routiers, au sortir de ces fourches caudines, firent payer cher au reste du pays l'avantage que la capitale avait obtenu sur eux.

Les registres de toutes les villes, heureusement pour nous, n'ont pas éprouvé le sort de ceux de Limoges. Tours a conservé les siens pour cette époque. L'un d'eux nous apprend qu'au milieu du mois de septembre 1435, Rodrigue vint de nouveau se poster autour de la ville avec ses bandes. Il avait en sa compagnie Gui de Bourbon, l'un des bâtards ses beaux-frères. Le commandant militaire de la Touraine était absent; les bourgeois consternés députèrent au roi un moine jacobin pour implorer son intervention[1]. Charles VII se tenait alors à Bourges, attendant la conclusion du traité de paix que ses ambassadeurs étaient allés consommer à Arras. Il envoya aux routiers un ordre de déguerpir qui fut obéi sans trop de difficulté. Les compagnies plièrent bagage après un séjour d'une semaine, regrettant sans doute de n'avoir pas exploité plus longtemps cette grasse vallée de la Loire, et, on peut croire aussi, fort préoccupées du grand évènement qui faisait en ce moment le sujet de toutes les conversations.

Autant le rapprochement des deux partis qui divisaient le royaume réjouit les populations, autant il jeta d'inquiétude parmi les soldats d'aventure, qui virent au bout le chômage, et peut-être pis encore. Ils comprirent parfaitement que, bien que la guerre dût se continuer avec les Anglais, elle n'occuperait plus un aussi grand nombre d'hommes, et que le gouvernement

[1] Ci-après, *Pièces justificatives*, n° XXXIX.

de Charles VII, se trouvant plus à l'aise, pourrait bien revenir à son ancien projet de se débarrasser d'eux. « Qu'allons-nous devenir? » fut le propos journellement échangé sous la tente, et un sujet de sombres réflexions pour les capitaines.

J'ai omis de dire que Rodrigue, avant d'envahir le Limousin, s'était porté sur le Gévaudan. Il s'y rencontra avec Antoine de Chabannes, Gui de Blanchefort, Gautier de Bruzac et le bâtard d'Astarac, capitaines jusqu'alors occupés à combattre entre la Marne et la Somme, qu'on avait détachés de l'armée du nord pour les envoyer au secours du duc de Bourbon[1]. Ils arrivèrent en Beaujolais pour être témoins de la cessation des hostilités. Obligés de s'en retourner avec des frais de route insuffisants, ils recoururent à la ressource des patis. Ils en possédaient la pratique tout aussi bien que Rodrigue. Leurs compagnies d'ailleurs, pour l'esprit et pour la conduite, ne différaient en rien des routiers. On devine par quel genre d'exploits fut signalé leur trajet depuis la vallée de la Saône jusqu'aux abords du mont Lozère. Le rendez-vous fut au complet par l'arrivée d'autres bandes qui venaient, le sire de Lestrac et le bâtard de Noailles à leur tête, de ravager la frontière bordelaise[2].

[1] Vaissete, *Histoire de Languedoc*, t. IV, p. 486. Le savant bénédictin a indûment transporté ce fait à 1436. Son erreur vient de ce qu'il a adopté, comme date de l'incursion en Géraudan, celle d'une ordonnance de Charles VII, rendue pour assurer le payement des emprunts au moyen desquels avait été libéré le pays. Pour s'en convaincre, on n'a qu'à recourir à une analyse de cette ordonnance, contenue dans le tome LXXXIX (fol. 183) de la *Collection de Languedoc*, ms. de la Bibl. nat.

[2] Quittance de Ode de Vila, frère du sénéchal de Beaucaire, envoyé de Nîmes en Géraudan et Velay, dans les derniers jours d'avril 1435, auprès de ces capitaines. Cabinet des titres, Bibl. nat., dossier *Villar*.

A la nouvelle du dangereux rassemblement qui se formait dans le pays, les États particuliers du Gévaudan avisèrent au moyen le plus prompt d'acheter la retraite de Rodrigue et des autres capitaines. Ceux-ci ne se firent pas prier, l'argent ne s'étant point fait attendre. Ils décampèrent aussitôt ; mais si peu de temps qu'ils passèrent ensemble, ils en eurent assez pour s'entretenir de la situation, pour se donner entre eux l'assurance que la paix qu'on était en voie de conclure ne leur ferait pas quitter un métier aussi fructueux que le leur, enfin pour jeter dès lors les bases d'un accord qui leur permettrait de se perpétuer en dépit de toutes les puissances. La suite des événements donne à penser que les choses furent réglées de la sorte dans les conférences qu'eurent entre eux ces capitaines.

Aussitôt après la publication du traité d'Arras, les bandes de deçà la Loire constituèrent, au vu et au su de tout le monde, une société fortement unie, qui eut pour chefs principaux les personnages qui viennent d'être nommés, et dont les suppôts de toute arme et de tout grade furent baptisés dans le peuple du nom d'*écorcheurs*[1]. Écorcheurs voulait dire des bandits qui dépouillaient jusqu'à la chemise ceux auxquels ils s'attaquaient[2]. La pratique n'était pas nouvelle ; le nom fut nouveau, parce qu'il prit naissance dans une contrée qui, préservée jusqu'alors du fléau de la guerre, souffrait pour la première fois de ces excès. Il s'étendit,

[1] Un livre important a été publié récemment sur ce sujet par M. Tuetey : *Les Écorcheurs sous Charles VII*, 2 vol. in-8°. Montbéliard, 1874.

[2] Jean Chartier, t. I, p. 216 ; Monstrelet, l. II, ch. CCXXII ; Thomas Basin, t. I, p. 125.

ce nom, et devint d'un usage universel. A la vérité ce n'est que dans la France du nord[1] qu'on l'appliqua aux hommes du serment de Rodrigue. Pour désigner ceux-ci, les méridionaux trouvaient assez expressive l'appellation que leur langue avait fournie d'ancienneté ; car ils avaient dit tout ce qu'ils pouvaient imaginer de pis, quand ils les appelaient *routiers*. Dans les provinces du centre on les distingua par le nom de *Rodigois*, qui équivaut à ce que serait celui de *Rodrigais* dans la langue actuelle.

Le fait d'une solidarité qui lia ensemble les Écorcheurs et les Rodrigais ne saurait être révoqué en doute[2]. Si ce ne fut pas une alliance offensive et défensive dans toute la rigueur du terme, ce fut au moins une entente propre à favoriser, quand il le faudrait, une action commune. On tint cela pour certain à la cour de France aussi bien qu'à celle de Bourgogne. Des actes sortis des chancelleries des deux États mettent Rodrigue sur la même ligne que les capitaines d'Écorcheurs, et attestent sa participation à plus d'une de leurs entreprises[3]. Peut-être y eut-il davantage quant à la situation du castillan. Il ne serait pas étonnant que la supériorité de ses forces et sa notoriété plus grande lui eussent valu, au moins dans le premier moment, une sorte de suprématie qu'exprimerait

[1] « Si se nommoient Escorcheurs et les conduisoient pour capitaines Rodrigue, Dimenche de Court, Pierre et Joachin Rohaut. » *Livre des trahisons de la France*, ch. CLXI, dans le recueil des chroniques relatives à l'histoire de la Belgique, publié par M. Kervyn de Lettenhove.

[2] Ce fait a été mis en évidence par M. Tuetey, *Les Écorcheurs sous Charles VII*, t. I, p. 10.

[3] Ci-après, *Pièces justificatives*, n°s LX et LXI.

l'épithète d'*empereur des pillards de France*, à lui décernée par un lettré du quinzième siècle [1].

Les Écorcheurs, à leurs débuts, ne furent pas plus de trois à quatre mille, tandis que les forces de Rodrigue, évaluées alors à dix mille chevaux [2], représentent un effectif d'environ quinze mille hommes. La réunion des uns et des autres aurait produit une armée telle qu'aucun souverain d'Europe n'était capable d'en mettre sur pied pour le moment. A quoi n'aurait pas pu prétendre notre aventurier, s'il avait porté en lui le génie d'un conquérant? Mais ses visées ne dépassaient pas l'horizon au dedans duquel s'agitent les hommes créés pour les rôles secondaires. Il n'eut jamais de plus haute ambition que d'être réputé le premier parmi les condottieri, et le serviteur le plus opiniâtre des causes bonnes ou mauvaises auxquelles il s'était attaché.

Son dévouement à la personne de M. de la Trémoille paraît l'avoir amené à Sully-sur-Loire vers le temps de Pâques 1436. A Sully en effet, dans l'un des forts et riches châteaux de la France centrale, ce seigneur méditait alors sur sa déchéance, accomplie depuis tantôt trois ans. Une révolution de palais, habilement menée pendant que le comte de Ribadeo était occupé dans le comtat Venaissin, en 1433, avait eu pour ré-

[1] Ci-après, p. 193.

[2] C'est le chiffre donné par les auteurs espagnols ; ci-après, Hernando del Pulgar, p. 208, et Garcia de Rezende, p. 183. Jean Chartier dit : « huit mille hommes » dans Godefroy, p. 96. Le hérault Berri (p. 394) constate, en termes plus généraux, « qu'il avoit la plus grande compagnie de tous les capitaines de France. »

sultat la séquestration, puis la disgrâce du favori. Il recouvra sa liberté moyennant de grands serments qu'il n'aspirerait plus au pouvoir, moyennant aussi une grosse rançon que lui fit payer Jean de Beuil, son neveu, qui avait fourni la prison pour l'incarcérer. Mais se résigne-t-on au sacrifice de ce qui vous a été arraché par la violence? L'ambitieux La Trémoille usa le reste de ses jours en intrigues pour ressaisir l'autorité qu'il avait perdue. La visite de Rodrigue, que peut-être il avait sollicitée, lui fit faire une démarche tortueuse dont la mémoire est consignée sur l'un des registres de l'Hôtel-de-ville d'Orléans[1]. Il envoya prévenir le premier personnage de la ville de la présence « des Rodigois » sur ses terres, comme quelqu'un qui cherche à se préparer d'avance un témoin à décharge pour un cas embarrassant qui lui arrive, et dont il veut être en état de décliner plus tard la responsabilité.

Ce fait coïncide avec le rétablissement de Paris sous la domination française, et il se trouve précisément que le bâtard de Bourbon, dès lors l'inséparable de Rodrigue, fut de l'armée qui, par son approche, détermina la révolution de Paris[2]. Pourtant le connétable de Richemond, qui dirigea cette heureuse entreprise, avait mis

[1] Registre de 1435-1436 à la Bibliothèque d'Orléans : « A Regnault Brune, le mercredi jour de saint Marc (25 avril 1436), pour despence faicte en son hostel pour faire boire mons. le prévost d'Orliens et maistre Simon Compains, secrétaire du roy nostre sire, qui assemblèrent chez ledit Regnault pour monstrer à aucuns des procureurs certaines lectres que mgr. de Suli avoit envoyées à mgr. le chancelier d'Orliens, pour les Rodigoys qui estoient à Suli. »

[2] « Assembla ledit connestable bien huict vint lances autour de son enseigne, et y estoient mgr. de la Suse et le bastart de Bourbon. » Guillaume Gruel, *Mémoires d'Artus de Richemond*, dans Godefroi, p. 766.

une attention particulière à en écarter les troupes mal famées. Il est à croire que, s'il accepta le concours du bâtard, ce fut sur des recommandations venues de haut, et en lui faisant ses conditions quant au nombre d'hommes qu'il amènerait avec lui, et quant à l'emploi qu'il en ferait. L'histoire mentionne effectivement des routiers occupés à Saint-Denis, pendant que la capitale effectuait sa soumission[1]. A la nouvelle de l'entrée des troupes royales, ils accoururent pour être de la fête; mais les portes furent fermées devant eux.

A quelque temps de là, Rodrigue alla se reposer dans ses terres du Bourbonnais; du moins nous le trouvons à Saint-Pierre-le-Moutier, puis à Moulins, au commencement du mois d'août 1436, occupé du règlement de diverses affaires d'intérêt.

L'heure était venue pour lui d'évacuer enfin la place de Charlieu, qu'il avait maintenue jusque-là sur le pied de guerre. Il s'en dessaisit moyennant finance entre les mains du duc de Bourbon[2].

Ensuite il se fit assigner sur les meilleures recettes du Bourbonnais la rente, jusque-là si mal servie, qui avait été constituée en dot à sa femme; puis, comme le château de Châteldon, leur résidence provisoire, était redemandé par les possesseurs légitimes, nouvellement revenus de l'émigration, il eut à se faire pourvoir d'une autre demeure. Le cas avait été prévu au contrat. Il devait avoir, et eut en effet, mais sans pou-

[1] « C'estoit la plus part des routiers et des gens fors à entretenir. » Guillaume Gruel, l. c., p. 768.

[2] Ci-après, *Pièces justificatives*, n° XLII.

voir entrer aussitôt en jouissance, le château de Rochefort en Bourbonnais[1], celui dont la masse imposante se dresse encore au-dessus du cours de la Sioule.

Rodrigue, au milieu de ces soins, reçut des ouvertures pour une entreprise dont la maison de Bourbon tout entière désirait le succès. Il s'agissait d'aller conquérir le siège épiscopal d'Albi, disputé entre deux compétiteurs dont l'un se trouvait être le grand oncle de la famille. Cette grave affaire demande à être exposée en quelques mots depuis son origine.

En 1434, lorsque le chapitre d'Albi venait de décider, conformément à un récent décret du concile de Bâle, qu'il procèderait par voie d'élection au remplacement de son évêque défunt, l'évêque de Chartres, Robert Dauphin, de la lignée des Dauphins d'Auvergne, qui avait jeté ses vues sur l'évêché d'Albi, se fit donner des lettres de recommandation du roi et des princes du sang, afin d'être nommé directement par le pape, comme c'était l'usage auparavant. Sa nomination, que la cour de Rome s'empressa de lui accorder, n'empêcha pas les chanoines d'Albi de persévérer dans leurs desseins. Ils élurent l'un d'entre eux, appelé Bernard de Casilhac, lequel alla se faire reconnaître et consacrer à Bâle ; de sorte qu'il y eut en présence deux contendants, revendiquant chacun pour lui le droit divin, et disposés à le faire triompher par la force terrestre.

Ce triomphe, Robert Dauphin, après l'avoir obtenu, le compromit par son imprudence. Il crut son autorité

[1] Ci-après, *Pièces justificatives*, n° XLI.

établie à tout jamais, parce qu'il en avait joui paiblesiment pendant une année. Au bout de ce terme, ayant un voyage à faire en Auvergne, dans sa famille, il s'éloigna d'Albi, à l'indicible joie de son adversaire qui revint au nom du concile et qui, escorté d'une armée, pourvu de bombardes et de canons, occupa militairement la cathédrale d'Albi, mit le siège devant le château épiscopal et fit trembler la ville. C'est alors que Robert Dauphin, n'obtenant du roi qu'il avait imploré que des ordres de secours et pas même une escouade pour les exécuter, se ressouvint que Rodrigue de Villandrando était quelque peu son neveu. Il lui fit offrir de sa part six mille écus, deux places fortes en nantissement et les profits de la guerre, s'il voulait le remettre en possession de son évêché[1].

Le cas était délicat parce que le prélat, tout en se servant des routiers, tenait fort à ce qu'il ne parût pas qu'il les avait appelés, et qu'il fallait que l'affaire fût au compte du duc de Bourbon. D'autre part, l'aîné et le cadet d'Armagnac étaient intervenus, chacun de son côté, comme protecteurs de la ville[2]. Il y avait à concilier les nécessités d'une action énergique avec le respect des garanties déjà stipulées. Ce n'est qu'après mûre réflexion, et quand il eut pris toutes ses sûretés, que le comte de Ribadeo accepta.

Il s'approcha d'Albi à grande puissance, ayant réuni

[1] Plaidoiries de Luillier pour Casilhac, prononcées au Parlement de Paris, le 10 juillet 1438 et le 1er septembre 1439. *Registre criminel*, n° 25, aux Archives nationales.

[2] Jolibois, *Inventaire sommaire des archives communales d'Albi*, p. 13.

une armée de huit mille chevaux, dont le bâtard de Bourbon partageait le commandement avec lui[1].

Afin de dégager les abords de la ville, les Casilhac avaient démoli les maisons isolées autour des remparts. Il compléta leur ouvrage en livrant aux flammes un hôpital qu'ils avaient laissé debout, ainsi qu'une partie du faubourg y attenant. C'était leur faire entendre qu'il ne leur procurerait pas, ainsi qu'ils s'y étaient attendus, le plaisir de brûler leur poudre contre lui[2].

Il n'eut garde en effet de s'attaquer à la ville ni à la cathédrale, parce que le château épiscopal n'était plus au pouvoir des partisans de Robert Dauphin. Le comte d'Armagnac venait de le faire neutraliser et de le mettre en main-tierce[3], à la poursuite des habitants trop incommodés par les éclaboussures qu'ils recevaient du siège commencé contre cette place. Or un coup de main comme il en fallait aux routiers n'aurait pu s'exécuter que moyennant des intelligences avec le château.

Cette forteresse est mentionnée dans les actes du temps sous le nom de Berbie[4]. Elle occupait, conjointement avec la cathédrale, tout le dessus d'un promon-

[1] Le trajet se fit par le chemin le plus court. On lit dans l'état de répartition de l'aide votée, à la fin de la même année 1436, par les États de la Basse-Auvergne, que 21 marcs d'argent avaient été payés au bâtard de Bourbon « quand il passa par le pays, affin que luy ne ses gens n'y feissent dommaige ». Ms. français 26062, cote 3055

[2] Plaidoirie de Luillier du 1er septembre 1439, l. c.

[3] Jolibois, *Inventaire sommaire*, etc.; Plaidoirie de Luillier, du 1er septembre 1439.

[4] Il y a encore à Albi une place du nom de *Verbie*, située devant une partie conservée des bâtiments de l'ancien château.

toire qui termine la ville au couchant, entre le cours du Tarn et un ravin profond. L'église, par sa position dans l'enceinte fortifiée et par sa structure massive, était à proprement parler une doublure du château. C'est ce qui explique comme quoi les Casilhac l'occupèrent militairement et s'en servirent pour battre en brèche la Berbie, jusqu'à ce que celle-ci eût été mise en situation de ne les plus inquiéter.

Rodrigue de Villandrando donc tint Albi bloquée plutôt qu'assiégée et lui donna, hors de la portée de l'artillerie, le spectacle de ses évolutions. S'étant emparé d'abord du château de Lescure[1], au moyen duquel il eut le libre passage du Tarn, il répandit sur les deux rives du fleuve sa nombreuse cavalerie, exercée de si longue main à réduire en déserts les contrées fertiles et populeuses. Bientôt ceux d'Albi ne purent voir sans soupirer le réseau des incendies s'étendre à l'horizon, atteindre de proche en proche leurs vergers et leurs vignes, et les champs livrés au ravage, les riches récoltes de pastel coupées comme litière ou foulées aux pieds des chevaux. Il n'est puissance qui tienne contre des angoisses de cette sorte, lorsqu'elles se renouvellent tous les jours. Le prétendant et les gens-d'armes qui soutenaient sa cause perdirent leur autorité sur la population, qui finit par leur dire qu'il fallait capituler; et ils capitulèrent, à la condition de sortir de la ville avec armes et bagages.

Rodrigue de Villandrando fit dans Albi une entrée

[1] Vaissete, *Histoire de Languedoc*, t. IV, p. 189.

conforme à l'objet de sa mission. Tout armé, tout éperonné et salade en tête, il descendit à la porte de la cathédrale, franchit le seuil, alla droit au chœur, et en face de l'assistance effarée, qui se demandait s'il allait violer le tabernacle, étant monté dans la chaire épiscopale et s'y asseyant, il prit possession des lieux au nom de Monseigneur Robert Dauphin. Les consuls, qui crurent voir dans cette cérémonie la menace d'une réaction, se hâtèrent de mettre leur ville sous la sauvegarde du roi en arborant les fleurs de lis ; mais Rodrigue, pour qu'il n'y eût pas d'équivoque, fit ôter le pennon de France et mettre à la place celui des dauphins d'Auvergne[1].

Après cela il laissa garnison à Albi et s'en alla mettre le siège devant les places que tenaient encore, aux environs, plusieurs seigneurs du parti de Casilhac. Flotard de Bar, chevalier, sommé de rendre la forteresse de Montirat, ayant dédaigné les menaces du capitaine, eut sa terre mise à feu et à sang, et perdit son château de Bar, qui devint un repaire de plus pour les routiers[2]. Puis ceux-ci ne tardèrent pas à trouver l'Albigeois insuffisant pour leur consommation, et ils se jetèrent à droite et à gauche sur les sénéchaussées environnantes. Rodrigue en personne conduisit une expédition sur les bords de l'Aude, prit Villegailhène, Conques, Villemoustanson, et poussa jusqu'à un quart de lieue de Carcassonne, où peu s'en fallut qu'il n'entrât. La commune s'étant armée précipitamment lui fit rebrousser

[1] Plaidoirie de Luillier, du 10 juillet 1438.
[2] Plaidoirie de Luillier du 1er septembre 1439.

chemin, mais sans que, cette fois, il lâchât ses prisonniers ni perdît une seule tête du bétail que sa compagnie chassait devant elle[1].

Les trois sénéchaussées de Beaucaire, Carcassonne et Toulouse, atterrées de ces ravages, réunirent leurs États à Béziers au mois de novembre[2]. Le duc de Bourbon, qui venait d'acheter de son beau-frère l'engagement de ne point envahir l'Auvergne[3], envoya des ambassadeurs à l'assemblée de Béziers pour se justifier d'avoir procuré ces hôtes funestes au Languedoc. Son excuse était dans la détresse de Robert Dauphin, son oncle[4]. La déclaration d'un si grand seigneur fut acceptée sans conteste. On écouta ensuite avec effroi les rapports envoyés de divers points, qui tous attribuaient à Rodrigue l'intention formelle de chevaucher le Languedoc « en long et en travers, jusqu'à totale destruction[5]. » Le résultat des délibérations fut qu'on lui députerait Pons Guilhem, seigneur de Clermont-Lodève, en compagnie d'un chambellan du duc de Bourbon, là présent; que ces envoyés tâcheraient de le disposer à un

[1] Bouges, *Histoire civile et ecclésiastique de la ville de Carcassonne*, p. 271.

[2] Vaissete, *Histoire de Languedoc*, t. IV, p. 486.

[3] Il est spécifié dans l'état de répartition de l'aide votée par les États de la Basse-Auvergne, assemblés à Clermont en décembre 1436, qu'une somme de quatre mille livres fut allouée au duc « pour lui aydier à paier et contenter Rodigo de Villandrando, cappitaine de gens d'armes et de trait, et sa compaignie, estans en Albigois, affin que à leur retour ilz ne passent par ledit païs. » Bibl. nat. Ms. fr. 26062, cote 3055.

[4] Plaidoirie de Rapiout pour Robert Dauphin, du 27 avril 1439.

[5] Ci-après, *Pièces justificatives*, n° XLV. Les mêmes termes sont répétés dans un grand nombre de quittances de la Collection des titres scellés et du Cabinet des titres de la Bibliothèque nationale, dont le volume CIX de la *Collection de Languedoc* contient des copies, fol. 168 à 172.

accommodement en lui offrant cinq cents vieux écus d'or pour lui, et deux cents autres écus pour son beau-frère et lieutenant le bâtard de Bourbon ; enfin que le sénéchal de Beaucaire et Jean de Carmaing se tiendraient prêts avec les milices du pays, dans le cas où les propositions pacifiques seraient repoussées[1].

Rodrigue prit l'argent voté par les États et consentit à évacuer immédiatement l'Albigeois, mais en laissant garnison dans les châteaux que lui avait livrés Robert Dauphin, et en opérant sa retraite par un chemin qui n'était pas celui d'un homme décidé à quitter de sitôt le Languedoc. On dirait qu'il lui revint mémoire d'anciennes créances qu'il avait sur le roi, et que son intention fut, avant d'aller plus loin, de s'adjuger des garanties par la saisie d'un gage. C'est sur le château de Cabrières, qui faisait partie du douaire de la reine, qu'il porta ses vues[2].

Pour des batteurs d'estrade rien n'était au-dessus de cette forteresse ; car elle commandait les chemins suivis pour se rendre du centre de la France aux foires de Pézenas et de Montagnac, c'est-à-dire au seul des grands marchés du royaume qui continuât d'être fréquenté pendant ces années de désolation. L'un des beaux exploits de Valette fut d'avoir enlevé par surprise le château de Cabrières en 1430[3] ; mais la surveillance avait redou-

[1] Vaissete, *Histoire de Languedoc*, t. IV, p. 485.

[2] Ci-après, *Pièces justificatives*, n° XLVII.

[3] Vaissete, t. IV, p. 476. Une ordonnance de paiement sur le trésor royal, en date du 18 septembre 1426, représente le château de Cabrières comme une « très notable place ; mesmement qu'il est fort envié d'aucuns, de leur voulenté desraisonnable tendans à l'avoir en leurs mains par

blé à la suite de cet évènement. Sept sergents, installés là comme des colons militaires, gardaient chacun une partie de l'enceinte sous le commandement d'un vaillant capitaine, appelé Jean de Loupiac, et avec le concours d'une garnison qui ne montait pas à moins de quatre cents hommes, tous combattants d'élite[1].

Rodrigue róda pendant deux mois et demi autour de la place, sans parvenir à tromper la vigilance d'aucun de ses défenseurs. Il ne réussit qu'à répandre la terreur dans les environs et jusque dans Béziers. Cette ville, persuadée que c'était à elle qu'il en voulait, se mit sous la tutelle d'une sorte de dictateur qu'elle chargea de diriger les opérations de son comité de défense[2]. L'approche du roi qui s'avança jusqu'à Clermont, et celle de l'armée provinciale amenée par le sénéchal de Beaucaire, mirent fin à toutes les menaces.

Les compagnies évincées du Bas-Languedoc se retrouveront tout à l'heure dans le Berri. Avant de les y suivre, il est bon d'indiquer ce que fit une autre bande de Rodrigais, attachée à l'escorte qui ramena Robert Dauphin dans son diocèse.

Plusieurs mois s'écoulèrent entre la soumission d'Albi et le retour de l'évêque restauré, parce que, Bernard de Casilhac s'étant enfermé dans le château de

emblée ou autrement; et s'en sont vantez, ainsi que nous en sommes informez; et s'ils l'avoient, grans inconveniens et dommaiges en pourroient avenir. » Cabinet des titres de la Bibliothèque nationale, dossier *Loupiac*.

[1] Quittance de Maurigon de Loupiac, frère et lieutenant de Jean de Loupiac, chargé de la procuration des sept sergents du château de Cabrières pour toucher leurs gages échus (27 avril 1431). Cabinet des titres, l. c.

[2] Ci-après, *Pièces justificatives*, n° XLVI.

Cordes avec une forte garnison, Robert Dauphin ne voulut se montrer que lorsqu'il serait en mesure de chasser de là son compétiteur. Ses amis embauchèrent à son service bon nombre d'aventuriers parmi lesquels un corps d'Écossais, et ce détachement des compagnies du castillan, dont on vient de parler. Tout cela, joint à quelques escouades de la retenue du roi, forma une petite armée dont les sénéchaux du Languedoc prirent le commandement.

Vu l'intervention des autorités de la province, on aurait pu croire que les choses se passeraient avec une certaine décence ; mais, loin que la présence de ces hauts personnages imposât aux routiers la moindre retenue, c'est au contraire le dérèglement des routiers qui gagna les officiers du roi et leur suite.

Il fallut assiéger et prendre de vive force le château de Cordes. Les *compagnons*, comme les appelle le narrateur de qui nous tenons ces détails, les compagnons s'y précipitèrent avec la certitude que la rançon de Casilhac allait leur rapporter à chacun cent moutons d'or pour le moins. Quelle ne fut pas leur déconvenue! Casilhac s'était évadé. Quand ils en furent certains, ils passèrent sur le mobilier du château leur rage de se voir ainsi frustrés ; puis, étant descendus dans la ville, ils accompagnèrent dans les rues, avec mille dérisions et blasphèmes, le sénéchal de Toulouse, qui s'était ridiculement accoutré des habits d'église du fugitif, sa tête coiffée d'un grand chapeau en guise de mitre.

Robert Dauphin, honteux de leurs comportements, fit sans eux son entrée dans Albi ; mais des inquiétudes qu'il eut bientôt l'obligèrent de les appeler à son aide Introduits de nuit dans la ville, ils prirent domicile chez les bourgeois en forçant les portes et en faisant, la plupart, sauter les maris par les fenêtres. Ils exigèrent ensuite la levée d'une forte contribution pour leur être distribuée : nonobstant quoi ils rançonnèrent chacun leur hôte au moment de leur départ[1].

Voilà quel fut le cérémonial à l'usage des acolytes du comte Rodrigue pour introniser, au milieu de ses ouailles, un pasteur en Jésus-Christ. Ceux de la même église qui gratifièrent le Berri de leur visite étaient destinés par leur chef, ainsi qu'on va le voir, à des œuvres tout aussi peu orthodoxes, quoique de l'ordre purement temporel.

L'intention de Rodrigue en entrant dans le Berri était de traverser cette province et de traverser aussi la Touraine pour se rendre quelque part où il se disait pressé d'arriver. On était dans les premiers jours de l'année 1437 qui, suivant l'usage de ce temps-là, avait commencé à Pâques, et Pâques en 1437 fut le 31 mars. Quoique le but du voyage demeurât le secret du capitaine, cependant tout le monde dans son camp savait l'itinéraire, de sorte que, divulgué au dehors et répété de bouche en bouche, on le sut à Tours lorsque la compagnie n'était encore qu'à La Châtre. Désespérés de cette nouvelle qui venait au moment le plus fâcheux, le roi ni le dauphin n'étant dans le pays, les habitants de Tours supplièrent la reine et la dauphine d'intercéder

[1] Plaidoirie de Luillier, du 11 juillet 1438. Voy. ci-dessus, p. 127, note 1.

pour eux auprès du redoutable visiteur qu'ils ne connaissaient que trop, ayant eu deux fois déjà affaire à lui. Les dames écrivirent en effet. Leur lettre, portée à La Châtre, fut reçue du comte Rodrigue avec une courtoisie toute chevaleresque. Il déclara au messager que, malgré l'importance de son dessein, il renonçait à passer par la Touraine pour l'honneur et révérence qu'il devait à de si grandes dames; que, d'ailleurs, il était bien aise de donner cette marque de déférence au dauphin, dont il se dit être le serviteur et l'obligé. A l'appui de ces paroles, il écrivit une aimable lettre en réponse à celle qu'il avait reçue [1].

A quinze jours de là, il y eut à Tours une nouvelle alerte. On apprit que les routiers, au lieu de s'éloigner suivant la promesse de leur capitaine, étaient venus camper à Châtillon-sur-Indre, à huit lieues de Loches. La reine et sa belle-fille écrivirent encore, et leur lettre remise cette fois, non plus à Rodrigue de Villandrando qui était absent, mais au bâtard de Bourbon, son remplaçant, amena la retraite définitive de la compagnie. Après trois jours d'hésitation et d'attente, elle rebroussa chemin tout d'une traite jusqu'au bourg de Déols, à côté de Châteauroux; puis de là elle se mit en marche vers le Bourbonnais [2].

Son passage fut signalé, comme à l'ordinaire, par des pilleries, par des rançonnements, par des incendies. Même il y eut quelque chose de plus. L'œuvre de malfaisance fut couronnée par un meurtre qui eut plus

[1] Ci-après, *Pièces justificatives*, n° XLVIII.
[2] *Ibid.*

de retentissement à lui seul que le massacre de cent personnes. Dans un combat ou dans une embuscade, Giraud de Goulas, bailli de Berri fut tué, tué de la main d'un homme-d'armes espagnol renommé dans la compagnie, et que, parce qu'il avait le même prénom que son chef, on appelait le *petit Rodrigue*[1].

Mais la circonstance tout à fait aggravante de cette dévastation fut d'avoir été osée au cœur même du royaume, dix-huit mois après une pacification d'où l'on avait été en droit d'attendre le rétablissement de la sécurité, pour le moins autour des résidences royales. Une preuve si frappante que les maux dont on avait souffert pendant tant d'années n'étaient pas encore parvenus à leur terme souleva l'opinion. Même dans le monde officiel, on ne se contraignit plus pour dire la lassitude qu'on éprouvait.

Cette disposition des esprits fut si marquée, qu'il en a passé quelque chose jusque dans la chronique de Jean Chartier. Cet auteur, qu'on peut appeler le panégyriste quand même de Charles VII, retraçant la situation du royaume en ce temps-là, se laisse aller à dire que, plus un homme de guerre était en force pour dévaliser les pauvres gens, mieux il était posé pour obtenir du roi tout ce qu'il voulait[2].

Mais c'est surtout sur nos paysans de la France centrale que ce retour du désordre fit impression. Il les

[1] Ci-après, *Pièces justificatives*, n° LI.

[2] « Qui povoit avoir plus de gens sur les champs et plus povoit pillier et rober les povres gens estoit le plus craint et le plus doubté, et qui plus tost eust obtenu quelque chose du roy de France que nul autre. » Édit. Vallet de Viriville, t. I, p. 241.

plongea dans un sombre désespoir. Ils se persuadèrent qu'on les abandonnait, de parti pris, aux ravageurs, et qu'il fallait attribuer à une odieuse préméditation l'indifférence des autres classes à leur égard et l'inaction du gouvernement, lorsque pourtant ils payaient ce gouvernement si cher pour être protégés par lui. De là un ton d'aigreur, un accent d'hostilité qui se mêla aux plaintes proférées dans les villages; et il fut possible de surprendre çà et là des menaces peu différentes de celles par lesquelles la Jacquerie avait été annoncée autrefois.

On peut saisir quelque chose de cela dans une complainte du temps, dont un couplet a ici sa place marquée parce qu'il y est question de Rodrigue, ou plutôt de ses hommes[1] :

Hélas, sans plus vous dire, hélas,
Comment peuvent penser creatures
Qui bien advisent noz figures
Et ont sens et entendement,
Et nous voyent nudz par les rues,
Aux gelées et aux froidures,
Nostre poure vie quérant ?
Car nous n'avons plus rien vaillant,
Comme aucuns veullent langaiger.
Ilz s'en sont très mal informez ;
Car s'ilz pensoient bien en Rodigues

[1] Cette pièce, qui a pour titre : *La complaincte ou les hélas du poure commun et des poures laboureurs de France*, a été fourrée par interpolation dans le chapitre CCLXXIV du liv. Ier, de Monstrelet, comme si elle avait trait au règne de Charles VI. M. Douët d'Arcq, dans son édition, l'a mise à la place qui lui convient, en la rejetant en appendice à la fin du second livre. Il est évident qu'elle n'est pas de Monstrelet. C'est l'œuvre d'un Français, sujet de Charles VII ; un couplet établit qu'on était alors à la quinzième année du règne, c'est-à-dire en 1437.

Et Escoçois, et leurs complisses,
Et ès yvers qui sont passez,
Et aultres voyes fort oblicques
Dont teus estatz nous sont relicques,
Comme chascun nous a plusmé :
Ilz seroyent bien héréticques,
Se ilz pensoyent en leurs nices
Que il nous fust riens demouré.

Ces protestations d'un prosaïque, mais violent désespoir, sont adressées aux prélats, aux seigneurs, aux gens-d'armes, aux bourgeois, aux marchands, aux avocats, à tous ceux, en un mot, que leur condition préservait des angoisses de la misère. La fin est une menace : « Faites attention à cette complainte. Si vous regardez « bien ce qu'il y a au fond, nous est avis que vous verrez « de vos yeux que le feu n'est pas loin de vos demeu- « res[1]. »

Nous avons laissé le comte de Ribadeo annonçant la résolution de traverser la Touraine. Il est temps de dire ce qu'il pensait faire en prenant ce chemin.

Plusieurs princes du sang, mécontents de ce que toute l'autorité appartenait à Charles d'Anjou depuis la chute de la Trémoille, s'étaient donné le mot pour tenir un conciliabule à Angers, au mois de mai 1437. Le duc de Bourbon conduisait cette intrigue, secrètement élaborée sous le couvert du mariage de sa fille

[1] Voici le texte :

Vous plaise penser aucun poy
En ceste complaincte amère;
Et si vous bien y advisez,
Nous cuidons que appercevrez
Et que vous voirrez par vos yeulx
Le feu bien prés de vos hosteulz.

avec le fils de René d'Anjou. Rodrigue arrivant comme par hasard en vue de la ville où s'agitaient les comploteurs, il eût pu se faire que l'insurrection qui eut lieu trois ans plus tard éclatât dès ce moment ; et cela est si vrai, que les forces du castillan n'étaient pas les seules qu'on se fût ménagées. Jacques de Chabannes, le frère du capitaine des Écorcheurs, avait reçu l'ordre du duc de Bourbon, son seigneur, de faire alliance avec le comte de Ribadeo pour joindre au besoin les gens d'armes qu'il entretenait à ceux que l'autre amenait du midi[1].

Faut-il croire que l'entreprise fut rompue par le billet de la reine, qui arrêta le flot des routiers à deux journées de Tours? Non, car il eût été facile de leur faire gagner l'Anjou sans passer par la Touraine ; mais il est probable que Rodrigue, qui était certainement à Angers[2] lorsque le messager de la reine se présenta au camp de Châtillon, fit savoir dans le même temps au bâtard de Bourbon que le secret de la coalition avait transpiré, et qu'il était nécessaire de prendre le large.

En effet, le roi revenait alors de Montpellier, parlant en termes irrités devant qui voulait l'entendre, tant du duc de Bourbon que de son beau-frère le routier : et son courroux ne se traduisait pas seulement en paroles, car lui, d'ordinaire si irrésolu, si ennemi des actes significatifs, on l'avait vu ramasser par le Languedoc et

[1] Ci-après, *Pièces justificatives*, n° XLIX.

[2] Le hérault Berri, qui se tait sur l'intrigue des princes du sang, dit seulement que Rodrigue, en apprenant l'approche du roi, « partit hastivement des païs de Touraine et d'*Anjou*, où il estoit alé pour piller le peuple. » Dans Godefroy, p. 395.

embrigader à son service tous les aventuriers qu'il avait trouvés sans occupation ou sans maître, informant sur son passage, recueillant dans chaque localité les innombrables plaintes portées contre Rodrigue et ses gens, comme s'il eût pris plaisir à se former au sujet de cet homme un trésor infini d'indignation et de colère. De Saint-Flour, il fut en un clin d'œil à Clermont, de Clermont à Aigueperse, puis à Montmarault où il campa lorsque les routiers, attardés par leur chef qu'ils avaient attendu, ne faisaient que poser le pied en Bourbonnais. Ils étaient alors à Saint-Amand[1].

Charles VII cependant n'avait pas encore fait connaître le fond de sa pensée. Voulait-il seulement surveiller la marche de Rodrigue, voulait-il l'empêcher de prendre domicile sur les terres du duc de Bourbon? Pendant que les deux partis, arrêtés à seize lieues l'un de l'autre, attendaient réciproquement de leurs nouvelles, un détachement de routiers, envoyé en reconnaissance, rencontra aux portes d'Hérisson les fourriers et autres domestiques du roi qui venaient préparer son logis. Sans respect pour la livrée, ces maraudeurs battirent les hommes et firent proie du bagage. Le roi, pour le coup, éclata ; il donna l'ordre d'une répression aussi prompte qu'énergique, et sur-le-champ son armée s'ébranla : grosse armée de quatre mille hommes de trait et de plus de cinq cents chevaliers[2]. Voilà Rodrigue de Villandrando placé dans l'alternative de tirer l'épée contre son souverain d'adoption ou de fuir.

[1] Chronique de Berri.
[2] Chronique de Berri.

Il fuit, mais sans tourner le dos. Plus au fait du pays que les capitaines du roi, il passa au milieu d'eux, alla chercher le passage de l'Allier à Varenne, celui de la Loire à Roanne, celui de la Saône en face de Trévoux[1]. Là existait un bas-fond qu'il connaissait pour s'en être servi maintes fois dans le temps des guerres avec la Bourgogne; là était, pour les gens en danger, l'une des issues du royaume de France sur les terres de l'Empire, et sur une portion de ces terres qui appartenait au duc de Bourbon. Il y précipita ses escadrons, et réussit à mettre tout son monde en sûreté, longtemps avant que les troupes royales parussent sur l'autre bord de la rivière.

Il n'y eut pas de soumission que ne fissent les princes compromis dans l'intrigue d'Angers, quand ils virent la façon dont Charles VII procédait à l'égard de leur complice. Charles de Bourbon, à qui la peur fit épuiser toutes les formes de l'humilité, s'empressa d'atténuer par un désaveu les griefs que la conduite de son beau-frère faisait peser sur lui. Mais le roi voulut davantage. Il exigea la rupture immédiate de toute alliance contractée entre Rodrigue et les sujets du duc, avec le serment de n'en plus jamais souffrir de semblables. Jacques de Chabannes et le bâtard de Bourbon, rappelés par son ordre, vinrent avec leurs gens-d'armes prendre place dans une armée rassemblée sous ses yeux pour la conquête du Gâtinais; et après qu'il les eut vus s'éloigner, il déclara par un édit Rodrigue de

[1] Ci-après, *Pièces justificatives*, n° XLIX.

Villandrando banni de son royaume[1], défendant à toute personne, et nommément aux princes du sang, de lui accorder aide, protection ni confort, donnant en outre autorisation à quiconque de courir sus à ses routiers, s'ils reparaissaient sur le territoire, et de les tuer comme bêtes nuisibles[2]. Il partit ensuite pour aller commander le siège de Montereau, par un usage spontané de sa puissance qu'on ne lui avait point vu faire jusqu'alors : comme s'il eût trouvé du courage contre l'étranger, dans le sentiment de ce qu'il venait d'oser contre les ennemis de l'ordre.

La saison fut mauvaise pour les Rodrigais à la suite de l'édit rendu contre eux. Plusieurs de leurs bandes, qui refluèrent sur l'Auvergne, furent contraintes de s'en éloigner bientôt, parce qu'il se forma contre elles une alliance offensive et défensive de la province avec le Velay et le Gévaudan. Les populations, pour s'affranchir, étaient déterminées à faire flèche de tout bois. Des fonds alloués par les États provinciaux pour améliorer la navigation de l'Allier servirent à payer une partie de la dépense occasionnée par cette confédération[3]. Qu'on juge des périls de la retraite exécutée au milieu d'un pareil soulèvement ! Les vengeances privées, qui n'avaient pas besoin d'encouragement pour s'exercer,

[1] D. Plancher, *Histoire de Bourgogne*, t. IV, p. 252, prétend que Villandrando, Chabannes et le bâtard de Bourbon, furent bannis par arrêt du Parlement de Paris. C'est probablement une fausse interprétation du témoignage de Berri, qui se borne à dire : « Et fist le roy bannir ledit Rodigues hors de son royaulme. »

[2] Ci-après, *Pièces justificatives*, n° LII et LIV.

[3] Ci-après, *Pièces justificatives*, n° L.

se multiplièrent en raison de l'impunité qui leur était garantie, et les traînards, les hommes d'ordonnance, les maraudeurs, tous ceux qui s'écartaient pour une cause ou pour une autre, durent s'attendre à périr misérablement.

Les plus exposés furent ceux des détachements que le grand chef avait laissés derrière lui pour garder un certain nombre de positions aux abords de la Guienne et du Languedoc. Une véritable chasse fut organisée contre eux entre les gentilshommes et les paysans. Autant qu'on put, on les noya par crainte des représailles que la découverte de leurs cadavres aurait pu attirer sur les localités. La Dordogne, le Lot et leurs affluents furent le tombeau d'un grand nombre de ces victimes isolées[1]; d'autres furent accrochés aux gibets des communes ou des justices seigneuriales[2]. Le Petit Rodrigue périt assassiné près de Lectoure, sous la sauvegarde du comte d'Armagnac dont un héraut l'accompagnait. Le frère du bailli de Berri, qu'il avait tué, lui donna de l'épée dans le dos et n'en eut pas d'autre souci[3].

Qui ne se serait attendu à voir le brigandage en baisse après une si rude correction? C'est pourtant le contraire qui eut lieu. La saison qui suivit fut signalée par une recrudescence de ce fléau. Les Écorcheurs se multiplièrent, et des hommes illustrés par les plus

[1] Ci-après, *Pièces justificatives*, n°s LII et LIV.

[2] Exécution de huit hommes de guerre de la compagnie de Rodrigue, condamnés par le bailli de Mâcon à être pendus comme infracteurs de la paix, à la fin de 1437. Garnier, *Inventaire sommaire*, etc., t. II, p. 211.

[3] Ci-après, *Pièces justificatives*, n° LI.

glorieux exploits, un Poton de Xaintrailles, un Bernard d'Armagnac, un Louis de Beuil[1], n'eurent pas scrupule de se mettre à la tête de ces bandits, en concurrence avec les capitaines sans aveu. Louis de Beuil prit même le commandement général de tous les Écorcheurs[2]. D'autres bandes, d'obédiences diverses, se trouvèrent formées à point nommé pour occuper les cantonnements du midi délaissés par les Rodrigais, et les Rodrigais eux-mêmes, rentrés sur le territoire français, donnèrent aussitôt la preuve que rien n'était changé pour eux que le lieu de leurs déprédations.

A la fin de 1437, ils partageaient fraternellement avec les Écorcheurs la frontière champenoise de la Bourgogne. Nous les trouvons campés dans la vallée des Riceys[3]. Le bâtard de Bourbon, en dépit de ses serments, est venu se remettre avec eux, et leur nombre doit s'augmenter bientôt d'un nouveau contingent qu'amène le comte de Pardiac. Ils ont concerté à eux trois, Pardiac, Rodrigue et le bâtard de Bourbon, une irrup-

[1] *Journal de Paris*, ad ann. 1438.

[2] Tuetey, *Les Écorcheurs sous Charles VII*, t. I, p. 21, note. Le douzième compte de Mahieu Regnault, aux Archives de la Côte-d'Or (fol. 88 v°), contient la mention plus détaillée du fait rapporté par M. Tuetey, à propos d'un voyage accompli par le seigneur Guillaume de Saulx « pour aler querre Loys de Bieuf (*sic*), capitaine général de tous les Escorcheurs, et le faire venir à Dijon devers Mgr de Saint-Georges, son parent, pour trouver manière et appoinctement, qui eust peu, avec ledit Loys par le moien dud. Mgr de Saint Georges, de faire deslogier lesdiz Escorcheurs des lieux de lz et de Geneaulx, et leur feire prandre aultre chemin que par le païs de Bourgongne ; combien que, quelque diligence et remonstrance que l'en ait faicte audit Loys de Bieuf, le bastard de Bourbon et aultres capitaines, ilz ne se vouldrent desister de leur malvaise voulenté. »

[3] Tuetey, p. 43, note ; Garnier, *Inventaire sommaire des archives départementales de la Côte-d'Or*, t. II, p. 8 (comptes de Chalon).

tion en Bourgogne, dont ils font grand bruit plusieurs semaines à l'avance. En effet, des détachements d'avant-garde traversent le Châtillonnais et vont prendre position autour de Dijon, à Gemeaux, à Is-sur-Thil, à Talmay, à Pontailler[1], tandis que le gros de la compagnie gagne tout d'une traite le Mâconnais.

C'est au Mâconnais effectivement que Rodrigue en voulait pour le moment. Il n'y avait qu'une voix là-dessus. Ses propos revenaient les mêmes de tous les côtés. Il ferait à ce pays, disait-il, plus de maux qu'on n'en y avait jamais éprouvé[2]. D'autre part, l'intention prêtée au comte de Pardiac était de conquérir le Charolais, ancienne propriété de la maison d'Armagnac[3]. Les voies de fait commencèrent par la « détrousse » du bailli de Mâcon, lorsque ce magistrat passait par la ville de Bois Sainte-Marie pour aller tenir ses assises, accompagné d'une suite considérable de clercs, de sergents et d'archers[4].

Envahir la Bourgogne à main armée, lorsque la Bourgogne avait repris ses attaches à la couronne, c'était offenser Charles VII plus gravement peut-être que si l'on se fût attaqué à ses propres sujets. Il est inexplicable que le comte de Pardiac, alors l'homme de confiance et l'ami du roi, soit entré dans une semblable

[1] Marcel Canat, *Documents inédits pour servir à l'histoire de Bourgogne* (décembre 1437 et janvier 1438), p. 277 et 279; Tuetey, *Les Écorcheurs sous Charles VII*, t. I, p. 21; *Douzième compte de Mahieu Regnault*, aux Archives de la Côte-d'Or, fol. 88, verso.

[2] Marcel Canat, *Documents inédits*, p 274, 275, 277.

[3] Garnier, *Inventaire sommaire*, t. II, p. 211 (B 3083).

[4] *Ibid.* (B 3085).

entreprise. Les choses toutefois ne furent pas poussées plus loin de sa part, non plus que de celle du comte de Ribadeo. Grâce aux démarches de beaucoup de grands personnages, qui voulaient voir finir la disgrâce du castillan, celui-ci, après avoir laissé rendre par le duc de Bourbon les chevaux dérobés au bailli de Mâcon[1], prit subitement avec ses hommes le chemin de la Guienne.

Cette détermination semble avoir été motivée par la perspective d'une grande opération militaire à laquelle devait s'associer le gouvernement de la Castille. La chose n'était encore qu'à l'état de négociation; mais on pouvait déjà regarder comme certain le concours d'une flotte espagnole, qui inquièterait par mer les possessions anglaises du midi, tandis que les Français les attaqueraient par terre. En attendant que tout fût prêt, Rodrigue, autorisé à lever contribution sur son passage[2], irait harceler l'ennemi, et tâcherait par d'heureux coups de main de mériter sa réhabilitation publique. C'est pourquoi son but avoué, en s'éloignant de la Bourgogne, fut d'aller se mêler à la guerre de partis qui s'était ranimée entre la Dordogne et le Lot, aux confins des pays d'Agenais, Périgord et Querci.

Cette contrée était l'image de la désolation. Les capitaines à croix blanche et les capitaines à croix rouge n'avaient par cessé de s'y poursuivre depuis la rupture du traité de Brétigny, de sorte qu'elle en était à sa soixante-dixième année de tribulation. Qu'on se figure des lieux foulés de la sorte pendant près de trois quarts

[1] Garnier, *Inventaire sommaire*, t. II, p. 211 (B 5083).

[2] Voy. pour le patis du Gévaudan, *Pièces justificatives*, n° LIII.

de siècle. Un peu loin des grandes villes, surtout dans la partie quercinoise, il n'existait plus ni culture, ni chemins, ni délimitations de propriété, rien de ce qui annonce un pays habité. Des villages entiers avaient disparu; Gramat, ville autrefois florissante, était réduite à sept habitants; toutes les maisons y formaient des tas de décombres, qu'on avait fouillés et comme passés au tamis pour en extraire le bois. On n'y eût pas trouvé un bâton, de quoi lier une botte de foin[1]. Çà et là seulement émergeaient, comme autant d'oasis, quelques points plus favorisés, qui étaient des positions stratégiques importantes, et à cause de cela incessamment disputés.

Les Anglais occupant le lieu de Camboulit près Figeac, Rodrigue partagea en deux sa petite armée. Il en établit une partie sur la frontière du Limousin, tandis que l'autre prit ses quartiers sur la rive gauche du Lot, à La Capelle-Balaguier et lieux circonvoisins. Cette seconde division était sous le commandement de deux chefs espagnols, qui acquirent par la suite une certaine célébrité dans le pays. Ils s'appelaient Sancho de Tovar et Alonzo de Zamora, autant toutefois qu'il est possible de restituer leurs noms travestis dans les documents français[2]. Ils sont les héros, et les héros peu glorieux,

[1] Enquête sur l'état du pays en 1440, faite à la poursuite de l'abbesse de l'hôpital d'Issendolus. Ms. de l'abbé de Fouilhac, appartenant à M. le chevalier de Folmont, de Cahors.

[2] *Xanchon de Thouars* et *Alençon de Somorre*, dans la *Pièce justificative*, n° LVI; *Sanchon de Tours* et *Sumorte*, dans les Chroniques manuscrites du Querci, recueillies par l'abbé de Fouilhac, d'après les comptes de l'Hôtel de ville de Cahors. Ce Sanche de Tovar a tout l'air d'être le même qui devint *guarda mayor* de Soria pour le roi de Castille Juan II,

d'une aventure qui se place au début de la campagne.

A une journée de marche de leur cantonnement, au delà du Lot, se trouvaient les terres de Mathurin de Cardaillac, seigneur de Montbrun, qui disposait de quelques hommes-d'armes à la solde du roi, et à ce titre était considéré comme gardien de la frontière du Querci. Les Rodrigais et lui n'avaient pas lieu de se chérir. Ils avaient fait connaissance à Albi, le seigneur de Montbrun s'étant prêté à défendre la neutralité de la Berbie, les Rodrigais l'ayant chassé de cette forteresse. D'autres griefs sans doute s'ajoutèrent à celui-là, si bien qu'une bande conduite par Alonzo de Zamora se jeta un jour sur la terre de Cardaillac, mit le feu à un village qui en dépendait, et ne se retira qu'après avoir fait beaucoup de butin et des prisonniers. Là-dessus grande colère du seigneur de Montbrun, qui vint à La Capelle se plaindre et demander restitution des objets volés. Il s'adressa à Sancho de Tovar, qui était le supérieur d'Alonzo de Zamora et parent de Rodrigue de Villandrando. Mais ce capitaine, daignant à peine l'écouter, lui déclara que les prises de guerre ne se rendaient que pour de l'argent.

Mieux eût valu restituer cependant que subir la

et qu'on voit figurer dans la Chronique d'Alvaro de Luna (éd. Sancha, p. 5[illegible]1), comme seigneur de Caracena et de Cenizo, parmi les gentilshommes de la frontière aragonaise les plus dévoués au connétable. Pour Zamora, il pourrait bien être resté au service de la France et avoir gagné un commandement dans les compagnies régulières qui remplacèrent les routiers. On lit, dans une lettre écrite par Louis XI, lors de la première conquête du Roussillon : « J'envoie Salezart et Chamarre par de là. » (Bibl. nat. Ms. français 20463, fol. 18). Ce nom de Chamarre a assez la physionomie espagnole, et rien ne répugne à ce qu'il soit une corruption de Zamora.

mésaventure dont fut suivi son refus; car les mêmes maraudeurs, guettés à leur tour, donnèrent à quelque temps de là dans une embuscade où ils perdirent, avec chevaux et bagages, les uns la vie, les autres la liberté. Le seigneur Alonzo, pris dans cette rencontre, se vit mener pieds et poings liés au château de Cardaillac, d'où il s'évada plus tard, trop heureux d'en être quitte pour son équipement qu'il n'alla jamais redemander au gentilhomme quercinois[1].

Il fallait des exploits plus méritoires que ceux-là pour valoir aux Rodrigais le pardon qu'ils étaient venus chercher en Guienne. Leur général y pourvut par une suite d'opérations heureuses, dont la première fut de prendre position autour de Lavercantière pour tomber de là sur Fumel[2].

Cette ville, située sur la rive droite du Lot avec une grosse tour qui lui faisait face de l'autre côté de la rivière, était alors une place très forte, la première à l'entrée de l'Agenais quand on venait du Quercy. Un partisan redoutable, qui se faisait appeler *le Baron*, l'occupait depuis des années avec la connivence du comte d'Armagnac; car le double jeu auquel le comte d'Armagnac avait fait servir autrefois André de Ribes, il le continuait avec ce capitaine[3]. Rodrigue passa outre cette

[1] Ci-après, *Pièces justificatives*, n° LVI.

[2] De Fouilhac, Chroniques manuscrites du Quercy; Labrunie, Notes manuscrites sur l'Agenais; Miguel del Verms, *Chroniques béarnaises*, p. 596; et ci-après, *Pièces justificatives*, n° LV.

[3] Confession du comte d'Armagnac, détenu prisonnier au château de Carcassonne, en 1445. Du Fresne de Beaucourt, *Chronique de Mathieu d'Escouchy*, t. III, p. 141.

fois comme la première. Il profita d'une faute de surveillance pour enlever Fumel et, lorsqu'il en fut maître, il ne laissa plus de repos aux capitaines du parti anglais. Il les poursuivit à outrance sur les champs ou les assiégea dans les châteaux. Par la prise d'Eymet et d'Issigeac il eut un pied dans le Périgord ; celle de Tonneins lui ayant livré l'un des passages de la Garonne, il remplit de terreur les trois diocèses de Périgueux, d'Agen et de Bazas[1].

Cette énergique attitude favorisa singulièrement l'exécution du plan de campagne qui s'élaborait depuis plusieurs mois. L'espoir d'une délivrance prochaine avait relevé les courages d'un côté de la frontière, tandis que de l'autre n'apparaissaient que des signes de lassitude et de découragement. Les États de Languedoc votèrent avec allégresse les subsides qui leur furent demandés pour porter la guerre au cœur de la Gascogne et de la Guienne[2].

Rodrigue, rentré en grâce, avec promesse d'être bientôt rétabli dans la dignité de conseiller et chambellan[3], reçut la mission de conquérir le Bordelais et tout le pays pour y arriver, tandis que Poton de Xaintrailles, à la tête d'un autre corps d'armée recruté parmi les Écorcheurs, traversait la France à marches forcées pour prendre à revers le pays de Gascogne. Le sire d'Albret fut investi des pouvoirs de lieutenant-général[4], non

[1] De Fouilhac, Labrunie, ll. cc.

[2] Vaissete, *Histoire de Languedoc*, t. IV, p. 489.

[3] Il se l'attribuait au mois de novembre 1438, mais ne le portait pas encore en juillet. Ci-après, *Pièces justificatives*, nos LIX et LXIII.

[4] Ms. Doat 217, fol. 48, à la Bibliothèque nationale. Les lettres d'institution sont du 15 mai 1438.

pas pour diriger les opérations de deux capitaines qui étaient des maîtres dans l'art de la guerre, mais parce que sa haute noblesse lui donnait plus de titres à représenter la personne du roi dans les traités à conclure, et dans toutes les mesures à prendre pour l'administration du pays conquis.

La campagne commença au mois de mai 1438 sous les plus heureux auspices. Rodrigue, sans se dessaisir de Fumel, où il laissa garnison, réduisit tout en son pouvoir jusqu'à la Garonne qu'il traversa victorieusement. Aussitôt le Bordelais fut parcouru dans toute sa longueur, le Médoc mis hors d'état de se défendre par la prise de Blanquefort et de Castelnau, ravagé jusqu'à la pointe que forme l'embouchure de la Gironde[1].

On dirait qu'il n'y eut de résistance nulle part. Un des meilleurs généraux de l'Angleterre, qui tint la campagne, ne trouva jamais l'occasion propice pour se mesurer avec les Rodrigais. Ou bien il les harcelait de loin, ou bien, s'il s'avançait pour les attaquer, aussitôt qu'il avait vu leur contenance, il jugeait à propos de battre en retraite.

Hernando del Pulgar a fait de l'une de ces approches un récit que l'on croirait emprunté à un roman de che-

[1] Monstrelet, l. II, ch. CCXXXVIII; et dans l'enquête pour la canonisation de Peyre Berland, archevêque de Bordeaux : « Fuit magna caristia et devastatio in patria et diocesi burdegalensi per gentes armorum, et specialiter per quemdam capitaneum vocatum Rodericum de Vinhandrando, cum magno et feroci exercitu; qui applicuit ad partes burdegalenses quas crudeliter devastavit, et specialiter terram de Esparra et patriam de Melulco, sic et taliter quod gentes peribant fame. » *Archives historiques de la Gironde*, t. III, p. 446.

valerie. Nous le traduisons en lui conservant, autant que possible, la couleur qu'il a dans l'original.

« Rodrigue étant dans la province de Guienne, il lui advint de se trouver un jour sur le point de combattre avec un grand capitaine d'Angleterre, qui s'appelait Talbot. Le capitaine anglais, qui savait par ouï dire les prouesses de ce chevalier, eut envie de connaître aussi sa personne, pour savoir ce que semblait un homme qui, de si petit état, s'était élevé si haut en fortune. Ils convinrent donc tous deux, par leurs poursuivants, qu'ils s'avanceraient en vue de leurs osts retranchés en bon ordre de bataille, et qu'ils se parleraient seul à seul sur le bord d'une rivière appelée Leyre. Et quand ils furent en présence, le capitaine Talbot dit : « Je désirais voir ta personne, et puisqu'à présent nous avons « fait connaissance, qu'il te plaise pendant que nous nous « trouvons ensemble de manger avec moi quelques bou- « chées de pain et de boire un trait de vin par-dessus ; « et après sera la bataille au plaisir de Dieu et à l'aide « de Monsieur saint Georges. » Mais le capitaine Rodrigue lui répondit : « Si c'est là tout ce que tu as à me « demander, ma volonté est de n'en rien faire ; car, si « nous devons en venir aux mains, je n'aurais plus la « fureur qu'il convient avoir en bataille, ni mon épée « ne frapperait assez fort sur les tiens, s'il me souve- « nait d'avoir partagé le pain avec toi. » Et en disant ces mots, il tourna bride et alla se remettre avec sa compagnie. Et le capitaine Talbot, quoiqu'il fût un chevalier accompli, conçut telle opinion de ces paroles que, à cause d'elles, comme aussi parce que sa position en ce lieu n'était pas la meilleure, il résolut de ne pas combattre; et si était-il venu là à plus grande puissance que le dit Rodrigue.[1] »

Offrir de boire à l'ennemi, sur le point de combattre, était une coutume anglaise qui fut observée par le duc de Bedford avant la bataille de Verneuil. Son invitation fut apportée par un héraut d'armes au comte de Douglas, général en chef de l'armée française[2]. Le colloque rapporté par Hernando del Pulgar est donc dans la vérité historique; mais ce biographe a fait erreur sur le nom du capitaine anglais qui commandait en Guienne. Ce fut le comte de Huntingdon, et non pas Talbot; car on sait que Talbot s'employa pendant toute cette année 1438 à recouvrer pour son gouvernement les frontières de la Haute-Normandie, envahies par les Français[3]. Quant au lieu où doit être placée l'entrevue des deux capitaines, il faut le chercher sur la petite rivière qui va se jeter dans le bassin d'Arcachon après avoir traversé les Landes bordelaises. C'est là le cours d'eau qui porte le nom de Leyre.

Cependant la Gascogne, menacée sur toute l'étendue de ses côtes par la flotte espagnole et occupée à défendre ses ports grands et petits[4], subit avec encore moins de résistance que la Guienne l'assaut des routiers. Poton

[1] Ci-après, *Pièces justificatives*, n° I.

[2] Chronique de Berri, dans Godefroy, p. 371.

[3] Monstrelet, l. II, ch. CCXXVIII.

[4] Défense par le gouvernement anglais aux habitants de Biarritz, de Cap-Breton et de Saint-Jean-de-Luz, de conclure aucune trêve avec les Espagnols, sans l'autorisation du gouverneur de Bayonne (11 juillet 1438). Rymer, *Pacta, fœdera*, etc., t. V, p. 54.

de Xaintrailles et le sire d'Albret entrèrent par la frontière du Béarn, en faisant le dégât devant eux et en prenant tout ce qu'ils rencontrèrent de bonnes forteresses à proximité des grandes villes. Ils traversèrent ainsi le pays dans toute sa longueur, pressés d'atteindre le Bordelais; car ils y avaient pris rendez-vous avec le comte de Ribadeo, afin de tenter ensemble le coup décisif de la campagne, qui était la prise de Bordeaux.

Lorsqu'ils eurent fait leur jonction, ils s'emparèrent sans beaucoup de peine de la paroisse de Saint-Seurin qui, dans ce temps-là, était un faubourg à la distance de cinq cents mètres de la ville. Mais ce succès, en mettant l'ennemi sur le qui-vive, rendit impossible l'escalade ou toute autre surprise; et cependant il n'y a qu'une surprise qui aurait pu mettre Bordeaux en leur pouvoir. Leur armée n'avait ni canons ni le matériel nécessaire pour faire un siége dans les règles; et d'autre part, le blocus qui avait procuré la réduction d'Albi perdait son efficacité avec la Garonne, qui était là pour amener aux assiégés tout ce dont ils auraient besoin, sans que les assiégeants pussent songer à y mettre obstacle.

Il serait invraisemblable que des hommes de guerre aussi expérimentés que Xaintrailles et Rodrigue eussent concerté de si loin l'attaque de Bordeaux, s'ils ne s'étaient pas crus assurés d'avoir, le moment venu, tout ce qu'il faudrait pour mener à fin cette grande entreprise. Sans doute on leur avait promis de leur envoyer des munitions et de l'artillerie, qui n'arrivèrent point;

de sorte qu'ils n'eurent pas mieux à faire qu'à convertir le faubourg Saint-Seurin en un camp approprié au genre de manœuvres dans lequel excellaient leurs troupes. Des détachements allaient dans toutes les directions achever le ravage des lieux où il restait quelque chose à prendre.

Telle de ces courses eut l'importance d'une expédition. On en connaît une qui fut poussée jusqu'à l'Adour par le comte de Ribadeo lui-même. Un acte du roi d'Angleterre, daté du 11 juillet 1438, reconnaît les charges supportées par les habitants de Bayonne, afin de résister « à l'ennemi nommé Rodriguo », et ce sacrifice est représenté comme d'autant plus méritoire, que dans le même temps la ville faisait assiéger les forteresses d'Arien et de Gamarthe, et qu'elle entretenait six cents hommes-d'armes sur ses vaisseaux, pour tenir tête à l'escadre espagnole[1].

Ce doit être dans cette campagne que Rodrigue captura l'un des barons allemands du Rhin, de la famille de Heinsberg, qui tenait alors le redoutable château d'Ehrenbreitstein en face de Coblentz. Ce seigneur faisait ses dévotions à Compostelle pendant qu'on se battait sur la frontière franco-espagnole. On l'arrêta comme sujet d'une puissance alliée de l'Angleterre. Conduit à Burgos, il y tint prison jusqu'à ce qu'il eut trouvé le moyen de se faire échanger contre des marchands castillans arrêtés en Allemagne. Sa mauvaise fortune voulut que la route par laquelle il entra en France, à son

[1] Ci-après, *Pièces justificatives*, n° IX.

retour, fût occupée par les Rodrigais, qui lui mirent la main dessus. Nouvelle prison, nouvelle rançon ; mais cette fois il eut affaire à un maître qui n'acceptait pas les payements en nature. Il n'obtint sa liberté que pour une grosse somme de florins du Rhin, en bonnes pièces bien sonnantes et bien trébuchantes[1].

La fortification de Bordeaux, du côté des champs, était percée de huit portes, précédées chacune d'une barbacane entre deux ponts-levis. Trois de ces portes débouchaient dans la direction de Saint-Seurin[2]. Du haut des tours dont elles étaient flanquées, les Anglais plongeaient sur les quartiers de l'ennemi, qui, de son côté, usait de tous les artifices pour se rendre impénétrable dans ses retranchements. De part et d'autre on se montrait également attentif à se garder, mais, tandis que les uns multipliaient les sorties, les autres affichaient la résolution de se tenir enfermés.

L'étude constante des capitaines assiégeants fut d'inventer des stratagèmes et de commander des manœuvres feintes, en vue d'attirer les Anglais dans la campagne. Ils y réussirent une fois, avec un succès dont ils purent se réjouir comme d'une victoire en bataille rangée.

Ayant avisé combien les vignes qui entouraient la ville étaient hautes et commodes pour se cacher, ils y envoyèrent pendant la nuit un fort parti de leurs gens. Le lendemain matin, le reste des bandes sortit de Saint-Seurin et feignit de battre en retraite dans la direction

[1] M. Jimenez de la Espada, *Andanças é viajes de Pero Tafur*, p. 259.
[2] Léo Drouyn, *Bordeaux vers 1450, description topographique*.

de l'embuscade. Alors les Anglais de se précipiter hors de Bordeaux par toutes les portes et de disputer de vitesse entre eux à qui enfoncerait le premier l'arrière-garde ennemie. Mais, au lieu de chasser, ils furent chassés eux-mêmes; car à un signal convenu les traits commencèrent à pleuvoir sur eux, en même temps que les censés fuyards, recevant dans leurs rangs ceux de l'embuscade, firent volte-face et repoussèrent les Anglais jusque dans leurs redoutes. Ceux-ci rentrèrent huit cents de moins qu'ils n'étaient sortis[1].

Les semaines s'écoulèrent sans que l'armée qui s'employait si bien pour le roi fût mieux payée par lui qu'elle n'avait été outillée pour les opérations du siège. L'année courante et celle d'avant ayant été très mauvaises, la disette, quand vint le milieu de l'été, fut universelle. Bordeaux en souffrit beaucoup : on y consommait plus de millet que de blé[2]. Les Français eux-mêmes, malgré l'étendue de pays qu'ils avaient à leur disposition pour se refaire, virent le moment où ils ne renouvelleraient plus leurs approvisionnements. Pour comble d'embarras, un nouveau ban de routiers amené sur le Bordelais vint augmenter le nombre des bouches.

Rodrigue, en quittant la Bourgogne, s'était séparé du bâtard de Bourbon. Celui-ci, toujours en butte à l'indi-

[1] Monstrelet, l. II, ch. CCXXXVIII; *Chronique Martinienne*, 2e vol., fol. 285.

[2] « Emit tres currus seu cadrigas milii, dando pro qualibet cadriga seu curru XXXVI francos monete burdegalensis, ad distribuendum pauperibus. » Enquête pour la canonisation de l'archevêque Peyre Berland, *Archives historiques de la Gironde*, t. III, p. 446.

gnation de Charles VII, se transporta en Languedoc. Plusieurs petites bandes insoumises, par-dessus lesquelles avait passé, sans les atteindre, la proscription naguère édictée contre les Rodrigais, erraient dans la province. Leurs capitaines firent alliance avec le bâtard de Bourbon, et tous ensemble s'étant établis dans le bourg de Sainte-Gavelle, voisin de Toulouse, trouvèrent moyen de vivre pendant plusieurs mois aux dépens de cette capitale[1]. A la fin ils vendirent leur retraite, moyennant un patis avantageux[2]. L'une des conditions du traité était qu'ils iraient rejoindre l'armée de Guienne. Par ordre du roi, Poton de Xaintrailles vint exprès à Toulouse pour les emmener et veiller à ce qu'ils suivissent leur chemin sans s'écarter[3].

Dans un mémoire adressé par la noblesse de Guienne au gouvernement anglais, on porte à 14 000 chevaux la force qui se trouva réunie, après leur jonction, sous l'étendard du roi de France[4]. Tant de cavalerie com-

[1] Miguel del Verms, *Chroniques béarnaises*, p. 596.

[2] Vaissete, *Histoire de Languedoc*, t. IV, p. 489.

[3] Quittance donnée par Poton de Xaintrailles, le 8 août 1438, à Toulouse, de la somme de 2000 écus d'or à lui « donnée, promise et accordée par les gens des trois Estaz de la seneschaucié, pour aider à vivre, conduire et soustenir, et faire plus toust et hastivement passer de toute ladicte seneschaucié certaine grant compaignie de gens d'armes et de traict dont le roy nostre sire m'avoit donné la charge soubz son estendart, pour faire guerre en Guienne. » Vallet de Viriville, *Histoire de Charles VII*, t. I, p. 404. On voit par une autre quittance du même jour que la sénéchaussée de Toulouse fournit en outre une provision de blé et de vin pour le voyage. Tardif, *Monuments historiques*, p. 456, volume de l'Inventaire imprimé des Archives nationales.

[4] « Lodit de La Brit, dus hans a passats, ab grant companhe de roters, de qui a con le de xiiij mili rosins, ab l'estandard deu rey ffranses, es viencut en Bordales et en las Lanes. » *Collection Bréquigny*, vol. LXXXII, aux mss. de la Bibliothèque nationale.

posait une armée qu'un territoire épuisé n'était point en état de nourrir bien longtemps. En effet la nécessité de se séparer pour aller chercher leur vie ailleurs s'imposa bientôt aux capitaines, qui en prirent bravement leur parti. Le sire d'Albret, en vertu de ses pouvoirs et avec le concours des garnisons qui furent laissées dans les places qu'elles occupaient, se chargea de garder ce qu'on avait fait de conquêtes. Rodrigue, Poton de Xaintrailles, le bâtard de Bourbon et les autres, se mirent en devoir de vider le pays.

Ils s'éloignèrent, ne pouvant pas douter du résultat qu'aurait leur retraite. Il était trop évident qu'avec Bordeaux pour point d'appui les Anglais reprendraient le dessus dès qu'ils pourraient envoyer de nouvelles troupes en Guienne. C'est ce qui arriva effectivement l'année suivante. De toutes les places conquises, on ne conserva que Tartas, au bord des landes de Gascogne. Que de morts d'hommes, de violences commises et de souffrances infligées, pour peu de profit! Quel argument de plus pour les mécontents, qui imputaient au gouvernement le dessein d'éterniser la guerre, afin de procurer de l'occupation aux gens-d'armes!

Sur quelle contrée allait fondre la horde impitoyable qui avait saccagé le riche Bordelais? Longtemps on s'en préoccupa en France et hors de France, même après que le danger n'existait plus.

La ville de Bâle, épouvantée par une courte apparition des Écorcheurs du nord en Alsace, se persuada que, s'ils s'étaient retirés sans s'attaquer à elle, c'était afin d'aller se rallier avec leurs contingents du midi, et qu'ils reviendraient en nombre se saisir des passages du mont Jura, l'objet de leur convoitise ne pouvant être que le pillage de la cité opulente où la présence du concile faisait pour le moment affluer tous les biens. Or c'est plus de neuf mois après que les compagnies avaient quitté la Guienne qu'on se livrait à ces appréhensions sur les bords du Rhin. Il n'est pas moins étrange que les magistrats de Besançon, interrogés par les Bâlois sur l'imminence du danger, aient rassuré leurs voisins en leur affirmant que Rodrigue et Xaintrailles étaient encore devant Bordeaux [1].

Ces craintes avaient pris naissance à la cour de Bourgogne. Dès le temps de l'évacuation du Bordelais, le duc Philippe crut à une conjuration de tous les routiers contre ses États, si bien que, dans une correspondance active qu'il entretint à ce sujet avec le gouvernement de Charles VII, il sollicita l'appui de l'autorité royale. Sur ses instances, le roi enjoignit publiquement à Poton de Xaintrailles, Rodrigue, le bâtard de Bourbon et consorts, de respecter les possessions d'un prince qui était à la fois son allié, son vassal et son proche parent [2].

Quels qu'aient été les projets antérieurs de ces capitaines, il est certain qu'en quittant la Guienne ils ne se dirigèrent point du côté de la Bourgogne. Tout au contraire ; au lieu d'aller chercher l'un des passages de la Garonne, ils s'écoulèrent par le pays de Marsan pour gagner Condom et lieux circonvoisins où ils s'arrê-

[1] Ci-après, *Pièces justificatives*, n° LXXV.
[2] Ci-après, *Pièces justificatives*, n° LX.

tèrent plusieurs jours[1]. Était-ce en vertu des ordres du roi qu'ils prenaient ce chemin? Non, car le roi, aussi peu soucieux de les avoir sur ses terres que de les voir sur celles de son parent, avait décrété la levée d'un subside à répartir entre eux pour les empêcher de rentrer en Languedoc[2]. Ils y rentrèrent cependant, parce qu'il se présenta de ce côté quelque chose qui leur promettait mieux que tout ce que le roi pouvait leur offrir. Au résultat très-douteux de l'opération fiscale qu'on allait pratiquer, après tant d'autres, sur une population épuisée, ils préférèrent les chances de la guerre dans des contrées préservées jusqu'alors de la dévastation, et leur bonne fortune voulut que cette perspective s'ouvrît à leurs yeux de deux côtés à la fois.

D'abord, le comte d'Armagnac et les princes de Foix étaient aux prises dans le comté de Comminges. Les habitants de ce petit pays s'étant mis en révolution pour obtenir la délivrance de leur comtesse, séquestrée depuis vingt ans par Mathieu de Foix, son mari, le comte d'Armagnac se porta défenseur de l'opprimée, appela en conséquence les compagnies lorsqu'elles terminaient leur affaire de Guienne, et fit si bien que les États du Comminges reçurent avec acclamation ces dan-

[1] Miguel del Verms, *Chroniques béarnaises*, p. 596. Le passage à Condom est attesté par une note manuscrite du livre des coutumes de la Ville, conçue en ces termes: « *Anno Domini millesimo quadringentesimo tricesimo octaro*, vengo en aquest pahis Radigo ab gran re de gens d'armas sus la pahis, en la companhia deu noble Poton de Santa-Ralha, loqual menaba la ensenha, so es à dise, l'estandart deu rey nostre senhor, en que estan ix jorns esta biela deforas; e l'estandart demorec aus Predicados, aus despens de la biela. » Communication de M. Parfouru, archiviste du département du Gers.

[2] *Pièces justificatives*, n° LXIII.

gereux auxiliaires. Rodrigue et Poton de Xaintrailles entrèrent par Montrejeau où le bâtard de Bourbon les avait devancés. Pendant que Xaintrailles s'établit à Samatan, Villandrando alla prendre position à Saint-Julia. Ils eurent bientôt chassé les Béarnais de partout, excepté de Muret, de Saint-Lezier et de la montagne de Castillon, trois places extrêmement fortes, dont ils ne s'étaient point engagés à entreprendre le siège[1]. Ayant mis de leurs gens dans plusieurs châteaux, qu'ils entendaient garder comme gages, ils laissèrent le comte d'Armagnac s'arranger du reste, et continuèrent leur route le long des Pyrénées; car la seconde partie de leur programme les appelait en Roussillon.

D'après des bruits rapportés par l'annaliste Çurita, l'instigateur de cette course lointaine aurait été René d'Anjou, lequel, poursuivi en Italie par les armes du roi Alfonse d'Aragon, se voyait menacé dans la possession du trône de Naples. René aurait cherché à éloigner son rival en lui suscitant des embarras en Espagne[2]. Mais René, ou ceux qui travaillaient pour lui en France, auraient-ils pu espérer qu'une simple irruption de routiers détournât Alfonse le Magnanime de sa conquête? Lorsque l'on informa ce prince de la rumeur publique, il fit la réponse à laquelle on devait s'attendre, à savoir qu'il ne quitterait point l'Italie pour si peu.

L'intérêt de la maison d'Anjou mis en avant me fait plutôt l'effet d'un faux bruit, à la faveur duquel

[1] Miguel del Verms, *Chroniques béarnaises*, p. 596.
[2] Çurita, *Anales de la Corona de Aragon*, l. XIV, c. LI.

voulait se dérober le véritable ordonnateur de l'entreprise, et celui-ci serait, selon moi, le connétable de Castille, cet Alvaro de Luna que nous avons déjà vu machinant, dès 1431, quelque chose de pareil à ce dont il s'agit présentement.

Ministre tout-puissant de Juan II, ou plutôt roi sous le nom de ce monarque, Alvaro de Luna poursuivait depuis quinze ans, au milieu des périls et au mépris des factions, une politique invariable dont le but était de soustraire la Castille à l'insolence des grands et aux prises de la maison d'Aragon. Il croyait avoir réduit pour toujours les partis à l'impuissance et commençait à jouir de son triomphe, lorsqu'une ligue, dont l'agent le plus actif était l'infant d'Aragon, frère du roi Alfonse, se déclara contre lui. Pressé par le danger de cette coalition, il appela ses amis à son aide. Le comte Rodrigue, qui était du nombre, lui envoya pour sa part un secours de trente-six lances sous le commandement de son fils[1].

Ce fils, que les généalogistes n'ont point connu, était un bâtard assurément. Quant au secours de trente-six lances (une centaine d'hommes), tout chétif qu'il paraît être, il eût été difficile à Villandrando de le faire plus grand ; car dans ce débat qui mettait en présence deux factions rivales il n'avait le droit de s'immiscer qu'à titre de grand de Castille avec l'appui de sa maison mili-

[1] « Tambien al llamamiento qu'el Condestable a fecho de los que llevan su acostamiento, son venidos bien guarnidos e diligentes a punto *el fixo del conde de Ribadeo* con xxxvj lanzas, el mariscal Gomez Carillo con xxv lanzas, etc. » *Centon epistolario del bachiller de Cibdareal*, p. 79.

taire. Mais, s'il ne lui était pas permis d'agir dans son pays comme général d'une armée étrangère, du moins pouvait-il hors de la Castille servir Alvaro de Luna par tous les moyens indirects. Rien en ce genre n'était mieux trouvé que d'attaquer le Roussillon, province soumise au roi d'Aragon, qui était à la fois un allié des Anglais, l'ennemi déclaré d'un prince français et un voisin très-malveillant de la France. On avait présumé avec raison que cette agression inattendue ramènerait chez lui, par la menace d'un incendie dans sa propre maison, non pas le roi, mais l'infant, frère du roi, qui passait sa vie à souffler le feu en Castille. C'est effectivement ce qui arriva, ainsi qu'on va le voir dans un instant.

Comme en s'éloignant du pays de Comminges Rodrigue et ses deux associés entrèrent sur les terres du roi, et que le roi était resté leur débiteur à raison de la campagne de Guienne, ils trouvèrent légitime, en passant, de se payer de leurs arrérages sur les populations. Le comte de Ribadeo prit sur lui, pour son compte, de rançonner la sénéchaussée de Carcassonne.

Il s'empara d'Alzonne avec mille chevaux. Cette ville, située à trois lieues de Carcassonne, fut sa place d'armes et le centre de ses opérations pendant dix-sept jours. Il y fut assiégé par les milices de Carcassonne et des autres communes du pays, qui s'étaient armées en voyant les dégâts de l'an 1436 se renouveler. D'abord il méprisa l'effort de ces vilains; mais leur nombre augmentant sans cesse, et la difficulté de sauver le butin, quand il faudrait rompre leurs lignes, devenant manifeste, il se décida à vider les lieux pendant la nuit, afin d'aller chercher une position plus sûre[1].

Le roi, informé de cela, envoya à ses agents les instructions les plus pressantes pour obtenir que la province se résignât à un nouveau sacrifice d'argent, payer étant le moyen le plus prompt de mettre à la raison des créanciers implacables. Une aide supplémentaire fut octroyée en effet, à Carcassonne même, on ne voit pas trop par quelle formalité[2], mais certainement sous la menace du comte Rodrigue, qui ne continua sa route que lorsqu'il eut été satisfait. D'ailleurs son éloignement ne fut pas la délivrance complète du pays, parce que Salazar, avec un autre capitaine qu'on appelait le bâtard de Béarn, prit domicile pour plusieurs mois dans les montagnes du Lauraguais, et que, de là, tous les deux se firent sentir, tantôt à Carcassonne, tantôt à Limoux[3].

Le corps principal des routiers, toujours commandé

[1] Bouges, *Histoire ecclésiastique et civile de la ville et diocèse de Carcassonne*, p. 275. Cet auteur, et Dom Vaissete d'après lui (t. IV, p. 489), mettent l'invasion du Carcassais au mois de mai 1438; mais cette date est erronée, car Rodrigue passa certainement le mois de mai en Guienne. D'ailleurs Bouges donne lui-même la preuve de sa méprise en disant que Rodrigue s'éloigna de Carcassonne pour entrer dans le Comminges : or le Comminges ne fut envahi qu'au retour de l'expédition du Bordelais.

[2] Dom Vaissete (t. IV, p. 490) suppose que les États, qui avaient déjà voté l'aide annuelle à Béziers au mois d'avril, se réunirent de nouveau en novembre à Carcassonne; mais il ne paraît pas avoir eu pour établir ce fait d'autres documents que ceux rapportés ci-après, *Pièces justificatives*, nos LXIII et LXIV, où il n'est pas dit mot d'une assemblée d'États. L'octroi semble avoir été fait par quelques députés des États réunis aux membres d'une Cour des aides qui fonctionnait depuis deux ans en Languedoc.

[3] Bouges, l. c.; Jolibois, *Inventaire sommaire des archives communales d'Albi*, p. 46.

par Rodrigue, par Xaintrailles et par le bâtard de Bourbon, opéra enfin son entrée dans le Roussillon à la fin du mois de novembre 1438. Ils arrivèrent au galop jusqu'à quatre milles de Perpignan. Là, ayant tenté sans succès l'escalade d'une petite place dont ils avaient mal calculé la force, ils furent contraints de se replier sur Salces, qui tint également contre leur impétuosité. Après qu'ils eurent manqué ces deux entreprises, il leur devint si difficile de s'assurer d'aucune ville fermée ou forteresse, qu'ils y renoncèrent. Ils prirent leurs quartiers d'hiver à proximité des frontières du pays, dans l'intention, fut-il dit, de recommencer leur attaque et même d'entamer la Catalogne, dès que le printemps serait venu[1].

On aurait peine à se figurer l'effet produit dans les pays de la domination aragonaise par cette incursion, dont les compagnies cependant n'eurent pas tant à se louer. La France tout entière se serait avancée contre les Pyrénées, que l'émotion n'eût pas été plus grande. La reine fit appel de Barcelone, où elle se tenait, à tous les Catalans en état de porter les armes, tandis que le roi de Navarre, frère du roi d'Aragon, fut sollicité de venir en toute hâte à Saragosse pour y convoquer les cortès, et prendre en attendant les mesures jugées nécessaires au salut du royaume. Les cortès se réunirent effectivement au mois de février suivant (1439) ; mais délibérations et armements devinrent bientôt superflus, parce que l'ennemi délogea sans avoir rien tenté de ce

[1] Çurita, *Anales*, etc., l. XIII, c. LI.

qu'on lui attribuait. La campagne était médiocre, si on ne l'avait entreprise que pour le butin ; mais, si on avait voulu faire une diversion utile au connétable de Castille, on avait réussi. L'infant don Henri, rappelé par un ordre que le roi Alfonse lui envoya de Gaète, dut quitter la Castille pour se rendre à la défense de l'Aragon[1].

Dans le même temps et pour la même raison, la Bourgogne put se remettre de ses alarmes.

Il faut se rappeler ce qui a été dit plus haut. Dans les conseils du duc Philippe, aussi bien que dans le peuple, on était convaincu que l'hiver ramènerait la visite de Rodrigue et des capitaines d'Écorcheurs employés devant Bordeaux. La chose était confirmée par des informations qu'on avait lieu de croire certaines ; le duc de Savoie, le comte de Nevers, d'autres personnages éminents avaient écrit en ce sens, soit au prince, soit à ses ministres. En conséquence les États du pays, réunis à Dijon dans le mois de novembre 1438, votèrent un subside pour la formation immédiate d'un corps de quatre cents hommes-d'armes, destiné à repousser les agresseurs lorsqu'ils se présenteraient[2]. La panique passa jusqu'en Franche-Comté. A Besançon, où l'on montra plus de sang-froid par la suite, tout le monde se mit sous les armes, à ce point qu'une partie du clergé se fit inscrire pour défendre la ville contre les Écorcheurs[3]. Mais les donneurs de sinistres nou-

[1] Çurita, l. XIII, c. LII.

[2] Ci-après, *Pièces justificatires*, n° LXI.

[3] « Hodie fuerunt deputati *Basan* et *Tollet* ad scribendum dominos et

velles, et le gouvernement bourguignon, et le peuple, s'étaient trompés. Le fléau qu'on s'attendait à voir fondre sur la vallée de la Saône ne se détourna pas de la ligne des Pyrénées.

En fait de souffrances causées par les gens-d'armes, le Haut-Languedoc n'avait rien vu encore qui fût comparable à ce qu'il endura au commencement de 1439, après que les corps expéditionnaires du Roussillon eurent renoncé à poursuivre plus loin leur entreprise; car le Haut-Languedoc fut la contrée sur laquelle toutes les bandes s'abattirent à la fois. Le roi étant attendu à Montpellier, d'où il devait se rendre au Puy pour tenir les États de la province, il n'aurait pas été prudent d'aller s'établir dans la sénéchaussée de Nîmes; et d'autre part Rodrigue, en vertu d'un traité récemment ménagé par le comte d'Armagnac entre lui et le consulat de Rodez, venait de s'interdire à tout jamais l'entrée du Rouergue [1]. Telle est la cause du concert avec lequel fut entrepris le rançonnement des hautes terres du Languedoc.

Le soin des capitaines fut de se poster aussi près que possible des grandes villes.

Le comte Rodrigue, pour sa part, jeta son dévolu sur Toulouse. Maître de Villemur sur le Tarn, de Bouzelle

capellanos ecclesie, et alios familiares, qui petierunt arma portare et se deffendere contra excoriatores, si opus sit (16 mars 143 8/9). — Hodie fuerunt deputati capitanei pro gentibus capituli, ad deffensionem ville contra excoriatores, *Orlant* et *Gazel* » (18 mars). Extraits du registre 2 des délibérations du chapitre métropolitain de Besançon, communiqués par M. A. Castan.

[1] Ci-après, *Pièces justificatives*, n° LXV.

sur la Garonne, et de plusieurs autres postes commandant les grandes voies de communication, il étreignit cette capitale au point que, pendant plusieurs semaines, elle ne reçut rien, ni vivres, ni marchandises, sur quoi les routiers n'eussent prélevé l'impôt[1]. Et cela eut lieu lorsque la disette durait encore, et sans préjudice des chevauchées qui foulaient la campagne, ni des feux qui la dévoraient, ni des ravages exercés autour d'Albi et de Carcassonne par les autres compagnies, ni des horreurs dont le Comminges n'avait pas cessé d'être le théâtre, ni enfin des pointes que faisaient continuellement sur le Languedoc les défenseurs des places frontières de la Guienne.

Le roi fut d'autant plus désespéré de cette universelle dévastation, qu'il avait cru la prévenir en se transportant lui-même en Languedoc pendant l'hiver, et qu'afin d'encourager les capitaines, Rodrigue avant tous les autres, à vivre sans opprimer le peuple, il venait de leur faire voter de l'argent par les États particuliers de toutes les provinces du midi[2]. Ne sachant plus à quel parti recourir, il envoya à Toulouse les meilleures têtes de son conseil, avec charge de tout faire en vue d'une prompte pacification.

Ces commissaires commencèrent par ménager entre les capitouls et les chefs de routiers un accord qui rendit à Toulouse la liberté de ses communications. La retraite de Rodrigue était achetée deux mille écus d'or

[1] Vaissete, *Histoire de Languedoc*, t. IV, p. 492; *Pièces justificatives*, ci-après, n° LXVI.

[2] Ci-après, *Pièces justificatives*, n°s LXVIII et LXXIII.

et celle du bâtard de Bourbon mille écus, outre les cadeaux offerts aux officiers de ces deux seigneurs, et les faux frais[1]. Mais ce traité ne rétablissait la sécurité publique qu'autant que la pacification s'étendrait au Comminges, car il y avait là, les choses restant en l'état où elles étaient, un champ de manœuvres tout prêt pour les compagnies, qui n'auraient pas manqué de s'y transporter en masse, au grand péril de la sénéchaussée de Toulouse. C'est pourquoi les commissaires du roi employèrent une partie de leurs efforts à faire cesser la guerre qui désolait ce pays.

Ils y parvinrent en induisant les États du Comminges à déférer à l'arbitrage de Charles VII le différend si compliqué d'où cette guerre était sortie[2]. Les hostilités une fois suspendues, il fut possible d'amener le comte de Ribadeo à s'entendre avec le comte de Comminges pour l'abandon des places dont les Rodrigais s'étaient rendus maîtres l'année d'avant. Ce fut, comme toujours, une affaire d'argent. On convint que les fonds seraient fournis par le comte de Foix, neveu du comte de Comminges[3]. Comme la somme était forte, il n'en fut payé comptant qu'une partie, le reste devant être acquitté à diverses échéances.

L'oncle et le neveu ne s'en tinrent pas là. Leur maison avait contre le castillan de vieux griefs dont ils voulurent que la trace fût à jamais effacée, et à cette fin

[1] Vaissete, *Histoire de Languedoc*, t. IV, p. 492; ci-après, *Pièces justificatives*, n°s LXVII, LXX, LXXI, LXXII.
[2] Vaissete, *Histoire de Languedoc*, t. IV, p. 493.
[3] Miguel del Verms, *Chroniques béarnaises*, p. 596.

ils conclurent avec lui un pacte par lequel ils se promirent assistance mutuelle. Rodrigue se fit leur allié et leur serviteur moyennant une pension qu'il recevrait d'eux, et tous les trois validèrent par les serments les plus solennels les engagements qu'ils prenaient vis-à-vis l'un de l'autre[1].

Restait la question de savoir ce que l'on ferait des gens-d'armes aussi bien que des capitaines mis en disponibilité par ces arrangements. Cette partie de la tâche revint au dauphin que le roi envoya sur les lieux, investi des pouvoirs de lieutenant-général et entouré d'une escorte de sages conseillers.

Le dauphin, qui fut plus tard Louis XI, n'avait encore que seize ans, mais il valait déjà mieux que bien des hommes mûrs pour décevoir les gens par des paroles artificieuses, pour dorer aux yeux des plus fins les marchés désavantageux, pour diviser les plus unis de manière à ne pas les laisser deux ensemble. Son habileté précoce, étonnamment secondée par l'imprévu des évènements, le rendit maître en un clin d'œil de la situation.

Au moment de son arrivée à Toulouse, Rodrigue avait dans son camp l'archidiacre de Cuença, qui venait de par le roi don Juan pour l'emmener en Castille avec tout ce qu'il pourrait réunir de combattants; et cette injonction, rendue dans les termes les plus pressants, ne comportait ni excuse ni délai, attendu que l'opposition des grands avait dégénéré en guerre civile, et

[1] Ci-après, *Pièces justificatives*, n° LXIX.

que dix mille hommes demandaient, la lance au poing, la perte d'Alvaro de Luna[1]. Aussi le comte de Ribadeo se mit-il immédiatement à faire ses préparatifs de départ.

Par là se trouva levé le principal obstacle. On allait être délivré, au moins pour un temps, de la plus redoutable des bandes et du capitaine dont l'exemple était pour tous les autres un encouragement pernicieux. Le dauphin, en homme qui sait tirer parti des circonstances, profita du désarroi où la retraite de Rodrigue mettait ce monde de routiers pour agir sur les chefs des compagnies, faire renoncer les uns à leur commandement en les attachant à sa personne, enchaîner les autres au service du roi en les soumettant à une régularité qu'ils n'avaient jamais connue. Ainsi il fit Poton de Xaintrailles son premier écuyer de corps, et capitaines d'ordonnance le bâtard de Béarn et le bâtard d'Armagnac, deux des aventuriers qui étaient entrés en Guienne avec le bâtard de Bourbon. Quant à ce bâtard lui-même, il semble qu'il ait jugé à propos de disparaître pour quelque temps en faisant courir le bruit de sa mort ; car sa compagnie, éconduite à prix d'argent, fut désignée, dans la répartition des fonds qu'elle reçut, comme « compagnie du feu bâtard de Bourbon[2]. » Il est prouvé cependant que Gui de Bourbon ne mourut qu'en 1441[3].

[1] Fernan Perez de Guzman, *Cronica del rey d. Juan el II*, p. 396.

[2] Vaissete, *Histoire de Languedoc*, t. IV, p. 492 du texte, et 454 des preuves.

[3] *Histoire généalogique de la maison de France*, t. I, p. 304 ; ci-après, *Pièces justificatives*, n° XIV.

Le dernier acte qui témoigne de la présence de Rodrigue de Villandrando sur le sol français est une quittance qu'il donna à Toulouse, le 9 juin 1439, pour une allocation que les États d'Auvergne lui avaient précédemment accordée[1]. Son départ suivit de peu. La semaine d'après, il descendait à la tête de trois mille combattants[2] le revers espagnol des Pyrénées.

En ce moment le roi don Juan traitait avec les révoltés pour un armistice de quarante jours, pendant lequel on tâcherait de s'accorder à Tordesillas, village situé à six lieues de Valladolid. On savait en Castille que des troupes avaient été mandées de France; on fit promettre au roi qu'aussitôt qu'il serait informé de leur approche il leur enverrait l'ordre de s'arrêter. Mais, ou les routiers allèrent plus vite que les courriers du roi, ou bien (ce qui est plus supposable) le roi feignit l'ignorance jusqu'au dernier moment, car la venue de Rodrigue ne s'ébruita que par la rumeur publique, lorsque ce capitaine approchait de Roa, ayant déjà fait soixante-dix lieues sur le territoire espagnol[3].

Roa est sur le Duero, à une journée de marche de Valladolid, qui servait pour le moment de quartier général aux insurgés, tandis que le roi se tenait à Medina del Campo, à peu près à distance égale, de l'autre côté du fleuve. A la nouvelle du danger que courait Roa, les

[1] Ci-après, *Pièces justificatives*, n° LXXIII.

[2] C'est le chiffre donné par Fernan Perez Guzman (p. 396) et par Çurita (l. XIV, c. LVIII). Mariana dit : « A la sazon habia llegado Rodrigo de Villandrando de Francia con quatro mil caballos. » (L. XXI, c. XIV.)

[3] *Seguro de Tordesillas del Conde de Haro*, cap. XXIV. Imprimé à la suite de la chronique d'Alvaro de Luna, édition Sancha.

grands de Castille envoyèrent pour la défendre quinze cents hommes de cavalerie sous le commandement de don Pedro de Zuñiga, comte de Ledesma; mais, avant que ce seigneur arrivât, il n'y eut plus rien à défendre, attendu que la ville ouvrit ses portes au comte de Ribadeo, sur la présentation des lettres royales dont l'archidiacre de Cuença était porteur. Ledesma, s'arrêtant assez loin de la ville, détacha de sa troupe un corps de génétaires (c'était une cavalerie légère empruntée aux Maures) pour aller escarmoucher sous les murs. Salazar, chargé de répondre à ces premiers venus, essaya sur eux l'avantage des troupes organisées à la française. Après les avoir tenus longtemps, par ses archers, hors de portée pour la manœuvre de leurs javelines, il les rompit avec ses gens-d'armes.

Le résultat de cet engagement fut que les Espagnols se retirèrent à une lieue plus loin en arrière, attendant du renfort qui ne tarda pas à leur venir de Valladolid sur le bruit que le roi voulait venir chercher à Roa son sujet et auxiliaire, Rodrigue de Villandrando.

En effet le roi s'avança dans cette intention jusqu'à Olmedo; mais là, cédant aux rémontrances du comte de Haro, qui lui rappela la promesse donnée par lui, il voulut bien retourner à Medina, après avoir donné son scellé comme quoi le comte de Ribadeo resterait confiné dans Roa jusqu'à nouvel ordre. Ledesma de son côté consentit à rentrer dans Valladolid [1].

L'acte si fameux dans l'histoire d'Espagne sous le

[1] Fernan Perez de Guzman; *Seguro de Tordesillas.*

nom de *Seguro de Tordesillas*, c'est-à-dire les sûretés données pour la tenue d'un congrès où la paix devait se conclure, cet acte porte une clause spéciale en faveur de Rodrigue de Villandrando. Il y est dit qu'il pourra venir faire la révérence au roi à Tordesillas, avec un équipage de trente bêtes de somme; que d'ailleurs il aura délai de cinquante jours pour aller, venir, séjourner et sortir du royaume avec ses gens, ou ses gens sans lui. Mais, sauf le cas de sa visite au roi ou celui de sa retraite hors de l'Espagne, le traité de Tordesillas le confinait encore à Roa[1]: ce à quoi il ne se conforma pas trop scrupuleusement, car on ne tarda pas d'apprendre qu'il était sans cesse en course de l'autre côté du Duero; qu'il envoyait en cachette de petits détachements de sa compagnie à Medina; enfin qu'il s'efforçait de préparer les choses pour le roi comme s'il savait que le congrès dût bientôt se dissoudre.

Effectivement on vit bientôt arriver à Medina, et Juan II, qui niait que les conférences de Tordesillas pussent aboutir à rien, et son cher connétable, qui ne voulait plus se tenir à l'écart, comme on l'avait induit à faire jusque-là. Cette rupture subite amena de nouvelles hostilités, lesquelles à leur tour furent suivies d'un autre congrès qui se tint à Castronuño, trois lieues plus loin de Valladolid que Tordesillas. Là le talent d'Alvaro de Luna, qui vint lui-même plaider sa cause, échoua contre la haine de ses ennemis. Il fut

[1] Ci-après, *Pièces justificatives*, n° LXXIV.

forcé de consentir à son exil temporaire, au sacrifice de la grande maîtrise de Saint-Jacques, enfin à la réintégration des princes aragonais dans l'autorité excessive d'où il les avait fait déchoir dix ans auparavant[1]. Le roi adoucit cette disgrâce en publiant, sous forme de sauve-garde, une apologie de son favori, qu'il adressa à tous les grands de son royaume, et nommément au comte de Ribadeo[2].

Ainsi finit sans bataille, siège ni sac de ville, la sédition qui amena, en 1439, les routiers de France en Espagne. La présence de troupes aguerries, tombées du ciel en quelque sorte au cœur de la Castille, donna à réfléchir aux révoltés et leur fit beaucoup rabattre de leurs projets contre Alvaro de Luna. Ce résultat, joint à ce que le fait avait d'extraordinaire en lui-même, est cause que la venue du comte de Ribadeo a toujours été considérée comme l'un des plus notables événements du règne de Juan II. La matière en a même paru assez importante pour devenir, au seizième siècle, l'objet d'un ouvrage spécial. Il faut dire que ce fut de la part d'un intéressé. Don Rodrigo Gomez de Sarmiento, deuxième arrière-petit-fils de notre Rodrigue, est l'auteur de cet écrit, que je n'ai pu me procurer, à mon grand regret. Josef Pellizer en avait vu le manuscrit, qui probablement existe encore dans quelque bibliothèque de l'Espagne[3].

Un article du traité de Castronuño prescrivait la disso-

[1] *Seguro de Tordesillas*, capp. LXIX, LXXVII, LXXXI et LXXXII.
[2] *Coronica del Condestable Alvaro de Luna* (appendices), p. 413.
[3] Josef Pellizer, *Informe del origen*, etc., fol. 31. Cet ouvrage a pour

lution immédiate des corps de troupes rassemblés par l'un et l'autre parti. Par là le comte de Ribadeo se trouva de nouveau dans l'alternative, qui lui avait été faite à Tordesillas, ou d'emmener avec lui sa compagnie en France, ou de l'y renvoyer promptement, s'il préférait rester en Castille. Il choisit ce dernier parti, sans doute parce qu'il en fut prié par le connétable ou par le roi lui-même, en prévision d'un revirement que l'on pensait ne devoir pas tarder beaucoup à se produire. Quant à renoncer à la situation importante qu'il avait prise en France, il n'y songea pas pour le moment. Son intention manifeste était alors de retourner sur le champ habituel de ses exploits aussitôt que le permettraient les circonstances. Provisoirement, il ne songea qu'à remettre entre les mains d'un dépositaire fidèle le commandement de tout ce qu'il y avait d'hommes soumis à son serment des deux côtés des Pyrénées. Il eut assez de confiance en son lieutenant Salazar pour le charger de ce mandat. Après avoir fait jurer à ses braves qu'ils obéiraient à ce capitaine comme à lui-même, il les congédia en les exhortant à soutenir, comme ils le devaient, le prestige de son nom et l'honneur de sa bannière.

C'est ici le lieu de parler d'une singulière faveur qu'il se fit accorder par le roi de Castille, et qui nous introduit par un coin dans le secret de ses affaires.

Il n'était pas de ceux qui amassent uniquement

titre : « El socorro del conde de Ribadeo don Rodrigo de Villandrando al rey don Juan el secundo, con todos los privilegios, cedulas y cartas reales pertenecientes á aquella accion. »

pour le plaisir de thésauriser. Au talent d'acquérir il joignait celui de faire valoir, et dans ses rapports avec les gros marchands de tous les pays, il avait appris qu'il n'y a placement comparable à celui de l'argent que l'on met dans le commerce maritime. Justement il se trouvait être possesseur d'un navire. L'avait-il conquis pendant la guerre du Bordelais, ou l'avait-il reçu comme dépendance de son comté de Ribadeo, dont le chef-lieu est port de mer, ou enfin se l'était-il tout bonnement procuré pour se livrer à la spéculation? Les actes n'en disent rien; mais ce qu'ils permettent de comprendre, c'est que, se trouvant de loisir, il songea à tirer parti de son vaisseau.

La Castille alors n'avait guère de débouchés ailleurs qu'en France et en Angleterre. Le marché de la France languissait et ne devait pas reprendre de si tôt son activité; celui de l'Angleterre était fermé par suite de l'hostilité des deux États. Cependant les Anglais avaient grand besoin des fers de la Biscaye, et les sujets de la couronne de Castille souffraient de la disette des draps anglais. Quels bénéfices pour l'Espagnol qui serait autorisé, par exception, à faire l'échange entre les deux pays! Cette faveur extraordinaire, Rodrigue osa la solliciter pour lui, grâce à une mésaventure qu'il avait éprouvée pendant son trajet de France en Espagne.

Attaqué au passage des Pyrénées par un parti d'Anglais, il s'était vu enlever, sans espoir de les délivrer, plusieurs personnages importants de sa suite, entre autres un Pedro Carillo et un Fernando de Tovar, qui était son propre neveu. Il nous semble que la rançon de ces prisonniers aurait dû être payée par le roi de Castille, puisque la capture avait été faite dans une marche exécutée pour le service du roi de Castille ; elle fut mise cependant à la charge de Rodrigue. Il allégua l'énormité du sacrifice pour réclamer le privilège dont il vient d'être question. La concession lui fut octroyée pour quatre voyages que son navire aurait la faculté d'accomplir dans le délai de trente mois[1].

Il eut tout le loisir de surveiller les préparatifs de son entreprise. Les choses ne vont pas si vite en Espagne qu'en France. Plus d'un an s'écoula avant qu'on osât parler du rappel d'Alvaro de Luna. A la fin, les amis du connétable perdirent patience. Ils conseillèrent de le faire redemander par les Cortès, croyant que par là on éviterait l'orage ; mais les haines n'étaient pas encore assoupies. Les grands reprirent les armes ; l'infant d'Aragon ouvrit la campagne par une marche précipitée sur Tolède.

A la nouvelle de ce mouvement, le roi qui était à Arevalo fit mettre à cheval tout ce qu'il avait de monde autour de lui, et prit lui-même avec cette escorte le chemin de Tolède. Il espérait gagner de vitesse don Henri et arriver assez tôt pour disposer la défense de la ville ; mais il avait compté sans la trahison du gouverneur Lopez d'Ayala, qui, après avoir accueilli le prince aragonais de son autorité privée, lui permit encore de sortir avec sa cavalerie pour faire haie au-

[1] Ci-après, *Pièces justificatives*, n° LXXVI.

devant de la porte, lorsque le roi se présenta. Juan II avait avec lui une trentaine de chevaliers, dont Rodrigue de Villandrando. L'infant le voyant si petitement accompagné, lui envoya dire assez insolemment que, s'il voulait entrer dans la ville, elle était à sa disposition. A quoi il lui fut répondu par un ordre de s'éloigner sur-le-champ; mais il répliqua que le bien du royaume exigeait qu'il restât à la place où il était; que d'ailleurs pour témoigner de son respect envers le roi, son souverain seigneur, il irait lui baiser la main s'il en recevait la permission. Comme là-dessus il fit avancer ses gens de quelques pas, ceux qui accompagnaient le roi mirent l'épée à la main, se croyant déjà attaqués et laissant voir la plus grande inquiétude à cause de leur petit nombre[1].

Ils étaient dans le faubourg par où on arrive à Tolède en venant de Madrid, près d'un hôpital dédié à saint Lazare. L'effroi général inspira au comte de Ribadeo une soudaine résolution. Comme cet hôpital était un édifice bien bâti et solide, il y fit entrer le roi et sa suite; puis, avec l'aide des gens de la maison qu'il mit tous à l'œuvre, il en barricada les avenues, il éleva des palissades autour de l'église, bref, il mit les lieux en si bon état de défense, qu'on put y attendre en toute sécurité l'arrivée d'une escorte plus respectable. Cela se passa le jour des Rois, 6 janvier 1441[2].

Les Castillans furent émerveillés de cette savante et prompte opération, le roi surtout qui, joignant la recon-

[1] Fernan Perez de Guzman, *Cronica del rey Don Juan*, p. 416.
[2] Hernando del Pulgar, ci-après, *Pièces justificatives*, n° 1.

naissance à l'admiration, déclara devant tout le monde que, quelque grâce que le comte de Ribadeo lui demandât en retour d'un si grand service, elle lui serait immédiatement accordée. Alors, au rapport des chroniqueurs, Rodrigue mit un genou en terre et dit que, puisqu'il plaisait au roi d'agréer ce qu'il venait de faire pour son service, il le suppliait d'en perpétuer la mémoire dans sa maison en lui accordant à lui et aux comtes de Ribadeo, ses successeurs, la faveur de s'asseoir tous les ans à pareil jour à la table du roi et d'avoir, à titre aussi de gratification annuelle, le vêtement porté ce jour-là par Sa Majesté.

L'octroi d'un privilège qui coûtait si peu de chose à la couronne ne se fit pas attendre. Rodrigue en fut investi trois jours après[1] par un acte qui a répondu pleinement à ses vœux, car il est encore aujourd'hui en vigueur. Les ducs de Hijar, branche des Sarmiento issue de Rodrigue par les femmes, jouissent à titre héréditaire de la faveur sollicitée par leur ancêtre[2].

Manger côte à côte avec le roi, porter des habits qui avaient touché le corps du roi, était le plus grand honneur qu'on pût imaginer dans un pays comme l'Espagne, où, déjà au quinzième siècle, la rigueur du cérémonial interdisait au souverain toute communauté de vie avec

[1] Ci-après, *Pièces justificatives*, n° LXXVIII.

[2] Il y eut interruption au commencement de ce siècle-ci. La reine Isabelle a rétabli le privilège en 1841. Josef Pellizer a publié le procès-verbal du repas dont Philippe IV fit les honneurs à Rodrigue Sarmiento, le jour des Rois 1626, cent quatre-vingt-cinquième anniversaire de la rescousse de Tolède (*Informe del origen*, etc., fol. 30). M. de Eguren a recueilli de curieuses anecdotes sur cette cérémonie, dans l'article de la *Revista europea* de 1876 cité précédemment, p. 6.

ses sujets. Aussi l'extraordinaire de la récompense contribua-t-il à amplifier considérablement dans l'opinion publique le mérite de l'action qui l'avait motivée ; tellement que les Espagnols regardèrent la défense de l'hôpital Saint-Lazare comme le plus sublime exploit de Villandrando. C'est avec ce sentiment qu'en parle le poète portugais Garcia de Rezende :

« Nous avons vu aussi la grande action du comte de Ribadeo, pour laquelle le roi lui accorda de manger à table avec lui, et lui fit don de son vêtement. Celui-là fit si bien en France, simple homme-d'armes qu'il était, qu'il en vint à commander dix mille lances, et qu'il obtint en Castille ce que l'on a le droit d'obtenir quand on se comporte ainsi[1]. »

L'imagination populaire, par la suite du temps, ne se contenta plus de ce prosaïque récit d'un roi qui avait trouvé son salut dans une maladrerie convertie en redoute. On eut besoin d'expliquer d'une manière plus dramatique la double circonstance du repas et de l'habillement royal concédés à un sujet à titre de redevance annuelle, et l'on forgea le conte d'un complot formé contre les jours de Juan II, qui devait recevoir son exécution dans un festin. Un page du roi, nommé Villandrando, ayant surpris au dernier moment le secret des conjurés, fit le sacrifice de sa vie pour sauver son maître. Il se présenta lorsqu'on était à table et dit au roi qu'il était chargé pour lui d'une commission qui ne pouvait pas souffrir de remise. Il l'attira par cet artifice

[1] Ci-après, *Pièces justificatives*, n° LXXIX.

dans une pièce voisine où il lui apprit quel danger le menaçait, et le supplia de consentir à changer de vêtement avec lui. De cette façon, il fut possible au monarque de s'évader, et le page périt assassiné, victime de son dévouement. La récompense qu'il n'avait pas pu recevoir fut dévolue à sa famille sous une forme propre à rappeler sa belle action [1].

Telle est la légende qui a cours encore aujourd'hui parmi les Espagnols qui ne lisent pas l'histoire, et ils sont nombreux.

Rodrigue de Villandrando figura encore, mais cette fois sans pouvoir déjouer les efforts de la rébellion, dans la journée du 28 juin 1441 où les mécontents, furtivement introduits dans Medina del Campo, en vinrent à leurs fins de confisquer la personne du roi. Celui-ci ne voulut pas que l'on essayât une résistance inutile; il se livra avec sa suite, rassemblée par son ordre sous sa bannière qu'il avait fait planter, en signe de détresse, au milieu de la grande place de Medina. Dans le traité honteux auquel il souscrivit alors comme pour mettre le sceau à son humiliation, lorsqu'il sacrifiait à la vindicte des grands ses serviteurs et les droits de ses serviteurs, il réserva cependant ceux du comte Rodrigue par une clause spéciale, que les confédérés acceptèrent grâce à ce qu'un des leurs en partagea le bénéfice. Toute concession de terre faite depuis trois ans étant déclarée nulle, on convint que la révocation n'atteindrait ni Rodrigue de Villandandro, ni Diego

[1] Ci-après, *Pièces justificatives*, n° LXXX.

Fernando de Quiñones, parce que tout ce qu'ils avaient reçu de la munificence royale dans les derniers temps serait considéré comme une compensation de leurs droits sur le comté de Cangas de Tineo, donné depuis plusieurs années au comte d'Armagnac, ainsi qu'on l'a vu en son lieu[1].

Se faire accorder tant de faveurs en Espagne ne témoignait pas d'un bien grand empressement à retourner en France. Effectivement les dispositions du comte de Ribadeo à l'égard de ses anciens compagnons d'armes n'étaient plus celles du premier moment. Au lieu de se préparer à les aller rejoindre, il resserrait de plus en plus ses attaches à la cour de Castille, soit qu'il se fût pris d'amour pour son pays natal, soit plutôt que la profession de capitaine de compagnie eût baissé dans son estime, par suite d'un nouveau règlement militaire que Charles VII avait mis à l'essai, et dont il poursuivait l'application avec une grande vigueur.

Il est de notre sujet de nous arrêter à cette mesure, provoquée par le vœu des derniers États-généraux que Charles VII ait réunis, et promulguée avec le titre solennel de *pragmatique sanction*, ou de constitution, comme on dirait aujourd'hui. Elle parut le 2 novembre 1439, six mois après le départ de Rodrigue pour l'Espagne. Elle portait qu'à l'avenir, il n'y aurait plus de capitaines que ceux qui seraient institués par lettres royales; plus d'hommes-d'armes que les sujets dont la vie et les mœurs auraient été trouvées dignes d'appro-

[1] Fernand Perez de Guzman, pp. 436, 412 et 445; ci-dessus, p. 71.

bation après un examen sérieux; plus de campement en lieux vagues, ni de séjour ailleurs que dans des villes ou bourgades frontières, qui seraient désignées par le roi; plus de courses, ni d'incendies, ni de pillage sous peine de mort[1].

Ce sont les mêmes dispositions que celles qui avaient été édictées sans aucun succès en 1422; on y avait seulement ajouté le régime de la garnison[2] : chose très importante, plus importante assurément que tout le reste; car le moyen d'exercer un contrôle efficace sur les compagnies était trouvé, du moment qu'on allait les tenir à demeure dans des lieux fermés et sous les yeux de beaucoup de témoins. La difficulté était de forcer à résidence des hommes qui avaient l'habitude de vagabonder.

On était occupé, au milieu de toutes sortes d'entraves, à mettre cette nouveauté en pratique, lorsque les Rodrigais renvoyés de la Castille par le traité de Castro-Nuño opérèrent leur rentrée en France. Salazar, sans tenir compte de l'ordonnance, les promena par le Haut-Languedoc, et rencontrant sur son chemin le bâtard de Béarn, qui refusait de se soumettre à un pareil régime, il renouvela son alliance avec lui[3]. Quand ils eurent réuni leurs bandes, ils recommencèrent le pillage du Lauraguais, de ce plantureux Lauraguais où a pris naissance la légende du pays de Co-

[1] *Recueil des ordonnances des rois de France*, t. XIII, p. 306.
[2] Ce point a été mis en relief par M. Vallet de Viriville, *Histoire de Charles VII*, t. I, p. 402.
[3] Vaissete, *Histoire de Languedoc*, t. IV, p. 493.

cagne. Telle était en effet la richesse de la contrée, qu'on ne s'y ressentait déjà plus de leurs déprédations de l'année précédente.

Le roi, extrêmement irrité à la nouvelle de ces désordres, vint exprès en Languedoc pour en hâter la répression. Les sénéchaux de la province reçurent l'injonction de se mettre à la tête de toutes les forces disponibles[1], tandis que les États, convoqués à Narbonne, feraient les fonds nécessaires pour solder la dépense. Mais au plus fort de ces préparatifs, éclata la sédition connue dans l'histoire sous le nom de Praguerie.

Les princes français, à l'exemple des grands de la Castille, avaient comploté entre eux de réduire le roi à se défaire de deux ou trois personnes de son entourage qui les offusquaient. Ils profitèrent du mécontentement général que causait dans l'armée la contrainte de la garnison, pour attirer à leur parti la plupart des capitaines. Disposant ainsi d'un bon nombre des compagnies réformées, ils ne doutaient pas de l'appui des compagnies réfractaires, d'autant que le duc de Bourbon était à la tête du mouvement, et que les Rodrigais avaient toujours été considérés comme une milice au service du duc de Bourbon. Mais on avait compté sans la diligence du roi.

Au lieu de se laisser prévenir, comme avait fait le malheureux roi de Castille, Charles VII gagna de vi-

[1] « Avons esté et sommes deuement informez que ledit bastart de Béarn, accompagné d'ung appelé Salazar, et plusieurs autres routiers, en grant nombre de gens d'armes et de traict, sont puiz n'a guières entrez en nostre pays de Languedoc, etc. » (5 janvier 1439 v. st.), Vaissete, t. IV, preuves, col. 454.

tesse ses ennemis; il arriva le premier partout où il y avait à prendre barre sur eux. Salazar était déjà gagné, avant d'avoir reçu les propositions des rebelles[1]. L'argent qu'on s'était proposé de demander aux États du Languedoc pour lui donner la chasse, fut voté pour lui faire une gratification considérable, qui le rendit l'un des plus fermes soutiens de la couronne.

Le premier gage qu'il donna de sa fidélité fut de laisser, peut-être même de faire arrêter dans ses rangs l'un des écuyers du dauphin qui s'y était introduit, sans doute afin de cabaler, quoiqu'il se donnât pour un paisible pèlerin qui revenait de Saint-Jacques de Compostelle[2]. Ni suggestions secrètes ni promesses ne furent capables de détourner le capitaine de son engagement; il opéra sa jonction au jour convenu.

L'étendard de Rodrigue de Villandrando flottant à côté de celui du roi produisit sur les révoltés un effet désastreux. Ce spectacle inattendu ne fut pas la moindre cause du découragement qui s'empara des troupes qu'on avait débauchées au nom de l'indépendance et de la dignité du soldat[3].

La déroute de la Praguerie valut à Salazar la dignité d'écuyer du roi de France, qu'il joignit à celle d'écuyer du roi de Castille; car il avait rapporté de l'expédition d'Espagne ce titre honorifique[4]. Mais quelle fut sa situation dans l'armée française après l'apaisement des troubles? que devint le commandement général, si peu

[1] Vaissete, t. IV, p. 491.
[2] Ci-après, *Pièces justificatives*, n° LXXVII.
[3] *Chronique du héraut Berri*, dans Godefroy, p. 409.
[4] Ci-après, *Pièces justificatives*, n° LXXXII.

compatible avec la nouvelle ordonnance, qu'il exerçait naguère sur tous les capitaines du serment de Rodrigue[1]?

Les documents sont en trop petit nombre pour fournir une réponse précise à ces questions. Dans un acte de 1442, Salazar se donne pour un chef de compagnie ayant puissance sur d'autres hommes que ceux dont son corps était composé[2]. D'autre part nous trouvons en 1440 et 1441, Alonzo de Zamora et Sancho de Tovar occupant à tour de rôle, en qualité de lieutenants de Rodrigue, la ville de Fumel en Agenais, et rien n'indique que, pour agir, ils aient eu besoin de prendre les ordres de Salazar[3].

Le rôle de Sancho de Tovar eut de l'importance. Les Anglais ayant profité de la Praguerie pour se saisir encore une fois d'une partie des forteresses du Querey, il les en chassa. A l'occasion de cette campagne, la province s'imposa une contribution dont le produit fut partagé entre le comte de Ribadeo et son lieutenant. Celui-ci ne se trouva pas suffisamment dédommagé de ses frais de guerre par la portion qui lui revint; il fit

[1] « Sallezar qui avoit entièrement le gouvernement des gens d'armes qui estoient pour Rodigues, ou païs de Guienne. » *Chronique du Berri.*

[2] *Pièces justificatives*, n° LXXVII.

[3] « L'an 1440, Cahors payoit contribution en bled au capitaine de Fumel, apelé Sumorte.... L'an 1441, les Étatz du Querey, assemblés à Caylus,... demandent qu'on chasse les Anglois de Clermont (Soubiran). Sanchon de Tours, lieutenant du comte de Rieux, appelé dans les comptes *Ribadious*, y alla au mois de septembre, fit quelque composition qui ne fut pas gardée, s'en alla en Rouergue, volant partout; et les consuls de Cahors le font suivre, pour le prier de leur rendre ce qu'il n'avoit pas pris sur l'ennemi. » De Fouilhac, *Notes manuscrites sur le Querci.*

une razzia sur le Rouergue, absolument comme si l'ordonnance de 1439 n'avait pas existé[1].

Concluons de tout cela qu'il est plus facile de coucher les réformes sur le papier que d'en obtenir l'accomplissement; que la régularisation de l'armée fut retardée encore une fois, parce que le roi dut fermer les yeux sur plus d'un écart de ces routiers qui venaient de lui rendre un si grand service; enfin qu'une partie des compagnies franches prolongeant leur existence, le comte de Ribadeo trouva bon de partager le gain de celles qui continuaient à se décorer de son nom.

Il ne se fit pas illusion sur la durée de ce quart d'heure de grâce. Dès l'année 1441, toutes ses mesures furent prises pour la liquidation de ses affaires en France. Un écuyer de sa maison reçut de lui procuration en bonne forme, pour recouvrer les créances ou dépôts qu'il avait en plusieurs lieux du royaume. L'opération fut longue et laborieuse. Elle exigea plus d'une fois, du mandataire qui en avait la charge, qu'il se donnât des substituts pour négocier des affaires qui se poursuivaient simultanément à de grandes distances[2].

Au nombre des créances étaient les sommes qui restaient dues à Rodrigue en vertu du traité conclu pour l'évacuation du Comminges. Il n'en avait pas touché une obole depuis son retour en Espagne. Aux premières demandes les comtes de Foix et de Comminges oppo-

[1] « On fait une taxe sur le pays pour le paiement de ce qu'on devoit donner au comte de Ribadious et à Sanchon de Toars, son lieutenant, pour les frais et la peine qu'ils [illegible] prise à chasser les Anglois des forts de Quercy qu'ils avoient assiégés. » De Fouilhac, l. c.

[2] Ci-après, *Pièces justificatives*, n° LXXXI.

sèrent des délais, qui se changèrent en refus, lorsqu'ils furent certains de n'avoir plus la visite du terrible capitaine.

Mais le moyen de se soustraire à une obligation qui avait été contractée sous les serments les plus solennels?

Les princes de Foix avisèrent que celui qui a sur terre le pouvoir de lier et de délier ne se refuserait pas à les tirer de là. Le cardinal de Foix, frère de l'un et oncle de l'autre, vivait toujours, et n'avait pas oublié, on peut le croire, la guerre du Comtat soutenue contre lui par le Castillan. Le comte de Comminges et le comte de Foix se servirent de lui pour faire parvenir et agréer à la chancellerie romaine une supplique par laquelle ils demandaient à être relevés d'un serment, non valable, disaient-ils, attendu qu'il leur avait été extorqué sous la pression des Écorcheurs. Pour montrer jusqu'à quel point leur prétention leur semblait légitime, ils se déclaraient déterminés, non seulement à ne pas solder le reliquat des sommes stipulées, mais encore à poursuivre par toutes les voies légales la restitution de ce qu'ils avaient déjà payé.

La libération qu'ils sollicitaient leur fut accordée par une bulle du pape Eugène IV (13 septembre 1443), dont l'exécution fut renvoyée à l'évêque de Rieux, délégué apostolique en cette partie[1].

Une telle façon de payer ses dettes, tout à fait au goût des débiteurs, fut certainement trouvée moins plaisante par le créancier. Il n'est pas douteux que le comte de

[1] Ci-après, *Pièces justificatives*, n° LXXXIII.

Ribadeo ne se soit agité pour faire réformer la décision dont il était victime. Ses démarches restèrent sans effet de son vivant. Après sa mort, l'archevêque de Tolède les reprit, auprès des puissances temporelles, pour le compte de Pierre de Villandrando, fils de Rodrigue. Le prélat écrivit à Louis XI, afin de l'intéresser en faveur de l'orphelin injustement frustré[1]. C'était en 1462, dans un moment où Louis XI était au mieux avec le saint-père et avec le comte de Foix, de sorte que les réclamations apportées au nom du fils eurent le même sort que celles du père.

Si l'on me demandait de préciser l'époque où Rodrigue cessa d'exercer tout commandement en France, je désignerais l'année 1442, parce que depuis lors son nom n'apparaît plus dans les documents où il est question de ses routiers. Le nom de Salazar a définitivement remplacé le sien.

Jean de Salazar est un castillan qui appartient à l'histoire de France encore plus que Rodrigue de Villandrando; car sa vie entière se passa au service de notre pays et il y fit race. Il est le père de ce Tristan de Salazar, archevêque de Sens, qui fit construire l'un des deux seuls hôtels à la façon du moyen âge existant encore à Paris, et qui fut aussi le dernier de nos prélats qu'on ait vu se montrer armé de toutes pièces sur un champ de bataille[2].

Pour ses débuts, il se distingua à la bataille d'Anthon,

[1] Ci-après, *Pièces justificatives*, n° LXXXV.

[2] Au combat devant Gênes en 1507. Voy. Jean d'Auton, *Chroniques*, t. III, p. 358.

en combattant comme page aux côtés de Rodrigue[1]. Son avancement fut rapide. Dans les commandements qui lui furent confiés, il se comporta de façon à devenir en peu de temps l'homme de confiance de son maître.

Un détracteur de sa famille a prétendu qu'il y eut chez lui plus de savoir-faire que de vaillance, et que le principal instrument de sa gloire fut une insigne hâblerie. « Quand il vint d'Espaigne en France, dit cet auteur, il estoit autant garny de biens qu'est un singe de queue. Toutes fois il fit si bien, contre droit et sans nul mérite, qu'il s'enrichit tant par mariage que par pillerie. Il fut page de Rodrigues, qui fut empereur des pillards de France; toutes fois Sallezart en ce mestier le passa. Quand quelque destrousse se faisoit en France de son temps, il donnoit de l'argent pour dire ès villes et partout que c'estoit luy. Il disoit prou et n'en faisoit guères[2]. »

Il est hors de toute vraisemblance que Rodrigue de Villandrando aurait choisi pour son successeur l'original de ce portrait. Les talents militaires et la valeur de Salazar nous sont garantis au contraire par le cas que Louis XI fit de lui. Ce roi, si difficile à contenter, l'estima et l'employa tant qu'il vécut comme l'un de ses meilleurs généraux. Aussi bien avait-il été surnommé dans l'armée française « le grand chevalier[3] ».

En 1442, il n'avait pas encore d'autre ambition que de continuer le rôle de Rodrigue. Il venait d'épouser

[1] Lefèvre de Saint-Remy, ch. CLXX.

[2] Paulin Paris, Analyse de la Marguerite historiale, dans *Les manuscrits françois de la Bibliothèque du roi*, t. VII, p. 323.

[3] Raynal, *Histoire du Berri*, t. III, p. 15.

une bâtarde de La Trémoille[1], et du même coup plusieurs seigneuries en Champagne[2], qui lui donnaient parmi la noblesse française une situation analogue à celle de son maître. Quoiqu'il fût de la retenue du roi et de plus bénéficié, sur le domaine royal, de la châtellenie d'Issoudun[3], il se mit à correspondre avec les puissances, comme aurait fait un condottiere indépendant. Il alla jusqu'à traiter avec le duc de Bourgogne en s'obligeant à servir ce prince envers et contre tous, sans faire d'exception pour le roi de France quand il eut soin d'en faire une pour le roi de Castille[4]. Il fit plus. Il se déclara pour le comte d'Armagnac lorsque ce seigneur, enhardi par l'impunité de ses crimes, conçut la folle pensée de s'affranchir de ses devoirs envers la couronne[5].

C'était aller trop loin, si loin, que les Rodrigais eux-mêmes hésitèrent devant l'énormité du cas. Salazar, assiégé dans Rodez avec des hommes qu'il vit mollir, fut obligé de souscrire à une capitulation dont le pre-

[1] Elle s'appelait Marguerite et était née d'une demoiselle de Château-Guillaume en Berri. Le contrat est du 31 octobre 1441, et les *grands services* rendus par Salazar au seigneur de La Trémoille y sont allégués Cabinet des Titres de la Bibliothèque nationale, dossier *Salazar*.

[2] Saint-Just en l'Angle, Marcilly-sur-Seine, Fontaine-Bethon, Potangis et Waugonières.

[3] Raynal, *Histoire du Berri*, l. c.

[4] Ci-après, *Pièces justificatives*, n° LXXII.

[5] Chronique du hérault Berry, dans Godefroy, p. 424. Il existe dans le dossier *Armagnac* du Cabinet des Titres, à la Bibliothèque nationale, la déposition d'un chanoine de Lectoure révélant que le comte d'Armagnac avait acheté la complicité de Salazar en lui donnant la seigneurie de Chaudesaigues, qui faisait partie de la succession Séverac, et qui n'avait été attribuée audit comte qu'à la condition de servir d'apanage aux aînés d'Armagnac, ou sinon de retourner au roi.

mier article était qu'il résilierait son commandement[1]. Le dauphin, qui l'avait réduit à cette extrémité, mit à sa place un autre Espagnol, aimé de Charles VII et recommandé par vingt ans d'un service assidu auprès de la personne du roi. Les chroniqueurs français donnent à ce capitaine le nom de Martin Garcie[2]. Fernan Perez de Guzman, dans son histoire de Juan II, l'appelle Martin Enriquez, et nous apprend qu'il était fils du comte de Guijon[3]. C'est lui qui opéra l'arrestation du comte d'Armagnac à l'Ile-en-Jourdain, où l'armée royale se rendit en quittant Rodez.

Une partie des compagnies qui avaient obéi à Rodrigue tenaient toujours la frontière contre les Anglo-gascons. Elles se mirent en route pour venir au secours de Salazar, lorsqu'elles apprirent qu'il était en danger. Le dauphin alla à leur rencontre et, au nom de la fidélité qu'elles devaient au roi, les conduisit à l'assaut des places de Séverac et de Capdenac, où la rébellion suscitée par le comte d'Armagnac acheva d'être étouffée[4].

Aussitôt après, les mêmes compagnies furent versées dans la grande armée des Écorcheurs, par qui le roi fit envahir l'Alsace. Les Rodrigais, remis pour cette campagne sous le commandement de Salazar[5], eurent le

[1] Berri, p. 425.

[2] Berri, *ibid.* Jean Chartier, t. II, pp. 265, 314, 318 ; Compte de l'argenterie de Charles VII, dans le supplément aux preuves du Mathieu d'Escouchy de M. de Beaucourt.

[3] *Cronica del rey don Juan el II*, part. II, c. LVIII.

[4] Berry, p. 425.

[5] Une relation latine qui fait partie des pièces justificatives des *Écorcheurs* de M. Tuetey (t. II, p. 517) établit que Salazar était secondé dans

double honneur de fournir l'escorte du général en chef[1] et d'être placés à l'avant-garde de l'armée[2]. Ils gagnèrent à cela d'être horriblement maltraités à la bataille de Saint-Jacques, ayant été les premiers qui éprouvèrent la vigueur du poignet des Suisses. Presque toutes les pertes de la journée furent à leur compte, et, qui pis est, ils avaient reculé. Ce fut leur dernier exploit.

Pendant l'éloignement des bandes, on avait trouvé enfin, dans les conseils de la couronne, le moyen de se débarrasser d'elles une fois pour toutes[3]. Le système adopté était celui d'une armée permanente, maintenue à un effectif constant, payée de mois en mois, et disséminée par petites escouades dans les villes et bourgs. Les routiers, à leur rentrée en France, trouvèrent des capitaines déjà institués qui les attendaient, avec l'appui d'une force respectable, pour désigner ceux d'entre eux qui seraient admis dans la nouvelle armée. Un homme d'une énergie extraordinaire, dont tout le monde a entendu prononcer le nom, Tristan l'Hermite, avait pré-

son commandement par deux capitaines appelés *Conques* et *Guntsales*. Le premier de ces noms répond à l'espagnol *Concha*, et le second, à *Gonzales*. Un Gonzalès Dars, possesseur de la seigneurie de Larpentis, eut pour héritier naturel, en 1477, Jean de Salazar lui-même. Cabinet des Titres de la Bibliothèque nationale, dossier *Salazar*.

[1] « Les Espaignoz qui sont gardes du corps de Mgr le daulphin, dont est capitaine un nommé Chausse de Savac (?) ou nombre de environ cccc chevaulx. » Du Fresne de Beaucourt, *Pièces justificatives* aux Mémoires de Mathieu d'Escouchy, t. III, p. 93.

[2] Tuetey, *Les Écorcheurs sous Charles VII*, t. I, p. 167.

[3] « Et fut ainsi trouvée à ceste heure l'ordonnance de vivre aux gens d'armes de France. » Guillaume Gruel, *Mémoires du connétable de Richemond*, p. 782.

paré le travail et pourvu à tous les moyens d'exécution. Le triage se fit sans éprouver de résistance. Les hommes qu'on élimina furent désarmés, groupés par nations et confiés à des commissaires qui les conduisirent, sous bonne escorte, jusqu'aux frontières de leurs pays respectifs [1].

La compagnie où furent incorporés ceux des Rodrigais que l'on conserva fut appelée, à cause de sa composition, la compagnie des Espagnols [2]. Le roi en donna le commandement à ce Martin Enriquez, dont il a été parlé ci-dessus. Quant à Salazar, il fut congédié de nouveau, et pour longtemps, car sa disgrâce dura jusqu'à la mort de Charles VII.

Ainsi fut consommée, cinq ans et demi après l'éloignement de Rodrigue, une révolution qu'il avait prévue, et dans laquelle il n'eut garde de revenir se compromettre. Il comprit qu'il ne fallait pas essayer de prolonger un état de choses dont le gouvernement de la France avait juré l'anéantissement. En pliant sa bannière à temps, il s'épargna la mortification de la voir poursuivie et abattue par l'autorité des lois.

La sagesse dont il fit preuve en cette circonstance apparaît dans tout ce qu'on peut discerner de la conduite qu'il tint en Castille.

Il eut le bon esprit, dans une cour qui était la patrie des cabales, de ne s'afficher ni comme meneur, ni comme créature, et, lorsque sa science était la guerre, de ne pas faire l'homme entendu aux intrigues. La ru-

[1] Mathieu d'Escouchy, édition de Beaucourt, t. I, pp. 56, 51 et suiv.
[2] Jean Chartier, t. II, p. 265.

desse de son abord, sa mine fière jusqu'à la dureté [1], lui assuraient le respect, en même temps que sa loyauté bien connue le mettait hors des atteintes de la médisance. Il était ouvertement le partisan d'Alvaro de Luna, jusqu'à souffrir d'être compté au nombre de ses pensionnaires [2]. Au contraire, le prince des Asturies, dont il fut maréchal [3], ne trouva jamais d'assistance en lui dans ses continuelles révoltes contre le roi, son père. Quant à ce roi, digne de commisération à cause de sa faiblesse et de ses infortunes, on peut dire que ce fut sur lui que le comte de Ribadeo concentra tout ce qu'il avait de soumission et d'attachement. La seule gloire qu'il connut et rechercha dans sa nouvelle vie fut celle de se rendre utile à ce prince malheureux; et la charge de conseiller, qu'il remplit auprès de sa personne, ne lui servit pas à satisfaire d'autre ambition [4].

Il acheva sa carrière militaire au milieu des mouvements qui ramenèrent au pouvoir Alvaro de Luna. En 1444, il eut la charge de s'assurer de Cuellar pendant que Juan II allait mettre le siège devant Peñafiel; en 1445, il commanda une partie de la maison du roi

[1] « La catadura feroz. » Hernando del Pulgar.

[2] « Condes e perlados e nobles varones e muchos senhores de villas cercadas vivian en la su casa (del condestable) e avian continua soldada d'el. Los condes eran, el conde de Medina-Celi, don Luis de la Cerda, el conde de Alva, don Fernando Alvarez de Toledo, etc.... don Rodrigo de Villandrando conde de Ribadeo e don Pedro de Villandrando, su fijo, que despues fue conde d'este condado, etc. » *Coronica del condestable D. Alvaro*, Epilogo, p. 389.

[3] Fernan Perez de Guzman, *Cronica del rey don Juan II*, p. 406.

[4] Son nom est inscrit parmi ceux des grands qui assistèrent aux cortès de Valladolid, en 1442, et d'Olmedo, en 1445. *Cortes de los antiguos reinos de Leon y de Castilla*, recueil publié par l'Académie royale d'histoire. t. III, p. 393 et 457. In-4°, Madrid, 1866.

à la bataille d'Olmedo, gagnée par le connétable; en 1446, il fut d'un grand secours au siége d'Atiença, un des plus difficiles qui aient eu lieu dans ce temps là, à cause de l'inexpugnable position de la ville[1]. Depuis lors son nom ne paraît plus dans l'histoire; mais celui de sa femme est mêlé à un évènement trop grave pour qu'il n'en soit point parlé ici.

Marguerite de Bourbon n'avait pas longtemps vécu en Espagne où elle était allée s'établir avec son mari. Celui-ci, resté veuf avec des enfants en qui son nom allait s'éteindre, se remaria dans la maison de Zuñiga avec dona Béatriz, fille du seigneur de Monterey[2]. Cette dame fut en grande autorité auprès de la reine Isabelle, femme de Juan II. Or il faut savoir que la reine Isabelle était Portugaise, et qu'elle ne cessa jamais de l'être de caractère comme d'affection; de telle sorte qu'ayant éprouvé souvent de grandes impatiences à l'égard du connétable, elle finit par l'avoir tout à fait en aversion lorsqu'elle sut qu'il donnait des conseils au roi, son mari, contre l'extension des établissements portugais sur la côte d'Afrique[3]. Cela se passait dans le temps où Alvaro de Luna avait façonné à son joug tous les cabaleurs du temps passé, hormis un seul, qui était Pedro de Zuñiga, comte de Ledesma, devenu récemment comte de Plasencia. La comtesse de Ribadeo étant la nièce de ce seigneur, il ne tarda pas de se faire que, par son entremise, la reine et lui ne connussent

[1] Fernan Perez de Guzman, pp. 486, 492, 507.
[2] Josef Pelizer, l. c.
[3] *Histoire du connétable de Lune*, p. 308. Paris, 1720, in-12.

leurs ressentiments respectifs. Une ligue s'ensuivit, et bientôt la tranchée fut ouverte contre le connétable, bien secrètement, bien profondément, mais avec la certitude de rencontrer et de s'adjoindre, à mesure qu'on avancerait, assez d'autres ouvriers souterrains.

Comme ces choses se tramaient, la cour, qui était à Valladolid, reçut l'ordre de se rendre à Burgos, à cause de quelque soupçon que conçut Alvaro de Luna. La reine comprit alors qu'il fallait brusquer le dénoûment. Elle obtint, ou peut-être contrefit une lettre à l'adresse du comte de Plasencia, dans laquelle le roi, se plaignant de la tyrannie de son connétable, assurait de sa reconnaissance le sujet fidèle qui l'en délivrerait. Cette lettre, avec des instructions en conséquence, fut confiée à la comtesse de Ribadeo, qui s'échappa dans le plus grand mystère lorsqu'on allait quitter Valladolid. Elle arriva au château de Béjar, résidence de son oncle, dans la nuit du 12 avril 1453. Là elle expliqua bien longuement sa commission; puis, quand elle eut achevé (il était deux heures du matin), le comte, qui était vieux et infirme, fit venir son fils aîné Alvaro de Zuñiga, lui montra la lettre du roi, lui dit ce qu'il y avait à faire, et ajouta, avec le ton d'un homme qui se dispose à sauver l'État, lorsqu'en effet il ne s'agissait pour lui que de mettre le baume sur les plaies de son orgueil : « Mon fils, si j'étais libre de mes mains, je ne « céderais à personne la gloire ni le danger de cette « entreprise. Mais, puisque Dieu le Tout-Puissant a « éteint la force de mon corps, je ne puis mieux mon- « trer l'affection que j'ai au service du roi, mon sou-

« verain seigneur, qu'en exposant la vie de mon pre-
« mier-né pour que son bon plaisir soit accompli. Allez
« donc ; faites de votre mieux, comme il convient à un
« loyal chevalier, et que l'étoile qui guida les Trois rois
« vous conduise[1]. »

Le reste appartient à l'histoire d'Espagne. Alvaro de Luna se perdit par excès de confiance. Redoutable jusqu'à la fin, mais arrêté dans un guet-apens; mis au secret à l'égard du roi, qu'on fit dès lors agir comme on voulut; livré à un tribunal exceptionnel, qui ne prit pas seulement la peine d'écrire son procès ; atteint, mais non convaincu d'avoir empoisonné une infinité de personnes dont la mort violente ne reposait que sur des bruits semés jadis dans la fureur des guerres civiles ; d'avoir tenu le diable dans une fiole, pour gouverner la Castille par ses conseils ; d'avoir parlé maintes fois à son souverain le chapeau sur la tête ; d'avoir fait porter au roi, avec serment de ne jamais l'ouvrir, une bague sous le chaton de laquelle Sa Majesté était peinte dans une posture ridicule à la queue d'une bourrique[2] ; condamné sans rémission sur de tels griefs, lui qui avait préparé l'œuvre d'Isabelle la Catholique, il se présenta à la mort le dédain sur les lèvres et la constance dans le cœur (22 juin 1453).

[1] Fernan Perez de Guzman, p. 537 et suiv.

[2] « E le mostro dentro del anillo al mismo rey pintado, é una aca, é el dicho rey la estaba besando en parte cuyo nombre no se permite alla decencia de esta historia. » Abarca, *Anales de Aragon*, part. II, cap 8. Abarca a indiqué ces griefs d'après une enquête qui fut faite quarante ans après la mort du connétable, pour recorder son procès et l'écrire, puisqu'on ne l'avait pas fait au moment du jugement. Voy. les appendices à la chronique d'Alvaro de Luna, édition Sancha, p. 475.

Que faisait cependant Rodrigue de Villandrando? Ignora-t-il le coup qui passa par sa maison pour aller frapper d'une manière si indigne son bienfaiteur et son ami? ou bien, admis dans la confidence de sa femme, la laissa-t-il faire par déférence pour la reine? ou bien encore, fatigué lui aussi de l'omnipotence du connétable, trempa-t-il dans le complot?

Il est plutôt dans la donnée de son caractère de supposer qu'au moment de la catastrophe il ne s'occupait plus des choses de ce monde, et que déjà avait commencé pour lui cette longue pénitence dans laquelle Hernando del Pulgar affirme qu'il termina ses jours. En effet, au dire de cet auteur, lorsque le comte de Ribadeo, arrivé à un certain âge, se vit atteint de ces infirmités que l'art des hommes ne peut pas guérir, il fit un retour sur lui-même et pour la première fois de sa vie connut la crainte : tant la peine qu'il s'était donnée à poursuivre la gloire du monde l'avait détaché des œuvres par lesquelles on gagne la félicité du ciel ! C'est pourquoi il voulut mettre le temps à profit en accumulant sur le peu qui lui restait à vivre toutes les rigueurs possibles, toutes les œuvres capables de lui faire trouver grâce devant Dieu. Il s'achemina ainsi par la prière, par le jeûne et par la contrition, à l'éternité dans laquelle il entra à l'âge de soixante-dix ans[1].

D'après l'époque de sa naissance, supputée en combinant sa grande jeunesse au début de nos guerres civiles (1409) et la mort de sa mère arrivée en 1390, il

[1] Ci-après, *Pièces justificatives*, n° I.

mourut lui-même au commencement du règne de Henri IV de Castille, en 1457 ou 1458.

Conformément à sa volonté dernière, il fut inhumé à Valladolid, dans l'église du monastère de la Merci qu'il avait fait reconstruire à ses frais. Il ne reste plus rien de cet édifice qui fut démoli pour faire place à une rue, il n'y a pas un bien grand nombre d'années. On se rappelle à Valladolid que la sépulture du redoutable capitaine était annoncée par une simple pierre avec son nom gravé dessus.

Des personnes instruites du pays ajoutent que le testament en vertu duquel existait cette sépulture avait été dicté le 15 mars 1465. Si spécieux que soit un souvenir qu'on énonce avec cette précision, je n'hésite pas à le déclarer erroné. Rodrigue avait certainement cessé de vivre et depuis longtemps en 1465. La preuve en est non-seulement dans le synchronisme établi ci-dessus, mais encore dans la lettre de réclamation adressée à Louis XI par l'archevêque de Tolède, laquelle fut écrite le 12 septembre 1462, Rodrigue étant déjà décédé [1].

Deux fils lui survécurent, Charles et Pierre de Villandrando. Charles, dont l'existence a été ignorée de tous les généalogistes, était né de Marguerite de Bourbon. Il faut qu'il ait été contrefait ou idiot, car son père le laissa en France et le déshérita, ou à peu près, ne lui ayant assigné dans sa succession que la terre de Puzignan et ses créances du Bourbonnais [2]. Ce Charles passa sa vie dans la maison de Bourbon, où il était traité de

[1] Ci-dessus, p. 102, et *Pièces justificatives*, n° LXXXV.

[2] Ci-après, *Pièces justificatives*, n° LXXXIV.

cousin, mais gouverné comme un enfant. En 1474, âgé peut-être de quarante ans, il était confié aux soins de l'un des serviteurs de la duchesse[1].

Pierre de Villandrando, issu du second mariage de Rodrigue, fut l'héritier des biens, titres et honneurs que son père avait possédés en Espagne. Il fut comte de Ribadeo pendant plus d'un demi-siècle. A défaut de postérité, sa succession passa à son neveu don Diego Gomez de Sarmiento, fils de Marina de Villandrando, sa sœur du même lit que lui[2]. Pour être plus sûr que le privilège du jour des Rois ne périrait point à sa mort, il le fit passer de son vivant sur la tête de ce neveu. Un acte royal qui nous a été conservé autorisa cette substitution en 1512[3].

Mais ce sont là « choses d'Espagne », comme on dit de l'autre côté des Pyrénées. Pour nous autres Français, l'intérêt du sujet cesse au moment où le souvenir de Rodrigue s'effaça dans l'armée française, et cet oubli remonte à la mort de Jean de Salazar.

Louis XI, à son avènement, avait destitué le capitaine Martin Henriquez de son commandement pour le donner à Salazar[4]. Ce commandement, on ne l'a pas oublié, était celui de la compagnie régulière où entra en 1445

[1] « Charles de Villandrando, cousin de Mgr le duc, mis sous le gouvernement de Jehan Cheval, fourrier de Madame la duchesse, au lieu de feu Pierre Marne, 14 avril 1474. » Notice d'un registre aujourd'hui détruit de la chambre des comptes de Bourbonnais, dans le ms. français 22299 de la Bibliothèque nationale.

[2] Josef Pellizer, *Informe del origen*, etc.; le P. Anselme, *Histoire généalogique de la maison de France*, I, 304.

[3] Ci-après, *Pièces justificatives*, n° LXXXVI.

[4] Allocation de 120 livres tournois ordonnée par Louis XI, en 1461 :

l'élite conservée des Rodrigais. Salazar eut soin d'entretenir dans ce corps la tradition de son origine, en y réservant un certain nombre de places à ceux des gentilshommes castillans qui seraient désireux d'apprendre la guerre comme on la faisait en France. Sur les états de deux inspections passées par des détachements de la compagnie, dans l'Orléanais en 1470 et près d'Amiens en 1475, figurent des noms appartenant aux premières maisons de la Castille : Aloncillo Barrera, Fernan de Sotomayor, Rodrigue de Fonseca[1]. Ces jeunes gens issus de la grandesse trouvaient de l'honneur à venir chez nous endosser le hoqueton violet, qui était la livrée du capitaine leur compatriote[2], et à porter l'insigne français de la croix blanche sous lequel un autre compatriote, le fameux Rodrigue, avait accompli tant de prouesses. Cela finit après la réunion de l'Aragon et de la Castille, qui fit succéder l'hostilité aux relations si longtemps amicales de l'Espagne et de la France. La compagnie n'étant plus composée que de Français, et d'ailleurs l'esprit du temps portant la jeunesse militaire

« Pour consideration de ce que nous avons osté et démis nostre amé et féal chevalier don Martin Henricquez de Castelia de la charge et retenue de xl lances fournies que nostre feu seigneur et père lui avoit baillé. » *Ms. Gaigniers*, 375, fol. 78, à la Bibliothèque nationale.

[1] Cabinet des Titres de la Bibliothèque nationale, dossier *Salazar*.

[2] « Tous lesquelz hommes d'armes estoient vestus et habillés de hoquetons de camelot violet à grans croix blanches, et avoient belles chaisnes d'or autour du col, et en leurs testes cramignolles de velours noir à grosses houppes de fil d'or de Chippre dessus; et tous leurs chevaulx estoient couvers de grosses campanes d'argent. Et au regart de Sallezart, pour différence de ses gens, il estoit monté sur un beau coursier à une moult belle houssure, toute couverte de tranchoirs d'argent, dessus chacun desquelz y avoit une grosse campane d'argent doré. » *Chronique scandaleuse*, à l'an 1465.

à s'instruire dans les traductions de Quinte-Curce et de Tite-Live plutôt que par les récits des vieux soldats, Salazar fut impuissant à prolonger la durée d'une célébrité devenue contestable. Il emporta avec lui dans la tombe[1] la mémoire des actions qui pouvaient recommander à la postérité le nom de son maître; et voilà comment il se fait que le dernier mot de la France du quinzième siècle sur le grand condottiere a été ce jugement dédaigneux que nous trouvons dans une épître de Robert Gaguin[2] :

« Les Espagnols font grand bruit des exploits, ou plutôt des déprédations heureuses, de leur Rodrigue de Ribadeo, ce partisan que la précédente génération a vu promener le ravage dans presque toute l'Aquitaine : mais n'est-il pas évident que de tels exemples sont pour valoir à ceux qui les donnent le déshonneur plutôt qu'un glorieux renom? »

[1] Il mourut à la fin de 1479, d'après son épitaphe qu'on lisait autrefois dans l'église du prieuré de Macheret, en Champagne : « Cy gist Jehan de Salazard, natif du pays d'Espaigne, en son vivant chevalier, conseiller et chambellan du roy nostre sire, et capiteyne de cent lances de son ordonnance, et seigneur de Montaigues, Saint Just, Marcilly, Las, Lauzac, et d'Issoldum, qui trespassa à Troyes, le douziesme jour de novembre l'an de grace MCCCCLXXIX. Dieu par sa grace de ses péchés pardon lui face. Amen. » Cabinet des Titres de la Bibliothèque nationale, dossier *Salazar*.

[2] Épitre adressée de Burgos au docteur François Ferrebout, *Thesaurus anecdotorum*, t. I, col. 1838.

PIÈCES JUSTIFICATIVES

I

Vie de Rodrigue de Villandrando, par Hernando del Pulgar, titre VII de l'ouvrage intitulé : *Los claros varones de Castilla, dirigido a la muy alta reyna doña Isabel, reyna de Castilla*, Alcala de Henares, 1524. Une nouvelle édition a été donnée en 1775, à la suite du *Centon epistolario del bachiller Fernan Gomez de Cibdareal*, Madrid, in-4°.

Don Rodrigo de Villandrando, conde de Ribadeo, fué fijo de un escudero fijodalgo natural de la villa de Valladolid, hombre de buen corpo, bien compuesto en sus miembros é de muy recia fuerza. Las faciones del rostro tenia fermosas é la catadura feroce.

Seyendo de pocos dias, su gran corazon é su buena constelacion le llevaron mozo é pobre é solo al reyno de Francia, en el tiempo que en aquellas partes avia grandes guerras é divisiones é compañias de gente de armas. É como en aquellos tiempos de guerras concurian en aquel reyno hombres estrangeros de todas partes, este caballero por ser dispuesto para los trabajos de la guerra falló luego capitan que le rescibió en su compañia, en la qual aprobó tanbien, seyendo mozo, é despues en las cosas que hombre mancebo deve facer, que gañó por las armas estimacion de hombre valiente y esforzado; é su capitan le reputava por hombre singular entre todos los otros de su capitania. Acaesció algunas veces que estando las batallas en el campo, quando algun hombre de armas de la parte contraria, confiando en sus fuerzas, queria facer armas é demandaba batalla uno por uno, este caballero se esmeraba entre todos los otros de su parte, é presentes las batallas de la un parte é de la otra, salia á pelear con el contrario, é le vencia, é derribaba é traía sus armas é despojo à su capitan; é esta vitoria que algunas veces ovó, le dió onra. Laqual, así como le pusó en gran estimacion de algunos, así le traxó en odio y embidia de otros. Laqual cresció tanto que, por ser estrangero, fué constreñido de se apartar de su capitan, é como quier que le fué grave de sofrir; pero como veemos muchas veces que los infortunios de presente son causa de la prosperidad futura, segun que los casos de la providencia las suele rodear, este caballero veyendose solo de parientes, deffavorescido de compañeros, sin arrimo de capitan, pobre de dinero é sin amigos é en tierra agena, no tovó otro refugio sinó á su buen seso é grand esfuerzo; é con otro é otros dos que se llegaron á él, se avanturaba con buena destreza é grand osadia á facer saltos en la tierra de los contrarios en lugares peligrosos, é facia les guerra, é tomaba alguna prese con que se podia sustener.

Esto fizó muchas veces é con tanta sagacidad é esfuerzo que siempre salia en salvo; é como la fama de su valentia é de las presas que tomaba se divulgó por la tierra, allegaronse á el algunos hombres; é cresciendo de dia en dia el corazon con las hazañas, y las hazañas con la gente, y la gente con el interese, allegaronse á él muchas mas gentes, fasta que alcanzó á ser capitan una vez de mill hombres, é despues de grado acresentó en grado su capitania fasta ser capitan de diez mil hombres; é su poder fué de los mayores que tenia ninguno de los otros capitanes del rey de Francia á quien sirvia, é con aquel su grand poder, robó, quemó, destruyó, derriló, despobló villas é lugares é pueblos de Borgoña é de Francia, en tiempo que aquel honorable reyno padescia guerras crueles que duraron por espacio de cinquenta años.

Andava lo mas del tiempo en el campo é ponia grand diligencia en la guarda de los reales para que su gente no rescibiese daño. Era hombre ayrado en los lugares que convenia serlo, é mostraba tan gran ferocidad con la ira, que todos le avian miedo.

Tenia dos singulares condiciones : la una que facia guardar la justicia entre la gente que tenia é no consentia fuerza, ni robo, ni otro crimen; é si alguno lo cometia, el por sus manos lo púnia. É con esto todas las gentes de su hueste, aunque eran muchas é de diversas naciones é tenian officio de robar, le temian y estaban en paz é no osaban cometer fuerza ni crimen uno contra otro. Facia assimismo repartir las prezas ygualmente segun que cada uno lo debia aver; é de tal manera dividia lo robado por justicia, que facia durar los robadores en concordia. Era assimismo hombre de verdad, é el seguro que dava á qualquier villa, lugar o provincia, o qualquier pacto que ponia con ellos, guardabalo estrechamente:

é si alguno robaba o facia daño al que el seguraba, facia le buscar con grand diligencia é executar en el justicia; é con esta condicion que en el veian, muchos pueblos, é provincias, é otras personas singulares, se fiaban de su palabra é la compraban con grandes precios á fin de ser seguros de sus gentes. É con esto tenia sus reales bien bastecidos de viandas é armas é de todas las cosas necesarias, porque mandava pagar y guardar á los que venian á ellos con provision; é su mandado era muy temido y complido.

Ovó muchas batallas con Ingleses y Borgoñones, en las quales Dios le libró por muchos casos de ser perdido é le ayudo por muchas maneras á ser vencedor; especialmente venció una batalla que ovó con el principe de Oreyna, donde concurrió mucha gente de ambas partes. Esta batalla fue muy ferida y sangrienta: en la qual los que le vieron pelear le compararon á leon bravo en el estrago que facia en los contrarios, é el ayuda é esfuerzo que daba a los suyos. É acabado de aver el vencimiento, tuvó esta astucia. Fabló con uno de los prisioneros que tenia é prometióle libertad si le descubriesse el valor de los prisioneros que las otras sus gentes avian tomado en la batalla. E como se informó secretamente de lo que cada uno podia valer, compró los todos dando por cada uno mucho menor precio de lo que valian; é como fueron puestos en su poder, rescatólos á todos por muchos mayores precios de lo que le costaron, é con esta astucia ovó gran tesoro.

La fortuna le pusó en tan gran reputacion, que alcanzó casar con la hija del duque de Borbon, que era de la sangre real de Francia; é fue señor de veinte y siete villas en la tierra de Borbones, dellas compradas y dellas gañadas. É en veynte años que siguió aquella guerra, fizó otras notables fazañas, entre las quales acaesció que un dia, estando á punto de batalla con un gran capitan de Inglatierra que se llamaba Talabot, en la provincia de Guiana, el capitan ingles, que por oydas conoscia las condiciones d'este caballero, desseava assimismo conoscer su persona por ver que cuerpo é que faciones tenia hombre que de tan pequeña manera avia subido á tan gran estado; é como per medio de sus farautes acordassen de se fablar, dexadas el uno é el otro sus huestes en buena guarda, estos dos capitanes solos se juntaron é vieron en la ribera de un rio llamado Lera. É el capitan Talabot le dixó: « Desseava ver tu persona. Pues tengo conoscida tu condicion, ruego te, » dixó el, « pues los fados nos truxeron juntos á este lugar, que comamos sendos bocados de pan, y bebamos sendos veces de vino; é despues será la ventura de la batalla como á Dios pluguiere é señor sant Jorge ayudare. » Este capitan Rodrigo le respondió : « Si otra coza no te plaze, esta por cierta no la quiero facer; por que si la fortuna dispusiere que hayamos de pelear, perderia gran parte de la yra que en la fazienda debo tener, é menos feriria mi fierro en los tuyos, membrando me aver comido pan contigo. » É diciendo estas palabras, bolvió la rienda á su caballo, é tornó para sus batallas; é el capitan Talabot, aunque era caballero esforzado, concibió de aquellas palabras tal concepto que, assi por ellas como por la disposicion del lugar dó estaba, acordó de no pelear aunque tenia mayor numero de gente que el.

Affirmóse aver dicho este capitan en su lenguage : « Non es de pelear con cabeza española en tiempo de su yra. »

Despues de muchos tiempos de guerras é destruiciones avidas en aquella tierra, oyó Dios piedad de los moradores d'ella, y dió tales victorias al rey Carlos de Francia, que lanzó de todo su reyno al rey Eduarte de Inglaterra, su enemigo, é toda su gente; é fueron cessando las crudas guerras que en aquel reyno avia. É en aquel tiempo acaesció aver en Castilla grandes debates é dissensiones; para las quales el rey don Juan embió á mandar á este caballero, su natural, que viniesse en Castilla á le servir con la mas gente que pudiesse. El qual vinó a su llamado con quatro mil hombres á caballo; é el rey le rescibió muy bien é le hizó mercedes de la villa de Ribadeo, y dióle titulo de conde della, é fizóle otras mercedes.

Muerta la primera muger francesa, casó en Castilla con muger noble de linaje de Stuñiga, é el rey le pusó en su consejo é facia d'el gran confianza, especialmente de aquellas cosas que concernian á la guerra que por entonces avia en sus reynos. Acaesció que como el rey en tiempo de aquellas dissensiones fuesse á la cibdad de Toledo, é los de aquella cibdad se rebellassen contra el é le cerrassen las puertas, puesto el rey en algun recelo de la gente de armas que á la hora estaba apoderada de aquella ciudad, este conde de Ribadeo fizó improviso en la yglesia de Sant Lazaro, que es bien cerca de la cibdad, un palenque con tan gran deffensa, que la persona del rey con la poca gente que por entonces con el rey estaba, podia ser segura é sin daño, fasta que los otros sus capitanes é gentes de armas que venian en la zaguera ovieron tiempo de llegar. É por memoria perpetua d'este servicio que fizó en el dia señalado de la Epiphania, el rey fizó merced á el é á sus descendientes de la ropa que el é los reyes de Castilla, sus successores, vistiessen aquel dia, é que comiesse con el á su mesa. De laqual merced goza oy su successor.

É al fin veiendo se ya viejo é enfermo de dolencia tal que no podia escapar, Dios que ni dexa al hombre sin punicion, ni le niega su misericordia, le dió tiempo en que se corrigiesse arrepintiendose. É por cierto cosa fué maravillosa é exemplo digno de memoria á los mortales la gran contricion que ovo é el arrepentimiento de sus peccados, é el derramar de las lagrimas que fizó continuamente muchos dias antes que muriesse, llamando á Dios y pidiendole con todo corazon que le perdonasse é aviesse merced de su anima. É con esta contricion, fenesció sus dias en edad de setenta años. É por esta fin que con tal contricion ovó, se pone aqui en el numero de los claros varones.

II

Mandement de Charles VII pour l'exécution d'une ordonnance cassant les compagnies de gens d'armes et de trait, d'après une copie de la collection Doat, t. IX, p. 279, aux Manuscrits de la Bibliothèque nationale. Cette pièce a été citée par D. Vaissete, t. IV, p. 462, de l'*Histoire de Languedoc*. J'en ai rapporté un extrait dans mes *Aperçus nouveaux sur Jeanne d'Arc*, p. 19.

(30 janvier 142 $\frac{3}{4}$.)

De par le roy,

Nostre amé et féal, pour les grans et griefs complaintes que avons eues, à ce present conseil de Selles et autrement, des oppressions et dommaiges et aultres maulx innumérables que font les gens d'armes et de traict qui sont sur les champs et vivent sur le peuple à nous obéissant, parquoy il est tant vexé et si travaillié que plus n'en puet bonnement souffrir, et à ceste cause est fort indigné et ne puet plus riens paier des revenues qu'il doit, ne les aides dont nous le chargeons pour le fait de la guerre et autrement, et moins le pourroit faire ou temps advenir, se il n'estoit suporté et deschargié des dictes gens d'armes et de traict, tout en nostre très grant préjudice et dommage inestimable : Nous, par l'advis dudit conseil, avons commis et ordonné nos amés et féaulx le mareschal de la Fayete, le maistre des arbalestriers et l'admiral à quatre cens hommes d'armes, c'est assavoir ledit mareschal à deux cens hommes d'armes, ledit maistre des arbalestriers à cent, et ledit admiral à cent, pour chasser et faire vuider tous autres gens d'armes et de traict vivans sur nostre peuple. Et tous autres capitaines de gens d'armes et de traict quelxconques avons cassés, exceptés les Escossois, et les Lombars qui sont soubs le Borne Caqueren ; en vous mandant que lesdits gens d'armes vous ne accueilliés, recevez, ne retenez aucuns, ne leur donnés soustenement ne confort à plus séjourner ; mais que chacun retourne à son hostel ; et d'iceulx ne voulons plus estre servis ; et à la saison nouvelle l'on en trouvera des autres. Donné à Selles, le trentiesme jour de janvier. *Signé* CHARLES *et* MALLIÈRE.

III

Notice d'un mandement de Charles VII ayant pour objet de faire rendre l'argent d'une rançon extorquée par deux hommes de la compagnie de Rodrigue de Villandrando. — Du Chesne, *Histoire généalogique de la maison du Plessis de Richelieu*, preuves, p. 140 (Extrait des titres de la maison du Plessis).

(6 octobre 1427.)

Lettres du roy Charles par lesquelles, comme Jean du Plessis, qui avoit esté toujours vray et loyal obéissant de S. M., sans tenir autre party que le sien ne soy entremettre de fait de guerre, si non de sadite Majesté, de par elle et au service de capitaines de son party, estant accompaigné d'un jeune filz de l'âge de quatorze ans, nommé Gilet Clérambaut, qu'il menoit avec luy comme son page, se fust party du lieu d'Angle, dont il estoit capitaine, pour soy en venir en un sien hostel qu'il a en la chastellenie de Roffec, ou pays d'Angoumois, et eust trouvé audit lieu de Roffec la compaignie de Rodigo de Villandras, de laquelle estoient Jean Perrade et Alfonse Rodigo, qui l'avoient prins prisonnier et mis à grosse rançon, dont il avoit payé partie : S. M. mande au premier hérault ou poursuivant d'armes sur ce requis, qu'il le lui fasse restituer. A Lezignen, le 6e jour d'octobre MCCCCXXVII.

IV

Délibérations du Conseil de la ville de Lyon au sujet de Rodrigue de Villandrando, campé près d'Anse. — Extraits du registre BB 2, des Archives communales de Lyon, communiqués par M. Guigue, archiviste du département du Rhône.

(16-25 octobre 1428.)

Le samedi, xvie jour d'octobre iiii^c xxviii, à Saint-Jaqueme [1], présens [2], etc. Ilz ont conclus que la ville s'aide à gecter du païs de Lionnois le grant nombre de gens d'armes que meinent Vallete, Rodigo et [3]... capitaines soy disans estre au conte de Perdiach, lesqueulx vuideront parmi iiii^c escus nuefs corans à present que leur donera mons. le Bailli, combien qu'ilz se leveront sus mons. de Lion, mess. des églises, sus la ville et sus le plat païs par manière de collecte (à quoy se sont offers lesdiz mons. de Lion et gens d'église et aucuns du plat païs, c'est assavoir Bonichon et Fosses), considérez les grans dommaiges qu'ilz puevent faire, mesmement maintenant que tous vivres sont à plus habandon que en temps de l'an, et qu'il est impossible de leur résister, actendu le grand nombre qu'ilz sont, et pour plusieurs autres considerations faisans à ceste matière : excepté Pierre de Nièvre, Loys des Sollières, Joffrey Malanest, Jehan Jehennot et Nisier Greysieu, qui ont esté d'oppinion de non riens leur donner pour les conséquences qui s'en puevent ensuir, c'est assavoir que par aventure faudra deshormays souventes fois faire pareillement, et aussi considéré que oncque mès dont il soit mémoire ne fut fait ; ains qu'il fallut recourer à gens d'armes (fol. 68 v°).

— Le lundi, xxve jour d'octobre mil iiii^c xxviii, à Roanne [4], présent mons. le Bailli, etc...

Ilz ont conclus que, puisque ainsi est que Vallete, Radigo de Valendra et leurs compaignons, gens d'armes estans sus ce pays de Lyonnois et faisant maulx innumerables et inhumains, ne se sont voulus departir dudit pays parmi iiii^c escus d'or corans à

[1] Alors maison commune de la Ville.
[2] Suivent les noms de beaucoup de Conseillers.
[3] Un troisième nom laissé en blanc.
[4] Nom de la maison de Lyon où se rendait la justice.

present, que la ville et pays de Lionnois leur donnoit par moyen le traictié de sire Gillet Richart, seigneur de Saint-Priet, mès en demandoient mil escus d'or ou VIII^c pour le moins, parmi ce que les pats desjà par eulx fais audit pays depuis Jareys jusques à Bessenay et Biboust leur demouras, avec lesdits VIII^c escus, et que jusques ilz feussent payés desdits VIII^c escus il procédassent tousjours à apatisser le demourant dudit pays de Lionnois: que lesdits VIII^c escus soient baillez audit mons. le Bailli pour servir c ou VI^xx hommes d'armes pour XV jours, pour les gecter de fait du païs à l'aide des communes.

De quoy faire a prins la charge ledit mons. le bailli parmi ce que l'on lui baille promptement les IIII^c escus et des autres IIII^c respondeur souffisant à paier au bot desdiz XV jours; et il a assuré lesdits conseillers et autres dessus nommez d'en faire paier à ceulx du plat païs leur part desdiz IIII^c escus.

Et oultre ont esté d'acors lesdits conseillers et autres dessus nommés que demain, qu'ilz seront à Roanne en plus grand nombre, ilz asseureront ceulx qui vouldront promptement prester lesdits IIII^c escus, et ledit mons. le bailli des autres IIII^c escus: lesqueuls VIII^c escus se leveront tout par emprunpt comme sur les deniers communs de ladite ville; et pluseurs du plat païs, tant du Montour[1] que d'aillieurs, ont accordé d'en paier leurs portions (fol. 69 v°).

— Le mardi, XXVIe d'octobre IIII^c XXVIII, à Saint-Albain[2], etc.

Ilz ont conclus que, nonobstant l'appointement d'ier, que mons. le Bailli aille faire vuider les gens d'armes avec les gentilz hommes et les communes du pays, et que l'on lui donne cent escus pour sa peine: lequel mons. le Bailli l'a refusé; et pour ce ilz ont appointié que l'on y envoyera cent compaignons de la ville de Lion, qui yront vers Chasey[3] à l'encontre desdits gens d'armes, avec les communes du plat pays, qui desja y sont; et donnera l'on à chacun desdits cent compaignons XXX s. t. pour une sepmaine (*Ibid.*).

— Le vendredi, XXIXe jour d'octobre, à Saint-Albain.

Présent mons. le Bailli et des segneurs tant de Chapitre que

[1] Le Mont-d'Or, canton de Limonest et de Neuville.
[2] Chapelle près de la maison de Roanne.
[3] Chazey-d'Azergue, entre Lyon et Anse.

des autres églises, plusieurs tant conseillers comme maistres des mestiers et autres notables gens en grant nombre, ont conclus que mieulx vault despendre l'argent à geeter les gens d'armes hors du pays à force d'autres gens d'armes et de communes, que leur donner ung denier par composition ne secors, pour les conséquences. Et ceulx des églises, excepté messire Chabert, ont conclus que mieulx les en vauldroit envoyer pour un peu d'argent que leur courir sus, attendu que, avant que l'on ait gens d'armes prests, ilz auront fait mains maulx, et aussi pour obvier à la tuerie qui y porroit estre, qui leur courra sus.

Sur quoy lesditz conseillers et autres de leur dicte opinion ont demandé instrument à Denis Becey à ce present, en soy ouffrans paier la cotte et portion de la ville des gaiges des gens d'armes et des communes, ou y envoyer de ceulx de la ville, à la valeur de leur dicte cotte. Lesqueulx gens d'église, ce ouy, ont esté de l'acors de la ville après avoir parlé premierement chacun à son chapitre, pourveu que chacun en paye sa cotte raisonnablement.

— Le dimenche, dernier jour d'octobre IIII^c XXVIII, à Saint-Jaqueme, après disner, etc...

La plus grant et saine partie des assemblé ont conclus que mons. le Bailli face vuider les gens d'armes estans en ce païs à la plus gracieuse somme qu'il pourra, et la ville lui baillera IIII^xx escus pour en faire en ceste matière son bon plesir; et que ce l'on signiffie au roy le plus brief que faire se pourra, à fin de descharge de la ville des aides du roy; et aussi que les gens d'église et nobles du pays contribuent à ce qui sera donné ausditz gens d'armes, attendu qu'ilz ont le plus des domaiges à cause de leurs terres, forteresses et subgiés. Et desditz IIII^xx escus ont passé le mandat sus Jehan Gontier (fol. 69 v°).

V

Lettre de la duchesse de Bourgogne au cardinal de Winchester, en faveur du sire de Bussy, prisonnier de Rodrigue de Villandrando. — Communiqué par M. Paul Meyer, d'après le manuscrit Ii, 6, 17, fol. 99, de la Bibliothèque de l'Université de Cambridge.

(13 septembre 1430.)

Très reverend père en Dieu, mon très chier et très amé oncle, très cordialement et humblement je me recomaunde tousjours a vous. Et vous plaise savoir que mon très redoubté seigneur et je semblablement escripvons presentement à monseigneur le roy en faveur de mon très chier et amé messire Guillaume de Visne, seigneur de Bussy, qui est, comme vous tieng bien sçavoir, de pièça prisonnier d'un capitaine du parti contraire, nommé Rodigue, lequel si l'a mis à très grosse finance et excessive raençon, laquelle, si lui convenoit paier, il seroit comme du tout destitué, destruit et desert. Et sur ce, mondit seigneur et moy touchons et ouvrons à mondit seigneur le roy certain convenable et raisonable moyen, dont porrez estre adcertenné, par lequel ledit seigneur de Bussy pourroit avoir bonne expedicion, ainsi que je desire, ou fait de sa dicte raençon. Si vous pry, mon très chier et très amé oncle, très affectueusement et de cuer, que au fait dessusdit il vous plaise tenir la main devers mondit seigneur le roy en temps convenable, et tant y faire, come j'ai en vous ma parfaicte fiance, que icellui puisse en temps convenable sortir plain effect. Et vous me ferés ung très grant et singulier plaisir, et dont me reputeray à vous estre grandement tenue. Et se chose vous plaise, signiffiez le moy pour l'acomplir très voulentiers et de bon cuer. Très révérend père en Dieu, mon très chier et très amé oncle, le benoit filz de Dieu vous ait en sa saincte garde et doint bonne vie et longue. Escript à Anvers, le XIIIe jour de septembre.

Vostre niepce la duchesse de Bourgoingne et de Braubant.

Sur l'adresse: Très reverend père en dieu, le cardinal d'Angleterre, mon très chier et très amé oncle.

Acte de donation de la seigneurie de Puzignan en Dauphiné, à Rodrigue de Villandrando. — Original en parchemin des Archives nationales, reg. P 1363, cote 1245.

(7 mars 1450/1.)

Charles, par la grace de Dieu roy de France, à tous présens et à venir salut. Comme nous aions entendu que Alaiz de Veyras, femme de Guillaume de la Balme, chevalier, lequel a soustenu et favorisé nostre adversaire de Bourgongne, ait, en soy demonstrant rebelle et desobéissant envers nous et favorisant nostre dit adversaire de Bourgongne et ceulx de son parti, mis et bouté ou chastel de Puseigné[1] en nostre Daulphiné, Loys de Chalon, chevalier, soy disant prince d'Orange, pour faire et porter guerre à nostredit Daulphiné; et pour ce, et aussi que ladite Alayz est demourant en l'obéissance de noz ennemis, soit ledit chastel de Puseigné, avecques toutes ses appartenances et toutes les autres terres, rentes et revenues, que ladite Alaiz a eu et peut avoir tant en nostre royaume que en nostredit Daulphiné, envers nous forfaites et confisquées, et dont à ceste cause en povons faire et disposer à nostre plaisir et voulenté : savoir faisons que, pour considéracion des grans, bons et agréables et profitables services que nostre bien amé escuier d'escurie, Rodrigue de Villandrando, nous a faiz, dès longtemps a, ou fait de noz guerres et autrement en plusieurs manières, et mesmement depuis ung an en çà ès marches de nostredit Daulphiné, à l'encontre dudit Loys de Chalon à nous rebelle et desobéissant, comme dit est; pour considéracion aussi de ce que nostredit escuier et ses gens ont gangné et prins d'assault ledit chastel sur les gens dudit Loys de Chalon : nous, à nostre dit escuier, en recongnoissance desdiz services et pour aucunement le recompenser des grans fraiz et despens que, à l'occasion de nostre dit service, lui a convenu, convient et conviendra faire et soustenir; actendu mesmement que, comme dit est, lui et sesdictes gens ont prins ledit chastel d'assault sur ledit de Chalon : avons donné, cédé, transporté et délaissé, donnons, cédons, transportons et délaissons de grâce espéciale par ces présentes ledit chastel et terre de Puseigné, avecques toutes les rentes et revenues audit chastel appartenant, et généralement toutes les autres terres, cens, rentes et revenues que ladicte Alaiz a et peut avoir en nostredit Daulphiné, pour, toutes les choses dessus dictes et chacune d'icelles avoir, tenir, joïr et user par ledit Rodrigue de Villandrando, ses hoirs et aians cause, ou temps à venir, et en faire et disposer à leur plaisir et voulenté, comme de leur propre chose à tous jours, jusques à la valeur et estimacion de trois cens livres tournois de rente, par chacun an et au dessoubz. Si donnons en mandement, etc.... Donné à Saumur, le vij^e^ jour de mars, l'an de grâce mil cccc et trente, et de nostre règne le neufiesme. *Ainsi signé :* Par le Roy Dauphin, Vous, le seigneur

[1] Le nom de ce lieu dans la bouche des habitants du pays est *Pusigneu* : il se disait en latin *Pusiniacum*, auquel Pusigné répond aussi bien que Pusigneu; mais il est difficile d'expliquer l'altération qui a déterminé la forme *Pusignan*, conservée depuis longtemps par les actes administratifs.

de la Trémoille, Christofle de Harecourt, les sires de Trèves et de Mortemar, et autres présens[1].

VII

Condamnation à l'amende, aux assises de la châtellenie de la Tour en Jarret (Forez), d'un homme coupable d'avoir dilapidé une garde-robe reprise sur les routiers de Rodrigue, qui avait été mise en séquestre entre ses mains. — Registre B. 1190, fol. 9, des Archives de la Loire. Communication de M. Charerondier, archiviste du département.

(20 février 143 $\frac{0}{1}$.)

Petrus Escofferii, de Sancto-Christoforo, gratis composuit ad quinque solidos turon. pro eo quia, sine licencia alicujus super hoc potestatem habentis, quandam vestem sibi sub manu domini nostri ducis per Johannem Tholio, servientem Forensem, traditam in custodia, que fuerat cujusdam mercatoris quem gentes armorum *de Rodigo* depredaverant, de eadem tradidit Petro Gogiardi sine licencia; quos solvere promictit per juramentum suum et sub obligacione omnium bonorum suorum. Cavit per Johannem *Tillez*. Datum die martis xx mensis febroarii, anno predicto [MIIII^c xxx].

VIII

Extrait du livre des délibérations des consuls du Bourg de Rodez. — Registre BB 5, fol. 140, des Archives communales de Rodez. Communication de M. Paul Durrieu.

(25 juillet 1431.)

Fon ordenat que, attendut que mossenhor lo comte de Pardiac era vengut en esta vila per far gitar del pays lo capitani Rodigo

[1] Deux autres pièces qui sont le complément de celle-ci se trouvent dans les Registres de la même série, P 1359^{2} cote 770, et P 1363^{2} cote 1215. La première, en date du 15 septembre 1431, est la sentence de confiscation sur Alice de Varax, prononcée par Raoul de Gaucourt d'après l'avis conforme du Conseil delphinal : « Quia nobis constat et apparet dictam dominam Alesiam infra castrum Pusigniaci, quod de feudo delphinali existit, plures Burgundos et alios de garnisione castri Anthonis adversarios et inimicos serenissimi principis, etc., intrare permisisse. » L'autre pièce est l'expédition des lettres royales par le même Raoul de Gaucourt, expédition délivrée à Lyon le 12 novembre 1431, à la poursuite d'un fondé de pouvoirs de Rodrigue : « Receptis per nos litteris exhibitisque per Johannem de Moudono, civem Lugdunensem, procuratorem legitimum et nomine procuratorio viri nobilis Rodrigui de Villandrando, scutifferi scuttifferie prefati domini nostri regis delfini. » C'est l'acte de mise en possession.

am sas gens, loqual donava grant dampnage à tot lo pays, fon de cocelh que à comu despens del borc et de la cieutat lhi ses tranes et presentat ij pipas de bon vi, et xx sestiers civada, et xij torchas, et viij libras coffimens, en supplican que lhi plassa aver per recomandada la vila et tot lo pays.

IX

Ordonnancement d'indemnité à l'occasion de la levée d'une aide accordée par les habitants des diocèses de Mâcon, Chalon et Autun, pour recouvrer les places occupées par Rodrigue de Villandrando et autres capitaines du parti français. — Original de la Chambre des comptes de Dijon, aux Archives de la Côte-d'Or, layette 159, liasse 1, cote 3151.

(15 novembre 1431.)

Philippe, par la grace de Dieu duc de Bourgoingne et de Lothier, de Brabant et de Lembourg, comte de Flandres, etc., à nostre amé et féal secretaire maistre Guillaume Bourrelier, receveur général d'ung aide de six mil frans à noz octroiez par les gens d'église, manans et habitans ès villes et terres roiaulx estans ès diocèses de Mascon, Chalon et Ostun, salut et dilection. Comme pour nous aidier à restituer d'une partie des frais que nous avons sostenus en une armée de par nous mise sus en noz païs de Bourgoigne, soubz la conduite de nostre cosin le prince d'Orenges en absence de nostre mareschal de Bourgoingne, environ Pasques charnelz darrain passé, à la très grand requeste tant de reverend père en dieu l'abbé de Clugny comme d'aucuns autres prelas, gens d'église, bourgeois, manans et habitans des villes estans en royaulté ès termes et meetes des diocèses et eslections de Mascon, Chalon et d'Ostun, pour la vuidange des places et forteresses de Mazilles, Chastel-soubs-Clugny, Senceney, Saint-Christofle et Pierreclox, lors détenues et occuppées par le bailli de Lion, Rodigue et autres ennemis de mons[r] le Roy, au bien de son povre peuple desdiz lieux et au cessement des maulx qu'ils en sostenoient, nous ayent esté par manière d'ayde promis, accordés et octroyez la somme de six mil frans, venans eus franchement en noz mains avec les frais nécessaires à la poursuite dudit octroy et du relièvement des deniers dicellui, tant en voyaiges, gaiges d'esleuz et receveurs et escriptures que autrement, ou fait dessusdit et ès dépendences; et il soit ainsin que nostre amé receveur de Mascon,

Anthoine Ailloud, ait par nostre ordonnance et de par nous esté mandé venir, et soit venus dès son hostel de Mascon à Saint-Gengoul devers le bailli dudit lieu et autres officiers royaulx pour le fait dudit ayde, auquel voyaige il a vacqué six jours entiers et continuels; ait aussi esté et soit ordonné et institué receveur particulier dudit ayde ou diocèse de Mascon, sens ce qu'il ait eu encoires à ceste couleur aucuns gaiges de nous ne autrement à cause que dit est : Pour ce est il que nous, ces choses considerées, vous mandons que des deniers ordonnés, assis et imposés pour lesdis frais, en oultre lesdits vi^m frans et sens diminucion d'iceulx, pour ce que franchement et sans decheance ils doivent venir en noz mains, vous paiez, bailliez et delivrez audit Anthoine Ailloud la somme de six vins six frans ; la quelle somme, en oultre les gaiges ordinaires qu'il prant de nous à cause de sondit office de receveur de Mascon, nous lui avons ordonné et tauxé, ordonnons et tauxons par ces présentes : c'est assavoir six frans pour sesdiz voiaiges, qui est ung franc par jour, et six vins frans pour ses gaiges de ladite recepte dudit ayde oudit diocèse de Mascon, parmy ce que, au regard desdis vi^xx frans, il sera tenu de cuillir et fere venir eus les deniers de sadite recepte à ses frais, pourter ou fere pourter à Dijon lesdits deniers, et fere tous autres frais touchant sa charge et les dependances, sens ce qu'il en puisse aucune autre chose demander. Et par rapportant ces presentes avec assercion dudit Anthoine d'avoir vacqué oudit voiaige lesdits vi jours, ladite somme de vi^xx vi fr. sera alouée en la despence de voz comptes, sur ce que dit est, par nos amez et féaulx les gens de noz comptes à Dijon, ausquelx nous mandons que ainsin le facent sens contredit ou difficulté, non obstant que de la déclaracion desdiz jours autrement n'appere, et quelxconques mandemens ou deffences contraires. Donné en nostre ville de Dijon, le xve jour de novembre, l'an de grace mil cccc trente et ung.

Par Monseigneur le Duc à la relacion du Conseil, ouquel estoient les gens des comptes à Dijon.

Signé T. Bouesseau. *Scellé du petit sceau.*

X

Extraits de l'ordonnance dressée pour la répartition des deniers votés par les États des pays de Haute et de Basse-Auvergne, réunis à Montferrand en janvier 1431/2. — Original en parchemin dans le ms. français 25911 de la Bibl. nationale.

(Événements de décembre 1431.)

Item seront tenuz (les receveurs) de paier la somme de IIIc livres tournois qui ont esté ordonnez à mons. le seneschal d'Auvergne, pour et en recompensacion des fraiz et despenses qu'il luy a convenu faire en deux voiages qu'il a esté, par l'ordonnance de Messeigneurs, par devers Rodigo de Villandrado, capitaine de certaines gens d'armes et de traict, pour traictier avec luy que luy ne les siens ne passassent parmy ledit pays, et n'y feissent dommaige; esquelz voiaiges mondit seigneur le seneschal a vacqué par l'espace de trois mois ou environ.

A Loys du Lac et Guillaume du Loir, escuiers, pour avoir esté, par l'ordonnance de Messeigneurs dudit pays devers Andrelin et Cappelle, cappitaines de gens d'armes et de traict, affin qu'ilz ne passassent ne dommaigassent ledit pays : à chacun c solz tournois.

A Poncet de la Roche, escuier, pour et en recompensacion d'ung sien cheval que les gens du dessusdit Rodigo luy ostèrent, en alant devers mondit seigneur le seneschal d'Auvergne, pour aucunes choses touchans le service dudit pays : xxv l. t.

A aucuns des hommes des parroisses et villaiges de Saint-Bonnet, Montpensier, Eiffiat, Denonne, Saint-Martin des Aloches, Cuin, Olhat et Saint-Clément, ou conté de Montpensier; lesquelz habitans ont esté naguères prins et emprisonnez par les gens du dessusdit Rodigo, à laquelle cause ilz ont heu de granz peines et dommaiges : pour eux aidier desdiz dommaiges, pertes et maulx, c l. tournois.

A Anthoine Saillans, escuier, bailly d'Alègre, pour ung cheval qui fut prins de luy à Ambert et donné audit Rodigo, luy et les siens estans oudit lieu d'Ambert logiés, affin qu'il eust ledit païs pour recommandé, et qu'il n'eust cause d'y faire dommaige : lx l. tournois.

A Girault Crespat, marchant de Clermont, en recompensacion

de certains voiages qu'il a faiz par l'ordonnance de Messeigneurs dudit païs, en la compaignie de mondit seigneur le seneschal et autrement, par devers le dessusdit Rodigo, affin de trouver appointement avec luy, pour qu'ilz vuidissent du pays, etc. : six vins l. t.

XI

Quittances des années 1431 et 1439 pour remboursements des emprunts contractés par la ville d'Ussel en Limousin à l'occasion de l'appatissement exigé par Rodrigue de Villandrando. — Pièces communiquées par M. Paul Huot, d'après les originaux des Archives communales d'Ussel.

(Événements de décembre 1431.)

1. In mei, notarii publici, presentia et testium infra scriptorum personaliter constitutus Stephanus *Charlat*, mercator ville Usselli [recognovit] quod, cum Johannes de Fraxino, Jacobus Destanha, Jacobus *Marlets* et Johannes Rotondi, tenerentur et essent [obligati] pro consulibus dicte ville ad solvendum dicto Stephano *Charlat* quaterviginti scuta auri veteris pro ipso tradendo [cuidam] capitaneo gentium armorum, Rotrico de Villa Andrado, cum quo quandam compositionem fecerat dicta villa ad finem ne dictam villam assalliret nec destrueret, prout de dicta obligatione latius constat per quoddam instrumentum publicum receptum per magistrum Guillelmum Esparverium, notarium publicum, sub data dici ultime mensis decembris anni Domini millesimi quadringentesimi tricesimi primi : hinc fuit et est quod dictus Stephanus *Charlat* confessus fuit habuisse et recepisse, tam per manum sapientium virorum Francisci de Pradinaco, notarii publici, et Johannis *Colonies*, Johannis Paulhiaci, Johannis de *Michal*, consulum anni presentis dicte ville, quam predecessorum consulum ejusdem ville, videlicet quaterviginti scuta, tam pro tallhia per ipsam debita pro parte sua dicte compositionis de Rotrico, quam in auro sibi tradito, ut asseruit. De qua summa quater viginti scutorum quictavit dictos consules, etc., etc. Actum in villa Usselli, die XIIII[a] mensis augusti, anno Domini M°CCCC°XXXVIII°.

2. In mei, notarii publici, testiumque infrascriptorum presentia existens et personaliter constituta Margarita, uxor quondam Petri de *Las Portas*, ville Usselli, que, cum dictus quondam Petrus mutuasset consulibus et habitantibus dicte ville Usselli quinqua-

ginta scuta auri veteris pro solvendo a Rodiguo de Villaindraldo, capitaneo gentium armorum, certam compositionem auri et argenti quam ipsi consules et habitantes fecerant cum ipso Rodiguo ad finem ne agrederetur dictam villam : hodie dicta Margarita confessa fuit habuisse et sibi deduxisse et deductam fuisse de hiis que poterat debere de suqueto vini per ipsam venditi, quindecim scuta auri veteris seu realia, et de talliis suis et dicti sui quondam mariti et Petri de Aquis, sui quondam nepotis, et per manum Johannis *Grelet*, usque ad summam triginta et sex scutorum, inclusis dictis quindecim scutis auri, ex computo facto per ipsam Margaritam cum sapientibus viris magistro Francisco de Pradinaco, notario publico, Johanne *Colonhies*, Johanne de *Michal* et Johanne *Pouilhat*, consulibus anni presentis dicte ville. De qua summa triginta et sex scutorum auri et septem solidorum dicta Margarita dictos consules et habitantes dicte ville et quoscunque alios, qui pro dicta summa quinquaginta scutorum auri sunt obligati dictis consulibus, pro se et pro tota communitate et habitantibus dicte ville et pro omnibus illis quorum interêst aut intererat, quictavit et absolvit, et de premissis concessit fieri presens me[illegible]le. Actum in dicta villa Usselli, in operatorio mei, notarii infrascripti, presentibus Johanne *Lafoz*, Johanne *Imgerd* et me, Guillelmo Esparverio, notario infrascripto, die XIX[a] mensis julii, anno Domini MCCCCXXXIII.

3. Nous, Charles, conte de Venthadour, savoir faisons à tous ceulx qui ces présentes verront et oiront que, comme les consoulz et habitans de nostre ville d'Ucel nous fussent tenus en la somme de cent escus d'or, par nous à eulx baillés et prestés à fere leur paiement pour la ransson de Rodiguo de Vilandrado, et en huict goubeaux dargent, et d'autre part en vingt et cinq escus, et en oultre en ung beringuier et en une aiguière d'argent poisant neuf marcs deux onsses et demie, et ausi en sexainte escus d'or ou royaulx, lesquelx nous estoient donnés sur la taille faicte et octroiée sur les habitans de ladicte ville et sur pluseurs parroisses, faicte pour paier ladicte ransson dudict Rodiguo, et aussi en la somme de cinq escus d'or pour l'œuvre de ladicte ville d'Ucel : Nous, au jour d'uy, date de ces présentes, confessons et recoignoissons avoyr heu et receu des consoulz et habitans de ladicte ville les sommes et parties cy dessus declarées, et nous en tenons pour bien contemps et payés desdictes sommes. Desquelles sommes et

chacune d'ycelles quictons pour nous et pour les hoirs nostres lesdicts consuls et habitans de ladicte ville d'Ucel en convenance de non plus demander d'ores en avant èsdicts habitans, à cause desdictes sommes enclus en ceste quictance, toutes autres sédules et quictances lesquelles nous pourrions avoir doné et octroyé des dictes sommes èsdicts habitans ou de aulcune d'ycelles; et voulons et consentons par ces presentes que toutes recognoissonces et obligatoires sur ce à nous octroyées par lesdicts habitans soyent de nulle valeur, et les anullons et cancellons. Mandons et commandons à maistre Fransset del Pradinatz de ladicte ville, nostre notaire, qu'il ayt à canceller les lectres obligatoires que sur ce pour nous a receues. Et en tesmoing de ces chouses et pour plus de fermeté, nous avons seellé ces présentes de nostre propre seel et signé de nostre propre main. Donné à Venthedor, le xxie jour du moys de may MCCCCXXXIII. *Signé :* VANTHADOURS[1].

XII

Lettres royales du don fait à Rodrigue de Villandrando de la terre et seigneurie de Talmont sur Gironde. — Original en parchemin des Archives nationales, P 1375, cote 2478.

(3 avril 143 $\frac{4}{5}$.)

Charles, par la grace de Dieu roy de France, savoir faisons à tous présens et à venir que nous, considerans les grans et notables services que nostre amé et féal escuier d'escuyerie Rodigo de Villedrando nous a faiz ou temps passé, tant ou fait de noz guerres comme en plusieurs diverses manières, fait chacun jour et esperons que ancor face ou temps avenir; considerans oultre les grans fraiz et despences que à l'occasion d'icelles lui a convenu su-

[1] M. Paul Huot a publié textuellement cette dernière pièce dans sa notice sur les Archives municipales d'Ussel (Ussel, 1856). Il a ajouté, d'après un inventaire de 1749, la notice d'un autre acte sur le même sujet, qui ne se retrouve plus dans les archives de la ville : « Expédition de certaines lettres patentes à moytié déchirées ou effacées et en datte de 1439, par lesquelles le roy Charles VII accorde aux consuls et habitans de la ville d'Ussel de pouvoir lever certains droits qui paroissent considérables, sur les marchandises et denrées. Il y a d'autres concessions bien intéressantes; mais il est impossible de les détailler parce qu'il y manque la plupart des mots. Suivant les apparences, elles avoient été faites à l'occasion de la fansson qui fut payée à Rodigon de Villendras, comte de Villedieu. Ces lettres furent enregistrées dans les greffes du sénéchal de Périgueux. »

porter et à ce que doresnavant il soit nostre homme et plus astraint à nous servir, et que plus honnorablement il le puisse faire et soustenir son estat : pour ces causes et autres à ce nous mouvans, nous, par délibéracion de nostre grant Conseil, audit Rodigo avons donné, cédé, transporté et delaissé, donnons, cédons, transportons et delaissons à tous jours, de grace especial, plaine puissance et auctorité royal, par ces présentes, pour lui et ses hoirs malles descendans de sa chair par vray mariage, la ville, chastel, terre et chastellenie de Talmont sur Gironde, ainsi qu'il se comporte, en nostre pays de Xantonge, avec toute justice haulte, moyenne et basse, et les rentes et revenus appartenans à ladicte ville, chastel et chastellenie et tous telz droiz et proffiz que nous avons et pouons avoir en ladicte terre et ès despendances et circonstances d'icelle, sauf et reservez à nous et noz successeurs les souveraineté et ressort devant nostre seneschal de Xantonge, pour les avoir, tenir, exploiter et en joir et user doresnavant par ledit Rodigo et ses hoirs malles à tousjours, parmy ce que ledit Rodigo et sesdiz hoirs seront et demourront à tous jours, à cause de ladite terre, noz hommes liges, et icelle terre tendront de nous et de noz successeurs à foy et hommage. Si donnons en mandement par ces présentes à noz amez et féaulx, gens de nostre Parlement et de noz Comptes et trésoriers, et à nostre amé et féal maistre Regnier de Bouligny, général conseiller sur le fait et gouvernement de toutes noz finances, à nostre seneschal de Xantonge et à tous noz autres justiciers, officiers et subgez présens et avenir, ou à leurs lieuxtenans et à chacun d'eulx, si comme à lui appartendra, que de nostre present don, octroy, cession et transport facent, seuffrent et laissent ledit Rodigo et ses hoirs malles joir et user plainement et paisiblement par la manière que dit est, sans lui faire ou donner, ou souffrir estre fait ou donné, aucun arrest, destourbier ou empeschement en quelque manière que ce soit; car ainsi nous plaist il estre fait, et sur ce imposons silence à nostre procureur et à tous autres qui contre la teneur de ces présentes vouldroyent faire ou donner aucun destourbier ou empeschement, non obstant quelconques droiz et constitucions par nous ou noz prédécesseurs faictes de non distribuer, transporter ou aliéner aucune chose de nostre domaine, et quelconques ordonnances, mandemens ou deffences à ce contraires. Et afin que ce soit ferme chose et estable, nous avons fait [mettre] nostre seel à ces présentes. Donné à Selles en Berry, le tiers jour d'avril, l'an de grace mil cccc trente et ung avant Pasques, et de nostre règne le dixiesme.

Sur le repli : Par le Roy en son grant Conseil ouquel Vous, le conte de Vendosme, l'évesque de Seez, les sires de le Bret et de la Tremoille, Christofle de Harecourt, le Maistre des arbalestriers, les sires de Gaucourt et de Trèves, maistre Regnier de Boullegny et Jehan Rabateau, et plusieurs autres estoient. *Signé*, Charrier.

Lecta Pictavis in camera Parlamenti, duodecima die aprilis, anno Domini quadringentesimo tricesimo primo. Signé, Blois.

XIII

Acte d'un emprunt de 2000 ducats d'or, contracté par le cardinal Carillo sur Rodrigue de Villandrando, comte de Ribadeo.— Vidimus sur parchemin de la chancellerie de Thiers, aux Archives nationales, P 1375[1], cote 2468.

(22 juillet 1432.)

Universis presentes litteras inspecturis et audituris Durandus de Barra, clericus tenens sigillum curie cancellarie Tiherni, in terra ejusdem loci Tiherni et dominio constitutum, salutem in Domino. Noveritis quod nos vidimus, legimus, tenuimus seu legi fecimus quasdam patentes litteras, sub manu Johannis Bessonis, clerici Viennensis diocesis, publici apostolica et imperiali ac civitatis Avinionis auctoritatibus notarii, confectas, non viciatas, non devolutas, non cancellatas, nec in aliqua sui parte corruptas, sed omni prorsus vicio et suspicione carentes, quarum tenor sequitur et est talis :

« In nomine Domini, amen. Anno a nativitate ejusdem millesimo quadringentesimo tricesimo secundo, indicione decima cum eodem anno sumpta, et die vicesima secunda mensis jullii, pontifficatus sanctissimi in Christo patris et domini nostri domini Eugenii, divina providentia pape quarti, anno secundo; in presencia mei, notarii publici, et testium subscriptorum, ad hec specialiter vocatorum et rogatorum, reverendi patres domini Alfonsus Carrillo, prothonotarius cedis appostolice, et Johannes Carrilho, archidiaconus Conchensis, ambo insimul et uterque ipsorum in solidum per se et suos heredes et imposterum successores quoscumque, bona fide et sine dolo ac fraude aliqua et absque omni excepcione et condicione juris dicti et facti tacita vel expressa, non cohacti, non decepti, non vi, non metu, nulla caliditate seu machinacione circumventi, sed gratis, scienter et sponte, nomine ac mandato reverendissimi in Christo patris et domini Alfoncii, cardinalis Sancti-Eustacii, ut dixerunt, confessi fuerunt in veritate, et ex eorum certa sciencia gratis et publice recognoverunt nobili et potenti viro Roderico de Vilandrando, committi de Rippaldo, licet absenti, me notario publico infrascripto, ut persona publica, ibidem presente, stipulante et recipiente, nomine et vice dicti nobilis Roderici, licet abhinc absentis, et per me eidem suisque heredibus et imposterum successoribus quibuscunque, se eidem nobili Roderico debere et ab eodem habuisse et recepisse per manus honorabilis viri Johannis de Jevasio, campsoris, habitatoris Avinionis, seu Johannis Sextoris, eciam campsoris, ejus nepotis et factoris, videlicet duo milia ducatos auri boni et legitimi ponderis, valoris cujuslibet viginti grossorum monete pape et regine usualium in Avinione, racione et ex causa veri, puri et amicabilis mutui, gracie et amoris, sic et taliter quod de dictis duobus milibus ducatis auri fuerunt ipsi domini debitores contenti omnino, et dictum creddilorem interposita stipulacione, ut supra, ac omnia bona sua et suorum predictorum mobilia et immobilia, presentia et futura, quictaverunt, liberaverunt penitus perpetuo et absolverunt; pactumque ipsum solempne et validum fecerunt ipsi debitores et uterque ipsorum in solidum de non petendo aliquid ulterius ab eodem creddilore, interposita stipulacione, ut supra, aut suis predictis, nec in bonis suis aut suorum predictorum, occasione dictorum duorum milium ducatorum auri in solidum vel in parte. Excepcioni vero dictorum duorum milium ducatorum auri, ex causa premissa, per eosdem debitores non habitorum et non receptorum, sibique per dictum creddilorem, seu dictos Johannem de Jevasio et Johannem Sextoris, ejus nomine, non traditorum, non numeratorum ac deliberatorum, ac spei future tradicionis, mutuacionis, deliberacionis eorumdem, et excepcioni non numerate pecunie ac errori calculi, et cuilibet alii excepcioni, ex pacto et ex eorum certa sciencia, renunciaverunt dicti debitores et uterque ipsorum in solidum penitus in premissis.

« Quos quidem duo milia ducatos, valoris et monete predictorum, convenerunt et promiserunt dicti domini Alfonsus Carrillo et Johannes Carrilho, debitores, et uterque ipsorum in solidum, per se et suos, ut supra, dicto nobili Roderico de Vilandrando creddilori, interposita stipulacione, ut supra, aut ejus certo procuratori vel nuncio speciali, aut cui seu quibus jura sua cesserit in hac parte, dare, tradere, solvere et integre satisfacere in pace et sine litigio et absque aliqua questione, Avinionis aut alibi, ubicunque locorum et terrarum requisiti fuerint seu conventi, seu alter ipsorum requisitus fuerit seu conventus, videlicet a prima die mensis augusti proxime futura in sex menses tunc proxime futuros, et hoc in ducatis auri aut in grossis pape et regine antedictis, juxta eleccionem dictorum debitorum, et non in aliis bonis eorum seu alterius ipsorum extimatis vel extimandis, non dando nec conferendo bona eorum seu alterius ipsorum aliqua in solutum; et non allegare seu opponere super contentis in hujusmodi instrumento, aut aliquo seu aliquibus eorum, solucionem universalem vel particularem dictorum duorum milium ducatorum auri, quietacionem seu deliberacionem, aut pactum de non petendo super hoc fore factam, nisi per hoc instrumentum eisdem debitoribus legitime restitutum, scissum et anullatum, aut per aliud instrumentum sufficiens finis, quietacionis aut pacti de non petendo, manu bone fame et noti tabellionis confectum; neque nullitatem instrumenti aut aliam quamcunque juris vel facti excepcionem, neque super hoc dillacionem seu remissionem extra locum ubi dictum debitum petitum fuerit, pro aliquibus probacionibus faciendis, nec aliqua alia petere in aliquo seu aliquibus contentorum in hujusmodi instrumento contraria aut per que contra premissa aut infrascripta, vel eorum aliqua, venire possint, aut in aliquo se juvare, dicere, opponere, vel allegare.

« Et nichilominus convenerunt et promiserunt dicti debitores et uterque ipsorum in solidum per se et suos, ut supra, eidem creddditori aut suis predictis, interposita stipulacione ut supra, reddere, restituere et integre referre omnia et singula dampna, gravamina, interesse et expensas, que, quod et quas, propter deffectum contentorum in hujusmodi instrumento, vel alicujus eorum, dictum credditorem vel suos predictos facere, pati vel sustinere contigerit, in judicio seu extra judicium, eundo vel redeundo, nuncium vel nuncios mictendo, licteras impetrando, salaria procuratoribus vel advocatis dando, aut alias quovismodo; et de quantitatibus dictorum dampnorum, gravaminum, interesse et expensarum, eidem credditori et suis predictis credere suo verbo simplici et suorum, sine sacramento et testibus, ac quolibet alio probacionis genere super hiis non exacto : quod verbum simplex,

casu predicto, pro vera et legitima probacione haberi voluerunt pariter et habebunt, ac equidem observare pariter et observabunt.
« Pro quibus quidem omnibus et singulis supra et infrascriptis sic tenendis, actendendis, complendis firmiter et inviolabiliter observandis supposuerunt, summiserunt, obligaverunt et yppothecaverunt dicti domini Alfonsus Carrillho et Johannes Carrillho [se] et utrumque ipsorum in solidum, ac omnia bona, res et jura eorum et utriusque ipsorum in solidum ac suorum predictorum, mobilia et immobilia, presentia et futura, juridictioni, vigori, compulcioni, cohercioni (*sic*) et mero examini curiarum Camere dicti domini nostri pape ejusque camerarii, auditoris ipsius, vicegerentis vel locumtenentis et commissarii ejusdem, ac curiarum spiritualis et temporalis civitatis Avinionis et domini marescalli dicti domini nostri pape ac romane curie, curiarumque parvi sigilli Montispessuli domini Francorum regis, Cabeoli domini Dalphini, camere regie racionum civitatis Aquensis et convencionum regiarum Nemosi, non obstante quod de illius foro non existant, earumque vicariorum, officialium, judicum, custodum et locatenentium eorundem; et per pactum expressum cujuslibet alterius curie ecclesiastice et secularis, in qua seu quibus presens publicum instrumentum ostendi contingerit seu produci, sic quod, una curia per dictum creddítorem aut suos predictos electa et judicio ap[er]to in illa, ad aliam vel alias nichilominus, ante litem contestatam et post, ire et redire possit, et habere recursum nullum suum neque suis propter electionem hujusmodi, prejudicium generando, juridicionem dictarum curiarum et cujuslibet ipsarum in se et in hoc casu prorogando, ita quod vigore presentis publici instrumenti et per solam ostencionem ejusdem possint et valeant dicti debitores et uterque ipsorum in solidum et sui predicti per dictas curias et quamlibet eorum, quam seu quas dictus creddítor et sui preheligerint, cogi, compelli et coherci, moneri, excommunicari, agravari, reagravari et ad brachium seculare poni, citari, pignorari, bonaque capta vendi, distrahi et plus offerentibus alienari, et alias conveniri et in judicium trahi, secundum vires, rigores, stilos et privilegia curiarum predictarum et cujuslibet ipsarum, usque ad integram satisfactionem et observantiam omnium et singulorum in presenti instrumento contentorum.

« Et ibidem incontinenti, absque aliquo intervallo, pro habundanciori et tuciori cautella, suffragio seu firmitate ipsius nobilis Roderici de Villandrando et suorum predictorum, prenominati dominus Alfonsus Carrilho et Johannes Carrilho, debitores, et uterque ipsorum in solidum, ex eorum certa sciencia et non per errorem fecerunt, constituerunt et solemniter ordinaverunt suos veros, certos, legitimos et indubitatos, ac irrevocabiles procuratores, actores, factores et nuncios speciales et generales, ita quod specialitas generalitati non deroguet nec e contra, videlicet venerabiles viros, dominos et magistros Hugonem Vincencii, Petrum Gailhardi, Philippum de Costeria, licenciatos in legibus, et Baudetum Boberii, jurisperitum, procuratores in Avinione necnon procuratores fiscales, clavarios et notarios curiarum predictarum et cujuslibet ipsarum, qui nunc sunt vel pro tempore fuerint, et alios procuratores per eumdem procuratorem nominandos, quorum nomina et cognomina hic haberi voluerunt pro sufficienter expressis, presentemque procuratorum constitucionem perinde valere ac si hic nominati forent, absentes tamquam presentes et quemlibet ipsorum in solidum, ita quod occuppantes condictis potiores non existant, sed quod per unum ipsorum inceptum fuerit, per alium seu alios eorumdem mediari valeat et finiri et ad effectum perduci, scilicet ad comparendum et se, procuratorio nomine dictorum debitorum, constituendum et utriusque ipsorum in solidum ac pro eis et utroque ipsorum in solidum representandum in judicio et extra, occasione contentorum in hujusmodi instrumento, vel alicujus eorum omni die et tempore, feriatis et non feriatis, ante tamen terminum faciende solucionis dicti debiti dictorum duorum milium ducatorum auri, in ipso termino, infra et post, tociens quociens et quando dicto credditori aut suis predictis, seu dictis procuratoribus aut ipsorum alteri placuerit, coram dictis dominis curiarum camere dicti domini nostri pape, camerario, auditore ipsius, vicegerente vel locumtenente et commissario tam presentibus quam futuris, ac coram quocunque et quibuscunque ipsorum ac generaliter coram quibuscunque aliis dominis, judicibus, vicariis, custodibus et officialibus ac locatenentibus eorumdem curiarum predictarum et cujuslibet ipsarum, predictorum dominorum et cujusvis ipsorum, et coram eis et quolibet ac quovis ipsorum in solidum, dictos debitores constituentes et utrumque ipsorum in solidum eidem credditori et suis predictis debere et legitime teneri solvere dictos duo milia ducatos auri, et ad solucionem hujusmodi teneri et esse efficaciter obligatos, modo et forma ac ex causis premissis, ac dampna, gravamina, interesse et expensas per eundem credditorem aut suos predictos propterea faciendas et sustinenda, ac eorum et earum quantitates ac omnia et singula in presenti instrumento contenta, semel et pluries, in judicio et extra judicium, in solidum vel in parte, confitendum et recognoscendum, ad concensum et utilitatem dicti credditoris et suorum predictorum, et perinde petendum, audiendum et recipiendum omne preceptum, monicionem, sentenciam, condempnacionem, censuram et mandatum, quod et quam prenominati domini camerarius, auditor. ipsius vicegerentes vel locumtenentes et commissarii ac alii domini judices, vicarii, officiales, custodes et officiarii ac eorum locatenentes et quivis ipsorum, prout requisiti fuerint ac facere et ferre voluerit seu voluerint contra eosdem debitores, constituentes, et utrumque ipsorum in solidum, suosque heredes et successores ac eorum bona pro dicto debito solvendo, dampnisque, gravaminibus, interesse et expensis restituendis, et ad acquiescendum sponte predictis, et ad summittendum et resummittendum se, de procuratorio nomine jam dicto et per se dictos debitores, constituentes, et utrumque ipsorum in solidum suosque heredes et successores ac eorum bona superius obligata et yppothecata pro predictis solvendis, tenendis, actendendis, complendis, firmiter et inviolabiliter observandis, juridictioni, rigori, compulcioni, cohercioni ac mero examini curiarum predictarum et cujuslibet ipsarum, predictorum dominorum et cujusvis eorum; et ad volendum et consenciendum expresse quod a tempore dictarum monicionis, precepti, sentencie, condempnacionis, censure et mandati et alias, quolibet tempore, ipsi domini camerarius auditor, ipsius vicegerens vel locumtenens et commissarius ac alii domini judices, vicarii, officiales et eorum locatenentes, excommunicationis sententiam seu sentencias semel et pluries promulgent et ferant, necnon tam ipsi quam alii quicunque domini judices, custodes et officiarii ac quivis eorum quoscunque alios processus reales et personales faciant et gerant contra eosdem debitores, constituentes et utrumque ipsorum in solidum, suosque heredes et successores, ac eorum bona predicta, quociens, quando, quomodo, qualiter et ubi voluerint et fuerit opportunum, si dicto credditori aut suis predictis non fuerit de dicto debito dampnisque, gravaminibus, interesse et expensis, juxta hujus instrumenti publici seriem seu tenorem, plenarie seu integre satisfactum; et demum ac generaliter ad omnia et singula alia faciendum, dicendum, procurandum et exercendum, volendum et consenciendum, que in premissis et circa ea fuerint necessaria, seu quomodolibet opportuna, eciamsi mandatum exigant magis speciale : dantes et concedentes dicti debitores, constituentes et uterque ipsorum in solidum dictis procuratoribus suis et cuilibet ipsorum in solidum, in premissis et quolibet premissorum, plenum, liberum et tam speciale quam generale mandatum cum plena, libera ac generali administracione. Et relevantes dicti debitores, constituentes et uterque ipsorum in solidum, dictos procuratores suos et quemlibet ipsorum in solidum ab omni onere satisdandi, convenerunt ac promiserunt dicti debitores, constituentes, et uterque ipsorum in solidum michi, notario publico intrascripto, ut persone publice, ibidem presenti, stipulanti et recipienti, nomine et vice omnium et singulorum quorum interest et interesse poterit quomodolibet in futurum, se ratum, gratum et firmum perpetuo habituros totum id et quidquid dicti procuratores sui aut ipsorum aliquis fecerint de predictis in premissis et quolibet premissorum, judicioque satisfacere et judicatum solvere cum suis clausulis universis, sub expressa yppotheca et obligacione predictis. Promiseruntque ipsi debitores, constituentes, et uterque ipsorum in solidum michi, notario publico infrascripto, stipulanti et recipienti ut supra, dictos procuratores suos aut ipsorum aliquem nullo casu seu tempore revocare nec revocari facere ; et si eos aut ipsorum aliquem revocari contingerit, revocacionem hujusmodi voluerunt aliqualiter non teneri, sed pro confirmacione haberi, presenti instrumento et contentis in eo in suo robore duraturis.

« Que premissa omnia et singula vera esse eaque cum effectu sic tenere, actendere, complere, firmiter et inviolabiliter observare, contraque seu contrarium in aliquo nunquam facere, dicere, opponere vel venire de jure nec de facto per se nec per aliam interpositam personam, aliqua racione vel causa, bona fide convenerunt et promiserunt dicti debitores et uterque ipsorum in solidum per se et suos, ut supra eidem creddītori, interposita stipulacione ut supra, et ad sancta Dei euvangelia, manibus eorum propriis corporaliter sponte tactis scripturis, juraverunt. Quod juramentum extendi voluerunt ad omnes et singulas clausulas ac omnia et singula cappitula in hujusmodi publico instrumento descriptas et descripta, ac pe inde intelligi et haberi ac si in qualibet dictarum clausularum et capitulorum juramentum hujusmodi expressum et specialiter prestitum atque factum seu repetitum ; sub quorum bone fidei, promissionis ac prestiti juramenti virtute et vi renunciaverunt dicti debitores et uterque ipsorum in solidum expresse per pactum, in premissis omnibus et singulis, juris et facti ignorancie ac excepcioni doli mali, metus et in factum, actioni et condicioni indebite et sine causa, et ob injustam vel turpem causam, et cuilibet alii excepcioni, peticioni ac oblacioni libelli et simplicis peticionis, atque transcripto hujus instrumenti publici seu ejus note per modum actorum aut alias quomodocumque; et viginti, quindecim, decem et quinque dierum dilacionibus, et judiciis messium et vindemiarum ac aliis quibuscumque, et quinquennali, temporali et perpetue dilacionibus; et juribus dicentibus ubi ceptum est judicium ibidem finiri debere, conventumque coram non suo judice posse forum declinare, et ante litem contestatam penitere et in contractibus de loco ad locum remissionem fieri non debere, confessionemque factam extra judicium non valere; et nove constitucioni de duobus vel pluribus reis debendi beneficio et juri cedendarum et dividendarum actionum; et epistole divi Adriani; et constitucioni Gregoriane, qua caveri dicitur ne debitum aliquod per procuratorem valeat confiteri, seu confessio per eum facta non valeat nec teneat, nisi prius debitor, si in Avinionis aut romana curia presens existat, ad hoc fieri videndum fuerit legitime citatus; impetracionique et contradicioni litterarum apostolicarum, imperialium et regalium, ac aliarum quarumcunque, in se graciam seu justiciam continencium; ac omni legum et canonum auxilio, subsidio et favori, ac juri donum revocandi, et impetracioni relaxacionis, et dispensacioni juramentorum prestitorum et prestandorum, ac nullitati processuum et sentenciarum; et beneficio appellacionis, reclamassionis, recursus, opposicionis et contradicionis cujuslibet; et demum omni alii juri canonico et civili, divino et humano, novo et veteri, usui, mori et consuetudini, ac statutis omnibusque previlegiis, litteris, gratiis, rescriptis, libertatibus et franquesiis papalibus, imperialibus et regiis, impetratis et impetrandis ac concessis et concedendis, quibus mediantibus contra premissa vel premissorum aliqua venire possint, aut in aliquo se juvare, deffendere seu tueri; et specialiter juri dicenti generalem renunciacionem non valere, nisi precesserit specialis. Quin ymo voluerunt et expresse concesserunt ipsi debitores et uterque ipsorum in solidum, quod hec presens generalis renunciacio perinde valeat et teneat, adeoque sit efficax et valida, ac si omnes et singule renunciaciones tam juris quam facti, de quibus expressam hic oporteret facere mencionem, essent ibidem inserte singulariter et descripte.

« De quibus omnibus et singulis supradictis dicti debitores et uterque ipsorum in solidum pecierunt ac fieri voluerunt et concesserunt eidem creddditori, interposita stipulacione ut supra, unum et plura, publicum et publica instrumentum fieri et instrumenta, per me, notarium publicum infrascriptum, quod et que possint et valeant dictari, corrigi, reffici, meliorari et emendari, semel et pluries, producta in judicio vel non producta, ad dictamen, consilium, correctionem et intellectum cujuslibet sapientis, facti tamen principali substantia in aliquo non mutata.

« Acta fuerunt hec Avinione, in palacio apostolico, in camera ipsius domini prothonotarii. Testes presentes interfuerunt discreti viri : Stephanus Achardi de Gratinopoli, campsor, habitans Avinionis; nobilis Petrus Fernandi, emptor dicti domini cardinalis Sancti-Eustachii, et Nicholaus Tepe, campsor loci de Romanis, Viennensis diocesis, habitantes Avinionis.

« Sic signatum in margine, J. Bessonis.

In quorum quidem visionis et lecture dictarum litterarum fidem, robur et testimonium premissorum, hiis presentibus litteris dictum sigillum quod tenemus, duximus apponendum. Actum et datum die vicesima tercia mensis augusti, anno Domini Mmo CCCCmo tricesimo quinto.

Facta est collectio cum originali. *Signé* P. Guaritonis.

XIV

Rémission accordée en 1446 à un homme d'armes de la compagnie de Rodrigue de Villandrando compromis dans la détrousse de l'abbé de Pontlevoy, lors de la marche des routiers sur Lagni. — Registre JJ 176 du Trésor des chartes, pièce 135, aux Archives nationales.

(Événement du mois de juillet 1432.)

Charles, par la grace de Dieu, roy de France, savoir faisons à tous présens et advenir nous avoir receue l'umble supplicacion de Martin, bastard de Misery, escuier, natif du païs de Berry, contenant que, dès quinze ou seize ans a ou environ, ledit suppliant nous a continuellement servy ou fait de noz guerres soubz et en la compaignie de Rodigo de Villandras, lors capitaine de gens d'armes en nostre royaume, jusques à ce qu'il s'en ala en Espaigne, et depuis en la compaignie de feu Guy, en son vivant bastard de Bourbon, et jusques à son trespas, en la compaignie desquelx ledit suppliant s'est emploié en nostre service et [a] souventes foiz mis sa personne en dangier et péril de mort, en exposant son corps en nostre dit service à l'encontre des Anglois noz anciens annemis, et pour le fait de la chose publique de nostredit royaume, et s'est trouvé en plusieurs courses, rançons, et autres bonnes besongnes et entreprises qui ont esté faictes sur nosditz ennemis, et aussi en plusieurs sièges qui ont esté tenuz de par nous devant plusieurs places occupées par nosditz ennemis, mesmement ès sièges d'Avreuches et de Meaulx, que détenoient nosditz ennemis, et aussi à lever les sièges que lesditz Anglois tindrent devant nostre ville et place de Leigny; pendans lesquelz sièges, icellui suppliant fut et demoura avecques autres, pour le rafraichissement de ceulx qui estoient de par nous en ladicte place, et durant ledit siège, y endura plusieurs mésièses jusques à ce que ledit siège fut levé, et s'est trouvé en plusieurs autres voiages et armées qui semblablement ont esté faictes de par nous; durant lequel temps il est plusieurs foiz alé et venu par les païs et tenu les champs en la compaignie des dessus ditz, et sur noz gens et subgiez, tant gens d'église, nobles, marchans, laboureurs que autres, a prins, pillé, robé et raençonné, et avecques ce a fait et commis, et esté présent et consentant de faire et commectre plusieurs autres pilleries, roberies, destrousses, excez et déliz que faisoient lors nosditz gens de guerre tenans les champs; et soit ainsi que après le décès dudit feu bastard de Bourbon, qui fut l'an mil IIII^cXLI, ledit suppliant se soit retraict et marié en la ville de Gannat ou païs de Bourbonnois, où il s'est depuis tenu et tient encores, vivant du sien au mieulx qu'il puet, sans mal faire à nully; mais ce non obstant, pour ce que on scet qu'il est marié et retraict audit lieu et qu'il vit bien et honnestement de ce peu qu'il a, aucuns l'ont fait adjourner pour occasion desdictes choses avenues durant le temps dessus dit, et mesmement l'abbé de Pontlevay, prétendant contre vérité que, du temps que ledit de Villandras aloit lever ledit siège de Laigny, il fut destroussé et rançoné par les gens dudit Roudigues en passant leur chemin, et que ledit suppliant estoit en la compaignie de ceulx qui ainsi le destroussèrent et raençonnèrent: de laquelle chose il n'est à présent recors, pour ce qu'il puet avoir seze ans ou environ; et doubte que, aux causes dessus dictes, ledit abbé et autres vueillent contre lui rigoureusement procéder par justice ou autrement, et qu'il ne se ose[roit] bonnement jamais tenir seurement au païs, se noz grace et miséricorde ne lui estoient sur ce imparties; humblement requérant, que, actendu les services par lui à nous faiz, où il a emploié corps et chevance et le temps de sa jounesse; aussi que, le temps passé, toutes gens de guerre tenans les champs faisoient les maulx dessus ditz, et n'eust peu ledit suppliant vivre ne soy entretenir sur les champs, veu que luy ne autres n'estoient point souldoiez; et que depuis qu'il s'est ainsi retraict et marié, comme dit est, il n'a fait aucun mal; aussi que nous avons donné abolucion générale à tous nos ditz gens de guerre des maulx et choses par eulx faictes et con mises par avant noz ordonnances par nous faictes sur le fait et entretenement de noz gens de guerre : il nous plaise lui pardonner et abolir les choses dessus dites, et sur ce lui impartir nostre grace. Pourquoy nous, ces choses considérées et mesmement lesditz services par lui faiz, voulant aucunement iceulx recognoistre envers ledit suppliant et, en faveur d'iceulx, miséricorde estre en ceste partie preférée à rigueur de justice, audit Martin bastard de Misery, suppliant, avons, pour ces raisons et autres à ce nous mouvans, quicté, remis, pardonné et aboly, et par la teneur de ces présentes de grace espécial, plaine puissance et auctorité royal, quictons, remectons, pardonnons et abolissons tous les faiz et cas devant diz, avecques toutes les pilleries roberies, destrousses, courses, larrecins, excès, crimes, maléfices et déliz, qu'il a faiz, consentiz ou esté présent à faire soubz umbre et à l'occasion de la guerre, de tout le temps passé jusques à présent, en quelque manière qu'ilz aient esté par lui faiz et commis, et tout ainsi que s'ilz estoient chascun particulièrement spécifiez et déclarez en ces dictes présentes, avecques toute peine, offense, amende corporelle, criminelle et civille, en quoy il pourroit pour occasion de ce que dit est estre encouru envers nous et justice; et voulons lesdites choses et chascune d'icelles estre dictes, censées et repputées comme non dictes, faictes ou avenues; et l'avons remis et restitué, remectons et restituons à ses bonne fame et renommée, au païs et à ses biens non confisquez, en mectant au néant par ces dictes présentes tous procès, adjournemens, appeaulx, ban et autres exploiz, s'aucuns en sont pour ce ensuiz et encommanciez, sans ce que aucune chose lui en soit ou puist estre imputée ou demandée ores ne ou temps advenir, à requeste de partie ne autrement, pour quelque cause ne en quelque manière que ce soit, réservé seulement meurtre d'aguet appensé, ravissement et violence de femmes, boutemens de feuz et sacrelège. Et quant à ce, imposons scilence perpétuel à nostre procureur et à tous autres. Sy donnons en mandement par ces mesmes présentes au bailli de Saint-Pierre le Moustier, etc., etc. Donné à Rasilly-lez-Chinon, ou mois de juillet l'an de grâce mil cccc xlvi, et de nostre règne le xxiiij^e^. *Ainsi signées* : Par le Roy, le conte de Foix, Vous, les sires de la Vareune et de Précigny, et autres présens. De la Loère. *Visa. Contentor.* J. Du Ban.

XV

Récit déguisé de la détrousse des Ponts-de-Cé dans le Roman du Jouvencel. — Mss. fr. de la Bibliothèque nationale n°s 192, fol. 269, et 24381, f. 155.

(Septembre 1432.)

Le Jeuvencel s'en part, et print congié du roy Amydas, son père, et de toute la compaignie, avecques ung nombre de gens pour chevauchier devant, ainsi que requis avoit, par une manière d'avant garde, et le roy Amydas après; et tant chemina par ses petiz, qu'il arriva à une ville tenant leur party, assez près de là où estoit ce cappitaine.

Et ainsi qu'il fut arrivé à la ville, ne voullut point se donner de séjour, affin que ce cappitaine ne peust estre advisé de sa puissance. Il arriva de nuit à la ville : par quoy les ennemiz ne peurent avoir congnoissance du nombre qu'il pouoit avoir.

Et au matin, dès ce que le jour apparut, il ouyt messe et saillit aux champs. Et pour ce que le cappitaine estoit estrangier, il envoya ung poursuivant le sommer et requerir de vuyder le pays du roy Amydas, et qu'il luy feroit bailler passaige pour s'en aller en son pays. Et il respondit qu'il n'estoit pas venu pour cela faire, et que dedans xv jours il assembleroit son conseil et qu'il en parleroit. Et fut sa response, qui estoit par une manière de mocquerie.

Le Jeuvencel, qui marchoit tousjours aprez le poursuivant sur les champs, oyt la response dudit poursuivant telle comme avez ouye; sur quoy le Jeuvencel conclud et delibera de le aller combattre. Et ainsi qu'il arriva au logeis du cappitaine, il le vit avecques ses gens d'armes en une rue du logeis, et touz ses gens armez à cheval, la lance sur la cuisse, et devant eulx une grant barrière bien espesse, faicte de charrettes liées les unes avecques les autres.

Et le Jeuvencel se tourna et dist à ses gens : « Seigneurs, véez vous bien ces gens là? Il me semble que nous n'avons garde d'eulx, car ceste barrière est entre eulx et nous. Or sus, tost à pied! » Le Jeuvencel n'avoit pas si grant nombre de gens que ce cappitaine avoit, mais il avoit meilleur traict, et pour ce voulut bien estre à pié. Il marcha lui et tous ses gens droit à celle barrière; et en marchant il disait tousjours : « Ilz sont nostres; ilz ne voleront pas par dessus la barrière pour venir à nous. »

Ainsi marcha le Jeuvencel à pied lui et tous ses gens, fors ung petit tropelet de gens à cheval qu'il mist à part, pour leur donner par darrière aucune affaire, ou par costé. Et quant il fut à celle barrière, il la gaingna et vint chargier de traict et de poux de lance parmy ces gens qui estoient en celle rue. Ung estant à cheval avoit d'une fleische par la teste, et son cheval une par le flanc, et ruoit, et faisoit perdre la lance à son maistre. Les hommes d'armes à cheval ne pouoient donner dedans les archiers pour ce qu'ilz ne pouoient passer oultre les barrières; et se gens de cheval donnent dedans gens de pié, et ilz n'ont point d'issue, ilz font leur dommaige.

Et pour ce est-ce forte chose que gens de cheval se puissent bien aider en rue ne en chemin estroit, et doibvent querir le large à leur pouoir. J'ay ouy dire que à Jannes, à la desconfiture que fist Mgr de Calabre sur messire Perrin, les gens de pied servirent bien, pour les rues estroictes qui y estoient[1].

Et pour vous dire la conclusion de ceste besoigne, le Jeuvencel desconfit ce cappitaine accompaigné de six cens lances, et le Jeuvencel n'en avoit que cent et huit et trois cens archiers. La desconfiture de ce cappitaine fut en partie pour la barrière qu'il avoit faicte devant luy; car gens de cheval ne doivent mettre ne barrière, ne fossez, ne nulle fortification devant eulx, pour ce que la fureur des chevaulx rompt les gens, et se font faire place; et pour ce ne doivent querir que le large.

[1] L'auteur veut parler du combat que les Français, sous le commandement de Jean d'Anjou, soutinrent dans les rues de Gênes, pendant la nuit du 11 au 15 septembre 1459, contre Pierre Fregose et ses partisans.

XVI

Extraits, relatifs à Rodrigue de Villandrando, du Commentaire composé sur le Jouvencel par Guillaume Tringant, secrétaire de Jean de Beuil. — Ms. fr. de la bibliothèque de l'Arsenal, n° 3059, signalé par M. Camille Favre.

Il y eut ung grant cappitaine nommé Rodigues, conte de Rybegieux, d'Espaigne, qui vint loger au Pont-de-Sel à tout six cens hommes d'armes et leur sequelle; lequel courut devant Angiers et recouvrit tout le pays. Et demandoit à la royne Yolant et monseigneur Charles d'Anjou, son filz, grant somme de deniers; lesquelz dame et seigneur mandèrent querir le sire de Bueil (ce qu'ilz faisoient à toutes les neccessitez et affaires) qu'il vint devers eulx. Ce qu'il fist; et combatit ledict conte de Rybegieux, qui est le cappitaine estrangier que vous troverez escript ou Jouvencel. Et n'avoit que cent huit lances et troys cens archiers. Et morut en la besougne le frère dudict conte de Ribegieux.

. . . .

Or retournons à parler de Rodigues. Aucuns ne furent pas content de la destrousse dudict Rodigues conte de Ribedyeux, estant en auctorité autour du Roy, et envoyèrent Poncet de Rivière et Lyonnet, cappitaines de gens d'armes, courre à Myrebeau pourceque le Jouvencel le tenoit, et là prindrent buefz, vaches, mulles et tout ce qu'ilz purent en revanche de la destrousse de Rodigues. Ilz estoient grant compaignie et trois foys plus que n'estoit le Jouvencel qui estoit dans la ville de Myrebeau. Et pour ce faillut qu'il leur laissast faire ce jour à leur plaisir; mais au lendemain, fut au point du jour à leur lever et récouyt toute leur proye à Ucières près la Haye en Thoraine, et emporta leurs enseignes et estandartz de ceulx qui les y avoient.

XVII

Extraits du registre des comptes de la ville de Tours, n° 25, et du registre des délibérations du corps municipal de la même ville pour l'année 1432, concernant les démarches de Rodrigue de Villandrando après la détrousse des Ponts-de-Cé. — Archives communales de Tours.

(Octobre 1432.)

1° A Michelet le Marié, chevaucheur d'escuerie du roy nostre sire, paié par mandement desditz esleuz donné le xve jour d'octobre, l'an mil IIII^c XXXII, cy rendu avec quictance sur ce, la somme de VI livres tournois pour sa peine, salaire et despens de luy et de son cheval, de vj jours qu'il a vacqué à aller, venir et séjourner de la ville d'Amboise jusques à la Haye en Touraine où le roy nostre dit seigneur l'a envoyé, à la requeste des gens de ladicte ville, devers Rodigo de Villeandrado, conte de Ribedieu en Espaigne et cappitaine de très grant compaignie de gens d'armes, porter lettres closes de par le roy nostre dit seigneur, par lesquelles il luy rescripvoit qu'il ne demandast aucune chose aux gens de ladicte ville de Tours d'ung courcier qu'il leur avoit demandé ou fait demander à doner pour lui aider à remonter, pour se remettre sus de la destrousse qu'il disoit lui avoir esté faicte ou païs d'Anjou.

A honnorable homme maistre Jehan Farineau, paié par mandement desdiz esleuz, donné le derrenier jour d'octobre, etc., la somme de VI livres t. pour troys journées de lui deuxiesme à cheval, qu'il a vacqué en ce present moys à aller, venir et séjourner de ceste ville à Amboise, où il a esté envoyé par deliberacion et ordonnance des gens d'église, bourgoys et habitans de ladicte ville devers le roy, nostre sire, pour lui supplier et requerir qu'il lui pleust d'escripre et mander à Rodigo de Villeandrado, etc., qu'il laissast en paix lesdictz gens d'église, bourgoys et habitans, d'ung courcier qu'il leur demandoit pour lui aider à remonter, pour ce que, ou païs d'Anjou, il disoit avoir esté destroussé.

A honnorables hommes maistre Martin Berruier, chanoyne des deux églises de Tours, et Jehan Farineau, bourgoys d'icelle ville, la somme de XVI l. tournois pour leurs voyages d'estre allez à Amboise par l'ordonnance des gens d'église, etc., devers le roy, nostre sire, qui estoit audit lieu d'Amboise, pour lui remonstrer les grans et innumérables maulx et dommages que font chascun jour les gens d'armes et de trait estans de la compaignie de Rodigo de Villendrado, leur cappitaine, qui sont logiés environ ladicte ville de Tours, oultre la rivière de Loyre, et prennent gens à très grosse rançon, gastent les blez, destorent les vignes estans prestes à vandangier, et autres maulx innumérables; et aussi lui requerir et supplier que les monstres des gens d'armes ne fassent point près de ladicte ville, ne que leur passage ne fust point par icelle; lesquelx ont tant fait que le roy, nostre dit seigneur, promist tant qu'il envoyroit le seigneur de la Borde devers ledit

Rodigo pour le faire deslogier, et qu'il n'i auroit nulles monstres de près la dicte ville. Et avecques ce ont obtenu lettres du roy, nostre dit seigneur, par lesquelles il est mandé aux gens de ladicte ville qu'il ne laissent entrer nulles gens d'armes plus fors que eulx en ladicte ville de Tours, excepté ledit seigneur et monseigneur le Daulphin. Et oudit voyage ont esté lesdiz maistres Martin Berruier et Jehan Farineau chascun IIII jours, et leur a esté tauxé à chacun d'eulx XL s. par jour, qui valent la somme de XVI l. t. à eulx paiée par mandement donné le derrier jour d'octobre, l'an mil CCCC XXXII.

2. — Le XVJe jour du dit mois (de novembre), assemblez les esleuz de par et en présence de monseigneur le Bailli (le sire de Cussé).

Ledit mons. le Bailli a dit qu'il a bien sceu les oultraiges et oppressions que plusieurs cappitaines, comme Rodigues et autres plusieurs, qui ont esté logez environ ceste ville, depuis que derrenier se partit de ceste ville de Tours, ont faiz à la ditte ville et au pays, et desquelles choses il est très déplaisant, et voulentiers y eust donné toute la meilleure provision qu'il eust pu; mais obstant l'occupation du mariage de madamoiselle, fille de madame sa femme, avec Loys de Bueil, mesme aussi que mons. Charles d'Anjou l'a retenu pour le fait du débat de Rodigues, il n'y a peu aller et n'a peu avoir congé dudit mons. Charles.

En tout ce qui touche à cest article, il a esté remercié par les gens d'église et de la ville de la bonne amour et affection qu'il dit avoir à la ville et au pays.

XVIII

Obligation par le chancelier de la Marche de rembourser Rodrigue de Villandrando d'une somme de deux cents écus d'or prêtée aux seigneurs de Saint-Sébastien père et fils. — Copie authentique des Archives nationales, P 1378², cote 3105.

(2 janvier 143 ⅔.)

Nos Marcialis *Bryal*, in legibus licenciatus, custos sigilli auctentici domini nostri Francie regis in baylivia Lemovici constituti, notum facimus universis quod coram fideli commissario nostro dictique sigilli jurato subscripto, ad hoc depputato, per-

similiter constitutus nobilis vir Johannes Bartonis de Garatto, cancellarius comitatus Marchie, gratis et scienter et ex sua certa sciencia et spontanea voluntate recognovit et publice confessus fuit se debere bene et legitime et solvere teneri nobili et potenti viro Rodigono de *Villandran*, domicello, comiti de *Ribedieu*, consiliario et cambellano domini nostri regis, licet absenti, sed nobili viro Johanne *d'Albin*, domicello, ejus procuratore, ut ibidem asseruit, et nomine procuratorio ipsius et pro ipso acceptante et sollempniter stipulante, videlicet ducenta scuta auri de sexaginta quatuor ad marchum, nomine et causa nobilium virorum Perrelli de Sancto-Sebastiano, domicelli, et domini Jacobi de Sancto-Sebastiano, militis, ejus filii, qui supradicta summa tenebantur et erant obligati pro dicto domino comite de *Ribedieu*, prout dicte partes, quibus supra nominibus, ibidem dixerunt; que quidem ducenta scuta auri predictus Johannes Barthonis solvere et tradere promisit predicto domino comiti aut Johanni de *Jonnas*, mercatori ville Avinionis, nomine ipsius et pro ipso, conducta et apportata ad hospicium sive domum habitacionis predicti Johannis de *Jonnas* in predicta villa Avinionis, infra festum Omnium Sanctorum proximum futurum, sibique emendare, solvere et reffundere ac eciam ressarcire omnia dampna, interesse et expensas, que et quas dictus creditor faceret et sustineret ob culpam, moram seu deffectum solucionis predicte et aliorum premissorum complementi, ad simplex juramentum ipsius creditoris absque alia probacione quacumque, non obstante jure dicente aliquem judicem, testem vel arbitrum jure seu causa sua esse non posse. Cui juri dictus debitor [renunciavit et] omni exepcioni doli mali, fori, loci, in factum accioni, condicioni indebitis et sine causa, omni usui, consuetudini et statuto, et juri per quod deceptis et lezis aut aliis quomodolibet subvenitur, necnon et omnibus aliis et singulis exepcionibus, accionibus, obligacionibus et deffensis juris et facti, que contra tenorem presencium litterarum possent obici sive dici, et per quas contenta in presentibus litteris in toto vel in parte impediri possent quomodolibet vel infringi, et legi dicenti generalem renunciacionem non valere nisi exprimitur in contractu. Promittens dictus debitor se contra contenta in presentibus litteris vel eorum aliquod aliquid non proponere, allegare, facere, dicere quomodolibet, nec venire per se nec per alium, clam, palam, tacite nec expresse, nec dare alicui alteri occasionem sive causam in contrarium veniendi; ab ipso debitore super hoc prestito ad sancta Dei euvangelia, libro tacto corporaliter, juramento. Et pro premissis tenendis, observandis et complendis, obligavit dictus Johannes Barthonis predicto domino comiti, pro ipso stipulanti quo supra, se ac heredes et successores suos, et omnia singulaque bona sua mobilia et immobilia, presencia et futura quecunque; et ad observanciam omnium et singulorum premissorum voluit dictus Johannes Barthonis, debitor, se ac heredes et successores suos cogi et compelli per nos et successores nostros, et per custodem seu judicem parvi sigilli Montispesullani et per alias gentes, servientes et allocatos dicti domini nostri Francie regis, per sazinam, capcionem, vendicionem et distracionem rerum et bonorum suorum quorumcunque et per quodlibet ipsorum in solidum, in totum et divisim, semel et pluries, tociens quociens opus erit. Ad quorum premissorum observanciam fuit dictus Johannes Barthonis, debitor presens, volens, consenciens, predicto Johanne *d'Albin*, nomine et procuracione quo supra, instante, petente et quo supra nomine solemniter stipulante, judicio curie dicti sigilli regii condempnatus per Guilhelmum de Quadrumo, clericum, fidelem commissarium nostrum dictique sigilli juratum, suscriptum; coram quo premissa acta et per eum, loco nostri, recepta fuerunt, ut nobis fideliter retulit; cui super hiis legitime commisimus vices nostras, et cujus relacioni nos fidem plenariam adhibemus et premissa laudamus et approbamus, perinde ac si acta essent in judicio presencialiter coram nobis. Sigillum predictum auctenticum regium in dicta Lemovicensi baylivia constitutum, in premissorum fidem et testimonium litteris presentibus duximus apponendum. Datum et actum, presentibus venerabilibus et religiosis viris, fratre Philippo Billionis, priore de Grangia, et dilecto in Christo domino Petro Simonis de Sancto-Siphoriano, presbitero, Lemovicensis diocesis, testibus ad premissa vocatis, die II[a] mensis januarii, anno Domini mil[o] cccc[o] tricesimo secundo.

XIX

Promesse donnée par Rodrigue de Villandrando au vicomte de Turenne d'être son ami et de le servir envers et contre tous, cinq personnes réservées. — Original en parchemin des Archives nationales, K 63, n° 22, scellé d'un sceau en cire rouge.

(17 janvier 143 $\frac{2}{3}$.)

Je Rodiguo de Villadrando, conte de Ribedieux et cappitaine de gens d'armes et de traict pour le roy, nostre sire, ay juré aux saincts Dieu evangeles, et si ay promis et promect, sur la foy et serment de mon corps et sur mon honneur et la diffamacion de mes armes, que je seray dorenavant bon, vray, loyal amy, allié et bien vueillant de Mgr. le conte de Beaufort, viconte de Turenne et de Valerne et seigneur de Lymueille; et ly secourray et ayderay envers touz et contre touz, excepté le Roy, Messeigneurs les contes de Clermont, d'Armeignac et Mgr. de la Tremoille et Mgr. de Saincte-Sevère mareschal de France; et avecques ce, son bien et honneur ly garderay, son mal et dommage et deshonneur ly enverray et ly feray assavoir à mon pouoir. Et toutes les choses dessusdictes promect et jure, comme dessus, tenir et acomplir sans fraud, baras et mal engin, de poinct en poinct, non obstans quelxconques promesses et alyences faictes le temps passé. En tesmoing de ce, j'ay signé ces presentes de mon seing manuel et fait sceeler du seel de mes armes, ce xvij[e] jour de janvier, l'an mil cccc trente et deux.

Signé Rodrigo de Villaandrando.

XX

Allocation pour un message secret du comte de Foix au comte de Pardiac lors d'une menace d'agression des compagnies de Rodrigue de Villandrando contre le Languedoc. — Original en parchemin du Cabinet des titres de la Bibl. nat., dossier *Foix*, n° 73. Communication de M. Flourac.

(22 février 143 $\frac{2}{3}$.)

Guillaume, évesque et duc de Laon, per de France, president de la Chambre des comptes du roy, nostre sire, et general conseillier ordonné par le dit seigneur sur le fait et gouvernement de toutes ses finances ou pays de Languedoc, à Jehan d'Estampes, tresorier de la seneschaucée de Beaucaire et de Nymes ou à son lieutenant, salut. Comme pour resister à la venue, force, male voulenté et entencion de Rodigo et de plusieurs routiers, pillars et autres gens de compaignie, ses aliez et complices, lesquelz se efforcent et vantent d'entrer oudit pays de Languedoc, pour ledit pays rober, piller et destruire à leur pouoir, Jehan de Masdisili, escuier, soit alé partant de Masières par l'ordonnance et gouvernement de mons. le conte de Foix, lieutenant general du roy nostredit seigneur ès pays de Languedoc et duchié de Guyenne, ou pays de Carladès, devers mons. le conte de Perdryac, lui porter certainnes lettres closes de mondit seigneur le conte et lieutenant, faisans mencion de ce que dit est, et contenant plusieurs autres choses secrètes touchans grandement le bien, honneur et conservacion dudit pays de Languedoc et des subgetz du roy nostredit seigneur estans en icellui ; pour lequel voyage, frais, missions et despens sur ce faiz, euz et soustenuz par ledit Jehan, lui avons tauxé et ordonné, tauxons et ordonnons par ces presentes, eu regart à la chierté des vivres, la somme de soixante moutons : si vous mandons que ladite somme de LX moutons d'or vous, des deniers de vostre recepte ordinaire ou extraodinaire, paiez, baillez et delivrez audit Jehan de Masdisili, pour la cause dessus dicte. Et par rapportant ces presentes avec quittance souffisant dudit Jehan, ladite somme de LX moutons sera allouée en voz comptes et rabatue de vostre recepte partout où il appartendra, sans contredit. Donné soubz noz seing et signet manuel cy mis, en tesmoing de ce, le XXIIe jour de fevrier l'an mil CCCC trente-deux.

Signé FAVEROT.

XXI

Quittances de divers payements ordonnés par le consulat de Nimes pour frais de garde et de voyages à l'occasion de Rodrigue de Villandrando et de ses compagnies. — Pièces imprimées par Ménard, *Histoire de Nimes*, t. III, p. 239-241, dont les originaux en papier existent encore aux Archives communales de Nimes.

(Mars-mai 1433.)

1. Sapion totz que yeu Peire Raynaut, laborador de Nemse, confesse aver agut, etc., per las mans de Amielh, etc., per mon

treballh de quatre jorns, losc-lz ay vacquatz per anar à Besers, per saver novelas de las gens d'armas de Rodiguo et de mossenhor de Foix; à ij jorns ung mouton, mounta dos moutons. Descals ij moutons soy content. Lo x^e jorn de mars, l'an m cccc xxxii.

Subscripta et signata de voluntate dicti Petri Raynaudi per me, J. Pasqueti.

2. Sapion totz que yeu, Troffeme Olmieyras, confesse, etc., per las mans del dit Farjas por mon trebalh de vj jorns, loscals yeu ay vaquatz anant à Mirueix, stant et retornant, per saber novelas de los gens d'armas de Rodiguo, al for de ij jorns ung mouton, monta tres moutons. Descals tres moutons me tene per content. Lo xve jorn de mars, lan mil cccc xxxii.

Ita est, Trofeme Holmyeyras.

3. Sapion totz que yeu, Johan Guarret, bachelier en leys, confesse aver, etc., per mon treballh de estre anat de par los diehs senhos cossols à Belcaire, pueys à Forques, per parlar am mossenhor de Laon et saber s'el era contant que lo present pais dones argent à Rodiguo per non descendre en lo present pois; anclusas las despensas et loquies del vailet et dels rossins, en tot per pres fach am me per dos jorns, tres moutons huech gros et un cart bons. Dels cals iij moutons viij gros j cart bons me tene per content. Lo premier jorn de abril, l'an m cccc xxxiii.

Constat de recognitione predicta. B. Versi.

4. Sapion totz que yeu, Jaumes Saurel, lavorador de Nemse, confesse, etc., per mon treballh de xxxij jorns, loscals ay vaquatz à estar à Torremanha per descobrir los traspassans per lo terrador de Nemse, per dobte de los gens d'armas de Rodiguo; à dos gros bons per cascun jorn, monta cinq florins et quatres grosses bons, enclusas totas paguas et politias. Descals cinq florins et quatre grosses me tene per content. Lo xxiiij^e jorn de abril, l'an m cccc xxxiii.

Ita est, Texerii.

5. Sapion totz que yeu, Guillem de Vagarus, habitant de Nemse, confesse aver agut, etc., per portar lettras als cossols de Montpellier par saber coras se tengra lo cosselh de Besers, et aussi per lo tractat de donar argent à Rodiguo par non descendre en

aquest pais, en xix doblas un mouton. Del cal mouton me tenc per content. Lo sj^e jorn de may, l'an M CCCC XXXIII.

Ita est, TEXERII.

XXII

Délibération du chapitre de Lyon, provoquée par la duchesse de Bourbon, afin de faire fermer de nuit les portes du cloître de la cathédrale par crainte des gens-d'armes de Rodrigue. — Registre capitulaire XIV, fol. 75, aux Archives du département du Rhône. Communication de M. Guigue.

(13 avril 1433)

Anno domini millesimo cccc° xxx° tercio, et die martis XIII. mensis aprilis post pascha. Cum illustris domina ducissa Borbonnensis, pro nunc residenciam faciens personalem infra claustrum Lugdunense domumque dictam de Bellijoco, organo venerabilis magistri Oddoardi Clepperii, presidentis Borbonnensis, supplicationem fecerit eisdem Dominis quatenus, attento tempore guerrarum propter hoc, o dolor! urgente, et maxime cum fuerit informata illustrem principem dominum Karolum de Borbonio, ipsius domine filium, comitem Claromontensem, mandasse Rodigum de *Villandras*, capitaneum, cum tota sua comitiva, et multos alios capitaneos pro faciendo guerram in patria Sabaudie vicina civitati Lugdunensi, ita quod plures gentes armorum circumcirca eandem civitatem, nisi Deus advertat, poterunt evenire, de nocte claudi et firmari faciant portas claustri predicti, et idem Domini, contemplacione ejusdem domine, hoc fieri annuerunt : hinc est quod egregius dominus P. *de Lornay*, camerarius ecclesie Lugdunensis, ad quem presentatio porterii dictarum portarum ex statutis dicte ecclesie pertinet, in capitulo presentavit dominum Johannem de Balma, presbiterum, ipsius camerarii commensalem, ad exercendum officium dicte porterie. Qui quidem Domini dictum dominum Johannem tanquam sufficientem ad hoc admictendo, eumdem dominum Johannem constituerunt porterium dicti claustri, quamdiu bene fecerit et placuerit eorum voluntati, ad stipendia consueta, pro et mediante eo quod promisit dictum officium fideliter per se diligenter exercere easque portas horis consuetis claudere et firmare, videlicet grossas portas ad horam seralis Sancti-Johannis, et hoc sine guichetis, et guichetos ad grossum serale Sancti-Nicecii ; et de mane apperire guichetos ad primum cimbalum, videlicet eschillam, et ad gueytiam grossas portas; et alias prestitit juramentum, etc. Presentibus domino Bartholomeo Bercherii, Consiueto Hure, Bodello et Petro, filio Francisci Luppi, etc.

XXIII

Allocation sur l'aide votée par les États de Languedoc, à Béziers, au mois de mars 1433, indiquant le prélèvement fait pour défendre le pays contre Rodrigue de Villandrando. — Original en parchemin, aux Archives nationales, K 63, n. 26.

(10 mai 1433.)

Guillaume, évesque et duc de Laon, per de France, président de la Chambre des comptes du roy nostre sire, et général conseillier par lui ordonné sur le fait et gouvernement de toutes ses finances en ses pays de Languedoc et duchié de Guyenne, à Pons de Quercy, receveur particulier à Lautrech et d'aucunes autres villes et lieux ou diocèse de Castres de l'ayde de VI^{xx} mil moutons d'or ottroyés au roy nostredit seigneur, à l'assemblée dernièrement faicte à Besiers, par les gens des trois estatz dudit pays de Languedoc pour l'entretenement de la guerre et autres ses affaires, salut. Comme par nostre ordonnance et mandement vous soyez venu par devers nous en la ville de Saint-Esperit, apporter l'estat au vray de vostre recepte, et aussi la somme de trois cent moutons d'or, pour icelle employer et convertir ou payement des gens d'armes et de traict mandez et mis sus par mons. le conte de Foix, lieutenant du roy nostredit seigneur èsdictz pays et duchié, pour la garde et deffense dudit pays de Languedoc à l'encontre de Rodigo et autres capitaines routiers, qui en icelluy pays estoient entrez; ouquel voyage faisant, tant en venant, demourant et sejournant en actendant vostre expedicion, comme en retournant, avez vacqué et pourrez vacquer par l'espace de quinze jours entiers : Nous, eu regard à la cherté de vivres qui de present est oudict pays, pour iceulx quinze jours ensemble, vous avons ordonné et tauxé, ordonnons et tauxons par ces présentes la somme de vingt moutons d'or; laquelle voulons que ayez, preniez et retenez par vostre main des deniers de vostre dicte recepte. Et par rapportant ces dictes presentes seulement, consentons icelle somme de XX moutons d'or estre allouée en voz comptes et rabatue de vostre dicte recepte, partout où il apartendra, sans contredit. Donné soubz nostre signet, audit lieu Saint-Esperit, le xe jour de may, l'an mil cccc trente et trois. *Signé* G. Faverot.

XXIV

Contrat de mariage de Rodrigue de Villandrando, comte de Ribadeo, et de Marguerite, bâtarde de Bourbon. — Original en parchemin, aux Archives nationales, P 1364, cote 1388.

(24 mai 1433.)

A tous ceulx qui ces presentes lettres verront, Pierre de la Chiese, conseiller du roy nostre sire et tenant le seel royal de la court de la chancellerie des exempcions d'Auvergne establi à Cuci en Auvergne, salut. Savoir faisons [que] pardevant noz amez et féaulx jurés notaires de ladite court et chancellerie, Philippe Marjas et Jehan Trichon, usans de nos auctorité et povoir, establis personnelment ault et exellent prince et seigneur, monseigneur Charles de Bourbon, conte de Clermont, aisné fils de très ault et exellent prince, monseigneur le duc de Bourbonnois et d'Auvergne et aiant le gouvernement de ses païs, terres et seignories, et très noble damoiselle Marguerite, suer naturelle de mondit seigneur le conte, pour eulx et les leurs d'une part; et noble et puissant homme Rodrigo de Villeandrando, seigneur de Ribedieu, pour lui et les siens d'autre part : lesdictes parties deçà et delà ont cogneu et confessé, de leurs bons grés et certeines sciences, que, puis naguères il ont traictié entr'eulx mariage, en entencion de le faire et complir soubz le plaisir de Dieu, desdiz Rodrigo, seigneur de Ribedieu, et damoiselle Marguerite. Auquel traictié ont esté faictes et accordées les convenances et choses contenues, declarées et escriptes en une cédule de papier, baillé en la main desdiz notaires, et leue aultement et entendiblement devant mesdiz seigneurs et damoiselle, establiz, et en la presence des tesmoins ci dessoubz nommez. De laquelle cédule ou feuil de papier, de mot à mot, la teneur est tele :

« Monseigneur le conte de Clermont donne en dot et mariage à damoiselle Marguerite, sa suer naturelle, le lieu et place de Ussel en Bourbonnois et mil livres de prinse et value chascun an, et par elle, à Rodrigo de Villeandrando, seigneur de Ribedio, son espoux à venir; lesquelz lieu et mil livres seront et demorront en fié et ressort de mondit seigneur. Et, pour ce que de présent ledit lieu de Ussel n'est mie bien basti, mondit seigneur le conte de Clermont bauldra èsdiz Rodrigo et damoiselle Marguerite, pour leur demorance et habitacion, le chastel et forteresse de Chasteledon, ensemble de la rente et revenue ce que restera pour venir èsdictes mil livres de prinse, rabatu ce que la terre d'Ussel vauldra. Ou cas que ledit lieu de Chasteledon seroit mis hors des mains desdiz Rodrigo et damoiselle Marguerite, en le baillant à ceulx qui s'en dient seigneurs ou autrement, mondit seigneur le conte sera tenu de bailler èsdiz Rodrigo et damoiselle une autre demorance, bone place et aussi forte comme est le dit Chasteledôn, ensemble autant de terre que lui ara esté baillé sur la terre dudit Chasteledon, pour acomplir lesdictes mil livres de prinse, ainsi que dessus est dit. Avec ce a voulu et veult mondit seigneur le conte de Clermont que, après ce que le chastel de Rochefort en Bourbonnois, ensemble la terre que de present la dame de Revel tient à cause de doaire et usufruit, par sa mort lesdiz chastel et terre seront revenuz à la main mondit seigneur ou des siens, si lesdiz Rodrigo et damoiselle Marguerite veulent avoir lesdiz chastel et terre de Rochefort, il les pourront avoir et le aront en rabat et acquiet de ce que pourront valoir, touchant les mil livres de prinse dont dessus est parlé, pourveu que lors il se departiront du chastel et terre de Ussel ; et, en ce cas, mondit seigneur le conte sera tenuz de rendre audit Rodrigo ce qu'il ara frayé et despendu au bastiment de la place dudit Ussel, qu'on lui baille à présent.

« Mondit seigneur le conte donne, avec ce, deux mille escuz pour meuble à ladicte damoiselle Marguerite et par elle audit Rodrigo, dont les cinq cens seront paiez le jour des nopces et les autres cinq cens l'an révolu, et en suivant, chascun an, cinq cens jusques le payement desdiz deux mille escuz sera achevé. S'il advient que ladicte damoiselle Marguerite trespasse sans hoir ou hoirs masles et fille ou filles, ou lesdiz filz et filles trespassent sanz descendens d'eulx, ladicte place et terre d'Ussel, à elle donnée, reviendront à mondit seigneur le conte et ès siens. Si ladicte damoiselle trespasse sanz hoir ou hoirs masles, ou lesdiz masles trespassent sanz masle ou masles descendens d'eulx, et qu'il y ait fille ou filles, en ce cas la place et terre d'Ussel et autres terres baillées pour lesdictes mil livres de prinse reviendront à mondit seigneur le conte, et icellui monseigneur le conte ou les siens seront tenuz de bailler et rendre, s'il y a une fille, deux mille escuz, et s'il y en a deux ou plus, trois mille escuz. Et, en tous cas que ladicte place d'Ussel et mil livres de prinse reviendront à mondit seigneur le conte ou les siens, vivant ledit Rodrigo, icellui Rodrigo ara l'abitacion de ladicte place d'Ussel et le usufruit desdictes mil livres de prinse, par le cours de sa vie seulement et lui estant au service de mondit seigneur le conte.

« Mondit seigneur le conte fera vestir ladicte damoiselle bien et convenablement; et ledit Rodrigo sera tenuz de la enjouailler bien et deuement, selon son estat.

« Ledit Rodrigo mettra en depost jusques à la somme de huit mille escuz d'or, pour acheter une place et cinq cens livres de prinse ou cas que tant cousteront; desquelz place et cinq cens livres de prinse ladicte fille sera douée.

« Tout le surplus dont n'est faicte mencion en ces presentes, tant au regart de meubles et conquestz comme autrement, est et demeure ès us et coustumes du païs du Bourbonnois. Lesquelles convenances et choses ci dessus escriptes et incorporées, lesdictes parties, pour contemplacion et en faveur dudit mariage pourparlé et accordé, ont passé, voulu et accordé, etc. »

A ces choses estoient presenz avec lesdiz jurez notaires, nobles et puissans seigneurs et sages, messeigneurs Béraud Daulphin, seigneur de Combronde; Guy, seigneur de Sainct-Priet; Jehan de Chauvigny, seigneur de Blot; Jehan de Langhac, seigneur de Brassat; Pierre de Thoulon, seigneur de Genat, chevaliers; Pierre Churre, Estienne, seigneur de la Farge dit Fargete, escuiers; maistres Pierre de Carmonne, Jehan La Bise, licenciez en lois; Laurent Audrant, Estienne de Bar; Guillaume Cadier; Marguerite de Beaumont, damoiselle; messire Jaque Dubois, aussi chevalier, et Loys de Thoulon, escuier, et autres tesmoins requis et appellez, si comme iceulx jurés notaires nous ont rapporté par cest escript. En tesmoin delaquelle chose nous, au rapport desditz jurés notaires, ausquelz adjoustons pleinere foy et croions, publiquement le seel royal dessus dit, que nous tenons, avons mis et apposé à ces présentes lettres. Donné le vingt quatriesme jour du mois de may, l'an mil quatre cens trente trois.

XXV

Notification à Rodrigue de Villandrando du décret du concile de Bâle qui le chargeait de défendre le comtat Venaissin contre le cardinal et les princes de Foix. — Imprimé dans le Spicilège de D. Luc d'Achery, t. III, p. 762. L'original, qui a fait partie des Archives de la maison de Bourbon, est porté sur l'inventaire des Archives nationales avec la marque P 1375[1], cote 2460 ; mais il ne se retrouve plus.

(26 mai 1433.)

Sacrosancta generalis synodus Basiliensis in Spiritu sancto legitime congregata, universalem Ecclesiam repræsentans, dilecto Ecclesiæ filio Roderico de Villandrando, comiti de Ribadeo, salutem et omnipotentis Dei benedictionem. Alias nobis de sincera affectione tua plene scripsisti, te atque tua offerendo huic sacro Concilio ; quod nos gratissimum habentes et ex bona intentione tua erga ipsum sacrum Concilium plurimum gaudentes, ad te rescripsimus, tuam bonam devotionem in Domino commendantes : quod nunc etiam facimus, parati semper ad quæcumque tibi et statui tuo bene placita. Et quia dolenter intelleximus venerabilem Petrum, episcopum Albanensem, cardinalem de Fuxo, et ejus germanos cum magno exercitu in præjudicium Concilii hostiliter invasisse civitatem Avinionensem et comitatum Venexinum, timemusque ne hujusmodi invasio partes illas in periculum et discrimen maximum provocet Ecclesiamque scandalizet, te, in cujus exercitu spem maximam posuimus, cum quanta instantia possumus hortamur et rogamus ut favoribus et auxiliis tuis velis illi civitati et comitatui succurrere et partes illas, ne in detrimentum Ecclesiæ pareant, a talibus invasoribus custodire, omniaque remedia salutaria et opportuna circa ejus protectionem adhibere, quæ a te per dilectum Ecclesiæ filium Alfonsum, cardinalem Sancti-Eustachii, aut per suos quos in nomine suo dimisit, requirentur ; quibus omnibus ita subvenias, ita præsidiis, consiliis et favoribus assistas opportunis, quemadmodum in te speramus. Quod ut facias te etiam atque etiam rogamus ; ex hoc enim Deum et universalem Ecclesiam quam repræsentamus tibi valde obligatos reddes, et nos in tuis negotiis paratissimos semper habebis.

Datum Basileæ, VII. kal. junii, millesimo quadringentesimo trigesimo tertio.

XXVI

Allocation qui fait connaître le chiffre de l'impôt voté par le Tiers-état du Languedoc à l'assemblée tenue en juin 1433, à Villeneuve en face Avignon, pour aider soi-disant à chasser Rodrigue de Villandrando de la province. — Original sur parchemin des Archives nationales, K 63, n. 26.

(14 juillet 1433.)

Les commissaires ordonnez ou diocèse de Nymes et archevesqué d'Arle dedans le royaume, à asseoir, imposer et mectre sur les manans et habitans des lieux et villes desdictz diocèse et archevesqué la somme de iiij[m] vij[c] xiij moutons d'or viij s. iiij den. t., avec les fraiz, missions et despens pour ce necessaires, pour leur quote et porcion de lxx[m] moutons d'or octroiez à hault et puissant prince, mons. le conte de Foix et de Bigorre, lieutenant du roy nostre sire ès païs de Languedoc et duchié de Guyenne, par les gens de l'estat commun dudit pays, à l'assemblée faicte et tenue à Villeneufve lez Avignon, ou moys de juing derrenierement passé M. CCCC. XXXII, et ce pour les fraiz, missions et despens euz et soustenuz par ledit mons. le conte et lieutenant en souldées de gens d'armes et de trait par lui assemblez pour résister à la venue et male volunté d'un nommé Rodigo et autres routiers, qui s'estoyent vantez et s'esforçoyent venir et descendre oudit pays pour grever et piller les habitans d'icelui : à Jehan de Farges, receveur particulier dudit aide èsdictz diocèse et archevesqué, ou à son lieutenant, salut. Comme par advis, vouloir et consentement des consuls, sindicz et procureurs de notables lieux et villes des dictz diocèse et archevesqué, en tel cas acoustumez estre convoquez, nous ayons adjoinct et appelé avec nous, comme acoustumé a esté le temps passé, Hervé Rousseau, contrerolleur de la dicte recepte ordinaire de la seneschaucée de Beaucaire, pour estre présent à faire ladicte assiete, avoir advis et delibéracion avec lui à donner leur cotte et porcion dudit aide aux habitans d'un chacun lieu desdictz diocèse et archevesqué, comme mandé nous estoit par la teneur de nostre commission; auquel contrerolleur, du vouloir et consentement que dessus, avons tauxé et tauxons par ces présentes la somme de vint et cinq moutons d'or, pour ses peine, travail et esportules deserviz ou temps qu'il a vacqué, tant en ce que dit est, comme à ordonner certaines diminucions que faictes ont esté aux habitans dudit diocèse et acroissemens faiz aux habitans d'autres lieux d'icellui diocèse, selon que le cas et facultez desdiz habitans les requeroient : si vous mandons que la dicte somme de xxv moutons d'or, vous, des deniers de vostre recepte mis et imposez ausdictz habitans pour payer et contenter les fraiz, missions et despens necessaires pour ledict aide mectre sus, paiez, baillez et delivrez audit contrerolleur; et, par rapportant ces présentes et quictance souffisant sur ce, ladicte somme de xxv moutons sera allouée en voz comptes et rabattue de vostre recepte par ceulx à qui il appartendra, sans contredit ou difficulté aucune. Donné à Nymes, le viiij^e jour de juillet, l'an mil cccc trente trois. *Signé* J. Le Roux. *Constat de taxacione predicta.* Luxellus.

XXVII

Quittances faisant connaître divers usages faits par le comte de Foix de l'aide votée aux états de Villeneuve pour l'expulsion de Rodrigue de Villandrando. — Originaux en parchemin des Archives nationales, K 63, n. 26.

(Juillet 1433-février 1434)

Io Pasquoau, senhor de la Fargue, thesaurer de mossenhor lo comte de Foix et de Begorre, loctenant general deu roy nostre senhor en sous pays de Lengadoc et dugat de Guiayne, et per luy comes à la recepte generale de l'ayde de lxx^m motons d'aur, à luy donatz et autrogatz per las gens deus iij. statz deudit pays de Lengadoc à l'asemplade feyte à Vilenabe pres Avinhon, en lo mees de juinh darreramentz passat, per aydar, sostenir et paguar la grave despensse que far luy a convengut à cause de las gens d'armes et de treyt, que no a gayres a metutz sus et assemblatz per la garde et deffense deudit pays de Lengadoc et resistir à Rodigo de Villandrando et autres rothiers, qui en gran nombre eren viengutz et descendutz en lodit pays, per aquet pilhar, raubar et ranssonar : cofessi aver agut et recebut de Johan de Fargues, recebedor particular en la diocese de Nemse, sus so que ed pot et poyra dever à cause de sa dite recepte, la some de cent motons d'aur per Anthonnete Saichete de Monpeslier, demorante à Belcayre, comayre de mon dit senhor de Foix, que mondit senhor lo comte et loctenan luy a hordenat esser balhatz de grace speciau, aixi cum plus larguementz apar par lectres patentes deudit don. De laquoau some de cent motons d'aur io me thiens per ben content et paguat, et en quiti lodit recebedor particular et totz autres à qui quictance en pot apartenir. Et en testimoni d'esso, cy metut à las presens mon signet manual et metut ma preinsse. A Montpeslier, lo darrer jorn de julh, l'an mil cccc trente et tres. *Signé* P. De la Fargue.

Io Pasquoau, senhor de la Fargue, etc... cofessi aver agut et recebut de Johan de Fargues, etc... la some de cinq cens motons d'aur per mossenhor Johan Lovet, president de Provence, que mon dit senhor lo comte et loctenant luy a donat per los agradables services qui lo a feyt, et especialment per so que le ave acompanhat en la conqueste et reduction en la obedience de nostre sant peyre lo Pape de la vile et ciutat d'Avinhon et deu comtat de Venayssin, par luy feyte aqueste present anade et sason, et per autres causes contengudes en sas lietras patentes deudit don. De laqual some de cinq cens motons io me thienc per ben pagat et content, et en quicti lodit recebedor particular et totz autres à qui quittance en pot appartenir, etc... A Montpesler, lo darrer jorn de juilh, mil cccc trente et tres. *Signé* P. De la Fargue.

Io Pasquoau, senhor de la Fargue, etc... cofessi aver agut et recebut de Pons de Carssii, recebedor particular deudit ayde et autrey en la diocèse de Castres, susso que eg pot et poyra dever à cause de sa dicte recepte, la some de cent detz motons d'aur sedze solz tornez, per Fortaner de Serres, senescalc de Nebosaa, que mondit senhor lo comte et loctenan ly a donat de grace specіau, per so que ere en sa companhie per resestir aus susditz rothiers. De laqual some, etc... A Pau, le iij^e jorns de fevrer, l'an mil cccc trente et tres. *Signé* P. De la Fargue.

XXVIII

Quittance d'un épicier de Lyon pour une fourniture faite à Rodrigue de Villandrando aux frais de la ville. — Original en papier des Archives communales de Lyon, CC. 293, n° 48. Communication de M. Guigue.

(1er septembre 1433.)

Je Nicolas Ferchaut, espicier de Lyon, confesse avoir eu et receu de par la main de Hugony Bonet. à cause de ix livres de confiture à iiij gros la livre, et pour xij torches noves et deux arses, pesant xxxij livres, à vij blancs la livre des torches noves et ij gros les arsees, que monte vij frans ij gros xij deniers obole, que prisent les conseillers de la ville de Lion pour donner à Rodrigo. De laquelle somme dessus dite je me tiens pour contant et en quicte la dite ville et le dit Hugony Bonet, tesmoing mon saing manuel si mis, le premier jour de septembre l'an mil IIII^c et XXXIII. *Signé* N. FERCHAUT.

XXIX

Protocole de l'enquête ordonnée par la justice du comte d'Armagnac au sujet des cruautés commises à Fernugnac par le bâtard d'Apchier pendant l'irruption des compagnies de Rodrigue en Rouergue. — Copie de la Collection Doat à la Bibliothèque nationale, t. 215, fol. 112.

(14 septembre 1433.)

Anno Domini millesimo quadringentesimo tricesimo tertio et die decima quarta mensis septembris, illustrissimo principe et domino nostro Johanne, dei gratia comite Armaniaci, Fesensiaci, Insulæ-Jordani et Ruthenensi, dominante, apud Interaquas, Ruthenensis diocesis, et in curia ordinaria dicti loci per me, Bernardum *Roquete*, notarium ordinarium dicti loci, de mandato honorabilis et circumspecti viri domini Berengarii *Salas*, licenciati in legibus, procuratoris phiscalis dicti domini nostri comitis, fuit facta sequens informatio contra quemdam hominem vulgariter vocatum *lo bastard Dapchier* et quosdam alios complices suos, super eo quia, anno presenti, dum gentes *de Rodigo* discurrebant per patriam Ruthenii, dictus bastardus et alii sui complices, quasi in numero viginti quinque, venerunt in manso de Fernunhaco, jurisdictionis de Interaquis, et quemdam pagesium dicti domini nostri comitis, qui vocabatur Johannes de Fernunhaco-Inferiore, de facto ceperunt ad hoc ut bona sua et aliorum pagesiorum dicti mansi de Fernunhaco eis revelaret; et dictum pagesium acriter tractando multum enorme verberaverunt et percusserunt, ponendo ipsum prope ignem et ipsum comburendo [1], et alias ipsum acriter in corpore dampnificando, taliter quod occasione premis-

[1] L'un des témoins entendus ajoute ce trait : « Dictus Johannes erat in medietate persone sue propter ignem combustus et totaliter devastatus. »

sorum dictus pagesius ab hoc seculo migravit. Et non contenti de premissis, sed mala malis accumulando, bona pagesiorum dicti mansi in et de quodam clusello sive crota in dicto manso existente ceperunt de facto pro ipsa bona eis appropriando, et demum dicta bona furari [1] fecerunt dictis pagesiis ad summam quinquaginta scutorum auri; quam summam quinquaginta scutorum auri dictus bastardus a dictis pagesiis per manus Ludovici de Ulmo habuit et sibi apropriavit, multum super his delinquendo et plura alia enormia crimina perpetrando, etc.

(*Suivent les dépositions*)

Testes superius descripti fuerunt examinati per modum secrete informationis et diligenter interrogati per me Bernardum *Roquete*, notarium ordinarium loci de Interaquis pro illustrissimo principe et domino comite Armaniaci, de mandato et precepto mihi facto per honorabilem et circumspectum virum dominum Berengarium *Salas*, licenciatum in legibus, procuratorem phiscalem dicti domini nostri comitis. In quorum testimonium ego, dictus notarius ordinarius, hic me subscripsi et signeto meo manuali signavi in fidem premissorum.

Signé, Roquete, notarius ordinarius.

XXX

Acquiescement du prieur de Saint-Romain le Puy à une requête des habitants du lieu, à lui transmise par le bailli de Forez, tendant à obtenir l'acensement des terrains vagues de l'enceinte du bas fort de Saint-Romain, dévasté depuis un certain temps par les gens-d'armes de Rodrigue. — Original en parchemin, Archives du département de la Loire, série H, fonds du prieuré de Saint-Romain. Communication de M. Chaverondier.

(11 novembre 1433.)

Noverint universi quod, cum nuper et retroactis temporibus pluries et per diversorum temporum intervalla, per gentes armorum de societate de Rodigo et aliorum capitaneorum in regno Francie pro tunc discurrencium et existencium bassa curtis

[1] Mot forgé sur le vulgaire *fuer*, *fur*, qui voulait dire taux, estimation. Dans la déposition de l'un des témoins on lit : « Ludovicus de Ulmo nomine pagesiorum dicti mansi tradidit dicto bastardo pro certa *furantia* quam fecerant cum eodem ad causam bonorum suorum, videlicet summam quinquaginta scutorum auri. »

Sancti-Romani in Podio, in comitatu Forensi existens, fuerit per vim et violenciam capta, et omnia bona mobilia, animalia et alia quecunque, que fuerant in dicta bassa curte retracta et reposita per homines habitantes in dicto loco Sancti-Romani, per dictas gentes armorum depredata et secum deportata, propter quas depredaciones (pro presenti dicta bassa curtis fuit et est quasi inutilis et vacans, nullique homines dicti loci non audent pro presenti in dicta bassa curte se nec bona sua retrahere : propter quod nonnulli hominum dicti loci et mandamenti Sancti-Romani querelosi venerunt ad dominum baillivum Forensem eidem exponendo et dicendo quod ipsi, omni tempore anni, faciunt excubias et gaytium infra fortalicium dicti loci Sancti-Romani ac eciam reparaciones in eodem fieri neccessarias, et nullas habent infra clausuram dicti fortalicii domos nec alias habitaciones in quibus possint se nec bona sua retrahere; eidem domino baillivo requirendo et supplicando quathinus dictum locum et fortalicium Sancti-Romani visitaret et eisdem hominibus super hoc de remedio opportuno provideret : contingit itaque quod anno domini millesimo cccc^{mo} tricesimo tercio, die undecima novembris, nobili et potenti viro domino Amedeo Viridis, milite, domino Chanelhelhiarum et Velchie, baillivo Forensi, transeunte per dictum locum Sancti-Romani, et secum existentibus viris discretis magistro Stephano de Grangia, conseilliario et advocato domini nostri ducis, Jacobo de Vinoliis, notario regio, cancellario Forensi, Guillelmo Brunaudi, procuratore Forensi, et repertis in dicto loco nobili Anthonio de Pruneria, domicello, castellano dicti loci, et Petro Bossenchonis, preposito dicti loci, quamplures homines dicti loci et mandamenti venerunt ad dictum dominum baillivum Forensem eidem exponendo omnia supra declarata, et ab eodem petendo quathinus precipere et requirere vellet domino priori Sancti-Romani, qui nunc est, quathinus eisdem hominibus vellet benevisare de plateis et pedis existentibus et situatis infra dictum fortalicium Sancti-Romani. Qui quidem dominus baillivus, audita requesta dictorum hominum que juri congruit, virum religiosum fratrem Johannem *del Solleihant*, priorem modernum dicti prioratus, ibidem repertum requisivit quathinus de dictis plateis et pedis vacantibus, infra dictum fortalicium situatis et existentibus, dictis hominibus tradideret (*sic*) et benevisaret justo et competenti servicio pro ipsos et bona sua retrahendo. Qui quidem dominus prior, audita peticione dictorum hominum et requesta per nos, baillivum predictum super hoc facta, que utilitatem prioratus et rei publice conservit, benigno suo motu hoc fieri consensit, et de premissis a me, notario subscripto, petiit cartam; quam eidem super hoc dictus dominus concessit fiendam per Johannem Fournerii, notarium et Forensis curie juratum, presentibus et ad hoc vocatis dictis advocato, cancellario, procuratore, castellano, preposito et pluribus hominibus dicti mandamenti ad hoc vocatis et rogatis.

Ita est. Fornerii.

XXXI

Protocole des lettres décernées par le même prieur de Saint-Romain en exécution de l'acquiescement qui précède, où sont énumérés les excès commis par les gens-d'armes. — Même provenance que la pièce ci-dessus.

(5 janvier 143 $\frac{3}{4}$.)

Nos Johannes de *Sollelhant*, prior prioratus conventualis Sancti-Romani [in Podio], comitatus Forensis et Lugdunensis diocesis, notum facimus universis [presentes] litteras inspecturis quod, cum olim per predecessores nostros priores Sancti-Romani fuerit constructa et edifficata quedam clausura seu bassa curtis in [circuitu] et rotonditate dicti podii seu montis Sancti-Romani, que nunc [diruta] existit; infra quam clausuram et bassam curtem nonnulli homines et tenementarii dicti nostri prioratus plures construxerant et edifficaverant [do]mos in quibus se et sua bona retraxerunt tempore discursu[um] gencium armorum, fueritque ita quod nuper, discurrentibus armorum gentibus de societate et comitiva de Rodrigo, in magna potencia ad dictum locum Sancti-Romani logiatum accesserunt ipsamque bassam curtem cum magna violencia ceperunt, et infra intraverunt omniaque bona mobilia, animalia bovina, lanuta et alia quecunque reposita et retracta per homines predictos, infra domos suas in dicta bassa curte existencia, ceperunt, contrectati fuerunt et secum deportaverunt, pluresque homines verberaverunt, male tractaverunt, morti per violentiam tradiderunt: propter quod plures homines dicti nostri prioratus a dicto nostro prioratu se absentaverunt et alibi moratum accesserunt, adeo quod, causa depredacionum dictarum gentium armorum in dicto loco factarum, dictus noster prioratus fuit effectus [desertus] et quasi vacuus : unde nos, prefatus prior, volentes nostros homines et tenementarios pro posse nostro ab hujusmodi periculis et dampnis [eripere] et suis periculis obviari, dictum prioratum Sancti-Romani per officiarios et gentes domini nostri ducis Burbonensis et comitis Forensis visitari fecimus, pro sciendo utrum infra dictum nostrum fortalicuum et prioratum Sancti-Romani possent edifficari et construi facere domos et habitaciones in quibus dicti nostri homines se et sua bona retrahere possent. Et facta diligenti perquisicione et visitacione cum dictis officiariis et aliis personis notabilibus ad hoc expertis, fuit deliberatum et advisatum quod dictum fortalicium et castrum Sancti-Romani erat et est satis latum et utile pro retrahendo dictos nostros homines et tenementarios tempore discursuum gencium armorum, et potissime in quibusdam muris et pedis antiquis in quibus antiquitus fuerant alie domus constructe, etc., etc.

XXXII

Quittance de la somme payée par le consulat de Nîmes pour la copie à plusieurs exemplaires des lettres d'avis envoyées de Milhau au sujet des gens-d'armes de Rodrigue.— Imprimé dans Menard, *Histoire de Nîmes*, t. III, preuves, p. 242.

(25 févier 143 3/4.)

Sapion totz que yeu, Anthoni Cabanis de Nemse, confesse aver agut et realment receuput dels honorables senhos, sen Peire Ponchut, sen Guillem Farjas, maistre Maguinart et sen Raymond Molazan, cossols de la ciutat et del castel de las Arenas de Nemse, per las mans de Amielh Bernart, *alias* de Lunel, lur clavari, per mon trebalh de aver fach iiij copias de las letras tramessas per los cossols de Milhau en Rouergue del fach de la gens d'armas de Rodiguo et autres capitanis, per las tramettre à Alès, Uzez et autres luocs, dos gros et un cart. Des cals dos gros et I cart me tenc per content. A xxv de febrié, l'an m. cccc. xxxiij. Plus ay agut dels dichs senhos cossols per las dichas mans, per la copia de las letras obtengudas per Perrin de la Rameya sobre lo fach del talh de la cort de mossenhor lo senescal, xvj deniés tornès, l'an dessus dich et lo ij[e] jorn de marz. DE CABANITIO.

Tres chiers et grans amis [illegible]
[illegible]
[illegible]
[illegible]
[illegible]
[illegible]
[illegible]
[illegible]
[illegible]
[illegible]
[illegible]
[illegible]
[illegible]
[illegible]
[illegible] jour de mars
[illegible]

Le tout vostre [illegible]
[illegible]

[illegible] et grant amie je me recommande a vous [illegible]
[illegible]
[illegible]
[illegible]
[illegible]
[illegible]
[illegible]
[illegible]
[illegible]
[illegible]
[illegible] mon rapport [illegible]
et se chose vous plest que je puisse faire le moy savoir pour
le acomplir de bon cuer priant nostre Seigneur qu'il vous ait en sa
garde [illegible] le [illegible] jour de mars

Le tout vostre [illegible]
[illegible]

XXXIII

Lettre de Rodrigue de Villandrando au Conseil de ville de Lyon pour hâter le recouvrement de diverses créances ou dépôts que lui et les siens avaient dans la ville. — Original en papier des Archives communales de Lyon, coté AA 82[1], dont le facsimile en photogravure accompagne le présent ouvrage. Communication de M. Guigue.

(13 mars 1434?)

Très chiers seigneurs et grans amis, je me recommande à vous. Et vueillés savoir que Jehan de Salles m'a dit que vous lui avés dit qu'il me deist que je anvoiasse à Lion, que me feriés fere reson tant à moy come à mes gens de ceulx qui me sont tenus et à eulx. Sy vous prie que ancy le faciés, et de Hutasse de Ponpierre qui a le mien en guarde, come vous savés, et n'en puis riens avoir ; quar an bonne foy, il me despleroit de fere desplesir à home de lui, quar j'aime bien la ville et savés bien que je vous ey tousgours fet plesir en tout ce que me avés requis tousgours, et savés que je vous puis bien servir. Sy vous prie que fassiés an manière que je connoisse qu'il soit ancy come le dit Jehan de Salles m'a raporté de par vous. Et sy chose vous plest que fere puisse, fetes le moy savoir pour le acomplir de bon cuer, priant nostre seigneur qu'il vous aie en la guarde. Escrit à Chastelledon, le xiij^e jour de mars.

De la main de Rodrigue :

Le tout vostre Rodrigo de Villaandrando.

Sur l'adresse : A mes très chiers seigneurs et grans amis les conseilliers, manans et abitans de la ville de Lion.

XXXIV

Engagement de la terre de Montgilbert à Rodrigue de Villandrando jusqu'à l'acquittement d'une somme de six mille écus d'or qu'il avait prêtée au duc de Bourbon. — Original sur parchemin des Archives nationales, P 1355[2], cote 130.

(15 avril 1434.)

Rodrigo de Villandrando, conte de Ribedieux, à tous ceulx qui ces presentes lectres verront, salut. Comme mon très doublé seigneur, monseigneur le duc de Bourbonnois et d'Auvergne, me ait baillé en engaigière et ypothèque les chastel, chastellenie, terre et mandement de Montgilbert, séant ou païs de Bourbonnois, ensemble les cens, rentes et revenues, pour la somme de six mille escus que je lui ay prestez, comme ces choses sont contenues plus applain ès lectres de mondit seigneur le duc, desquelles la teneur s'ensuit :

« Charles, duc de Bourbonnois et d'Auvergne, conte de Clermont et de Fourez, et seigneur de Beaujeu, per et chamberier de France, à tous ceulx qui ces presentes lectres verront, salut. Comme nostre très chier et féal ami, Rodrigo de Villandrando, conte de Ribedieux, nous ait presté les parties et sommes d'or qui s'ensuient, c'est assavoir, comptant, pour le fait de nostre despense, la somme de quinze cens escus d'or, et aussi ait baillé par nostre commandement à nostre amé Henriet Gencien, lors prisonnier, une lettre obligatoire et seellé qui lui a torné à prouffit en acquit de sa rençon, la somme de sept cens escus d'or, que lui devons paier, et oultre ce nous ait presentement baillé et presté comptant la somme de trois mille huit cens escuz d'or; lesquelles parties font en tout la somme de six mille escus d'or de bon pois : nous, voulans ledit Rodrigo estre asseuré dudit prest et somme de six mille escus d'or, à icelui Rodrigo avons baillé et baillons par ces presentes, pour le dit prest et somme, en engagière et ypothèque, les chastel, chastellenie, terre et mandement de Montgilbert, séant ou païs de Bourbonnois, ensemble les cens, rentes, dismes, porcions et autres droiz et devoirs d'icelle chastellenie et terre tenir et en prendre les prouffiz et émolumens, jusques il sera parpayé de ladite somme de six mille escuz, pourveuque, chacun an, en acquit d'icelle somme de six mille escus, il prandra les revenues, cens, rentes et autres devoirs d'icelle terre de Montgilbert pour la somme de cent cinquante escus d'or, et le surplus de la value de ladicte terre ledit Rodrigo prandra pour la garde de ladicte place et forteresse, gaiges d'officiers, tenir les édifiices de la forteresse, granges, molins et autres demaines en estat et y faire les reparacions nécessaires. Avecques ce, toutes les foiz que nous vouldrons rendre et paier audit Rodrigo ladicte somme de six mille escus d'or, ou ce qui en restera, desduit ce qu'il aura levé des revenues en l'acquit de la dicte somme et ou pris dessus touchié, ledit Rodrigo sera tenu de nous ou aux nostres delivre franchement et quictement lesdiz chastel, chastellenie, terre et mandement de Montgilbert. En oultre, durant le temps que ledit Rodrigo tiendra lesdiz chastel, chastellenie et terre, recevra des subgiez et autres qui puet toucher, les droiz anciens, ordinaires et acoustumez, sans prandre ne exiger aucune novele desdiz subgiez, et paiera ledit Rodrigo fiez, aumosnes, vicairies et autres charges acoustumées d'estre paiées en et sur ladicte terre, durant le temps de sa tenue. Et s'il advenoit que nous voulsissions rendre lesdiz chastel, chastellenie et terre de Montgilbert ès descendens et ceulx du lignaige du feu seigneur de Listenoiz, ou à autres y prétendens droit, nous le pourions recouvrer dudit Rodrigo, et sera tenu de les nous bailler, moyennant ce que nous baillerons une autre place à icellui Rodrigo et autant de terre comme vault celle dudit Montgilbert, laquelle ledit Rodrigo tiendra par la forme et manière et soubz les convenances, condicions et pactez que de present lui baillons ledit Montgilbert, ou lui baillerons ladicte somme d'or pour laquelle il la tient en gaige, ou ce qui en restera. Et les choses dessus dictes, tant au regart dudit Rodrigo comme de ses hoirs et successeurs et qui de lui auront cause, promectons en bonne foy et en parolle de prince, obligons à ce nous, noz hoirs et biens presens et avenir. En tesmoing de ce nous [avons] fait mectre nostre seel à ces presentes. Donné à Vienne, le xve jour du mois d'avril après Pasques, l'an de grace mil quatre cens trente et quatre. »

Je Rodrigo, dessus nommé, promet par la foy et serement de mon corps et soubz l'obligacion de tous mes biens, presens et avenir, prandre et tenir ladicte place et terre de Montgilbert en engaigière, prandre et lever en acquit de madicte debte, chacun an, les fruiz d'icelle terre pour la somme de cent et cinquante escus d'or, rendre et rebailler ladicte place et terre franchement et quictement, moy parpaié de ladicte somme de six mille escus ; et au surplus feray et acompliray les choses contenues ès lectres de mondit seigneur dessus transcriptes, en tant que me touchent et puent toucher, et regardent mon fait ; et tout, sens frande, barat et malengin. En tesmoing desquelles choses, j'ay mis mon seing manuel et aussi mon seel à ces presentes. Donné à Vienne, le xvj[e] jour d'avril, l'an mil quatre cens trente et quatre, après Pasques.

Signé, Rodrigo de Villaandrando.

XXXV

Reconnaissance d'un prêt de mille écus d'or fait par Rodrigue de Villandrando à Jean de Comborn, seigneur de Treignac. — Original en parchemin des Archives nationales, P 1372², cote 2124.

(20 avril 1434.)

A tous ceulx qui ces presentes lettres verront, salut en nostre Seigneur. Sachant tuit que l'an de nostre Seigneur mil quatre cens trente et quatre et le vintiesme jour d'avril, vien en personne en la presence de moy, Pierre de Rovereaz, notaire et tabellion publique usant des auctorités imperiale, royalle et dalphinale, et des tesmoings cy après nommez, personnalment establi pour les choses qui s'ensuient, noble et puissant seigneur, Jehan viconte de Conbourt, seigneur de Treignat au païs de Limosin, lequel de son bon gré, bonne volonté et certaine science, si come il disoit, confesse devoir et loyalment de payer estre tenu pour soy et pour les siens au temps avenir, heritiers et successeurs quelconques, à noble et puissant seigneur Rodigue de Villandrando, conte de Ribadieux, cappitaine pour le Roy nostre sire de certain nombre de gens d'armes et de trait, à ce present, recevant et sollempnement stipullant pour soy et pour les siens au temps avenir, héritiers et successeurs quelconques, moy, notaire publique dessus dit, tant come publique persoune, present et sollempnement stipullant pour et au nom dudit Rodigue, conte dessus dit, et des siens et de tous ceulx qu'ilz pourroit appartenir de present ou au temps avenir, quelque manière que ce soit, s'est assavoir la somme de mille escus d'or bons, vieulx et du pois de lxiiij au marc, et ce à cause de bon, vray et licite prest, par ledit seigneur de Treignat, come il dit et affermet, eu et loyaulment receu dudit Rodigue, conte dessusdit, en son bon besoien, prouffit et utilité, sans fraude, decepcion et barat quelconques. Laquelle somme de mille escus d'or dessusdit a promist et promet par ces presentes ledit seigneur de Treignac, par sa foy et serement de son corps, pour soy et pour les siens au tems avenir, heritiers et successeurs quelconques, sur sains de Dieu euvangilles corporelment presté et soubz expresse obligacion et ypotheque de tous ses biens meubles et inmeubles, presens et avenir quelconques, de baillier, paier et rendre audit

Rodigue ou ès siens et certain commandement, à Clermont en Auvergnie, en l'ostel appellé de Jehan de Noyer, bourgois et marchant dudit lieu, ès termes et solucions qui s'ensuient : s'est assavoir, cinq cens escus d'or à la feste de la Nativité nostre Seigneur prouchenement devoir avenir, et les autres cinq cens escus d'or à la feste de Pentecostes prouchaine ensuiant; toutes excepcions et deffenses tant de droit comme de fait cessans, avecques tous fraiz, missions, domaiges, interest et despens, lesquelx, pour occasion et cause des choses dessus dictes, auroient estez faiz, encurrus ou substenus par ledit Rodigue ou les siens, quelque manière que ce soit. Pour lesquelx choses dessus dictes mieux devoir attendre et acomplir par ledit seigneur de Treignat et les siens, icellui seigneur de Treignat, de son bon gré et bonne volonté, tous ses biens meubles et inmeubles quelconques a obliger et submist, et par ces presentes obliget et submet ès juridicions, compulsions et distroit de les cours du petit seel royal de Montpellier, de monseigneur le bailli de Mascon, seneschal de Lion, du viguier de Sainte-Columbe lèz Vienne, et de toutes aultres cours royaulx, dalphinaulx et séculaires, en quelque lieu ou lieux qu'elles soient ordonnées et establées, et de chacune d'icelles pour le tout; et ce par prinse, vente, aliénacion, explectacion et distraction de tous ses biens quelconques, et autrement par la plus fort manière que fere se poura, et tellement que l'execucion qui sera comencée en l'une d'icelles cours ne puisset impescher ne tourbe l'autre court. En renunczant sur ce ledit seigneur de Treignac, de sa certaine science, pour soy et pour les siens, à toutes excepcions et deffenses tant de droit come de fait, et à tout droit escript et non escript, et à toutes coustumes par le moyant desquelles ou aucune d'icelles ledit seigneur de Treignat, debteur, ou les siens, se vouroient et pourroient aider et deffendre à venir à l'encontre des choses dessus dites ou aucune d'icelles; à droit qui dit la confession faicte hors de jugement et non par devant son juge compectant non estre vallable, et à toutes autres renunciacions, excepcions et raisons pour lesquelles ou aucune d'icelles ledit seigneur de Treignac se pourroit aider à venir à l'encontre des choses dessus dites, et specialment à droit disant la generale renunciation non vallable, se la principal ne vait devant. Desquelles choses dessus dictes ledit Rodigue a demandé et requis à luy estre faicte lectre ou publique instrument par moy, tabellion royal dessus nommé, à ce present et astant. Fait et donné à

Vienne, sur les estres de la maison forte appellé de les Chaveulx de Vienne, presens nobles homes, messire Jaques Du Boys, chevallier, Nicolas Bois, maistre Jehan le phisicien, demourans avec monseigneur de Bourbon; Jehan Bennoit de Tallart, escuiers, et Jehan Putier de Treffort, clerc, habitans de Vienne, tesmoings à ce appellez et requis. Et pour plus grant firmité des choses dessus dictes, nous, Jehan de Saint-Ean, lieutenant de noble home Pierre Jalliet, escuier, viguier de Sainte-Columbe lez Vienne pour le Roy nostre sire, à la relation dudit tabellion royal à nous faicte des choses dessus dictes, à la requeste desdictes parties, le seel royal de ladicte court de Sainte-Columbe avons mis et apposé à ces presentes lectres.

Ainsi passées par devant moy, tabellion publique royal, dessus dit, en presence des tesmoings dessus nommez, sous le seel royal de ladicte court de Sainte-Columbe, tesmoing mon seing manuel mis à ces presentes. *Signé :* P. de Roverea.

XXXVI

Rémission accordée par Charles VII en 1448, pour le meurtre de deux hommes d'armes de la compagnie de Rodrigue de Villandrando, à Saint-Just d'Avray en Beaujolais. — Archives nationales, Reg. JJ 179, pièce 76.

(Événements de 1434.)

Charles, etc. Savoir faisons, etc., nous avoir receu l'umble supplicacion de Anthoine de Saint-Pol, laboureur de terres, parroissien de Saint-Just d'Avray ou mandement d'Amplepuys, Jehan Baron, Martin Dumont, Berthelemi Chavel et Perrenin Fournyer, tous parroissiens du dit lieu de Saint-Just d'Avray et habitans ou mandement de Chamelet, ou pays de Beaujouloys, contenant que, quartorze ans a ou environ, ou temps que Rodiguo de Villendrade, capitaine de gens d'armes, et ses gens demouroient en la ville de Charlieu, deux hommes de guerre de la compaignie dudit Rodiguo alèrent en l'ostel dudit Anthoine, et lui dirent qu'il les logeast en sondit hostel, et qu'ils le payeroient de ce que il leur bailleroit; lequel Anthoine les logea en sondit hostel, et leur bailla foin, avoine, pain, char et autres choses à eulx nécessaires, excepté vin, pour ce que il n'en avoit point. Et quant lesdites gens de guerre eurent souppé et pensé de leurs chevaulx, ilz se misdrent à dormir en la litière auprès de leursdiz chevaulx ; et, eulx dormans ilec, ledit Anthoine voyant lesditz gens de guerre endormiz et considérant les affliccions, raençons, pilleries et bateures et autres maulx énormes et innumérables et dommaiges, que les gens dudit Rodiguo et des autres capitaines suivans les rotes faisoient ès pays de Beaujouloys et aux habitans d'icellui, yssit hors de sondit hostel, et s'en ala hastivement, sans le sceu de sa femme ne autre de son hostel, ès hostelz et domiciles desdiz Jehan Baron et Martin Dumont, èsquelz il trouva les dessusdiz ; et d'ilec, s'en ala en l'esglise forte dudit Saint-Just d'Avray, où il trouva Barthelemy Chavel et ledit Perrin Fournyer, parroissiens dudit Saint-Just ; à ung chascun desquelz particulierement ledit Anthoine de Saint-Pol dist que en son hostel estoient logiez deux hommes de guerre, lesquelz estoient bien montez, et avoient de l'or et de l'argent, et que pour ce il les convenoit destrousser et avoir ce qu'ilz avoient ; et que, pour ce faire et adviser entre eulx la forme et manière, leur dist qu'ilz venissent vers la chapelle Saint-Laurens, près à ung traict d'arbaleste de ladicte église forte. Lesquelz, ensemble ledit Anthoine, incontinent après se assemblèrent auprès de la chapelle, et auprès d'un pillier estant au suel de Estienne Gerry, et ilecques les dessusdiz Anthoine de Saint-Pol, Jehan Baron, Martin Dumont, Berthelemy Chavel et Perrin Fournyer, supplians, parlans des dessusdiz hommes de guerre et doubtans que, s'ilz les destroussoient seulement, que la chose ne feust sceue, disdrent entre eulx qui les convenoit tuer ou les laisser aler sans leur faire mal ; et à la fin delibérèrent de les prendre, tuer et destrousser. Et de fait les dessusdiz, embastonnez chascun d'un espieu, excepté ledit Martin qui portoit une serpe à son col, s'en alèrent auprès de l'estel dudit Anthoine, et, eulx estans près dudit hostel, ledit Anthoine entra dedans sondit hostel et au celier ou estable où estoient dormans lesditz gens de guerre et leurs chevaulx. Ledit Anthoine ouvry la porte du celier ou estable où estoient lesditz gens de guerre, telement que les autres ses complices et supplians entrèrent ens, et prindrent lesditz gens de guerre et les lièrent, et iceulx menèrent, ensemble leursditz chevaulx, jusques au milieu du bois appellé du Sappey ; et eulx estant illec, environ mynuyt, lesdiz Anthoine de Saint-Pol, Berthelemy Chauvel et Perrenin Fournier, tenans le plus vieil desdiz hommes d'armes, et ledit Jehan Baron le plus jeune, ledit Perrenin Fournier dist ausditz gens de guerre qu'ilz se confessassent l'un à l'autre. Laquelle chose ilz ne vouldrent faire, mais de fait s'efforça ledit vieil homme d'eschapper desdiz Anthoine et ses compaignons. Et ce voyant ledit Anthoine et doubtant que s'ilz leur eschappoient, qu'ilz ne feussent perduz et destruiz par ledit Rodiguo et autres gens de guerre, ledit Anthoine de Saint-Pol mist parmy la gorge audit plus vieil desdictz gens de guerre l'espée dudit homme de guerre, laquelle ledit Anthoine lui avoit ostée en le prenant et lyant en sondit hostel, et semblablement ledit Jehan Baron tua ledit autre jeune homme de guerre du coustel propre d'icellui homme de guerre, lequel il lui avoit semblablement osté de son cousté; et ce pendant ledit Martin Dumont tenoit lesditz chevaulx desdictz gens de guerre à un traict d'arbaleste ou environ hors ledit bois. Et illec les dessusdiz laissèrent lesdictz gens de guerre mors, vestuz seulement de leurs chemises, chaulses et soliers, pour ce que, avant qu'ilz les tuassent, leur avoient osté robbes, chapperons, chappeaulx et autres habillemens qu'ilz pouoient avoir, combien que lesdiz supplians ne leur ostèrent ne trouvèrent ung seul denier. Après lesquelles choses, lesdiz supplians s'en alèrent en ce point chascun d'eulx en leur hostel et ailleurs, où bon leur sembla; et ledit Martin emmena lesdiz chevaulx au boys appelle le Fraynier, où il les tint jusques le landemain au soir, qu'il les mena en l'ostel appellé de les Salles; et illecques garda lesdiz chevaulx deux ou trois jours, et jusques à ce que tous lesdiz supplians, une nuyt, se assemblèrent oudit hostel de les Salles, et illec delibérèrent tous ensemble que lesdiz Perrenin Fournyer et Martin Dumont yroient vendre lesdiz chevaulx au lieu de Vienne. Lesquelz Perrenin et Martin alèrent à Vienne vendre lesdiz chevaulx, ledit Perrenin vestu de la robbe dudit jeune homme de guerre, et ledit Martin vestu de la robbe d'un nommé André Peupet, ygnoscent toutes voyes dudit cas. Auquel lieu de Vienne les dessusdiz vendirent lesdiz chevaulx le pris et valeur de neuf bons escuz; et ce fait s'en retournèrent tous ensemble audit hostel de les Salles, et illecques, environ l'heure de nonne, firent partaige et division entre eulx des biens et destrousse qu'ilz avoient desdictz gens de guerre, telement que lesdictz Martin et Perrenin Fournyer baillèrent le pris desditz chevaulx, et avec ce ung chascun d'eulx ce qu'il avoit eu de ladicte destrousse. Et ilec les biens d'icelle destrousse estans en ung tas furent par les dessusdiz avalez et départiz, ensemble ledit pris desdiz chevaulx, et telement que à leur pouoir ilz départirent entre eulx, par égale porcion et le plus justement qu'ilz peurent, ladicte destrousse. Lequel cas ainsi fait et avenu est demouré sans venir à notice de justice, jusques à n'a guères que lesdiz supplians, doubtant qu'il ne viengne à la notice et congnoissance de noz officiers et ceulx de nostre très chier et très amé cousin le duc de Bourbonnoys, et craignant rigueur de justice, se sont, à l'occasion dudit cas, absentez du pays, et n'oseroient jamais y retourner se nostre [grace] et misericorde ne leur estoient sur ce imparties; humblement requerans que, actendu ce que dit est et que lesdiz supplians, pour les grans et énormes pilleries, roberies, raençonnemens, boutemens de feux et autres maulx, dommaiges, inconvéniens, innumerables cruaultez et tyrannies que faisoient au poure peuple souffrir lesdictz gens de guerre qui estoient oudit pays de Beaujouloys, et mesmement que, au temps dudit cas advenu, tous les manans et habitans dudit lieu de Saint-Just, ou la plupart d'iceulx, estoient retraiz en la dicte église forte pour doubte desdictz gens de guerre, à l'occasion desquelz lesdiz habitans souffroient plusieurs grans necessitez, pouretez et indigences, tant en leurs personnes que en leurs biens, et n'osoient partir de ladicte église forte pour doubte de leurs personnes; à l'occasion desquelles choses lesdiz supplians estoient comme forsenez et hors de sens, et comme gens desesperez, et cuidoient recouvrer leurs pertes sur lesdictz gens de guerre; et que en autres choses ils sont gens de bonne fame, renommée et honneste conversation, etc..... Pourquoy nous, etc... avons remis et pardonné, etc... Donné à Tours, le dixiesme jour du mois de fevrier, l'an de grace mil cccc xlvii, et de nostre règne le xxvie.

Ainsi signé: Par le Roy, à la relacion du Conseil, Rolant. *Visa. Contentor*, P. Le Picart.

XXXVII

Quittances de solde payée, sur une aide votée par les États du Bas-Limousin, à divers seigneurs qui avaient défendu Ussel et Meymac contre Rodrigue de Villandrando. — Originaux en parchemin, ms. français, n. 22420 de la Bibliothèque nationale, pièces 51, 45, 46 et 44. Communication de M. Du Fresne de Beaucourt.

(Événements de juin, juillet, août 1435.)

I. Nous Charles, conte de Vantadour, certefions par ces présentes avoir esté bien et léaument paiés et comptant de Jehan Beaupeil, receveur général pour le roy nostre sire où bas païs de Limosin, de l'ayde octroyé en la ville d'Ussarches ou moys d'aoust darrenier passé, de la some de troys cens quatre vingt dix livres tournois; quelle somme nous avoit esté donnée et acordée à ladite journée, par les gens des troys Estaz dudit bas païs, prandre et avoir sus les deniers de la recepte dudit receveur, pour avoir esté et demouré ès villes de Ussell et de Memac en garnison l'espace de deux moys, à l'encontre de Rodrigon et du bastart de Bourbon, qui estoient entrez oudit païs pour y fere et porter plusieurs maulx et demages, ensin que plus à plain est contenus eu rolle des fraiz dudit aide. De laquelle somme de troys cens quatrevings dix l. t., comme dit est, nous nous tenons pour comptans et bien paiez dudit receveur, et l'en quictons et touz autres à qui demende en pouroit estre faicte. Donné à Vantadour, soubz nostre seaux et saign manuelz, le x[e] jour du moys de juing l'an mil IIII[c] XXXVI.

Signé, VANTADOUR.

2. — Sachant touz que ge, Johan de Lobertes, seigneur de Lascoulz, certefie par ces présentes avoir esté bien comptanté et paié de Jehan Beaupeil, receveur général pour le roy nostre sire ou bas païs de Limosin, de l'aide octroié en la ville de Ussarches ou mois d'aoust darrenier passé par les gens des troys Estaz de dit païs, de la somme de XX l. t. à moy donnez et acordés par les gens desdiz troys Estaz pour avoer esté en garnison ès villes de Ussel et de Memac, à l'encontre de Rodrigon et d'autres qui estoint entrés oudit païs, enxin que plus à plain est contenu ou rolle desdiz fraiz. Sy en suys comptant dudit receveur, et l'en quicte et touz autres. En tesmoing de ce, j'ay signé ces présentes de ma main et scellés de mon seeu, le VI[e] jour de may l'an mil IIII[c] et XXXVI.

Signé, J. DE LOPBERTES.

3. — Sapchan tutz que je, Nicolas de Malmon, seigneur de Malmon, confesse avoir esté bien et loyaument paié de Jehan Beaupeil, receveur général pour le roy nostre seigneur au bas païs de Lemosin, de l'aide octroiée et mis sus par les gens des troys Estas dudit pays en la ville de Userche ou moys d'aoust darrenier passé, de la somme de quarante livres tornois à moy donné et accordé par lesdictes gens des troys Estas, pour avoir esté en la garnison des villes d'Ucel et de Meymac à l'encontre de Rodigro (*sic*)

et de autres, qui estoient entrés audit pays pour y fere et pourter pluseurs maulx et domaiges, ainssi que plus à plein est contenu ou rolle desdiz fraiz. De laquelle somme je me tians pour contens dudit receveur, et veulh que madicte quictance et acquit li vailhe descharghe partout ont il appartiendra. Donné soubz mon seel et saing manuel, le xxe jour de fevrier, l'an mil quatre cens trente et cinq.

Signé, Maumon.

4.— Sachent touz que ge, Loys d'Escourralle, chevalier, seigneur d'Escouralle, confesse avoir esté bien et léaument paié de Jehan Beaupeill, receveur général pour le roy nostre sire, ou Bas-Lemosin, de l'ayde octroyé et mis sus par les gens des troys E..tz dudit pays en la ville de Usarches ou moys d'aust darrenier passé, de la somme de quarante l. t. à moy donné et acordé par les gens des trois [Estaz] dudit païs, pour avoir esté ès garnisons de Ussel et Memac à l'encontre de Rodrigou et d'autres, qui estoient entrés oudit pays pour y fere et porter pluseurs maulx et domages, enxin que plus à plain est contenu ou rolle desdiz fraiz. De laquelle some je mettiens pour comptant dudit receveur, et vueil que ma ditte quittance luy vaille aquit et descharge partout ont il apertendra. Donné soubz mon seau et signé de ma main, le xxiiie jour de fevrier, l'an mil quatre ceus et trente et cinq.

Signé, Loys d'Escorralle.

XXXVIII

Rémission accordée en 1447 à Jean Delaporte, complice des ravages exercés par Rodrigue de Villandrando dans le Bas-Limousin. — Registre JJ 179, pièce 15, aux Archives nationales.

(Événements du mois d'août 1435.)

Charles, etc., savoir faisons, etc, nous avoir receu l'umble supplicacion de Jehan de la Porte, autrement dit de Velay, aagé de quarante cinq à cinquante ans ou environ, contenant que il nous a servi le temps passé en noz guerres, nous estans daulphin de Viennois et avant que pervenissions à la couronne, et aussi après, en la compaignie de plusieurs capitaines, et mesmement en la compaignie de feuz le viconte de Narbonne et de Amaury de

Séverac, lors mareschal de France, en nostre païs de Normendie, à la bataille de Cornan (*sic*) oudit païs, où il fut en la compaignie des dessusdiz, et en plusieurs autres batailles, rencontres, prinses et assaulx de places et chasteaulx et forteresses qui estoient occuppées par noz anciens ennemis les Anglois; et entre autres places ledit suppliant print d'eschielle la place d'Ivry-le-Chasteau, oudit pays de Normandie, laquelle tenoient nos diz ennemis; lequel suppliant, du temps que les Bourgongnons estoient à nous désobéissans et tenoient le party de nos diz adversaires, fu à lever les sièges de Lestang et de Montlardier, et aux sièges de Besiers et de Hylevet, et fut à la prinse de plusieurs chasteaulx et places que tenoient et occupoient lors les diz Bourgongnons en nostre pays de Languedoc; et depuis nous a servy ou voyage de Tartas, et fut à la bataille ordonnée par nous en Guienne, oudit voyagé de Tartaz, et au siège de Serverete, et fut à la prinse d'une place que ung nommé Salnove, qui estoit Bourgongnon, tenoit. Et pour soy tenir en nostre service et nous servir ou fait de nos dictes guerres, ledit suppliant a esté prisonnier VIII ou IX foiz, tant de noz diz ennemis les Anglois que des diz Bourgongnons; à l'occasion desquelles prisons et pour soy delivrer d'icelles, lui a convenu païer plusieurs grans sommes de deniers à lui importables, de quoy il a eu et enduré plusieurs necessitez et indigences, et lui a convenu engaigier la plus part de sa chevance, dont il est moult apovry. Pendant lequel temps que ledit suppliant s'est employé en nostre service, il a aucune foiz tenu les champs et vescu sur iceulx, et pour vivre et avoir de quoy soy entretenir, il a fait et a esté à plusieurs courses, pilleries et prinses de places, lesquelles estoient en nostre obéissance à noz subgiez, et mesmement au siège de Montelerie et de Argenes ou pays de Gevaudan, en la seneschaucée de Beaucaire, et print la place de Rochefort oudit pays de Velay par eschielle; et a ledit suppliant fait et donné à noz subgiez plusieurs dommaiges et pilleries, prins bestial gros et menu, icellui vendu, mengié butins et partie raençonné. Et a esté en garnison à Rochefort, à Pézenas, à Cabrières en nostre pays de Languedoc, et a tenu les champs avecques plusieurs routiers et capitaines de gens d'armes, comme dudit viconte de Narbonne, A[maury] de Séverac, Jehan Roulet, Roudigo de Villeandras, le sire de Lestrac, Giraud de la Paillère, Jehan Valecte et plusieurs autres; èsquelles garnisons et compaignies il a fait et commis et esté à plusieurs courses, pilleries et roberies et a couru et espié chemins, foires et marchiez, destroussé et desrobé gens d'église, marchans et autres, et toutes manières de gens qu'il pouoit rencontrer, et iceulx raençonnez; et aucunes foiz a esté à prises d'aucunes places estans en nostre obéissance où il y avoit meurdre commis et perpétré, mais oncques ne le fist ne consenti faire; et plusieurs autres crimes et déliz ce pendant et durant ledit temps, et depuis a continué et s'est tenu en nostre dit service. A l'occasion desquelz cas ledit suppliant doubte que on voulsist ou temps avenir procéder contre lui par rigueur de justice, se nostre grace et miséricorde ne lui estoient sur ce imparties, humblement requérant que, actendu ce que dit est, et les grans et continuelz services qu'il nous a faiz en nos dictes guerres et affaires, et aussi les grans raençons qu'il lui a convenu paier pour soy délivrer des prisons où il estoit, etc., et qu'il n'avoit gaiges ne bienfait de nous dont il se peust entretenir en nostre dit service, et qu'il ne tint oncques autre party que le nostre, ne [a] esté en compaignie ou service d'autre qui tenist party contraire à nous, il nous plaise sur ce lui impartir icelles. Pourquoy nous, actendu ce que dit est, etc., audit suppliant, etc., avons quicté remis pardonné et aboly, et de nostre grace espécial, plaine puissance et auctorité royal remectons, quittons, pardonnons et abolissons par ces présentes les faiz et cas dessusdiz avec tous autres quelzconques par lui commis et perpetrez durant lesdictes guerres, à l'occasion d'icelles et depuis ledit temps, lesquelz nous voulons icy estre tenu pour exprimez sans ce qu'il soit tenu d'en faire autre declaration, avec toute peine, amende et offense corporelle, criminelle et civile, en quoy il pourroit, à l'occasion des cas dessusdiz ou d'aucun d'eulx, estre encouru envers nous et justice, sauf et réservé toutes voyes meurdre d'aguet apensé, avoir bouté feu, violé églises et forcé femmes, et aussi pourveu qu'il n'ait tenu party contraire à nous ne esté en compaignie ne service autre qui l'ait tenu, etc., etc. Donné à Bourges, au mois d'aoust, l'an de grâce mil cccc quarante et sept, et de nostre règne le xxve. *Ainsi signé :* Par le Roy en son Conseil, Rolant. *Visa. Contentor.* Ja. De La Garde.

XXXIX

Extraits du registre des délibérations du corps de ville de Tours pour les années 1435-1436, et du registre des comptes, n. 26 de la même ville, concernant le séjour de Rodrigue de Villandrando devant Tours.

(Septembre 1435.)

1. — Le XIIIe jour dudit mois de septembre ensuivant, oudit an (M CCCCXXXV), Jehan Godeau, lieutenant présent, se sont assemblez les esleuz et commis de ladicte ville, maistre Girault Bairre et Geffroy Gobin pour l'église de Tours, maistre Guillaume de Neufville pour MMrs de monseigneur saint Martin, etc., pour deliberer quelle provision on pourra trouver pour resister et donner provision aux maulx et oultrages que font de present les gens d'armes et de trait estans logez près et environ ceste ville.

Sur quoy ont deliberé qu'il est de necessité de envoyer par devers le roy, pour lui remonstrer lesdiz maulx et inconveniens, afin que le roy y donne provision, ou autrement tout est perdu; et que on y envoye un mandement brief.

On y a esleu pour y aler frère Jehan Bereau, Jacobin du couvent de Tours. Et le lendemain ycelui Bereau se partit pour aler à Bourges, et lui furent baillées lettres closes adreçans au roy, unes autres à Messeigneurs de son grant Conseil et unes autres à maistre Jehan Picart, avec mémoires et instructions des choses qu'il avoit à poursuir, etc.

2. — Le XXIIIe jour dudit moys ensuivant, au tablier de la dicte ville, Jehan Godeau, lieutenant present, se sont assemblez les esleuz de ladicte ville et le conmis pour les gens d'église d'icelle ville, etc., pour entendre le rapport dudit frère Jehan Bereau qui celui jour estoit arivé de son voyage de Bourges, lequel il fist; c'est assavoir qu'il avoit presentées sesdictes lettres closes tant au roy que autres à qui elles se adreçoient, et leur avoit dit la créance qui lui avoit esté chargée et baillée par mémoire, tant desdictes gens de Rodigues et des maulx qu'ils faisoient, que du rabès de la taille. Et dit que le roy a esté très mal content et desplaisant de ce que lesdictz gens d'armes estoient venuz loger près de ceste ville; et incontinent que le roy avoit receu lesdictes

lettres closes, il avoit ordonné incontinent faire lettres closes adreçans au bastart de Bourbon et autres, pour les faire incontinent deslogez, etc.

3. — (Du chapitre *Voyages*) : A frère Jehan Bereau, religieux du couvent des jacobins de Tors, la somme de six livres tournois à lui tauxée et ordonnée par lesditz esleuz, presens plusieurs des habitans de la ville, pour un voiage par luy fait devers le roy à Bourges, porter lettres de la ville ad ce qu'il pleust au roy mander à Rodigue, qui estoit logé partout ycy environ, que se deslogeast; et qu'il pleust au roy faire rabais à ceste éleccion de la taille qui à present se y lieve, et donner ses lettres que toutes manières de gens y contribuent, fors seulement ceulx que le roy en a exemptez par ses lettres par lesquelles ladicte taille a esté mise sus. En quoy ledit frère Jehan Bereau a besoigné, au regart desditz Rodigoys, que le roy leur a mandé par ses lettres se deslogier incontinant. Quant audit rabays, il ne y a peu riens faire, mais à impetré et aporté mandement que toutes manières de gens contribuent à ladicte taille. Ouquel voiage il a esté et vacqué dix journées entières. Pour ce cy, paié par mandement desdiz esleuz donné le xxiie jour de septembre l'an mil cccc xxxv, cy rendu, vj l.

4. (Du chapitre *Despence commune*) : A Estienne Bernart la somme de vint solz tournois, pour avoir faict l'eschauguete sur la tour feu Hugon par le temps de huyt jours que les Rodigoys estoient logez en la Varenne, à ce que les portiers et autres gens de la ville ne feussent par eulx seurprins. Pour ce, par mandement desdiz esleuz et quictance donnée le ix[e] jour d'octobre l'an mil IIII[c] xxxv, cy rendu, xx s.

XL.

Acquisition pour Rodrigue de Villandrando et en son nom d'une propriété sise au Puy-la-Forge entre Chantelle et Charroux. — Original en papier des Archives nationales, P 1375[1], cote 2489.

(15 décembre 1435.)

A tous ceulx qui orront et verront ces presentes lettres, Colas Denis, conseillier monseigneur le duc de Bourbonnoys et d'Auvergne et garde du seel de la chancellerie de sondit duchié de Bourbonnoys, salut. Savoir faisons que par devant nostre amé et féal Jehan Seiguoret, clerc juré, notaire de la court de ladicte chancellerie et le nostre, auquel quant à ce nous avons commis nostre povoir du tout en tout, personnelment establie Huguete, fille Jehan Tanvinon, femme de Perrin Brysson, ladicte Huguete, de l'auctorité, vouloir et consentement de son dit mari, parrochien de Tassat, laquelle de son bon gré, pure et franche voulunté, sans nulle contraincte, a cogneu et confessé avoir vendu, cedé, quicté, delaissé et dès maintenant à perpetuité transporté à noble et puissant seigneur monseigneur le conte de Ribedieu, seigneur d'Ussel, aceptant par frère Lyonnart de Mons, prieur d'Ussel, à ce present, stippullant et aceptant pour ledit monseigneur le conte, pour le pris et somme de quinze réaulz d'or de bon or et de bon poix, desqueulx icelle Huguete, à l'auctorité de sondit mari, s'est tenue par contente et bien payée, et en a quicté et quicte par ces presentes ledit monseigneur le conte de Ribedieu, à ce aceptant ledit frère Lyonnart de Mons, pour lui et les siens : c'est assavoir une maison, seu, peason, ort et appartenances d'icelle, assise ou terroux du Puy le Forge, tenant au chemin commun par lequel l'en vait de Chantelle à Charroulx devers nuyt, d'une part, à ung chemin commun devers bise, d'autre part, au pré de mondit seigneur de Ribedieu qu'il a acquis de Seguin, devers orient, d'autre part, et à la terre de mondit seigneur le conte de Ribedieu devers midi, d'autre part ; et tout le droit, action, propriedté et possession que ladite Huguete, à l'auctorité que dessus, avoit et povoit avoir ès choses par elles vendues et confinées comme dessus est confiné, et desquelles, à l'auctorité de sondit mari, s'est desmise, devestue et dessaisie, et en a vestu, saisi et mis en bonne possession et saisine ledit monseigneur le conte et les siens à perpetuité par le bail, concession et octroy de ces presentes. Et a promis icelle venderesse, à l'auctorité, vouloir et consentement de son dit mari, par le foy et serement de son corps et soubz ypothecque et obligacion de tous ses biens, meublez et inmeublez, presens et avenir, les choses dessus dites par elles vendues, à l'auctorité que dessus, deffendre et garentir audit achapteur ou ès siens les choses dessusdites envers tous et contre tous, en jugement et dehors, parmy ce que par mondit seigneur le conte ou son certain procureur pour lui poieront les cens acoustumés, en deschargbant ladicte venderesse d'ores en avant. Et quant à ce tenir ferme et agréable d'ores en avant ladicte venderesse, à l'auctorité que dessus, a voulu elle et les siens estre contraincte et pellie (*sic*) par la dite court, par la prise, vente et explectacion de tous sesdiz biens, en renuncent en ce fait à toutes actions, exceptions, fraudes, baras en ce fait contraires, et mesmement à droit disant general renunciation non valoir, se l'especial ne precède. En tesmoing desquelles choses dessusdites, nous, à la relacion dudit juré, le seel de ladite chancellerie avons mis et apposé à ces presentes lettres, sauf et reservé le droit de mondit seigneur le duc et l'auttruy. Donné, tesmoingz à ce presens, Guillaume du Ginestz de Malicorne et Jehannin Lemere, cordonniers, demorans en Charroulx, le quinzeyesme jour de decembre, l'an mil quatre cens trente et cinq.

XLI

Convention passée entre le duc de Bourbon et Rodrigue de Villandrando, pour l'assiette définitive des mille livres de revenu stipulées dans le contrat de mariage dudit Rodrigue et de Marguerite de Bourbon. — Original en parchemin aux Archives nationales, P 1361, cote 1380.

(2 août 1436.)

A tous ceux qui ces présentes lettres verront, Jehan Dabute, conseiller et secretaire du roy, nostre sire, et garde du seel d'icellui seigneur en la prevosté de Saint-Pierre le Moustier, savoir faisons que, pardevant Pierre Douet, clerc juré du roy, nostre sire, etc., très hault et puissant seigneur, mgr. Charles, duc de Bourbonnois et d'Auvergne, d'une part, et noble homme Rodrigue de Villendrando, conte de Ribedieu, à son nom et prenant en main pour damoiselle Marguerite de Bourbon, seur naturelle de mondit seigneur le duc, d'autre, les dictes parties ont congneu et confessé que, comme au traictié du mariage des dis conte de Ribedieu et Marguerite, mondit seigneur le duc eust donné en dot et mariage à ladicte Marguerite, et par elle audit conte, lors son espoux advenir, à leurs hoirs masles descendens de leur dit mariage, mil livres de rente en value avecques une forteresse, et fait certaines autres promesses et convenances, bien à plain declairées ès lettres dudit traictié, desquelles la teneur s'ensuit : « A tous ceux qui ces présentes lettres verront, etc., etc.[1] »; mondit seigneur le duc aiant

[1] C'est la répétition de l'acte imprimé ci-dessus, p. 210.

ferme et agréable les choses par luy promises, declairées ès dictes lectres, pour plusieurs causes qui ad ce l'ont meu et meuvent, les promesses par luy autres fois faictes et contenues èsdites lectres a approuvées, ratiffiées, confermées, et encore appreuve, ratiffie et conferme; et pareillement ledit mgr. de Ribedieu a le contenu ès dictes lettres, aux noms dessusdictz, agréées, approuvées, confermées, et encor derechief agrée, appreuve et conferme. Et pour ce que, par lesdictes lettres, mondit seigneur le duc avoit promis audit Rodrigue de lui faire asseoir mil livres de revenu en value, desquelles ne lui avoit encore fait asseoir que trois cens livres de rente de revenue en value, peu plus ou moins, si que lui en reste à asseoir sept cens livres ou environ, et avecques ce, car mondit seigneur le duc avoit voulenté de mectre hors des mains dudit Rodrigue le chastel et terre de Chastelledon et les remectre ès mains des seigneurs à qui ilz appartiennent de droit héritage : mondit seigneur, en recompensacion de ce, pour asseurance perpétuel pour ledit Rodrigue et ladicte Marguerite, sa femme, et de leurs diz hoirs, d'icelles mil livres de rente avecques ladicte forteresse, mondit seigneur le duc a baillé, cédé et transporté, etc., les forteresses et chastellenies de Rocheffort et d'Escolle, ensemble la moitié de la terre de Geuzac et toutes les appartenances, etc., lesquelles choses de présent la dame de Ravel tient à douhaire et usuffruit, dont dès maintenant mondit seigneur le duc transporte èsditz mariez la propriété d'iceulx chasteaux et terres, et aussi l'usuffruit d'icelles et de leurs dictes appartenances, pour en jouir incontinent après la mort de ladicte dame de Ravel, etc. Et oultre plus, pour ce que ladicte dame de Ravel tient à douhaire et à sa vie lesditz chasteaul et terre de Rocheffort, Escolle et moitié de Geuzac, mondit seigneur le duc récompensera bien et dehument lesditz mariez, durant ledit viage et usuffruit, de la somme que encor leur reste à assigner; et pour ce baille et delivre à iceulx mariez la somme de sept cens livres tournois de annuelle revenue : c'est assavoir, sur la recepte de Chantelle, deux cens trente et trois livres six sols huit deniers tournois; sur la recepte de Murac, autres deux cens trente trois livres six solz huit deniers tournois; et sur la recepte d'Eriçon, autres deux cens trente trois livres six solz huit deniers, etc. Et ont promis et promectent les dessus dictz seigneurs et chacun d'eulx, en tant que à chacun d'eulx touche et appartient, c'est assavoir monseigneur le conte de Ribedieu prenant en main que dessus, par leur foy pour ce donnée corporellement en la main dudit juré et sur l'ipothèque et obligacion de tous leurs biens, etc., que contre les choses dessusdictes ne aucunes d'icelles jamais ilz ne viendront, etc. En tesmoing de ce, nous, garde dessusdict, etc., avons mis et apposé le seel de ladicte prevosté à ces presentes lectres. Donné, tesmoings ad ce presens, requis et appellez par icellui juré notaire, messeigneurs Jacques de Velly, Robinet d'Estampes, chevaliers; Guidot Benedic, escuyer, et messire Pierre de Thoulon, chevalier, seigneur de Genac; le jeudi, deuxiesme jour du mois d'aoust, l'an de grace mil quatre cens trente six. *Signé* Douet.

XLII

Ordonnancement par le duc de Bourbon au profit de Rodrigue de Villandrando de la somme de mille livres qu'il lui devait tant pour l'évacution de Charlieu, que pour les réparations faites à cette place ainsi qu'au château de Châteldon. — Original en parchemin, aux Archives nationales, P 1375, cote 2177.

(3 août 1436.)

Charles, duc de Bourbonnois et d'Auvergne, conte de Clermont et de Fourez et seigneur de Beaujeu, per et chamberier de France, à nostre amé et féal conseiller et gouverneur général de noz finances, Loys de Segrie, salut. Nous sommes tenu à nostre très chier et féal ami Rodrigo de Villandrando, conte de Ribedieux, en la somme de sept cens livres tournois que promis et accordé lui avons, tant pour le fait et delivrance de Charlieu et les reparacions qu'il y a faictes, comme pour une bombarde et certains engins volans qu'il a fait faire pour la garde de la place dudit Charlieu, lesquelles bombarde et engins volans seront et demoureront à nous pour en faire nostre plaisir, combien que ladicte bombarde ne soit pas encore parpaiée devers le mestre qui l'a faicte, mais nous la ferons parpaier; et en oultre deux cens royaulx ou escus d'or que le prieur dudit lieu de Charlieu a paié ou doit paier audit Rodrigo par nostre ordonnance, pour la delivrance et reparacion dudit Charlieu. Et d'autre part lui sommes tenu en la somme de trois cens livres tournois, pour cause de la delivrance de la place de Chastelledon et des reparacions qu'il y a faictes, en oultre trois cens saluz que les seigneur et dame dudit lieu de Chastelledon lui ont paié ou doivent paier pour ceste cause. Lesquelles deux parties par nous deuez audit Rodigo font, en somme toute, la somme de mille livres tournois, laquelle lui voulons estre payée le plus tost que faire se pourra. Si voulons et vous mandons que par cellui ou ceulx de noz tresoriers et receveurs de noz finances ordinaires ou extraordinaires que vous adviserez pour le mieulx, vous faictes payer et delivrer audit Rodrigo ladicte somme de mille livres tournois, laquelle sera allouée ès comptes et rabatue de la recepte de cellui ou de ceulx desdits receveurs qui payé l'aura per noz amez et féaulx gens de noz comptes, ausquielx nous mandons que ainsi le facent par rapportant ces présentes et quictance souffisant dudit Rodrigo. Donné en nostre ville de Molins, soubz nostre seel, le iij[e] jour d'aoust, l'an de grace mil iiij[c] trente et six.

Par monseigneur le duc, DEBAR.

XLIII

Répartition d'indemnités aux magistrats des communes du Bas-Languedoc pour leur participation aux travaux des États tenus à Béziers pour voter l'aide dont les fonds devaient servir à débarrasser la province de la présence de Rodrigue de Villandrando. — Original en parchemin de la Bibl. nationale, Ms. fr. 26062, n. 3034.

(Événements de novembre 1436.)

Les commissaires ordonnez de par le roy nostre sire où diocèse de Nysmes à imposer, asseoir et mectre sus les habitans d'icelui et des lieux de l'arceveschié d'Arles estans ou royaume la somme de ix[c] lvj l. v s. v d. tour. pour leur cotte et porcion de l'aide ou subside octroiez par les gens du commun estat du pays de Languedoc, à l'asemblée des gens des trois Estaz dudit païs faicte et tenue à Beziers, ou mois de novembre derrenierement passé, pour resister à la venue d'un nommé Rodigo et autres routiers, lesquelx, contre le vouloir du roy, n'a gaires se sont essayez entrer oudit païs pour grever, rober et piller les subgiez et habitans dudit païs; aussi les sommes neccessaires pour paier et contenter les frais, missions et despens faiz et soustenuz par les communes dudit diocèse, tant en ambassades à l'occasion dessus dicte faictes, salaires de nosdiz commissaires, receveur, notaire et autres adjoinctz avec nous à faire ladicte assiete, comme en plusieurs voyages, messageries et autres affaires touchans ledit aide : à honnorable homme et saige, Jehan d'Estampes, trésorier de Nysmes et receveur particulier dudit aide oudit diocèse, salut. Comme par l'advis et meure deliberation eue sur ce avec maistres Anthoine Voluntat et Jehan Guairet, licencié en lois, et Hugues Chabault, bourgois dudit lieu de Nysmes, esleuz et nommez de la part des dictes communes pour estre présens à faire ladicte assiete, veues premierement par nous et diligemment examinez et calculez, présens les dessusnommez, les parties des despences à nous exhibées, et par lesdits commissaires à l'occasion dessus dicte faictes, lesquelles pour cause de brieflé, attendu leur prolixité, avons cy obmis inserer, mais ont demourez par devers nous ; pour la cause dessus dite nous avons tauxé et par ces présentes tauxons aux consuls, sindics et conseillers procureurs desdites villes dudit diocèse accoustumez sur ce estre appelez, cy après dessoubs nommez, la somme de quatre cens quatre vins livres viij s. v d. t. par la manière qui s'ensuit : c'est assavoir aux consuls de Nysmes, ij^cvij l. xiiij s. v d. t.; aux consuls d'Alès, lxxvj l. xix s.t.; aux conseilliers de Sommières, xl l. x s.t.; aux sindics de Beaucaire, iiij l. x s. t.; aux procureurs d'Anduse, lj l. x s. t.; aux sindics de Salves, xxxvij l. ij s. vj d. t.; aux consuls du Vigan, xxxv l. ij s. vj d. t.; aux sindics de Marsilhargues, xiiij l. xv s. t.; aux sindics d'Amargues, xij l. v s. t. Lesquelles sommes particulières, montans pour tout à ladite somme de iiij^c iiij^{xx} l. viij s. v d. t., vous mandons des deniers de vostre dicte recepte ordonnée et imposée pour contenter, paier et satisfaire lesditz fraiz, missions et despens, paiez, baillez et delivrez aux dessus nommez consuls, sindics, conseillers et procureurs, par la manière dessus contenue. Et en rapportant ces présentes et recongnoissance suffisant des dessus nommez, comme à chacun peut toucher, ladicte somme de iiij^c iiij^x l. viij s. v d. t. sera allouée en voz comptes et rabatue de vostre recepte imposée pour les diz frais et despens contenter par ceulx à qui il appartendra, sans contredit ou difficulté aucune. Donné à Nysmes, le premier jour de décembre, l'an mil quatre cens trente et six. *D'une autre main :* ACY J. M. ET Co.

Ainsi tauxé par lesdiz commissaires, ROUSSEAU.

XLIV-XLV

Quittance d'une allocation particulière faite sur les fonds votés par la même assemblée de Béziers. — Original en parchemin de la Bibliothèque nationale, Manuscrits fr. *Pièces originales*, vol. 599, f. 30.

(Événements de novembre 1436.)

En la présence de moy, Guillaume Faverot, notaire et secrétaire du roy nostre sire, fut présent en sa personne messire Jehan de Caramaing, chevalier, seigneur de Noailles, lequel congneu et confessa avoir eu et receu de maistre Bernard Durban, receveur général de l'octroy faict par aucuns gens des troys Estas des troys seneschaucées de Tholose, Carcassonne et Beaucaire, à l'assemblée faicte à Besiers, ou moys de novembre derrenièrement passé, montant à la somme de neuf mille sept cens cinquante livres tournois, pour obvier, donner provision et resister à certain grant nombre de gens d'armes et de traict, dont estoit chief et capitaine Rodrigo de Villandrat, lesquelz estoient venus devant la ville d'Alby et ou pays d'Albigoys en entencion et propoz, ainsi que on en estoit informé, de venir, passer et chevaucher le long et travers du pays de Languedoc, qui eust esté la destruction et gast dudit pays de Languedoc, et dont innumérables maulx, dommaiges et autres inconvéniens irréparables s'en feussent ensuiz : c'est assavoir la somme de deux cens vingt et cinq livres tournois pour la valeur de troys cens motons d'or à luy ordonné par reverend père en Dieu mgr. l'évesque et duc de Laon, per de France, president de la chambre des comptes du roy nostre dit seigneur et général conseiller par luy ordonné sur le fait et gouvernement de toutes ses finances ou dit pays de Languedoc ; pour le recompenser, deffrayer et satisfaire des paines, travaulz et despens par luy faiz, tant pour venir à la dicte assemblée comme autrement, pour la cause dessusdicte. De laquelle somme de ij^{c} xxv l. t. il se tint pour content et bien payé, et ledit receveur et tous autres à qui quictance en doyt et puet appartenir, en quicta et quicte par ces presentes. Tesmoing mon seing manuel cy mis, le sixiesme jour d'avril, l'an mil cccc trente et sept[1].

Signé, G. Faverot.

[1] D'autres quittances de même formule ont été données dans le courant du

XLVI

Délibérations à l'hôtel de ville de Béziers pour mettre la ville en état de défense contre Rodrigue et ses routiers. — Imprimé dans le *Bulletin de la Société archéologique de Béziers* (1837), p. 311, d'après le registre original des Archives de la ville.

(17-22 décembre 1436.)

Anno nativitatis Christi millesimo quadringentesimo tricesimo sexto, illustrissimo principe domino Carolo, dei gratia rege Francorum, regnante, die lune intitulata xvij mensis decembris, honorabiles viri magister Johannes de Zoro, notarius regius, Jacobus Laurentii macellator, Johannes Romani laborator et Johannes Roderii pellissarius, consules ville Biterris, presentes, pro se et nobili viro Johanne Fabri, burgensi, eorum socio coconsule absente, tenuerunt eorum consilium, voce tube precedente, ut moris est, proclamatum, coram honorabilibus viris domino Bernardo Agelli, locum tenente domini vicarii regii et d. Petro Simonis in legibus licentiato, vicario temporali d. Biterrensis episcopi, et cum dominis consiliariis infra scriptis : super eo quod fama publica convolat quod Rodigo, roterius, descendit in presenti patria cum maximo exercitu gentium armatorum, roteriorum.

Et primo magne circumspectionis vir dominus Ramundus Rubey, doctor in legibus, dixit quod villa presens se habet magis custodire quam aliqua alia villa lingue occitane, et minus custoditur ; et ideo debemus facere bonam diligentiam in custodiendo villam et nos, et opporthet necessario quod in hiis fiat bona dili-

mois de décembre 1436, par Guillaume de Clermont, seigneur de Nebouzan ; Odart de Bar, seigneur de Campendu ; Philippe de Levis, seigneur de Mirepoix ; Jean Bertrand de Montault, seigneur de Hauterive ; Louis Maréchal, seigneur d'Épinac, conseiller et chambellan du duc de Bourbon ; Raymond de Villar, sénéchal de Beaucaire. L'allocation de Louis Maréchal est motivée « pour sa peine d'estre venu à l'assemblée dudit Beziers pour exposer certaines choses concernant le bien et utilité du pays, comme pour estre allé du mandement des Estaz avec aucuns seigneurs du pays vers ledit Rodigo, pour traicter avec lui » ; et l'allocation du sénéchal de Beaucaire, « à cause d'aucun nombre de gens d'armes assemblez et mis sus, pour résister audit Rodygo et autres de sa compaignie, s'ilz feussent descendus au bas pays de Languedoc. » Manuscrits de la Biblioth. nat. *Collection de Languedoc*, t. 109, fol. 168, 170, 171, 172 ; *Clairambault*, vol. 172 et 181.

gentia. Dixitque quod habeantur quinquaginta aut sexaginta boni homines ville et deputentur, qui habeant videre qualiter meliori modo nos possumus custodire nocte et die, et quod deputentur boni homines loco illorum qui non faciunt eorum diligentiam in custodiendo portalia, ut dicta portalia bene custodiantur et villa; et quod incontinenti post prandium vocentur et veniant in presenti domo communi duo pro scala, qui habeant tractare de dicta custodia cum dominis consulibus; et etiam quod deputetur unus bonus capitaneus, qui timeatur per gentes, pro faciendis exitibus juxta mandata domini senescalli et domini vicarii curie regie; et eligatur unus capitaneus et satisfiat sibi de ejus labore; et quod domini consules faciant taliter cum domino Biterrensi episcopo et dd. de capitulo quod eclesia sancti Nazarii bene custodiatur, et quod bona hora pulsetur pro simbalo *Ave Maria*, et etiam tuba domus communis, ad fines ut portalia de vespere bona hora claudantur, et sit dies clara de mane quando aperientur; et etiam dd. consules fieri faciant badum supra eclesia sancti Nazarii; et illi duo pro scala cum dd. consulibus avisent que erunt fienda circa custodiam presentis ville; et quod portalia occupata *del Gua*, Sororum minoretarum et *del Gua*, claudantur et non aperiantur [nisi] de permissione dicti capitaney.

Dixit de Aymerico Barbati, ibidem presenti, roguans ipsum quod recipiat penam capitaney, et quod satisfiat sibi debite, et quod de restis levariorum satisfiat sibi, et quod ad levariorum dictas restas deputentur duo boni homines.

Dominus Stephanus Vasserio dixit quod nos custodiamus bene, sicut d. doctor dixit, et quod detur bona provisio in custodiendo, et quod d. Aymericus Barbati, presens, recipiat honus hujus capitaneatus, et quod dd. consules cum duobus deputatis pro qualibet scala faciant eorum dilligentiam ad dandum remedium super custodia presentis ville; et quod quolibet vespere visitentur hostalarie, ad finem ut sciatur qui erunt illi cubantes in eisdem. Est opinionis d. doctoris.

Aymericus Barbati dixit ut dominus doctor. — Johannes *Duchesne* idem. — Johannes de Foliocorde id. — Petrus Andree id.

Petrus Podii dixit idem, et quod molendina custodiantur; et quod dd. de capitulo habeant custodire molendina sancti Petri.

Johannes Guillelmi dixit ut d. doctor. — Petrus Navassii id. — Bernardus Lagiereti id. — Bernadus Lauri id. — Petrus Guariguii id. — Mag. Bertrandus Campanhani id. — Mag. Petrus Pinneti id., et quod exeant a villa presenti vagabundi.

Mag. Jacobus Constantini dixit ut d. doctor. — Mag. Johannes Ysarni id. — Arnulphus de Templo id. — Bernardus Raynaudi id.—Benedictus Vite id., et quod servientes vigilent qualibet nocte usque ad mediam noctem et etiam de mane dividendo inter se.

Mag. Petrus Boyani idem ut d. doctor. — Petrus Girone id. — Anthonius Gualiferii id. — Hugo de Planis id. — Poncius Besse id. — Anthonius Boqui id. — Guillelmus Bruni id. — Joh. Reguanhati id. — Ramundus Magistri id. — Bernardus Martini id. — Jacobus Bertinhani id. — Gabriel Cornuoyolis id. — Ramundus Laurenchie id. — Guillelmus Bruni id. — Bartholomeus Assasii id. — Johannes Regisii id. — Johannes Assies id. — Ramundus Coffolenchi id. — Johannes Aysselini id. — Ramundus Arquerii id. — Jacobus Audrandi id. — Bernardus Roque id. — Guillelmus Barroti id. — Poncius Sabbaterii id. — Petrus Peyrosii id. — Gabriel Angeli id. — Johannes Stephani id. — Nicholaus Servientis id. — Petrus Montas id. — Bernardus Portalis id. — Johannes Heyrardi id. — Johannes Palhardi id.

Quo quidem precedente consilio tento, dicti dd. consules supplicarunt dictis dd. locum tenenti dicti d. vicarii regii et vicario temporali dicti d. Biterrensis episcopi, ibidem more majorum pro tribunali sedentibus, ipsosque instanter requisiverunt ut dignentur recipere juramentum a dicto Aymerico Barbati, in capitaneum pro custodia presentis ville noviter electo, in talibus prestari consuetum.

Et ibidem d. Aymericus Barbati, in capitaneum pro custodia presentis ville noviter electus, de mandato dictorum dominorum locum tenentis et vicarii temporalis dicti d. Biterrensis episcopi promisit et juravit super sacrosanctis Dei evangeliis coram ipso positis, cum ambabus manibus sponte tactis, sese bene et fideliter habiturum in custodia presentis ville et aliter, prout lacius in instrumento per me, notarium et scriptorem presentis domus communis, in notam recepto, anno et die predictis, continetur.

Ultimate supradictus d. doctor requisivit dictos dd. consules quod faciant fieri bonas excubias in festivitatibus de proximo venientibus, quia periculum est de ipsis roteriis, quia villa ista invidiatur; et etiam requisit d. Aymericum Barbati, capitaneum, ut fieri faceret bonam diligentiam in custodia presentis ville.

Die xxij. ejusdem mensis decembris, etc., ultimate tento consilio, supradictus dominus Ramundus Rubey, doctor, requisivit ibidem supradictum Aymericum Barbati, capitaneum, et dictos dd. consules, ibidem presentes, quod faciant custodire villam presentem Biterris in festivitatibus nativitatis Domini de proximo venientibus, propter ipsos roterios qui descenderunt in presentibus partibus, quia forte, quia invident villam presentem, possent retroscedere et equitare in una nocte xv aut xvj leucas, sub spe ipsam villam habendi.

Et ibidem etiam dicti domini quatuor consules requisiverunt dictum capitaneum, presentem, ut faciat pervigili cura custodiam bonam nocte atque die, in presencia omnium dd. consiliariorum.

XLVII

Ordonnancement par Charles VII d'une somme de trois cents livres au profit de Jean de Loupiac, capitaine de Cabrières, pour sa dépense en défendant cette place contre Rodrigue de Villandrando. — Original du Cabinet des titres, dossier *Loupiac*. Communication de M. de Beaucourt.

(2 janvier 143$\frac{6}{7}$.)

Charles, par la grace de dieu roy de France, à nostre amé et féal conseiller et président de noz comptes l'évesque de Laon, général conseiller sur le fait et gouvernement de noz finances ès païs de Languedoc et duchié de Guyenne, salut et dilection. Nous voulons et vous mandons que par nostre amé et féal conseiller, maistre Macé Héron, trésorier général dudit païs, vous, des deniers de sa recepte, faites paier, bailler et delivrer à nostre amé et féal conseiller et chambellan Jehan de Lopiac, cappitaine de Cabrières en nostre dit païs de Languedoc, la somme de trois cens livres tournois, laquelle somme lui avons donnée et donnons par ces présentes, tant pour cause des bons et agréables services qu'il nous a faiz le temps passé ou fait de noz guerres, fait chacun jour et esperons que encore face le temps à venir, comme pour le recompenser des fraiz, missions et despens que lui a convenu faire à l'entretenement de huit vint hommes d'armes et xv hommes de trait qu'il a tenuz à ses despens, par l'espace de deux mois et demi, pour la garde de nostre dit chastel de Cabrières, à l'encontre de Rodigo et autres routiers qui nagaires estoient ès marches de par de là, qui de jour en jour s'efforçoient secretement de prandre ladicte place. Et par rapportant ces présentes avecques quictance dudit Lopiac, nous voulons ladite somme de iij^{c} livres tournois estre allouée ès comptes et rabatue de la recepte dudit tresorier général par noz amez et féaulx gens de noz comptes, sans contredit ou difficulté; non obstant quelzconques dons par nous à lui autresfoiz faiz non exprimez en ces présentes, et autres ordonnances, mandemens, restrinctions ou deffenses à ce contraires. Donné à Vienne, le xxe jour de janvier, l'an de grâce mil cccc trente et six et de nostre règne le quinziesme, soubz nostre seel ordonné en l'absence du grant.

Par le Roy, les sires de Bueil et de Chaumont, présens.

XLVIII

Extraits du registre des délibérations du corps de ville de Tours pour les années 1436-1437, et du registre des comptes n. 26 de la même ville, concernant l'intervention de la reine et de la dauphine pour empêcher Rodrigue de Villandrando d'amener de nouveau ses compagnies en Touraine.

(Avril 1437.)

1. Le xe jour d'avril après Pasques, l'an mil IIII^{c} XXXVII, ou chappitre de l'abbaye de Saint-Jullien, mons. de Tucé, bailli de Touraine, se sont assemblez mons. le juge et le lieutenant, reverend père en Dieu mons. l'abbé de Saint-Jullien, le sire de Maillé, etc., etc., pour deliberer sur ce que par mondit seigneur de Maillé a esté dit à ladicte assemblée que, en parlant comme amy de ladicte ville, considérant le plaisir que la royne et madame la dauphine ont nagueres fait à ceste ville et au païs d'environ de rescripre lettres closes à Rodigues, cappitaine de gens d'armes, de present logé à La Chastre en Berry à très grant compaignie de gens d'armes et de trait, qui, comme l'en disoit communément, vouloient tirer en ce païs pour y logez, tirassent autre par par deçà et ne venissent logez en ce païs; lequel Rodigues a fait response par lettres closes qu'il a escriptes à la royne et à madame la dauphine, et lesquelles lettres ledit mons. de Maillé dit avoir veues, que pour l'onneur de la royne et de ma dicte dame la dauphine, et aussi pour l'onneur de mons. le dauphin, auquel il se tient fort obligé, il ne ceulx de sa compaignie ne vendroient point logez en

ce païs : il conseilloit que à la royne fust fait aucun don et present de vivres pour festoyer le roy de Secille, son frère, et autres seigneurs qui brief devoient venir en ceste ville[1].

2. A Philipot Bigot, chevaucheur de l'escuirie du roy nostre sire, la somme de x l. t. pour ung voiage par lui fait à cheval de ceste ville à La Chastre en Berry, durant le mois d'avril derrenier passé, porter lettres closes de la royne et de madame la daulphine en faveur des habitans de ceste ville et du païs d'environ; [lesquelles] rescripvoient à Rodigues, cappitaine de gens d'armes et de traict, logé à grant compaignie de gens audit lieu de La Chastre, et lequel, comme il estoit tout notoire en ceste ville, vouloit venir loger en ce païs; par lesquelles lettres la royne et madame la daulphine recommandoient fort ce païs audit Rodigues, en lui priant qu'il n'y venist point loger lui ne ses gens. Et lequel chevaucheur, après son retour, a dit qu'il a esté audit lieu de La Chastre où il a trouvé de quatre à cinq mile de gens dudit Rodigues logez eulx et leurs chevaulx; et quant il arriva audit lieu, ledit Rodigues n'y estoit pas, et il lui fut dit par son lieutenant qu'il n'atendoit [que] l'eure que icelui Rodigues devoit venir à la compaignie. Et pour ce, ledit chevaucheur atendit et fut trois jours après, avant que ledit Rodigues arrivast; et si tost qu'il feut arrivé, ledit chevaucheur lui présenta lesdictes lettres; et après ce qu'il les eust leues, dist de bouche qu'il obéiroit ausdittes lettres et que pour l'onneur et reverence de la royne et de madame la daulphine, et aussi en faveur de mons. le daulphin, duquel il disoit estre serviteur et obligé à lui, il ne vendroit point loger ou païs de Touraine, combien qu'il eust emprins de passer par ledit païs pour aler au voiage qu'il avoit entencion de faire; et non obstant, a rescript à la royne et à madame la daulphine responce par lettres closes qu'il a escriptes du contenu en ce qu'elles lui avoient escript; laquelle responce, ainsi que mons. de Maillé, qui dit avoir veues lesdittes lettres, nous a dit, contenoient entre autres choses que icellui Rodigues ne vendra point loger en ce païs. Ou quel voiage faisant ledit chevaucheur a vaqué dix jours entiers; et avant son partement mess. les esleuz appointèrent o lui, pour faire le dit voyage à ses perilz et fortunes,

[1] Suit une longue délibération qui est remise au lendemain et dont la conclusion fut qu'on octroyerait à la reine, pour la réception qui se préparait, douze veaux de lait, vingt cinq moutons, deux cents poulets et vingt cinq chapons gras.

à xx s. par jour, qui est pour les dictes dix journées la somme de x livres à lui paiée par mandement desdiz esleuz et quittance sur ce donnée le iiij^e jour de may, l'an mil cccc xxxvij.

Audit Philipot Bigot, chevaucheur de l'escuirie du roy nostre sire, la somme de cent solz tournois pour ung voyage par lui nagaires fait durant ce present mois, pour estre alé de ceste ville de Tors à Chastillon sur Aindre porter lettres closes que la royne, nostre souveraine dame, et madame la daulphine, rescripvoient à Rodigues et au bastart de Bourbon, lesquelx s'estoient aprouchez du lieu de La Chatre en Berry, où ilz estoient logez, et estoient venuz logez à grant compaignie de gens d'armes et de trait audit lieu de Chastillon sur Aindre; et, comme il estoit tout notoire en ceste ville, au jour que le chevaucheur se partit pour faire ledit voyage, lesdiz Rodigues et bastart de Bourbon et leurs dictes gens vouloient venir logez près de ceste dicte ville, non obstant la promesse par avant faicte à la royne et à madame la daulphine, eulx estans logez au dit lieu de La Chatre, de non venir logez en ce païs; et lesquelles lettres closes la royne et madame la daulphine en faveur de ceste dicte ville et du païs d'environ escrivoient audit Rodigues et au bastart de Bourbon que, en tenant la promesse que ledit Rodigues leur avoit nagaires faicte par ces lettres closes, qu'il leur avoit escriptes de non venir logez en ce païs, qu'ilz n'y voulsissent aucunement logez, en leur recommandant fort ledit païs. Et lequel chevaucheur, pour faire ledit voyage se parti de ceste dicte ville le xve jour de ce present mois, et arriva le xxe jour de ce dit present mois, qui sont cinq jours entiers. Et après son dit retour, a rapporté qu'il a esté audit lieu de Chastillon sur Aindre où a trouvé logé ledit bastart de Bourbon, le lieutenant dudit Rodigues et très grant compaignie de gens d'armes et de trait, et n'y estoit pas en personne ledit Rodigues, et n'y avoit que son dit lieutenant. Auquel bastard de Bourbon et lieutenant de Rodigues ledit chevaucheur avoit presenté lesdictes lettres closes, et avant qu'il ait peu avoir responce, a sejourné audit lieu de Chastillon en attendant ledit Rodigues, qui chacun jour devoit venir, comme on disoit, par ung jour, et n'y est point venu ledit Rodigues. Laquelle responce ledit bastart de Bourbon et lieutenant de Rodigues ont faicte de bouche audit chevaucheur que, pour l'onneur et révérence de la royne et de madame la daulphine, et aussi en entretenant la promesse dudit Rodigues, ilz ne se approucheroient point plus près de ceste ville qu'ilz estoient, ainsois se esloigneroient, et brief; et de ce ont escript lettres closes à la royne contenans ce que le dit chevaucheur a rapporté de bouche, ainsi qu'il a esté dit à messieurs les esleuz par mons. de Maillé, qui dit avoir veues lesdictes lettres. Et de present se sont esloignez lesdiz gens d'armes et s'en sont alez logez au bourc de Déoulx. Pour chacun desquelz jours lesdiz esleuz ont composé audit chevaucheur, qui a fait ledit voyage à ses périlz et fortunes, pour chacun jour, à la somme de xx s. t. qui est, pour lesdictes cinq journées, ladicte somme de c s. t. à lui paiée par mandement desdiz esleuz et quictance sur ce donnez, le xxve jour de may, l'an mil cccc xxxvij.

XLIX

Chapitre de la chronique inédite de Perceval de Cagny, intitulé *Comment le roy chassa Rodigues*. — Ms. n° 48 de Duchesne (fol. 101) à la Bibliothèque nationale. Copie moderne, très-fautive, seul texte connu de ce document.

(Juin 1437.)

En icelui an MCCCC XXXVII, le viij[e] jour du mois [de may][1], le roy et mons. le daulphin, acompaigniez de messire Charles d'Anjou, du comte de Perdriac et de plusieurs autres chevaliers et escuyers et autres gens de guerre, au retour de son voyage de Languedoc où il avoit séjourné tout l'iver, pour les graves complaintes qui là lui estoient venues d'ung capitaine de gens d'armes nommé Rodigues, du païs d'Espaigne, lequel avoit de nouvel espousé la seur bastarde de mons. de Bourbon, lequel de Bourbon n'estoit pas alors fort en grace devers le roy pour aucunes aliances, de quoy le roy se doubtoit, estre faites entre le roy de Cecille et le duc de Bourbon : après le mariage du filz dudit roy de Cecile et de la fille dudit de Bourbon[2], ilz se assemblèrent à Angers, et là, à une journée mandèrent le duc d'Alençon. Et leur conseil passé, tous les trois seigneurs ensemble alèrent en Bretaigne devers le duc : de quoy le roy fut très mal content. Et quant ilz furent retournez de Bretaigne, le duc d'Alençon retourna en sa ville de Chasteaugontier, et les diz de Cecille et de Bourbon cuidèrent aler

[1] Restitution commandée par la fin du récit, où cette date est répétée.
[2] Le 2 avril 1437.

devers le roy en la ville de Bourges[1] où il estoit de retour de sondit voyage, qui leur feist sçavoir qu'il ne les vouloit point veoir. Et fut plus de deux mois avant qu'il vousist veoir le roy de Cecille; lequel mist toutes les paines qu'il peult, quand il se trouva devers le roy, de y faire venir ledit de Bourbon; mes ce fut pour néant, quar le roy ne le vouloit veoir ne ouyr parler de lui, pour le despit qu'il avoit des grans plaintes et pilleries que ledit Rodigues, acompaignié de deux mille combatans telz quelz, fesoient au païs du roy par le port dudit de Bourbon. Et ou con-contempt de ce, le roy acompaignié des seigneurs, comme dessus est dit, et avecques eux plus de v cens escuiers et chevaliers et un mille hommes de traict, print son chemin à passer par le païs de Bourbonnois, auquel furent faiz moult de dommaiges et pilleries; puis passa oultre et s'en ala droict à Saint-Fleur[2], cuidant trouver ledit Rodigues pour destrousser luy et sa compaignie[3]. Et quant il sceut la venue du roy, il s'eslongna le plus qu'il peult. Le roy moult indigné le poursuit et, ledict viij[e] jour de may, arriva en la ville de Sainct-Poursaint[4], et d'illecques chassa ledit Rodigues jusques à la ville de Rouenne sus la rivière de Rosne[5] : auquel lieu ledit Rodigues passa la dicte rivière et entra en l'Empire; et le roy retourna à Bourges.

[1] Ce séjour à Bourges se place après la chasse donnée à Rodrigue.

[2] L'itinéraire du roi est interverti. Il n'entra en Bourbonnais qu'après avoir quitté l'Auvergne.

[3] L'auteur, interprétant mal ses souvenirs, croyait que les compagnies de Rodrigue occupaient déjà le Bourbonnais lorsque le roi entra dans cette province; mais le récit plus exact de Berri, récit confirmé par les pièces qui précèdent, établit que Rodrigue atteignit le Bourbonnais venant d'Angers en même temps que le roi y entra venant d'Auvergne.

[4] La date du 8 mai pour l'arrivée à St-Pourçain est une erreur manifeste. M. Vallet de Viriville a constaté que le 8 mai le roi n'était encore qu'à Milhau en Rouergue. *Histoire de Charles VII*, t. II, p. 379, note 2.

[5] Erreur géographique d'un soldat qui n'avait combattu que dans les provinces du nord et de l'ouest.

L

Attestation donnée par plusieurs grands seigneurs commis à la défense de la Basse-Auvergne, de ce qu'une partie de l'aide payée pour l'amélioration de la navigation de l'Allier avait été dépensée en frais pour conclure une alliance défensive des trois pays de Basse-Auvergne, Velay et Gévaudan contre les compagnies de Rodrigue. — Original en parchemin dans le ms. français de la Bibl. nationale, n. 20392. Communication de M. Antoine Thomas.

(Événements de la fin de 1437.)

Nous, Loys de Bourbon, conte de Montpensier, daulphin d'Auvergne, Bertrant, conte de Boulougne et d'Auvergne et seigneur de la Tour, Jacques seigneur de Chastillon et de Revel, et Loys de Beaufort, viconte de la Mote et seigneur de Canillac, certiffient à tous qu'il appartient que Pierre Mandonier, commis ou bas pays d'Auvergne à recevoir la porcion de l'aide de ij mil frans, ordonné par le roy nostre sire estre mis sus en ses païs de Languedoil ou mois de juing mil cccc xxxvij, pareillement que fait avoit esté l'année derrain passée, à paier par nostre ordonnance et commandement, tant à certains chevaliers, escuiers que autres d'icellui pays, la somme de six cens livres tournois; laquelle somme avoit esté imposée oudit bas pays, oultre et pardessus le principal dudit aide, pour la convertir et emploier à faire que la rivière d'Alier peust porter navire, ou ès autres affaires dudit pays plus urgens et neccessaires; et pour ce que la vuidange des gens de guerre de la compaignie de Rodrigo de Villedrando, cappitaine de gens d'armes et de traict, et de plusieurs autres cappitaines, estans presentement logiez et vivans en icellui pays, à la grant charge et foule du poure peuple, lesquelz y faisoient plusieurs et innumérables maulx, pour remedier ausquelz convenoit faire certaines aliances avecques plusieurs seigneurs des pays de Velay et de Givaudan: ce que bonnement faire ne se povoit sans grant despence, pourcequ'il convenoit envoier devers eulx plusieurs chevaliers, escuiers et autres gens notables dudit bas pays, lesquelz il convenoit aucunement salarier et deffraier de la despense que sur ce faire leur convendroit; et sur ce eusmes conseil avecques lesdits gens des trois Estatz, lesquelz conclurent ensemble que le meilleur et le plus expedient seroit de soy aider desdictes vj^{c} liv. tourn. et icelles faire departir et distribuer à ceulx qui yroient èsdiz pays de Velay et Givaudan devers lesditz seigneurs pour faire et conclure ladicte aliance; laquelle chose a esté faicte, et tellement que, au moien d'icelle, lesditz gens de guerre furent contrains eulx departir dudit pays. Et pour ce voulons et nous consentons que ladicte somme de vj^{c} l. t., ainsi baillée et distribuée par ledit Mandonier par nostre dicte ordonnance ausdiz chevaliers, escuiers et autres qui ont vacqué, voyagé et travaillé audict fait de la dicte aliance, soit allouée ès comptes dudit commis et rabatue de sa dicte recepte par tout où il appartendra et mestier sera, en rapportant cestes noz lettres sur ce tant seulement, non obstant que ledit commis ne face aucunement apparoir de la distribucion de la dicte somme de six cens livres tournois par quictances de ceulx qui l'ont receue par la main dudit commis, certifficacions ne autres enseignemens : car nous mesmes avons veu la déclaracion de la distribucion qui par lui en a esté faicte. Donné en tesmoing de ce, soubz nos seaulx cy placquez et seings manuelz, le xxe jour de fevrier, l'an mil cccc trente sept.

Signé, LOYS DE BOURBON.

BERTRANT.

LI

Rémission accordée par Louis XI pour le meurtre du Petit Rodrigue.—Archives nationales, *Trésor des chartes*, Reg. JJ 198, pièce 7.

(Événements de 1437)

Loys, par la grace de Dieu roy de France, savoir faisons à tous presens et advenir nous avoir receue l'umble supplicacion de Richart Deymes, de la ville de Lestore, agé de cinquante ans ou environ, chargé de femme et de plusieurs enfans, tant filz que filles à marier, contenant que, dix huit ans a[1] ou environ, ung

[1] Fausse approximation, car, l'acte étant de 1461, elle met la date de l'événement à 1443, époque où Rodrigue n'était plus capitaine de compagnie en France; d'ailleurs il résulte des fastes du Berri dressés par la Thaumassière, *Histoire du Berri*, t. I, p. 47, que Girault de Goulas, seigneur de Charost et de Cumont, bailli de Berri en 1435 et 1436, fut remplacé dans cette charge par Poton de Xaintrailles le 19 août 1437. La Thaumassière, il est vrai, ne dit pas que cette substitution ait eu pour cause le décès de Goulas, mais Monstrelet (l. II, c. CCXV) dit positivement que le bailli de Berri mourut en 1437; seulement il attribue sa mort à une chute de cheval.

nommé le petit Rodigo, pour lors de la charge et compaignée de Rodigo de Villendras, cappitaine de gens de guerre, passoit par la ville de Lestore s'en alant le grant chemin à Tholose, avecques ung hérault de nostre cher et féal cousin le conte d'Armaignac et certains autres gens de guerre, jusques au nombre de sept ou huit de la compaignée dudit de Villandran. Et ce venu à la congnoissance de Jehan de Goulart, chevalier, frère de feu Girault de Goulart, aussi en son vivant chevalier et bailly de Berry, et sachant ledit Goulart que ledit Rodigo, peu de temps par avant, avoit meurtry et tué ledit Girault, bailly de Berry, son frère, et de ce très courroucé et desplaisant : incontinant ledit Jehan de Goulart requist ledit suppliant qu'il le accompaignast pour aler en aucune ses affaires, sans lui déclerer où ne pourquoy ; lequel suppliant fut de ce contant pour faire plaisir audit Goulart. Et adont ledit Goulart et deux arbalestriers à pied, et ledit suppliant en leur compaignie, suivirent ledit petit Rodigo jusques auprès de Castel Manarbieu, distant dudit lieu de Lestore demie lieue ou environ, où ilz trouvèrent ledit petit Rodigo qui s'en aloit son chemin. Et eulx arrivez, de prime face ledit Goulart couru sus audit petit Rodigo et le frappa et navra tellement que il mourut incontinant sur la place, dont ledit suppliant fut moult dolent et esbay ; et ne frappa nullement ledit Rodigo ne ne bailla aucun aide pour ce faire audit Goulart, mais lui dist que s'il eust sceu sa voulenté, il ne l'eust point accompaigné pour quelque chose du monde, etc., etc. Pour ce est-il que nous, ces choses considérées, etc. Donné à Tours, ou moys d'octobre l'an de grace mil cccc soixante et ung et de nostre règne le premier. *Ainsi signé*, Par le roy à la relacion du conseil, P. George. *Visa. Contentor.* Chaligault.

LII

Rémission accordée pour nombre de méfaits de guerre, dont le meurtre d'un homme-d'armes de la compagnie de Rodrigue de Villandrando pendant la mise hors la loi des routiers. — Archives nationales, registre du Trésor des chartes, JJ 179, pièce 16.

(Événements de 1437.)

Charles, etc., savoir faisons etc., nous avoir receu l'umble supplicacion de Jehan de Corail, contenant que par aucun temps depuis son jeune aage il a suivy les armes tousjours tenant nostre party sans aucune variation, et nous servi ou fait de noz guerres au mieulx et plus loyaument qu'il a peu, et après s'est retrait et [a] délaissié l'exercice des armes; et sans ce qu'il feust plus homme de guerre, advint, il a bien XVIII ans ou environ, que aucunes gens de guerre estoient logiez au lieu de Rochefort ou païs d'Auvergne, où il est demourant, et où ilz faisoient plusieurs maulx et dommaiges, pilleries, roberies et larrecins, comme de prendre bestiail, raençonner personnes, et autres innumérables maulx, entre lesquelz aucuns d'eulx prindrent ung cheval qui appartenoit audit suppliant, lequel ilz prindrent aux piez et icellui emmenèrent. Pour occasion desquelz grans maulx et dommaiges que fesoient iceulx gens de guerre, aucuns du païs, jusques au nombre de douze ou environ entre lesquelz estoit ledit suppliant, et eulx desplaisans et indignez d'eulx veoir ainsi pillez et robez par iceulx gens d'armes, se misdrent sus et s'en alèrent aval les champs en entencion d'en trouver aucuns pour les destrousser, et telement qu'ilz en trouvèrent deux [montez sur des] jumens, lesquelz ilz prindrent, et aval les champs les menèrent bien près d'une lieue, et jusques à certain estang qui est de la seigneurie de Beauson, où ils les gectèrent et ouquel ilz furent noyez, et butinèrent lesdictes deux jumens sur quoy ilz estoient montez, et en eut chascun sa porcion. Et depuis, il puet bien avoir unze ans ou environ que, pour pourveoir aux grans maulx, pilleries, roberies, larrecins, destroussemens, prises d'ommes, ravissemens de femmes et autres dommaiges, deliz et malefices innumerables que faisoient audit païs d'Auvergne et à l'environ d'icellui sur noz subgiez plusieurs gens de guerre qui estoient tant soubz ung nommé Nicolas Boys, lors soy disant cappitaine de gens d'armes et de traict, que d'autres cappitaines, lesdiz gens de guerre furent par noz autres lectres patentes habandonnez, et par icelles estoit mandé les ruer jus et destrousser; après lequel habandonnement qui vint à la congnoissance dudit suppliant et aucuns dudit pays, ung nommé Estienne Lardit, homme d'armes de la compaignie Rodigo de Villandandro (*sic*), qui s'en aloit, ainsi que l'en disoit, ou pays de Limosin, fut trouvé par icellui suppliant et autres au lieu d'Angler; et eulx confians dudit habandonnement par nous ainsi fait desdictz gens de guerre et par ce non cuidans en riens mesprendre envers nous ne justice, destroussèrent ledit Lardit, son varlet et son paige, et leur ostèrent tout ce qu'ilz avoient, et icellui Lardit misdrent avecques ce en chemise; pour laquelle cause il usa à l'encontre d'eulx de plusieurs grandes menaces et par especial de les tuer ou brusler le villaige où ladite destrousse fut faicte : doubtans lesquelles choses, eulx moult indignez et desplaisans desdictes paroles et menaces, batirent ledit Lardit tellement que, environ ung mois après, par son mauvaiz gouvernement et par faulte d'estre bien pensé, il ala de vie à trespassement. Pour occasion tant d'iceulx deux cas que aussi de ce que, pendant le temps qu'il a esté en la guerre, il a esté en plusieurs et diverses lieux, compaignies et routes de gens d'armes où divers malefices, pilleries, roberies, larrecins, destrousses et raençonnemens de personnes, bestial et biens ont esté faiz sur nos subgiez de divers estas, en plusieurs pars et contrées de nostre royaume, dont il ne porroit bonnement faire declaracion ne restitucion, et desquelz il a esté coulpable, consentant et favorisant, et en a eu sa part, butin et porcion, [ɔ] vescu sur les champs comme gens de guerre ont acoustumé de faire, autrement il ne se feust peu entretenir monté et habillé en icellui nostre service, actendu les petiz gaiges et soldes qu'il a eu de nous : il doubte que ou temps à venir il ne feust à ces causes sur ce travaillé et molesté par gens de justice, etc. Pour ce est-il que nous, etc., quictons, pardonons et abolissons, etc., les faiz et cas par lui commis et perpetrez pendant le temps qu'il a exercé le fait de la guerre, jaçoit que autre declaracion n'en soit faicte en cesdictes présentes, réservé toutes voyes tout autre meurdre, si non les deux cy dessus exprimez et declairez, ravissement de femmes et de pucelles, sacrilège et boutteiment de feuz, que ne voulons estre comprins en ces présentes, etc. Si donnons en mandement par ces présentes au bailly de Montferrand et à tous noz autres justiciers, etc. Donné à Mehun sur Evre, ou mois d'avril l'an de grace mil cccc quarante six avant Pasques, et de nostre règne le xxve. *Ainsi signé.* Par le roy, Vous et autres présens. J. DE LA LOERE. *Visa. Contentor.* JA. DE LA GARDE [1].

[1] Une autre rémission du mois d'octobre 1446, par conséquent antérieure à celle-ci, avait été déjà accordée pour le meurtre d'Étienne Lardit. Le texte est au Registre JJ 177, pièce 98 (fol. 51). Jean Courail, habitant du lieu de Bauson en Auvergne, y est nommé conjointement avec six autres individus, dont quatre de la paroisse de Heume-l'Église et deux de la paroisse de Saint-Gesle. Tous avaient participé aux violences dont mourut la victime. On articule une accusation de vol qui était bien peu de chose : « Ung nommé Estienne

LIII

Quittances faisant mention de la contribution fournie par les États du Gévaudan à Rodrigue de Villandrando, lorsqu'il partait pour son expédition de Guienne. — Cabinet des titres de la Bibliothèque nationale, vol. 404, cote 9016, et Ms. fr. 20578, cote 12.

(Février 1438.)

1. Saichent tuit que je, Denis Boniod, secretaire et trésorier de monseigneur de Mende, confesse avoir eu et receu de Jehan Chaste, commis à recevoir ou diocèse de Mende la somme de ij^m motons d'or donnez a Rodiguo, conte de Ribadieu, pour le paty de Givaudain, la somme de quinze motons à moy tauxée pour avoir esté à Ruynes devers ledit conte. De laquelle somme de xv motons je suy contant et en quicte ledit Jehan Chaste et tous autres à qui quictance en peut appartenir. Donné soubz mon seing manuel, le dixiesme jour de fevrier l'an mil iiij^c trente et sept.

Signé, D. Bonniot, *avec paraphe.*

2. Sapchon tut que hieu, Bertrant Teysier, cossol de Salgue, confesse aver agut et recebut de Johan Chaste, recebedor de dyosese de Mende de la somma de dos milia motos donastz à Rodigo, conte de Ribadieu, la somma de tres motos d'aur por aver estat à Marchol à la sieta de la équoctacion de la dita tallia. Dela quala somma de iij motos je me tenc per conten et payat, et ne quite lo dit recebedo. En testimoni d'ayso hieu ey senhat aquesta quitansa de mon senhet manual, lo prumier jorn de may, l'an m.cccc.xxxviij.

Signé, Bertran Teysier.

Landit, homme d'armes de la compagnie de Rodigo de Villandandro, qui s'en aloit, comme on disoit, ou pays de Limosin en passant par ledit pays d'Auvergne, print et emporta d'un villaige estant en la chastellénie de Rochefort une arbaleste, une lance, certains fromaiges et autres biens appartenans à ung nommé Perrotin Loyrart ». Il y a quelque apparence aussi que la date du méfait fut déguisée par les coupables, et que l'édit de proscription contre les Rodrigais était levé lorsqu'ils attaquèrent Etienne Landit.

LIV

Rémission accordée à un habitant de Cahus en Querci, complice de trois noyades perpétrées sur des hommes de la compagnie de Rodrigue de Villandrando. — Registre JJ 177, pièce 225, aux Archives nationales.

(Avril 1438.)

Charles, etc., savoir faisons, etc., nous avoir receue l'umble supplication de Giraud du Puy, poure homme chargié de femme et enfans, habitant du Mas ou villaige du Puy en la parroisse de Cahus, ou diocèse de Caours, contenant que, ou mois d'avril ou de may mil IIII^c XXXVIII ou environ, les gens de Rodrigo de Villandrando, lors capitaine de gens d'armes et de trait estans logiez en nostre païs de Lymosin, un compaignon de guerre de la compaignie dudit Rodrigo venant du lieu où estoit logiée sadicte compaignie, passa par ladicte parroisse de Cahus et par la Cère à gué, et vint logier ou mas de Tilly pour repestre son cheval; et lui estant illec, les tenanciers dudit Mas alèrent au lieu de Borie, dont ilz tenoient icellui, et dirent à Poncet Garnier, escuier, seigneur dudit lieu de Borrie, que ung des gens de la compaignie dudit Rodrigo estoit audit Mas et avoit prins un grant pain qu'il avoit donné à son cheval; et pour ce que ledit Rodrigo et ceulx de sadicte compaignie avoient esté par nous et par noz lettres patentes publiées audit païs de Lymosin, lors habandonnez et leurs biens donnez à ceulx qui les destrousseroient, ledit suppliant monta incontinant sur son cheval et ala veoir s'il trouveroit ledit compaignon de guerre, lequel il ne trouva point, et ainsi s'en retourna à son hostel; et tantost après, considérant ledit Garnier que ung mois par avant, que [auc]uns de la compaignie d'icellui Rodrigo avoient pillé la maison de la mère de sa femme et l'avoient endommagié de la somme de mil livres, ledit Garnier remonta à cheval pour suivir ledit compaignon de guerre, et en y alant, trouva en son chemin ledit suppliant Jehan de Tassalies, Jehan de Talamont et Gérard de Teil, qui tous estoient gens du païs, lesquelz le suivoient et lui disdrent que icellui compaignon de guerre s'enfuioyt devant eulx, et qu'ilz ne le poroient aconsuir ne prendre; et lors ledit Garnier leur dist qu'il le suivroit telement qu'il l'auroit s'il pouoit, et telement se y exploicta qu'il le print, lui osta son cheval et son espée, et le mist à pié sans autre chose lui faire, et le bailla et laissa audit suppliant et autres dessus nommez; lesquelz tantost après doubtans, s'ilz le laissoient aler, que après lui d'autres de ladicte compaignie leur venissent bouter le feu en leur dit Mas, ou autrement grandement les endommaigier, conclurent entre eulx qu'ilz le feroient morir, et ce jour mesmes sur la nuyt l'emmenèrent avec eulx jusques à ladicte rivière de Cère, et en icelle le gectèrent et noyèrent. Après laquelle chose ainsi faicte, ung jour ou deux, fut dit et publié par ladicte parroisse de Calus que deux autres de ladicte compaignie devoient venir le landemain; lesquelz de fait y vindrent et passèrent près du Mas de Serval, et pour ce, se misdrent en aguet, afin de iceulx prendre, se faire le pouoient; et advint qu'ilz les prindrent près du Mas du Teilly et les amenèrent avec eulx au lieu de Chastel, près de ladicte rivière, et estoit avec eulx ung nommé Guillon de Serval; et ainsi qu'il s'approucha de la nuyt, les noyèrent en ladicte rivière, doubtans que s'ilz les laissoient aler, ilz pourroient par eulx estre destruiz et desers, mesmement considérant la mort de l'autre compaignon de guerre, par eulx ainsi perpétrée. A l'occasion desquelz cas ledit suppliant doubte, combien que depuis aucune chose ne lui en ait esté demandée, rigueur de justice pour le temps avenir, et que à ceste cause on lui voulsist mectre, ordonner, empeschier en corps ou en biens, se nostre grace ne lui estoit sur ce impartie, si comme il dit, humblement requérant que, actendu ledit habandonnement d'icellui Rodrigo et des gens, et que en tous autres cas ledit suppliant a tousjours esté homme de bonne vie, renommée et honneste conversacion, sans oncques mais avoir esté actaint ou convaincu d'aucun autre villain cas, blasme ou reprouche, il nous plaise lui impartir icelle nostre grace: Pourquoy, nous, ces choses considérées, voulans miséricorde préférer à rigueur de justice, et mesmement en faveur des femme et enfans dudit suppliant, à icellui ou cas dessus dit avons quicté, remis et pardonné, quictons, remectons et pardonnons de grâce espécial. plaine puissance et auctorité royal, par ces présentes, les faiz et cas dessus diz, avecques toute peine, offense et amende corporelle, criminelle et civile en quoy, pour occasion d'iceulx, il seroit ou pourroit estre encouru envers nous et justice, et de nostre plus ample grace l'avons restitué et restituons à sa bonne fame et renomée, au païs et à ses biens non confisquez, satisfaction faicte à partie civilement tant seulement, se faicte n'est; et sur ce imposons silence perpétuel à nostre procureur. Si donnons en mandement par ces mesmes présentes au bailli des Montaignes d'Auvergne, au seneschal de Lymosin, etc. Donné à Chinon, ou mois de may, l'an de grace mil cccc XLVI et de nostre règne le XXIIIIe. *Ainsi signé :* Par le roy, à la relacion du conseil, RIPPE. *Visa. Contentor.* J. DU BAN.

LV

Rémission à Brunet de Rampoux pour les méfaits de guerre par lui commis pendant l'occupation du Quercy par Rodrigue de Villandrando. — Archives nationales, minute annexée au Registre JJ, pièce 614.

(Événements de 1438.)

Charles, etc. Savoir faisons à tous présens et avenir nous avoir receu l'umble supplication de Brunet de Rampos, escuier de la seneschaucie de Quercin, contenant que il est noble extrait de noble lignée et a acoustumé, et ses prédécesseurs, nous servir et les nostres ou fait de noz guerres contre noz anciens ennemis et adversaires les Angloys, en la frontière desquelz est demourant au dit pays de Quercin. Et quant Rodigues de Villandras entra dedans le pays de Quercin avec grosse compaignie de gens d'armes et de trait [et] ala environ la place de L. .ercantière, où ledit Brunet demouroit, pour faire guerre à nozdiz ennemis les Anglois, duquel païs de Quercin il print plusieurs places sur nozdiz ennemis, ledit suppliant qui nous desiroit servir en nos dittes guerres se mist et bouta en la compagnie dudit Rodigues, [et ensemble] firent bonne guerre auxdiz Anglois. Pendant lequel temps qu'il estoit en la compaignie dudit Rodigues, il [et aultres avec lui] pour soy entretenir firent plusieurs courses et prinses de bestial gros et menu audit païs de Quercin, et les firent raençonner tant en vivres que en or et argent, tant que ledit Rodigues demoura audit païs de Quercin. Pour occasion de laquelle chose et des dommaiges et excès que ledit de Rampos fist et commist, ainsi que dit est, puis la venue dudit Rodigues audit païs, et qu'il donna à pluseurs gens dudit païs, il doubte que ou temps à venir nostre procureur ou aultres [ne veuillent] lui en donner aucune charge, etc. Nous actendu ce que dit est, etc., remectons, quictons, abolissons, etc. Si donnons en mandement par ces présentes au seneschal de Quercin, de Rouergue et à tous noz autres justiciers, etc. Donné à Poictiers, ou mois de (*sic*), l'an de grace mil cccc quarante troys et de nostre règne le xxj^e.

LVI

Rémission à Mathurin de Cardaillac, pour la détrousse d'Alonzo de Zamora et d'un autre appelé Alonzo de Benavent, sous-lieutenants de Rodrigue de Villandrando. — Archives nationales, Registre JJ 178, pièce 252.

(Événements de 1438.)

Charles, etc. Savoir faisons nous avoir receu l'umble supplicacion de nostre amé et féal chevalier Mathelin, seigneur de Cardaillac et de Montbrun, nostre chambellan, contenant que : comme ledit suppliant ait toujours esté bon et loyal vassal et subgiet envers nous et nostre seigneurie, sans oncques avoir tenu autre parti que le nostre, et à ceste cause a eu et soustenu en ses terres et seigneuries estans en nostre pays de Quercy plusieurs grans pertes et dommaiges; et aussi nous ait par moult longtemps bien et loyaument servy ou fait de noz guerres, à l'encontre de noz ennemis, desquelz il a esté prins prisonnier et mis à grant et excessive finance, pour laquelle il est encores endebté envers plusieurs personnes qui de jour en jour le pressent de les paier et contenter; et lui estant ainsi en la guerre, a tenu les champs, et pour monter, habiller et tenir en estat lui et ses gens, et pour nous plus honnorablement servir oudit fait de la guerre, il ait esté en plusieurs courses, destrousses et raençonnemens, tant de gens et logeis, que autrement; et il soit ainsi que viij ou x ans a ou environ, que ung appelé Alençon de Sommorre, soy disant lieutenant de Xanchon de Thouars, Alençon de Bennavent et plusieurs autres gens de la compaignie de Rodrigues de Villendendras, alèrent courir au lieu de Gole appartenant audit suppliant, et en icellui lieu prindrent à prisonniers tous les poures hommes de la terre, emmenèrent tout le bestial groz et menuz qu'ilz peurent trouver, et aussi emportèrent tous les paesles et mesnaige et utencilles d'ostel qu'ilz trouvèrent; toutes lesquelles choses ilz raençonnèrent à leur plaisir et voulenté; et, non contens de ce, boutèrent le feu oudit villaige ou lieu de Gole, et brûlèrent plusieurs des maisons d'icellui lieu; et ces choses ainsi faictes, ledit suppliant, acompaigné du sire de Beduer et d'autres, se transporta par devers lesdiz Xanchon de Thouars et Alençon de Sommorre, qui estoient lors logiez à La Chappelle Bellaguier, et leur requist qu'ilz lui voulsissent rendre les hommes, toutes les bestes et tous les biens qu'ilz avoient prins, emmenez et emportez dudit lieu de Gole; de laquelle chose ilz ne vouldrent riens faire, si non qu'ilz paiassent autant ou plus que valloit la destrousse qu'ilz avoient faicte; et à grant peine les vouloit escouter ledit Xanchon de Thouars ne ledit Alençon de Sommorre; et quant ledit suppliant vit qu'il n'avoit riens peu faire, pour soy cuidier desdommaigier sur les gens dudit Xanchon de Thouars et dudit Alençon de Sommorre, commanda et ordonna à aucunes gens de guerre qu'il avoit et tenoit soubz lui en nostre service pour la garde dudit pays de Querey, qui estoit lors en la frontière de noz anciens ennemis les Anglois, qu'ilz courussent sus aux gens dudit Xanchon de Thouars et de Sommorre; et à ung certain jour dont ilz ne sont recors, trouvèrent à leur avantage lesditz Alençon de Sommorre et Alençon de Bennavent avec leurs gens, lesquelz ilz destroussèrent de chevaulx, harnoiz et autres biens qu'ilz avoient; et emmenèrent les gens dudit suppliant prisonniers en son chasteau de Cardaillhac lesditz Alençon de Sommorre et Alençon de Bennavent, où ilz furent par aucun temps, et après s'eschappèrent desdictes prisons, et demoura la destrousse aux gens dudit suppliant, et n'en eut icellui suppliant que ung cheval qui bien povoit valoir cent escuz ou environ; et aussi a fait ou fait faire plusieurs autres crimes, déliz et malefices, lesquelz il ne sauroit declairer ne spécifier, ainsi que ont acoustumé faire gens de guerre : pour le fait et occasion desquelz cas, ledit suppliant, qui dès piéça s'est retrait en son hostel et a voulonté de soy y tenir et vivre doresnavant, doubte que ou temps à venir on lui vueille aucune chose demander, etc. Pourquoy nous, ces choses considérées, etc., audit suppliant en faveur de sesdiz services, etc., avons remis, quicté, pardonné, etc. Donné à Bourges, ou mois de septembre l'an de grace mil cccc xlvij, et de nostre règne le xxve. *Ainsi signé :* Par le roy en son conseil, ROLANT. *Visa. Contentor.* P. LE PICART.

LVII

Conversion d'une créance de Rodrigue de Villandrando en une rente perpétuelle de dix tonneaux de vin à prendre à Careil en Bourbonnais sur un fonds appartenant à Raymond de Montdragon du chef de sa femme Marguerite de Neuville. — Original des Archives nationales, P 1365², cote 1246.

(15 mai 1438.)

A tous ceulx qui ces presentes lectres verront et orront, Estienne Gort, secretaire de monseigneur le duc de Bourbonnois et d'Auvergne, et garde du seel aux contraulx de son duchié de Bourbonnois, salut en nostre seigneur. Savoir faisons que par devant Chatard Verne, clerc juré, notaire de la court de ladicte chancellerie et le nostre, auquel quent ad ce nous avons commis nostre pouvoir, personnelment estably noble homme messire Reymond de Roche-Dragon chevalier, seigneur d'Anchier, pour lui prenant en main et soy faisant fort, soubz l'obligacion de tous ses biens meubles et heritaiges quieulxconques, pour dame Margarite de Neufville, sa femme, absente, d'avoir à ferme et agréable le contenu de ces presentes lectres, de son bon gré et libere volenté, a vendu, cédé, quicté, delaissé et du tout à tousjours maix transpourté, vend, cède, quicte et delaisse et du tout en tout transporte pour lui et les siens, perpetuellement, à noble et puissant seigneur Rodrigo de Villandandro (*sic*), conte de Ribedieu en Espaigne, ad ce present, recevant, stipulant et acceptant ceste présente vente pour lui et ceulx qui de lui auront cause perpetuellement, pour le pris et somme de deux cens escus d'or de soixante quatre au marc, et les soixante et quatre faisant le marc, en laquelle somme de deux cens escus d'or icellui messire Reymond de Roche-Dragon, chevalier, estoit tenu audit conte de Ribedieu pour la reste de six cens escus d'or de soixante et quatre au marc, à cause de noble homme Jehan de Passat, seigneur de Vieillevigne, et par la vente de quarante livres de rente, en quoy ledit de Passat estoit tenu envers icellui Rodrigo de Villandandro, et aussi des despens, frais et missions d'un procès mehu en la court de la senneschaucie à Molins, à cause de l'assiete et paiement d'icelles; sur quoy entre lesdiz achapteur et vendeur ont esté d'accort et en a fait transport ledit achapteur audit vendeur, si comme ilz disoient, pour acquit et paiement des quieulx deux cens escus d'or, sur quoy s'est tenu content, et ledit achapteur en a quicté ledit messire Reymond, vendeur, prenant en main comme dessus, a vendu et vend, comme dit est, audit conte de Ribedieu, c'est assavoir dix tonneaulx de vin de rente annuelle et perpetuelle; lesquieulx dix tonneaulx de vin de rente icellui vendeur a constitué et assignés audit achapteur de les pranre, lever recevoir et percevoir, chascun an, par ledit achapteur et les siens, au temps de venanges, sur et de la chevance que la dicte dame Margarite de Neuville, sa femme, a en la parroisse de Chareilh, tant de vin, blés, fruis que autrez droitz et reddevances, que ladicte sa femme a et puet avoir en ladicte parroisse de Chareilh et ès lieux circumvoisins, par condicion et convenance expresse que, si de ladicte chevance lesdis dix tonneaulx de vin ne se trouvent ou ne se puissent fornir ne acomplir chascun an de ladicte chevance, audit cas, ledit messire Reymond, vendeur, a promis de fornir entièrement à icellui achapteur lesdis dix tonneaulx de vin; et pour fornir et acomplir lesdis dix tonneaulx de vin de rente, chascun an, ledit vendeur a obligé et oblige envers icellui achapteur et les siens tous ses biens meubles et heritaiges presens et advenir quieulxconques. Et desdis dix tonneaulx de vin de rente annuelle et perpetuelle, ledit vendeur s'est desmis, devestus et dessaisi, et ledit conte de Ribedieu, achapteur, pour lui et les siens qui de lui auront cause perpetuellement, en a revestu, saisist et remist, par l'octroy de ces presentes et ledit achapteur par lui et les siens en a fait vray seigneur, comme de sa propre chose. Et a promis ledit vendeur par son serement, la main touchant le livre, pour lui et prenant en main, comme [dessus] et soubz l'obligacion de tous ses biens quieulxconques de fere louer et ratiffier ceste presente vente et tout le contenu en ces presentes à ladicte dame Margarite.... sa femme absente, à la requeste dudit achapteur ou des siens, et de tenir, actendre et acomplir les choses dessus dictes et autrez ensuyvant, soubz la obligacion et ypothèque de tous ses universaulx et singuliers biens, meubles et heritaiges, presens et advenir quieulxconques, et qu'il n'a fait ne fera, dira ne pourchessera fere ne souffrir chose pour quoy ceste presente vente et tout le contenu en ces presentes n'ayent et obtiennent plaine et perpetuelle fermeté à tousjours maix. Et avec ce a promis et promet ledit vendeur de deffendre et garentir au dict achapteur lesdiz dix tonneaulx de vin de rente perpetuelle, à ses propres constz et despens, et les luy fornir et acomplir audit lieu de Chareilh, chascun an, audit temps

de reuanges, de tous perturbateurs et empescheurs quieulxconques, et envers et contre toutes et quieulxconques personnes, en jugement et de hors; et randre et restituer audit achapteur et ès siens qui de lui auront cause tous les domaiges, missions, costamens, interest et despens que ledit achapteur ou les siens pourront fere ou soustenir pour occasion des choses dessus dictes non actendues. Et a renuncé ledit vendeur, en cestui fait, par sadicte foy et serement, à l'excepcion de ladicte vendicion non avoir esté faicte ne octroyée comme dessus est dit, à l'excepcion dudit pris non avoir eu ne receu en esperance de future habicion, à l'excepcion de dol, fraude et barat, à la excepcion pour quoy le deceu puet venir contre le decevant, et genéralement à toutes les autrez actions, excepcions, decepcions, allégacions et deffences, tant de fait comme de droit, que ledit vendeur pourroit dire contre le contenu en ces lettres, et qui à icellui vendeur pourroit prouffiter et audit achapteur nuyre; et au droit disant renunciacion genérale non valoir, se l'especiale ne precède. Et a volu ledit vendeur pour lui et prenant en main, comme dessus, soy et les siens qui de lui auront cause, pouvoir et devoir estre contraint et compellé par nous ou par cellui qui sera au temps advenir en lieu de nous, par la prinse, vente et exploitacion de tous ses universaulx et singuliers biens, meubles et inmeubles ou heritaiges, presens et advenir quieulxconques, à tenir, actendre et acomplir les choses dessus dictes et chascune d'icelles, quelconques privilèges non obstant. En tesmoign de ce, nous, à la relacion dudit notaire qui nous a rapporté les choses dessusdictes estre vrayes, auquel nous adjoustons plaine foy, avons mis à ces presentes ledit seel. Fait et donné, tesmoins à ce presens et appellés, messire Hugues Burgaud prestre, Jehan Lepelin, Mathieu de Courtilz et plusieurs autrez, le xiij[e] jour de may, l'an mil quatre cens trente et huit.

Signé, CHATARS VERNE.

LVIII

Quittance donnée par Rodrigue de Villandrando d'une somme à lui payée pour l'entretien de ses troupes. — Original sur parchemin, Ms. français de la Bibl. nat. n° 26061, cote 3515. Communication de M. de Beaucourt.

(10 juillet 1438.)

Saichant tuit que je, Rodrigo de Villandro, escuier, cappitaine de gens d'armes et de trait, confesse avoir eu et receu de maistre Estienne de Bonney, receveur general de l'aide de c^m francs donné et octroyé au roy nostre sire en sa ville de Besiers, pour l'entretenement de ses guerres et autres des affaires, par les gens des troys Estaz du pays de Languedoc illec assemblez ou moys d'avril derrenier passé, la somme de mille livres tournois pour ma porcion de vi^m l. t. que le roy nostre dit seigneur, par ses lectres sur ce faictes et données le xe jour de juing, aussi derrenier passé, avoit et a ordonné estre baillée et délivrée à Poton de Saintrailles et à moy, pour despartir et distribuer entre moy et plusieurs autres cappitaines, gens d'armes et de trait et leurs gens, que ledit seigneur nous a ordonné mener soubz la conduicte dudit Poton ou pays de Guienne pour illec faire guerre aux Anglois, si comme par lesdictes lectres peut plus à plain apparoir. Delaquelle somme de m l. t. je me tiens pour content et bien payé, et en ay quicté et quicte ledit receveur général et tous autres. En tesmoing de ce, j'ai seellées ces présentes de mon seel et signées de ma main, le xme jour de juillet l'an mil cccc trente et huit.

Signé, Rodrigo de Villa Andrando.

LIX

Accise octroyée par le gouvernement anglais à la ville de Bayonne pour rentrer dans ses frais de guerre, particulièrement à raison de la résistance qu'elle avait opposée à Rodrigue. — Imprimé dans Rymer, édit. 1741, t. V, p. 55.

(11 juillet 1438.)

Rex omnibus ad quos, etc., salutem. Sciatis quod nos, considerantes gravia et importabilia onera que civitas nostra Baione, causa guerrarum et obsidionis de *Guamarde* et *Darrien* jam tarde conquestis, ac etiam pro resistentia cujusdam inimici nostri vocati *Rodiguo*, ac aliorum onerum innumerabilium sustinuit et supportavit, nec non summas argenti in quibus pluribus mercatoribus ea occasione indebitata sit et obligata : que quidem onera de die in diem, tam per mare quam per terram, necessaria habet sustinere, eo quod presentialiter sexcenti homines armati et ultra de civitate predicta contra Hispannicos ad expensas civitatis predicte per mare existunt, prout per quandam supplicationem nobis per regentem, consilium et communitatem dicte civitatis presentatam intelleximus: de gracia nostra speciali ac pro supportatione onerum predictorum ac salva gardia ejusdem civitatis, dedimus et concessimus regenti, consilio et communitati ibidem qui nunc sunt, ac per formam et modum quibus progenitores nostri eis, tempore preterito, hucusque dederunt et concesserunt, cum omnibus proficuis, emolumentis et gaudentiis ejusdem, durante beneplacito nostro, ad finem quod iidem nunc regens, consilium et communitas illis, de quibus hujusmodi summas ceperunt et quibus in futurum pro sustentatione guerrarum et onerum predictorum erunt obligati, solvere possint, aliqua prosecutione per aliquos subditos nostros Anglie, pro assisa illa adnullanda, perantea facta non obstante.

In cujus, etc. Teste rege, apud Westmonasterium, undecimo die julii.

Per breve de privato sigillo.

LX

Injonction par Charles VII aux capitaines des Écorcheurs à son service, y compris Rodrigue de Villandrando, de s'abstenir de toute violence contre les terres et les sujets du duc de Bourgogne. — Imprimé par M. Marcel Canat, *Documents inédits pour servir à l'histoire de Bourgogne*, et par M. Tuetey, *Les Écorcheurs sous Charles VII*, d'après l'original des Archives départementales de la Côte-d'Or.

(15 septembre 1438.)

Charles, par la grace de Dieu roy de France, à noz amez et féaulx Poton, seigneur de Santerailles, Gauthier de Brusac, le bastard de Bourbon, le bastard de Harecourt, le bastard de Vertus, Rodigue de Villandrando, Anthoine de Chabannes, Floquet, Blanchefort, le bastard de Culant, le bastard de Sorbier, Florimont, et à tous autres chevaliers, escuiers, capitaines de gens d'armes et de trait et autres gens de guerre estans et qui ou temps advenir seront en nostre service, ausquels ces présentes seront monstrées, et à leurs lieuxtenans, salut et dilection. Nostre très chier et très amé frère et cousin le duc de Bourgoingne nous a humblement exposé que, depuis ung an en çà, vous ou pluseurs d'entre vous vous estes transportez en la duchié de Bourgoingne et autres ses païs, terres et seignories, où avez fait ou par vos gens souffert faire maulx et dommaiges irréparables, tant en prinse, mutilacion de pluseurs des hommes du dit duchié et autres païs d'environ, efforcemens de femmes, boutemens de feuz, prinses d'abbayes, prinses aussi de bestial gros et menu, rançonnemens de grant partie des diz païs à grans sommes de deniers, et autrement en pluseurs manières, et ce oultre et par dessus nostre deffense et à la grande foule d'icellui nostre frère et cousin; lequel par force et puissance y eust bien contresté, s'il n'eust doublé en ce nous desplaire et courroucier, ce que faire ne vouldroit. Et pour ce nous a supplié et requis que, pour eviter les inconveniens que ensuir se pourroient par vengence d'une partie et d'autre, s'aucune entrefaicte se survenoit par voye de guerre, nostre plaisir soit de en ce pourveoir de remède convenable. Pourquoy nous, ces choses considérées, desirant, comme faire devons, les païs, terres et seignories de nostre dit frère et cousin estre préservées et gardées de telles et autres oppressions, vous mandons et estroitement enjoingnons et deffendons par ces présentes, et à chascun de vous endroit soy, que èsdiz pays, duchié, terres et seignories appartenant à nostre dit frère et cousin, ne aussi en autres ses pays quelxconques, vous ne ferez ne souffrerez par vos dictes gens doresenavant telz ne semblables loigers, séjournemens, maulx et oultraiges que dessus est dit; mais s'il advenoit qu'il vous feust besoing et néccessité, vostre chemin fassant, de passer, de traverser ne aucunement loigier par aucun des destroiz de ses diz païs et que le passaige des diz païs ne peussiez eschever, en ce cas vous mandons, commandons et enjoingnons très expressement que, avant l'entrée en iceulx païs, faciez vostre venue signiffier aux gouverneurs et principaux officiers d'iceulx païs pour nostre dit frère et cousin pour prendre et avoir d'eulx conduite telle et par telz lieux que bon et expedient leur semblera. Et voulons, vous commandons et enjoingnons, comme dessus, que vous y gouverniez doulcement et courtoisement, sans y séjourner ne faire aucunes pilleries, destrousses, rançonnements ne autres griefves oppressions, et gardés, comment que ce soit, que, pour choses qui adviengnent, ne faciez riens au contraire, sur tant que doubtez mesprendre et offenser envers nous; car si autrement le faisiez, mesmement après ce que ces présentes ou le *vidimus* d'icelles vous auront esté exhibées et présentées duement, nous, en ce cas, avons donné et par ces dictes présentes donnons congié et licence à nostre dit frère et cousin et à ses gens, serviteurs, officiers et subgiez desdiz païs et autres, et à chascun par soy, d'eulx assembler pour résister par force et puissance d'armes et autrement, comme ilz pourront, à voz entreprinses et trouver manière de vous gecter hors desdiz païs, sans pour ce encourir en nostre indignation ne autre dangier, quelconque chose que en ce faisant ensuir doye. Et d'abondant voulons et par ces mesmes presentes mandons et expréssement commandons à noz bailliz de Vermandois et d'Amiens, à nostre seneschal de Ponthieu, à noz bailliz de Sens et de Mascon, de Troyes et de Victry et de Chaulmont, et à tous autres noz justiciers et à leurs lieuxtenans et à chascun d'eulx sur ce requis, que oudit cas donnent à nostre dit frère et cousin et à ses officiers, serviteurs et subgez dessus diz, pour la deffense, garde et seureté des diz païs, toute faveur, confort, ayde et retrait et passaige, en adhérant avec eulx à l'encontre de vous et de tous autres nos serviteurs, souldoiez et subgez qui à iceulx païs vouldroient faire guerre ne telz excès et dommaiges que dessus est dit; et se, en ce faisant, s'ensuivoit mutilacion sur aucuns des diz malfaicteurs, nous dès maintenant pour lors pardonnons et remettons le dit cas à tous ceulx qui fait l'auroient, sans ce que jamais leur en doye estre riens demandé; et sur ce imposons scillance à nostre procureur et à tous autres. Et pour ce que nostre dit frère et cousin ou ses diz gens et officiers pourront avoir à faire de ces présentes en pluseurs et divers lieux, voulons que audit *vidimus* d'icelle, fait soubz seel royal ou autre autentique, plaine foy soit adjoustée comme à ce présent original. Donné à Saint-Aignien en Berry, le xve jour de septembre, l'an de grace mil quatre cens trente et huit, et de nostre règne le xvie, soubz nostre seel ordonné en l'absence du grant.

Ainsi signé: Par le roy en son conseil. BUDES.

LXI

Institution des élus chargés de répartir et lever une aide accordée par les États de Bourgogne pour solder un corps de troupes destiné à résister à Rodrigue et autres capitaines des Écorcheurs. — Mélanges de la Chambre des comptes de Bourgogne, t. II, p. 466, n° 2826 aux Archives de la Côte-d'Or.

(10 novembre 1438.)

Jehan, conte de Fribourg et de Neufchastel, gourverneur et cappitaine des pays de Bourgoingne pour mon très redoubté seigneur, monseigneur le duc et conte desdiz pays, à tous ceulx qui ces présentes lettres verront, salut. Pour ce que monseigneur le duc de Savoie, monseigneur le conte de Nevers et autres grans seigneurs bien vueillans de mon très redoubté seigneur, monseigneur le duc de Bourgoingne, nous ont escript et fait savoir par leurs lettres closes que Rodigue et autres cappitaines de gens d'armes nommés Escorcheurs, estans presentement sur les marches de Bordeaulx au nombre de XIIII^{m} chevaulx, s'estoient disposés de venir segourner et vivre ce present yver ès pays de Bourgoingne, qui seroient la totale destruction et perdiction desdiz pays : nous, par l'advis des gens du conseil et des comptes de mondit seigneur, avons escript aux seigneurs de Bourgoingne eulx traire en ceste ville le Xe jour de ce present mois, auquel jour nous avons escript et fait savoir aux gens des trois Estas desdiz pays semblablement y estre pour avoir advis avec eulx sur la résistance que se pouvoit et devoit faire à l'encontre dudit Rodigue et ses complices, ou cas qu'ils viendroient èsdiz pays. Lesquels desdiz trois Estas pour la cause que dessus assemblés pardevant nous, lesdiz gens du conseil et des comptes, ledit X^{e} jour dudit present moys et autres jours ensuivant, après plusieurs remonstrances sur ce à eulx faites et ostencions des lettres closes de mondit seigneur à nous et aux diz du conseil escriptes, lesquelles leur ont esté exhibées et leues, par lesquelles mondit seigneur mande expressement que son plaisir est de resister à toute puissance à l'encontre desdiz cappitaines, sans prendre avec eulx aucun traictié, ont esté tous d'avis, oppinion et d'un commun accort et consentement que l'en devoit en ce faire et accomplir le bon vouloir et plaisir de mondit seigneur, et que pour pourveoir à leur venue et qu'ils ne puissent de prime face entrer èsdiz pays, estoit de neccessité de mectre sus CCCC hommes d'armes bien esleues, qui feussent tous prestz pour faire ladicte résistance toutes fois que mestier seroit, en attendant plus grant secours pour y résister à toute puissance ; et lesquelz, affin qu'ilz n'aient cause de faire aucune rançons, pilleries et roberies, seroient soubdoiez pour ung moys entier au pris, pour chascun homme d'armes, de quinze frans, montant le paiement à la somme de six mille frans, et pour les fraiz extraordinaires, tant pour envoier savoir le convine desdiz cappitaines, comme pour voiaiges et autres missions qu'il conviendra faire à cause que dessuz, six cens frans : pour tout la somme de six mille six cens frans. Laquelle somme lesdiz des trois Estas ont libéralement ottroiée et accordée estre levée sur eulx par manière d'aide en la manière accoustumée, et dont lesdiz gens d'église dudit duchié ont accordé de paier la somme de six cens frans, le tout revenans eus franchement, pour convertir en ce que dit est, et non ailleurs; de laquelle somme de six mille six cens frans en compecte et appartient à la duchié de Bourgoingne trois mille deux cens frans, sens y comprendre lesdiz de l'église. Pour laquelle somme getter et imposer les gens desdiz trois Estas dudit duchié nous ont requis que voulsissions ordonner et commettre esleuz, c'est assavoir pour lesdiz gens d'église, le doien de la chappelle de Dijon, pour les nobles messire Jacques de Villers, pour les bonnes villes le mayeur de Dijon avec maistre Guillaume Courtot, conseillier et maistre des comptes de mondit seigneur et par lui pieça ordonné esleu audit duchié, et de leur donner puissance de getter, imposer, asseoir et faire lever audit duchié ladite somme de trois mille deux cens frans sur tous les habitans contribuables audit duchié, sens y comprendre lesdiz gens d'église servans à Dieu, lesdiz seigneurs et nobles vivans noblement, suivans et frequantans les armes. Lesquels esleuz, à la requeste que dessus, nous avons à ce faire ordonnez, commis et instituez, ordonnons, commettons et instituons par ces presentes aux gaiges chascun de vins frans que pour ce faire leur avons ordonnez et tauxez, ordonnons et tauxons par ces mesmes présentes. Et auxdiz esleuz, aux quatre, trois ou aux deux d'eulx, dont ledit maistre Guillaume soit adez l'un, nous avons donné et donnons par ces presentes plain povoir, auctorité et mandement espécial de faire ladite assiette et impost dudit aide au regard dudit duchié bien et deuement, et en telle manière que ladite somme de trois mille deux cens frans reviengne franchement ès mains du receveur à ce ordonné et commis, et de la faire lever incontinent ou assez tost après ladite assiette faicte, ainsi qu'ilz verront que mestier sera, et aussi de commettre, ordonner et instituer les receveurs particuliers et tous autres officiers neccessaires, souffisans et ydoines à ce et telz que bon leur semblera, et leur ordonner et tauxer gaiges et salaires raisonnables, et de faire toutes autres choses à ce appartenant et que bons et loiaulx esleuez puent et doivent faire et dont lesdiz trois esleuez nommez par les diz trois Estas ont aujourd'huy fait en noz mains le serement à ce appartenant. Et quant audit maistre Guillaume, il en a pièça fait le serement ès mains des commis de par mondit seigneur à le recevoir de lui ainsi. Donnons en mandement à tous les justiciers, officiers et subgès de mondit seigneur que auxdiz esleuez, aux quatre, trois ou aux deux d'eulx, comme dit est, en ceste partie obéissent et entendent diligemment et leur prestent et baillent conseil, confort et aide et aux officiers par eulx commis et depotez en ce fait, se mestier est et requis en sont. Mandons en oultre de par mondit seigneur aux gens desdiz comptes que les gaiges desdiz esleuz et aussi les gaiges et salaires des autres officiers et commis en ceste partie, et autres fraiz faiz pour le fait dudit aide, qui par les mandemens et ordonnances desdiz esleuz auront esté paiez par les receveurs général ou particuliers dudit aide, ilz allouent ès comptes d'iceulz receveurs qui paiez les auront, sens contredit, en rapportant les lettres et enseignemens à ce appartenant. En tesmoing de ce, nous avons fait mettre à ces presentes le seel de la Chambre du conseil de mondit seigneur en absence du nostre. Donné à Dijon, ledit diziesme jour de novembre, l'an mil quatre cens trente huit.

Par monseigneur le Gouverneur, à la relation des gens du conseil et des comptes. *Signé*, Gros.

LXII

Quittance de Rodrigue de Villandrando pour 200 livres à lui votées par les États de la Basse-Auvergne en juillet 1438. — Original en parchemin du Cabinet des titres de la Bibliothèque nationale, dossier *Villandrando.*

(14 novembre 1438.)

Saichent tuit que nous, Rodigo de Villeandrando, conte de Ribadeo, seigneur d'Ussel, conseillier et chambellan du roy nostre sire, confessons avoir eu et receu de Pierre Mandonier, receveur ou bas païs d'Auvergne de la porcion de l'aide de xxiij^m francs octroyez au roy nostredit seigneur, à Yssoyre, en juillet derrenièrement passé, et de certaines sommes mises par mandement du roy nostredit seigneur, montans à xxx^m fr. pour le fait dudit païs et pour païer certaines raençons qu'il a convenu faire à certains capitaines de gens d'armes, affin qu'ils vuidassent hors dudit païs : la somme de deux cens livres tournois, laquelle les gens d'église et nobles dudit bas païs ont ordonné à nous estre paiée, baillée et delivrée par ledit receveur des deniers de sa recepte, par eulx mis sus oultre l'octroy principal, pour les causes et ainsi qu'il est plus à plain contenu et déclaré ès instructions et ordonnances par eulx faictes sur le fait dudit aide et somme[1]. De laquelle somme de ij^c^ l. t. nous tenons pour bien content et paié, et en quictons ledit receveur et tous autres à qui quictance en appartient. En tesmoing de ce, nous avons ces présentes signeez de nostre seing manuel et seellées de nostre seel. Faites et données le xiij^e^ jour de novembre, l'an mil cccc trente huit.

Signé, Rodrigo de Villa Andrando.

LXIII

Mandement pour la levée d'une contribution imposée à la senéchaussée de Toulouse afin d'empêcher Rodrigue et les autres chefs de l'armée de Guienne de venir prendre leurs quartiers d'hiver en Languedoc. — Copie authentique jointe au rôle original de la contribution. Ms. français, n° 23901 de la Bibliothèque nationale.

(15 novembre 1438.)

Charles, par la grace de Dieu, roy de France, aux esleuz sur le fait des aides ordonnez pour le fait de la guerre en la ville et diocèse de Toulouse. Comme nagaires, par l'advis et delibéracion des seigneurs de nostre sang et autres de nostre grant Conseil, ayons envoyé en noz duchié de Guienne et pays de Gascoigne noz chiers et bien aimez cousin le sire de Le Bret, Rodigo de Villandrau, conte de Ribedieu, et Poton, seigneur de Santraille, premier escuyer de nostre corps et maistre de nostre escuierie, avec certains autres noz cappitaines et nombre de gens d'armes et de trait pour illec faire guerre à noz anciens ennemis les Angloys; et depuis pour supporter nostre pays de Languedoc et affin qu'ilz n'y entrent ny s'y viengnent yverner, comme déjà aucuns d'eulz avoient commencé et y estoient entrez, qui seroit la destruction dudit pays et de noz subgiez et habitans d'icelluy, leur avons mandé très expressement qu'ilz se demeurent en nostre dit duchié et pays de là Garonne, toute ceste morte sayson; et pour ce soit necessaire certaine somme d'argent pour leur aider à vivre ès diz duchié et pays, laquelle avons mandée estre mise, imposée et levée sur noz

[1] L'état de répartition, qui est dans le ms. français 23902, ne porte que ces mots : « A Rodrigo de Villandrando, conte de Ribadeou, pour services faiz au pays, deux cens livres. »

diz subgiez et habitans de nostre dit pays de Languedoc, oultre et par dessus certaine somme que leur avons appoinctée sur noz pays de Languedoil, sans laquelle somme avoir prestement n'est possible à nozdiz cousin, Rodigo et Poton demourer et se entretenir èsdiz pays pour la trèsgrant cherté de vivres qui y est et autres necessitez qu'ilz ont, ainsi qu'ilz ont fait remonstrer à nostre amé et féal conseiller l'évesque de Laon et autres noz conseilliers et officiers estans audit pays, pour ce assemblez au bourg de Carcassonne avec aucuns des cappitoulz, consulz et habitans des principales villes de nostre dit pays; de laquelle, aussi de certaine somme accordée au bastard de Bourbon pour saillir hors dudit pays, avec aucuns fraiz et despences nécessaires, la ville et diocèse de Thoulouse et lieux et habitans d'iceulx ayent esté imposez et assiz à la somme de deux mille quatre cens trente et sept livres tournoys tant seulement, considéré les domaiges et pertes qu'ilz ont souffers et portez ceste année présente; laquelle somme fault imposer, cueillir et lever prestement pour delivrer ausdiz cappitaines, gens d'armes et de trait pour vuyder incontinent la seneschaucée dudit Thoulouse, et payer aussi audit bastard, ainsi que promis et accordé luy a esté : Nous vous mandons et commandons en commettant, se mestier est, que, appelez ceulx qui seront à appeler, vous icelle somme imposez, divisez et assécz en et sur la dicte ville, lieux et habitans d'iceulx diocèse, quelx qu'ils soient, aiant acoustumé de contribuer ou non contribuer aux aides à nous octroyez en ladicte seneschaucée, bien et justement au mieulx que pourrez, le fort portant le foible; et l'assiette par vous faicte baillez et delivrez au recevcur particulier ordonné audit diocèse, pour icelle somme faire venir eus franchement et entièrement, en contraingnant à ce tous ceulx qui feront à contraindre, ainsi et par la forme et manière ainsi qu'il est acoustumé de faire pour noz propres debtes. De ce faire vous donnons pouoir, mandons et commandons à tous noz justiciers, officiers et subgiez que à vous, en ce faisant, obbéissent et entendent diligemment, donnent conseil, confort, aide et prisons, se mestier est. Donné à Carcassonne, le xve de novembre, l'an de grace mil cccc trente et huit et de nostre règne le xvie.

Par le Roy à la relacion des généraulx conseilliers sur le fait des aides ou pays de Languedoc. Landas.

LXIV

Quittance d'un payement fait sur le subside voté à Carcassonne pour l'entretien de l'armée de Guienne commandée par Rodrigue de Villandrando, Poton de Xaintrailles et le bâtard de Bourbon.— Original en parchemin du Cabinet des titres de la Bibliothèque nationale, dossier *Sarrau*.

(Événements de novembre 1438.)

Nos Bernat Ramon del Sarrau, Bernat Vinhas et Esteve de Nogaret, elegitz per lo roy, nostre senhor, sus lo fait de las aydas en la ville et diocezi de Tholosa, reconoyssem aber agut et resseubut de Johan La Croetz, recebedor particular en la dita diocesa de Tholosa de certana soma autregada e meza sus darreyrament en la vila de Carcasona, en lo mes de novembre darreyrament passat, par mandament del dit senhor, per entretenir l'armada per lo dit senhor trameza en son pays de Guiayna, que a faita mousenhor de Ribedieu, Poton senhor de Santaralha et mossenhor lo bastart de Borbon, et de autra soma autragarda al dit mossenhor le bastart de Borbon per salhir fora del pays e passar de là la ribieyra de Garona : la soma de lx libras à nos deguda per nostra pena e treballh de metre, asseliar, partir e devezir la quota part o porcio tocant la present dioceza, et aysso per vertut de certana commissio del rey nostre dit senhor à nos trametuda e adressada en aquesta partida. De la qual soma de lx libras, so es assaber xx libras t. per cascun de nos, e per las causas desus ditas, e ayssi com en cas semblant es acostumat, hem contens e ne quitam lo dit Johan La Croetz e tot autre à qui poyria tocar ni la presen quitansa deu apartenir. Dadas à Tholosa, solz nostres propris sigels e senhetz manuals, lo xixe jorn de may, l'an mil cccc xxxix.

Signé avec paraphe, B. Vinhas.

LXV

Arrêté de compte au consulat du Bourg de Rodez pour le payement d'une contribution convenue, pour la délivrance définitive du pays, entre le comte d'Armagnac et Rodrigue de Villandrando. — Registre BB[8] (fol. 177) des Archives communales de Rodez Communication de M. Paul Durrieu.

(10 décembre 1438.)

Fon explicat, cum per la comesson maestre R. d'Astuga, procuror general et secretari de mossenhor lo comte, trames per nossenhor lo comte en especial per denunciar l'acordi fach per mossenhor lo comte am Rodigo et autres rotiers, per la qual causa lo pays es assegurat de lor per d'ayssi à totz tans ; per loqual acordi et pacti es estat promes aldit Rodigo ııı^m motos, pagadors la meytat à nadal probdanamen venen, et l'autra meytat à pascas enseguen : per laqual causa es estat autriat м esquts, valens м vııᶜ ʟ motos, pagadors al xv jorn d'aquest mes : que monta à la part del Borc ʟxvı esquts xııı gros. La qual soma lo dit maestre R. d'Astuga atten per portar als dis capitanis.

LXVI

Sommation aux habitants du diocèse de Lavaur et de la jugerie de Villelongue d'avoir à payer leur quote-part de la contribution consentie par la sénéchaussée de Toulouse pour se débarrasser de Rodrigue de Villandrando et du bâtard de Bourbon. - Copie de la *Collection de Languedoc* (t. LXXXIX, fol. 224), Mss. de la Biblioth. nat.

(Événements du commencement de l'an 1430.)

Charles, etc. au premier nostre huissier ou sergent d'armes, huissier de nostre Parlement ou autre nostre sergent qui sur ce sera requis, salut. De la partie de nostre bien amé Jehan de la Croix nous a esté exposé que, comme au retour de l'armée que feismes en l'année précédant aller et entrer à nostre pays de Guienne occupé par les Angloys nos anciens ennemis et adversaires, Rodigo de Villandrando et le bastard de Bourbon, capitaines de gens d'armes et de trait d'icelle armée, se feussent venus loger environ nostre ville de Thoulouse, eulx et leurs gens en grant nombre desditz gens d'armes et de trait, et eussent prins par force et violence les villes et places de Saiches, Braqueville et Bozeilles, assises sur la rivière de la Garonne ; èsquelz lieux se retrahirent, et courroient tous les pays d'environ icelle nostre ville de Thoulouse, prenoient et rançonnoient hommes et femmes et faisoient maulx innumerables et tellement, que aucuns vivres ne marchandises ne pouvoient aller ne venir en nostre dicte ville ne autres dudit pays ; pour laquelle cause et donner à ce provision, se feussent assamblez les gens de nostre conseil et capitols d'icelle nostre ville de Thoulouse et grant partie des gens des trois Estaz des sénéchaussée et ville de Thoulouse et pays d'environ, à qui la chose touchoit et estoit préjudiciable ; lesquels, pour éviter la destruction dudit pays et faire cesser les dictes pilleries, eussent fait certain appoinctement avec lesditz Rodigo et bastart, par lequel ilz promirent et baillièrent leur scellé [que ilz], en leur baillant la somme de trois mille escus de reste, savoir audit Rodigo deux mil et audit bastart mil, delivreroient lesdictes villes et places, et n'entreroient ne logeroient environ icelle nostre ville ne en ladicte seneschaussée deçà la rivière de Garonne dedans certain temps : pour fournir auquel appoinctement eust esté advisé et ordonné par lesditz gens de nostre conseil, capitols et gens des trois Estaz, mettre sus et imposer en ladicte seneschaussée et pays à qui la chose touchoit la somme de cinq mille livres tournois, et pour advancer la vuidange desdictes gens d'armes, eussent tant fait envers ledit exposant qu'il advança et presta ladicte somme de trois mil escuz pour bailler auxditz capitaines; et depuis eussent commis icelui exposant à recevoir icelle somme de cinq mil livres tournois et ordonné qu'il recouvreroit le susdit prest desdiz trois mille escus par sa main des deniers de sa recepte; à cause de laquelle somme de cinq mil livres t. les habitans du diocèse de Lavaur et jugerie de Villelongue furent assiz et imposez pour leur quote et portion dudit ayde à la somme de douze cens seize l. t.; lesquels habitans se feussent trait par devers nostre très chier et très amé fils le daulphin de Viennois, luy estant dernièrement en nostre pays de Languedoc, et par importunité de requestes ou autrement eussent obtenues ses lettres par lesquelles eust esté mandé audit exposant que, jusques à la feste de Noel dernier passé, ne les contraingnist à payer leur dit impost; lequel suppliant, en obtemperant au mandement de nostre dit filz, les ait tenu en surcéance de leur demander icelluy impost jusques à la feste de Noel; et combien que ledit suppliant ait par plusieurs fois sommé et requis ceulx de ladicte sénéschaussée et pays dessusdit qui ont esté imposez audit ayde, de luy payer leur taux et impost d'iceluy, néanmoins ilz en ont esté et encores sont reffusans ou au moins delayans et en demeure, et doubte que pareillement soient ceulx dudit diocèse de Lavaur et de la jugerie de Villelongue, nonobstant ledit terme à eux donné, lequel est passé, comme dit est, qui a esté et seroit grant dommaige et préjudice dudit exposant, se par nous n'estoit sur ce à luy pourveu de remède convenable, requérant humblement iceluy : pour quoy nous, ces choses considérées, voulans ledit suppliant, qui a liberalement presté le sien pour la conservation de nosdiz pays, et les autres frais que à ceste cause lui a convenu faire, estre payé et satisfaiz comme raison est, te mandons et commettons par ces présentes que tu te transportes par devers lesditz habitans du diocèse de Lavaur et jugerie de Villelongue et de ladicte seneschaucée de Thoulouse et autres lieux qui t'apperront avoir esté assiz et imposez audit ayde de cinq mil l. t., etc. Donné à Saumur, le vi^{e} de fevrier, l'an de grace mil cccc xxxix et de nostre règne le xviiie, soubs nostre seel ordonné en l'absence du grand.

LXVII

Quittance de l'intendant de la maison de Rodrigue de Villandrando pour un don d'argent à lui fait par les capitouls de Toulouse. — Original en parchemin du Ms. fr. 20378 à la Bibliothèque nationale.

(17 mars 143 $\frac{8}{9}$)

Sachan tous que ses preses verant que yo, misser Pyeres de Vivar, chyvaller, maestre de mossenor le comte de Rybadeo, confese avoer recebido de vous, Juan de la Crois, la summa de L escus en oro, les queles yl m'a dado per les senors de la villa de Tolose. Da les quales L escudos io me ten per content et vous done esta quytansa escryta de ma man et synena de mon synet manuel, le xvij^{e} dias de marso, l'an de mil cccc xxxviij; et quyte la dita villa de Tolosa et les abitans de todo lo que me poay onc escair d'os.

De par le maestre d'ostall de monssinor le comte de Rybadeo.

Signé, PEDRO DE VIVAR.

LXVIII

Quittance d'une indemnité payée pour assistance à une assemblée des États de Gévaudan tenue à Mende, où fut votée une contribution à Rodrigue de Villandrando. — Original du Ms. Clairambault 181, cote 6505 à la Bibl. nat.

(9 avril 1439.)

Par devant moy, Martin Brosses, notaire, fut présent en personne le noble Robert de Montesquieu, seigneur de Parade, lequel congneut et confessa avoir heu et receu de Jehan Chaste, receveur ou diocèse de Mende de la somme de ij^{m} moutons d'or pour paty fait à Rodigo de Villandran, cappitaine de gens d'armes et de trait, par les gens des trois estas de Jeuvaudain, la somme de dix moutons d'or à lui tauxée pour avoir esté à l'assemblée et assisté à Mende, pour la terre du seigneur du Tornel. De laquelle somme de x moutons d'or ledit Robert de Montesquieu s'est tenu et tient pour bien content et paié, en en quicta et quicte ledit receveur et tous autres à qui quictance en puet appartenir. Et en tesmoing de ce et à la requeste dudit de Montesquieu, j'ay signé ceste quictance le ixe jour d'avrill, l'an mil iiij^c quarante[1] et neuf.

Signé, Brosses.

LXIX

Engagement personnel de Rodrigue de Villandrando dans le traité d'alliance conclu par lui avec le comte de Foix et le comte de Comminges. — *Original en parchemin, scellé, aux Archives du département des Basses-Pyrénées, coté* $\frac{E. 449}{1. A 3057}$. Communication de M. Paul Raymond.

(9 avril 1439.)

Sapin totz qui las presens veiran que io, Rodrigo de Vilandrando, comte de Ribadeu en lo regne de Castele, de mon bon grat e certane sciencie me suy feyt et per tenor de las presens me faz aliat et servidor de vos, haut et puixantz senhors en Gaston, comte de Foixs et de Begorre, et de vos, moss. Mathiu de Foixs, comte de Comenge. Et vos ey prometut et jurat, prometi et juri aus santz avangelis de Diu, corporammentz toquatz de ma man, et sus ma bone fe et sus ma honor, que a tote ma vite io vos seré bon, leyau et fideu aliat et servidor; et vos soccoreré et aiudaré de ma persone et de tote ma poixance et ab totz aquetz qui per mi voleran far, en qual part que io sie à mi possible, envers totz et contre totes persones que pusquen vivre et morir, totes et et tantes betz cum besonh ac auratz, et per vos et cascun de vos ne seré requerit, cessant tot frau, barat ni mal enginh. Et si sabi que degun o deguns vos procurassen o volossen far mal ni deshonor en persone, subgetz, bees et causes, ac empediré à mon poder et vos en abisaré au plus tost que poyré per

[1] Faute d'inadvertance; il faudrait *trente* au lieu de *quarante*. La correction est indiquée par l'impossibilité absolue d'admettre qu'il y ait eu encore des patis en 1449, et que Rodrigue se soit trouvé quelque part en France cette année-là.

letre o messadge, exceptatz los reys de France et de Castele, moss. lo duc de Borbon et don Albaro de Lune, conestable de Castele. Laqual cause ey feyte, promesse et jurade per tot lo termi de ma vite, cum diit es, tant de mon bon grat cum per so que vos me avetz prometut et jurat de sostenir, deffener et emparar, aixi que semblantz senhors que vos edz son tengutz de sostenir, deffener et emparar à semblant aliat et servidor que io suy, et per certane pention annual que vos me avetz autreyat donar, aixi que appar en las letres per vos sus so à mi balhades. En testimoni d'asso, ey signat las presens de ma man et sagerat de mon saget. Feyt a Sant-Julian, dentz lo castet, lo IX. jorn d'april, l'an mil quatre centz trenta et nau.

Signé, Rodrigo Villa Andrando.

LXX

Quittance du salaire payé par la ville de Toulouse au secrétaire de Rodrigue de Villandrando pour la confection de l'acte de sécurité délivré à la dite ville. — Original du Cabinet des titres de la Bibl. nat., dossier *Gamaches*.

(21 avril 1439.)

Je Jacques de Gamaches, secretaire de mons. le conte de Ribadeb, confesse avoir eu et receu des cappitolz et habitans de la ville et cité de Thoulouze la somme de douze escuz d'or de Toulouze, par la main de Jehan de la Croix, marchant, demourant en la dicte ville de Thoulouze, en quoy lesdiz cappitolz et habitans m'estoient tenuz pour ma payne et sallaire d'avoir fait, escript et seellé le seellé de la ville et seneschaucie dudit Thoulouze, pour les tenir en la seurté de mondit maistre, et pour faire vuidier hors ses gens des lieux et villes de ladicte seneschaucie et de non y loger. De laquelle somme de xij escuz dessus dicte je me tieng pour bien content, et en quicte lesdiz cappitolz, habitans et tous autres qu'il appartiendra. Tesmoing mon seing manuel cy mis, le xxj^{e} jour d'avril l'an mil iiij^{c} xxxix.

Signé, Gamaches.

LXXI

Quittance de Rodrigue de Villandrando pour deux mille écus d'or à lui payés conformément au patis passé entre lui et les capitouls de Toulouse.— Original en parchemin, scellé en cire rouge, du Cabinet des titres de la Bibliothèque nationale, dossier *Villandrando.*

(21 avril 1439.)

Nous, Rodrigo de Villandrando, conte de Ribadeo et seigneur d'Ussel, confessons avoir eu et receu des cappitolz et habitans de la ville et cité de Thoulouze, la somme de deux mil escus d'or de Thoulouze par la main de Jehan de la Croix, marchant demourant en la dicte ville; en quoy les diz cappitolz et habitans nous estoient tenus pour certaine composicion faicte pour nous faire deslogier des villes et lieux de la seneschaucie dudit lieu de Thoulouze, et autrement. De la quelle somme de deux mil escus d'or de Thoulouze nous nous tenons pour bien contens et en quictons les diz cappitolz et habitans du dit lieu de Thoulouze et tous autres qu'il appartiendra. En tesmoing de ce, nous avons signées ces présentes de nostre main et à icelles fait mettre le propre seel de nos armes, le xxie jour d'avril, l'an de grace mil quatre cens trante et neuf.

Signé : Rodrigo de Villa Andrando.

LXXII

Allocation faite par les capitouls de Toulouse au viguier de leur ville, sur l'impôt établi pour l'accomplissement des accords passés entre Rodrigue de Villendrando et les gens du conseil du roi. — Original en papier scellé de huit cachets de cire rouge, Ms. fr. n° 20578 de la Bibliothèque nationale.

(6 mai 1439.)

Lo Capitol de l'an IIII^{c} XXXVIII.

Cum à occasio et cause dels grans dampnages que las gens d'armas et de trayt an donatz à la viguaria et present ciutat de Tholosa, la present vila, per gran necessitat et garda d'aquela lo noble Johan de Varanha, escudier et viguier de Tholosa aia mesa tres gran diligencia, pena et treballi à la garda de la present ciutat, tant de nucit comma de jour, per laqual causa a convengut qu'el aia tengudas gens per servir luy et la vila à causa de ladita garda, et diversas despens, danges et dampnages, e aia suffertatz et despendut de sos bes grandament; et per recompensar losdiz sos trabalhs e la despensa que a faita per las causas dessus ditas, sia estat appunctat per la major partida de las gens del cosselh del rey nostre sobira senhor estans en la present ciutat, et per nos, que al dit viguier sia pagada et delivrada la soma de dos cens livras de tornes de la soma empausada en la present senescalcia et diocese de Tholosa, per certa acort et tractat fait entre las gens deldit cosselh del rey nostre sobira senhor et lo conte de Rivadieu, autrement apelat Rodigo, et mossenhor lo bastart de Borbo, en certa forma et maniera contengudas en certz articles acordatz et sagelatz per losdiz Rodigue et bastart de Bourbo; et à recebre la dita soma sia estat deputat recebedor Johan Lacrotz, merchant et ciutada nostre, loqual recuses à payar e delivrar ladita soma aldit viguier, sino que agues expres mandament: per so, aguda consideracio à la gran lealtat et bona diligencia e los grans treballis et despensa que a mesas et suffertatz per la garda de la vila et viguaria, volen et consenten, e no re mens mandam tant quant à nos et se apperte aldit Johan Lacrotz, recebedor, que pague et delivre dels deniers de ladite recepta aldit viguier, la soma de dos cens livras tornes, per las causas et rasos dessus ditas; car raportant lo present mandament, am recognoissance sufficient deldit viguier, ladita soma vos sera debatuda de la dita recepta et allogada en vos contes per tot la hom appertendra. Scriut à Tholosa, à vj. de may, l'an mil IIII^{c} XXXIX.

LXXIII

Quittance d'une somme votée pour Rodrigue de Villandrando par les États d'Auvergne en présence du roi. — Original sur parchemin du Cabinet des titres de la Bibliothèque nationale, dossier *Villandrando*.

(12 juin 1439.)

Saichent tuit que nous, Rodrigo de Villa Andrando, conte de Ribadeou, capitaine de gens d'armes et de trait pour le roy nostre sire, confessons avoir eu et receu de Pierre Mandonier, receveur ou bas païs d'Auvergne de la porcion d'un ayde de xxxvi^{m} fr. octroié au roy nostre dit seigneur par les gens des trois Estas du dit bas et du hault païs d'Auvergne, assemblez en sa présence en la ville de Riom ou mois de mars derrenier passé, la somme de trois cens livres tournois; la quelle les gens d'église et nobles d'icellui bas païs nous ont donnée et icelle ordonnée à nous estre paiée, baillée et délivrée par le dit receveur, des deniers de sa recepte mis sus, oultre le principal, pour les causes et ainsi qu'il est contenu et déclairé ès instructions et ordonnances faites sur le fait du dit ayde. De la quelle somme de iii^{c} livres tournois nous tenons pour bien content et paié et en quictons le dit païs, le dit receveur et tous autres à qui quictance en appartient. Tesmoing noz seel et seing manuel mis à ceste présente quictance, le xiie jour du mois de juing, l'an mil cccc trente neuf.

Signé: Rodrigo de Villa Andrando.

LXXIV

Commission du roi de Castille pour faire retourner le comte de Ledesma à Valladolid, le comte de Ribadeo devant recevoir l'ordre de s'arrêter à Roa. Art. 35 du *Seguro de Tordesillas*, imprimé à la suite de la vie d'Alvaro de Luna, édition Sancha.

(27 juin 1439.)

Don Juan, por la gracia de Dios rey de Castilla, de Leon, de Toledo, de Galicia, de Sevilla, de Córdoba, de Murcia, de Jaén, del Algarbe é de Algecira, é señor de Vizcaya é de Molina, por la presente dó poder complido á vos, don Pedro Fernandez de Valasco, conde de Haro, mi camarero mayor é del mi consejo, para que de mi parte é por mi é en mi nombre podades segurar é fascer pleyto é homenage que, tornandose á la villa de Valladolid el conde don Pedro de Astuñiga con su gente del lugar donde agora está, entanto que se vé é platica en los negocios que al presente ocurren, en que vos por mi mandado fablades con el infante don Enrique é con los otros que están en Valladolid, yo enviaré mandar á don Rodrigo de Villandrando, conde de Ribadeo, mi vassallo, que esté en la villa de Roa, donde agora está con su gente, é se non mueva nin parta della sin mi especial mandado, é que faré por manera que lo él faga é cumpla asi. Otrosi que del dia que por vos me fuere notificado ó enviado notificar que los dichos negocios non se concuerdan, por tres dias complidos primeros siguientes el dicho conde de Ribadeo estará en la dicha Roa con su gente é non partirá de allí fasta ser passados los dichos tres dias; por que en tanto el dicho conde don Pedro de Astuñiga pueda partir de la dicha villa de Valladolid, é se tornar con su gente al lugar donde agora está. É para que sobre esto podades por mí é en mi nombre fascer é otorgar qualquier seguridad é firmeza, yo desde aqui la fago é otorgo segund é por la forma é manera que lo vos fisciéredes é otorgaredes. É prometo por mi fé real de lo guardar é complir, é mandar guardar et complir segund é por la forma é manera que lo vos seguradés de mi parte. De lo qual mandé dar esta mi carta, firmada de mi nombre é sellada con mi sello. Dada en Olmedo, á veinte é siete dias de junio, año del nascimiento de nuestro señor Jesu Christo de mil é quatrocientos é treinta é nueve años.

Yo EL REY.

Yo el doctor Ferrando Diaz de Toledo, oydor é refrendario del rey et su secretario, la fisce escribir por su mandado. Registrada.

LXXV

Lettre de la ville de Besançon au gouvernement de la ville de Bâle sur les prétendus mouvements des Écorcheurs et de Rodrigue. — Original en papier, d.. Archives de la ville de Bâle, Registre des missions 1430-1445. Communication de M. Tuetey.

(30 juin 1439.)

Honorabiles spectabilesque et magnifici viri amicique singularissimi, omni recommendacione prothomissa, noveritis nos hodie vestras gratissimas recepisse litteras in effectu continentes quod, fama et vaga relacione insinuante, perceperatis quod turba et exercitus Excoriatorum adhuc in partibus Burgundie se continuabat animo se ad partes circum adjacentes transferendi, et, ut soliti sunt, omnibus gravissima dampna inferendi. Super quibus scire velint vestre dominaciones quod nuper, fama publica referente, dicti Excoriatores proposuerant ad partes istas Burgundie, post menses proximas personaliter se transferre; et quia illustrissimus princeps et dominus, dominus dux Burgundie, de premissis informatus, proposuerat ad easdem partes Burgundie venire ad obviandum miliciis eorumdem Excoriatorum et hoc vi armata contra eosdem pugnandum; que premissa, ut fertur, ad aures eorum Excoriatorum pervenerunt, propter quod distulerunt huc, videlicet ad partes istas Burgundie, se transferre propositumque eorum malum mutaverunt. Et si in futurum, quod absit, de eisdem Excoriatoribus alia nobis occurrant contraria nova, sine mora vobis rescribere curabimus, vestras actencius rogando dominaciones quatinus, si que vobis de predictis et alias inimicis ac emulis nostris ac alias de contingentibus constiterint, simili modo nobis intimare curetis, prout in eisdem vestris dominacionibus ad plenum confidimus.

De novis dictorum Excoriatorum occurentibus, audivimus quod *Rodigue* et quidam vocatus *Poton*, capitanei dictorum Excoriatorum, sunt in acie ante castrum et villam de *Bordeal en Guyenne* in magno numero, et alii Excoriatores sunt in acie ante villam et castellum Meldense. Quid autem egerint, nescimus.

Alia pro presenti non occurrunt eminentibus vestris dominaciónibus rescribenda, nisi quod Altissimus easdem vestras dominaciones conservare dignetur feliciter et longeve, prout optamus.

Scriptum Bisuncii, in domo communi et consistoriali, die xxx[a] mensis junii, anno xxxix.

Rectores et gubernatores civitatis Bisuntinensis, vestri.

Sur l'adresse : Honorabilibus, spectabilibus et magnificis viris, dominis Arnoldo de Ralperg, militi, magistro civium, et consulatui gubernatoribusque civitatis Basiliensis, amicis nostris singularissimis.

LXXVI

Autorisation accordée par le roi de Castille à Rodrigue de Villandrando, d'employer un navire, dont il avait la propriété, à faire le commerce avec l'Angleterre, comme dédommagement de la rançon de plusieurs prisonniers que les Anglais avaient faits sur lui pendant son trajet en Espagne. — Publié par M. Jimenez de la Espada parmi ses éclaircissements aux voyages de Pero Tafur (Madrid, 1874), p. 517, d'après un formulaire manuscrit des actes des rois Juan II et Enrique IV, conservé à la Bibliothèque du Congrès.

(1439)

Don Johan, etc., á los duques, condes, ricos omes, maestres de las órdenes, priores, comendadores é subcomendadores, é al mi almirante mayor de la mar, é á vuestros lugares tenientes, é á los capitanes é á otros qualesquier que andades por las mis mares, é á todos los concejos é alcades é alguaciles, regidores, cavalleros é escuderos é omes buenos de todas las cibdades é villas ó lugares de los mis reynos é señorios, é á todos qualesquier mis sudictos é naturales de qualquier estado é condicion, preheminencia o dignidad que sean, é á qualquier o qualesquier de vos á quien esta mi carta fuere mostrada o el translado della signado de escribano publico, salud é gracia. Sepades que don Rodrigo de Villandrando, conde de Ribadeo, mi vasallo é de mi consejo, me fizo relacion en como el, veniendo en mi servicio por mi mandado, los Yngleses le prendieron é tienen presos á Fernando de Tovar, su sobrino, é Pero Carrillo, é á otros mis subdictos é naturales de su compañia que con el venian, los quales non se podian rescatar sin grandes contias de maravedises é otras cosas que por ellos le demandan. É pidióme por merced que, para los rescatar, le diere licencia para una su nao, llamada la nao de Santiago, que es Fulano patron della, pudiese entrar é salir con sus mercadurias al reyno é señorios de Ynglaterra, salva é seguramente por los viajes que á mi merced pluguiese. É yo tovelo por bien, é es mi merced é mando que por quatro viajes la dicha nao pueda andar é anda salva é seguramente por qualesquier mis mares, é entrar é salir al dicho reyno é señorio de Ynglaterra con sus mercadurias. É es mi merced é mando que, por lo asi fazer, non caya nin incurra en pena nin en penas algunas ceviles nin criminales, ca yo por esta mi carta les do licencia é facultad é poderío para ello, durante los dichos quatro viajes, como dicho es. Porque vos mando á todos é á cada uno de vos que dexedes é consentades al dicho Fulano, maestre de la dicha nao, é á los mercaderes é otras personas que con el en ella fueren andar en la dicha nao del dicho conde, é llevar é sacar fierros é otras qualesquier mercadurias para el dicho reyno é señorio de Ynglaterra, tanto que no sean cavallos nin armas nin las otras cosas per mi vedadas de sacar á los reynos comarcanos con quien yo he paz; é otrosí que les dexedes traer libre é desembargadamente paños é otras qualesquier mercadurias del dicho reyno é señorios, é las vender é destribuyr en ellos é en otra qualesquier parte donde quisieren é por bien tovieren, non les demandando nin levando por ellas mas nin allende de los derechos por mi ordenados cerca de las mercadurias que se traen de los otros reynos é tierras con quien yo he paz, durante los dichos viajes, los quales se fagan del dia de la data d'esta mi carta fasta treinta meses complidos próximos siguientes. É non fagades nin consintades fazer al dicho maestre de la dicha nao nin á los mercaderes é otra compañia de qualquier nacion, estado o condicion que en la dicha nao venga é fueren, mal nin dapño nin otro desaguisado alguno en sus personas nin en sus bienes, sin razon é sin derecho, como non devades non faciendo nin dañando nin buscando mal nin dapño nin desonor mio, ni de los mis subditos é naturales, nin de mis amigos é aliados, nin de aquellos con quien yo he paz; ca yo por la presente tomo é rescibo la dicha nao é al maestre é mercaderes é otros qualesquier persoñas que en ella fueren é venieren, é á sus bienes é mercadurias é cosas, en mi guarda é amparo, é so mi seguro é defendimiento real, durante los dichos quatro viajes é el dicho tienpo en que se han de fazer. É mando á vos, las dichas justicias, é á cada uno de vos que, si alguno o algunos de vos quisiere quebrantar este mi seguro, que pasedes é procedades contra ellos é contra cada uno d'ellos é contra sus bienes á las mayores penas ceviles é criminales que fallardes por fuero é por derecho, asi como contra aquel ó áquellos que quebrantan seguro puesto por su rey é señor natural. Otrosí vos mando que los non embarguedes, nin detengades, nin consintades embargar nin detener á los sobredichos nin algunos de ellos, nin á sus bienes é mercadurias, por razon de marcas nin represarias que qualesquier personas ayan tenido é tengan, nin por razon de la guerra quel rey de Francia, mi muy caro é muy amado hermano, amigo é aliado, é yo por cabsa d'el, avemos con los Yngleses, nin por qualquier defendimiento o defendimientos, vedamiento o vedamientos que por mi son o sean fechos durante los dichos viajes é tiempo, o carta o cartas que sobrello aya dado o diere en qualquier manera: ca mi merced é voluntad es que el dicho conde pueda enbiar la dicha nao con qualesquier marcadurias de mis reynos al dicho reyno é señorios de Ynglaterra, durante los viajes é tiempos, que non saquen d'ellos los dichos cavallos é armas é otras cosas por mi vedadas, como susodicho es; otrosi que puedan traer é traygan á mis reynos qualesquier mercadurias del dicho reyno de Ynglaterra libremente, syn embargo nin contradicion alguna, como dicho es, pagando los mis derechos acostumbrados en la maña que dicha es. E los unos en los otros, etc. [1].

[1] Les formules finales et la date manquent, comme c'est l'usage dans tous les recueils du même genre composés au moyen âge; mais l'année 1430 est indiquée par l'objet même de la pièce.

LXXVII

Déposition de Gratien de Gramont sur l'arrestation de Guillaume de Meny-Peny, écuyer du dauphin, réfugié dans les compagnies de Rodrigue de Villandrando. — Minute des Archives des Basses-Pyrénées, E 319, f. 129. Communication de M. Paul Raymond.

(8 mai 1440.)

Conegude cause sie à totz que, en presenti deu mot naud prince et puissant senhor en Gaston, per la gracie de Diu comte de Foix, vescomte de Bearn et comte de Begorre, lo noble moss. Gratian de Gramont, senhor d'Aus et d'Olhavie, cavaler, qui, seguont dii fo, ere aqui vengut au mandament deudit senhor comte, auquoau fo domandat et requerit que dixos vertat, qui eren aquegs qui aven prees Guilheumes Menhi-Penhi, escuder d'esculerie deu tres excellent prince moss. lo dauphin de Viane, loquoau, venent de Sant Jacme de Galicie per s'en retornar en France, per plus segurement passar son camin, se meto en la companhie de Johan de Salasar et autres cappitaines de la companhie deu comte Rodrigo de Vilandrando, fon pres per augunes gentz, et aprés balhat audit moss. Gracian per presoner, loquoau de lor maa lo prenco et recebo : dixo et perporta, en la presenti deudit senhor, que lodit Guilheumes Menhi-Penhi lo fo balhat per dus homis, la un aperat Johanicot, qui es de la terra de Sole et de la hobedience deus Anglees, et l'aute aperat Petrisantz, qui, seguont votz comune se disc, ere deu reyaume d'Aragon, los quoaus, per abant et prumer que lodit Menhi-Penhi no fo ni vengo en la maa deudit moss. Gracian, aven tengut lodit Guilheumes cum à presoner per auguns jorns, et egs lo balhan à luy. Et aixi lodit moss. Gracian ac reporta et testiffica per dabant lodit senhor comte, et deudit rapport et testiffication lodit Guilheumes Menhi-Penhi, qui ere aqui present, requeri mi, notari dejuus nomiador, que lon retenguos carte et instrument public.

Asso fo feyt dens lo casteg d'Ortès en Bearn, lo VIII jorns deu mes de may, l'an mil cccc et quarante. Testimonis son d'esso : lo sabi et discret maeste Guilhem Aramon de Beglauc, bachaler en decretz, conselher ; Bernat d'Abidos, cramper deu dit senhor comte.

LXXVIII

Privilège du dîner annuel avec le roi octroyé à Rodrigue de Villandrando par Juan II de Castille.— Imprimé dans les *Adicciones à los claros varones de Pulgar* (p. 228) d'après la transcription insérée dans un acte confirmatif de la reine Jeanne, dont le registre existe aux Archives de Simancas.

(9 janvier 1441.)

En el nombre de Dios padre, etc. Acatando é parando mientes á los muchos é buenos é leales é señalados servicios que vos, don Rodrigo de Villandrando, conde de Rivadeo, mi vasallo et de mi consejo, me avedes fecho é los peligros á que vos pusistes per mi servicio é de la corona real de mis reynos, veniendo segun que venistes de fuera de ellos por mi mandado con muchas gentes de armas, de á caballo é archeros, sobre los lebantamientos fechos en mis reynos, é dexastes vuestras tierras é castillos, é hacienda, poniéndolo todo en aventura por mi servicio; é especialmente el servicio señalado que me fecisteis el dia de la Epifanía que pasó, quando, estando para entrar en Toledo, mi persona ovó gran peligro, é vos con vuestro esfuerzo é animosidad la fecisteis segura de las muchas gentes de armas que salieron en pos del Infante de la cibdad para facerme deservicio; é per memoria de tan leal é animoso fecho é señalado servicio, vos me pedistes por priviliejo é preeminencia especial que vos é los otros condes, vuestros succesores, que despues vinieren hayan é lleven é les sean dadas las ropas é vestiduras enteramente que nos é los reyes nuestros succesores en Castilla é en Leon, que despues de nos vinieren, vistiéremos en el sobredicho dia de la Epifanía de cada un año para siempre jamas; é ansimismo que vos honremos asentandovos á nuestra mesa á comer con nos é con los otros reyes que despues de nos fueren en el dicho dia de la Epifanía de cada un año, por siempre jamas, á vos é á los que vos succedieren en vuestro condado de Rivadeo: É yo, queriendo que haya memoria de tan gran fecho é leal é señalado servicio, é animosidad con que defendisteis mi persona é acudisteis al bien publico de mis reynos, é que se dé exemplo á los otros mis vasallos, lo tove por bien; é por la presente, etc. Fecho en Torrijos, nueve dias de enero, año del nascimiento de nuestro salvador Jesu Christo de mil é quatrocientos é quarenta é un años.

Yo EL REY.

Yo Diego Romero le fice escrebir per mardado de nuestro señor el Rey.

LXXIX

Éloge de Rodrigue de Villandrando par Garcia de Resende. — Extrait, communiqué par M. Ferdinand Denis, d'un poëme imprimé à la suite de la chronique portugaise *Chronica dos valerosos e insignes feitos del rey D. João II de gloriosa memoria* (1622).

E vimos a grande empresa
De conde de Ribadeo,
Polla qual el re lhe deu
Comer com elle a mesa,
Tamben o vestido seu.
Este valeo tanto em França,
Sendo homem de huma lança,
Que dez mil lanças mandou,
E em Castella alcançou
Ho que quem tal faz alcança.

LXXX

Légende populaire sur l'origine du privilége des comtes de Ribadeo, rapportée dans le journal espagnol *El Estado*, année 1850. — Communication de M. Bessot de Lamothe, archiviste du département du Gard.

Hé aqui la razon del suceso tradicional que verosimilmente ha sido el orígen del privilegio de los condes de Rivadeo.

Es el caso que un jóven de la familia de Villandrando, paje á la sazon del rey D. Juan II, oyó por casualidad unas palabras que le descubrieron el terrible proyecto tramado contra la vida de su señor, que al efecto habia sido convidado á un banquete por uno de sus próceres, hombre turbulento, ambicioso y feroz, que para logro de sus fines tenia dispuesto nada menos que darle muerte, en union de otros conjurados, sus parciales y cómplices. Y aun á costa de su propia vida se resolvió á salvar la de su señor y su rey. Se dirigió pues con presteza al salon del festin cuando se hallaban en medio de la comida; y presentándose al soberano le mani-

Ibstó que tenia que hablarle en el acto de un asunto de la mayor importancia, suplicándole que para ello pasase á la cámara vecina, por ser una cosa en estremo reservada.

Accedió el rey al punto, pues tenia gran confianza en su paje, y los conjurados se miraron unos á otros, temerosos de haber sido descubiertos; mas luego reflexionaron que este incidente podia ser casual, y como, por otra parte, la estancia en que habian entrado el monarca y el paje no tenia mas salida que el comedor donde se hallaban, resolviéronse á consumar en ella el regicidio proyectado. Al intento colocaron varios hombres de armas á lo largo de una galeria poco alumbrada que conducia á la dicha cámara, y les dieron órden de no permitir el paso mas que al paje, y de ninguna manera al rey, al que debian de dar la muerte si intentaba forzarlo. Villandrando, entretanto, rogaba á su amo que cambiase con él el traje y se pusiese en salvo inmediatamente; en lo que consintió el rey, creyendo, tal vez, que no corria riesgo su leal servidor. Y disfrazado con los sencillos vestidos del paje, pudó escapar del recinto de aquel funesto palacio, y al punto dispusó que fueran sus gentes á prender á los criminales y á libertar á su fiel servidor; pero los primeros habian escapado, temerosos del peligro, y el segundo estaba muerto á puñaladas, sin duda por los mismos conjurados que tomaron esta venganza cobarde y horrible.

El rey entonces, furioso por el atentado contra su persona y la muerte de su generoso libertador, hizo publicar grandes mercedes y recompensas al que entregase muerto ó vivo al magnate traidor, y dispusó, para perpetua memoria, la gracia del privilegio citado en favor del conde de Rivadeo y sus nobles sucesores.

LXXXI

Procuration de Rodrigue de Villandrando à un familier de sa maison envoyé par lui en France, avec charge de recouvrer toutes les créances qu'il avait dans ce pays. — Transcription contenue dans une subdélégation instituée sous le sceau de la prévôté de Paluel. Arch. nat., P 1475[1], cote 2176.

(11 mai 1441-6 juin 1442.)

A tous ceulx qui ces presentes lectres verront, Jehan Lucat, chanoyne de Clermont, secretaire de monseigneur le duc de Bour-

bonnois et d'Auvergne, et tenant le seel dudit monseigneur le duc en la prevosté de Paluel en Auvergne estably, salut. Savoir faisons que en la court de Paluel, personnelment estably Jehan de Coque, escuier, procureur seul et par le tout et au nom de procureur de noble et puissant monseigneur Rodrigue de Villandra, conpte de Ribadeo, et ayent pouvoir exprès de lui de faire et passer les choses plus applain contenuez et déclarées ès lectres de procuration passées et octroyées par ledit monseigneur le conte audit Jehan de Coque, son procureur, et aussi ayent plein pouvoir de faire, constituer, ordonner et establir ung ou plusieurs procureurs qui ayt ou ayent autel et semblable pouvoir comme ledit Jehan de Coque, comme appert plus applain par les lectres de procuration dudit monseigneur le conte, desquelles la teneur s'ensuit et est telle :

In nomine Domini amen. Universis et singulis presens publicum instrumentum visuris et audituris pateat evidenter quod, anno a nativitate ejusdem Domini millesimo quadringentesimo quadragesimo primo, indicione quarta, die vero decima mensis maii, pontificatus sanctissimi in Christo patris et domini nostri, domini Eugenii, divina providencia pape quarti, anno undecimo, magnificus et nobilis vir dominus Rodericus de Villandrando, comes de Ribadeo, illustrissimi et serenissimi principis et domini, domini Johannis, Castelle et Legionis regis consiliarius, in mei, notari publici, et testium infrascriptorum ad hoc vocatorum specialiter et rogatorum, presencia personnaliter constitutus, de fiducia et industria ac experta diligencia honorabilis et discreti viri Johannis de Coca, ipsius comitis familiaris, ut asseruit, plurimum confidens, ex certa sua scientia, pura et spontanea voluntate, omnibus melioribus modo, via, jure, causis et forma, quibus tucius et efficacius potuit et debuit, fecit, constituit, creavit et solempniter ordinavit suum verum, certum, legitimum et indubitatum procuratorem, factorem et negociorum suorum infrascriptorum gestorem ac nuncium specialem et generalem, ita tamen quod specialitas generalitati non deroget nec e contra, videlicet prefatum Johannem de Coca, presentem et onus procuracionis hujusmodi in se sponte suscipientem, solum et in solidum, ad recuperandum, exigendum, levandum, petendum et percipiendum, ipsius domini constituentis nomine et pro eo, a quibuscunque personis cujuscunque dignitatis, status, gradus, ordinis, condicionis vel preheminencie existant et quocunque nomine appellentur, in civitate Avinionensi aut alias ubicunque locorum habitantibus et constitutis, vel ab eadem civitate, quascunque pecuniarum quantitates, aurum, argentum et alia queris bona sua in quibuscunque et apud quascunque personas consistentia, prefato domino comiti debita aut ad ipsum quomodolibet pertinencia quacunque racione vel causa; seque, nomine procuratorio quo supra, pecuniarum quantitates predictas, aurum, argentum et alia bona sua, ut premictitur, sic ab eo Johanne, procuratore dicti domini comitis, jam habita et recuperata in civitate Avinionensi predicta aut in quibuscunque aliis partibus, apud quascunque personas et in quibuscunque civitatibus et locis aliis, quibus Johannes, procurator prefatus, voluerit et ei bene vissum fuerit, transfundat et transfundere possit, et alia faciat que circa premissa necessaria fuerint et oportuna, et que ipsemet constitutor, si personnaliter interesset, faceret seu facere posset; de receptis quoque et solutis quitandum et liberandum et absolvendum, ac quitacionem, absolucionem et deliberacionem plenariam, et omnia alia et singula in premissis et circa ea necessaria faciendum, et si necesse fuerit, pro premissis omnibus et singulis coram quibuscunque judicibus et in quacunque curia tam ecclesiastica quam mundana vel seculari, nomine dicti domini constituentis, comparandum et agendum, ipsumque dominum constituentem et ejus jura deffendendum, libellum seu libellos et quascunque peticiones tam simplices quam summarias dandum et recipiendum, darique et recipi videndum et audiendum, excipiendum, replicandum, triplicandum et, si opus fuerit, cum solempnitate juris quadruplicandum, litem seu lites contestandum et contestari videndum, de calumpnia videnda et veritate dicenda cum omnibus et singulis capitulis in et sub calumpnie juramento contentis, et quodlibet alterius generis licitum juramentum in animam dicti domini constituentis prestandum et ex adverso prestari videndum, posicionibus et articulis, libello et interrogacionibus partis adverse respondendum, suisque responderi eciam medio juramento petendum, contra posiciones et articulos dicendum, et excipiendum testes, litteras, instrumenta, scripturas, jura et munimenta et quecunque alia probacionum genera in modum probacionis producendum et produci videndum, contra productos et producta partis adverse dicendum et excipiendum, crimina et deffectus opponendum, allegandum et probandum, judices, notarios et loca compectentes et compectencia eligendum, et eos ac ea conveniendum et revocandum, suspectos et suspecta recusandum, racionem suspicionis allegandum et probandum, in causa seu causis concludendum et renunciandum, concludique et renunciari atque senteneiam seu sentencias, tam interlocutorias quam diffinitivas, et quascunque alias peticiones pronunciari et ferri petendum et audiendum, et in favorem sui latam seu latas exequendum, ab adverso vero lata seu latis et a quocunque alio gravamine illato vel inferendo provocandum et appellandum; apostolos semel et pluries petendum et recipiendum, provocacionis et appellacionis ac nullitatis causam et causas introducendum, prosequendum et ad finem debitum deducendum; expensas, dampna et interesse taxari petendum et super ipsis jurandum, absolucionis simpliciter vel ad cautelam, nec non restitucionis in integrum principaliter vel incidentaliter, et quecunque alia juris beneficia impetrandum et obtinendum, causam et causas hujusmodi ad quamcunque curiam devolvendum et devolvi faciendum; unum quoque vel plures procuratorem seu procuratores loco sui substituendum, et substitutum seu substitutos hujusmodi revocandum et onus hujusmodi procuratorium in se reassumendum, tociens quociens sibi videbitur expedire; et generaliter omnia alia et singula faciendum, gerendum, dicendum et procurandum, que in premissis et circa premissa necessaria fuerint seu eciam quomodolibet oportuna, et que ipsemet dominus constituens faceret et facere posset, si premissis presens et personnaliter interesset, eciam si talia forent, que mandatum exigerent magis speciale quam presentibus est expressum. Promissit insuper idem dominus constituens michi, notario publico infrascripto, tamquam publice et auctentice personne, vice et nomine omnium et singulorum quorum interest vel interesse poterit quomodolibet in futurum, legitime stipulantium et recipientium, se ratum, gratum, stabile atque firmum perpetuo habiturum totum id et quicquid per dictum suum procuratorem, ac substitutum vel substitutos ab eodem, in premissis et circa ea actum, dictum, factum gestumve fuerit, seu eciam pro quomodolibet procurato, relevans et relevare volens eundem procuratorem suum ac substitutum seu substitutos hujusmodi ab omni onere, judicio sisti et judicatum solvi cum clausulis suis necessariis et oportunis, sub omni bonorum suorum presencium et futurorum, mobilium et immobilium, ypotheca et obligacione. Super quibus omnibus et singulis premissis prefatus dominus constituens peciit sibi a me, notario publico infrascripto, unum vel plura, publicum vel publica, fieri instrumentum sive instrumenta. Acta fuerunt hec Abule, in domo habitacionis prefati domini comitis constituentis, sub anno, indicione, die, mense et pontifficatu prescriptis, presentibus ibidem honorabilibus et discretis viris Petro Garsie, Abule predicte, et Johanne de Saincte-Juste, in decretis bachalario, et Justo Mercatore de Florencia, testibus ad premissa vocatis pariterque rogatis.

Et erant dicte litere sic signate in margine : *El conde de Ribadeo, Rodigo de Villa Andra;* et in margine ipsarum erant scripta hec verba : « Et ego Johannes Parpa, Compostellanus, publicus apostolica auctoritate notarius, quia dicti procuratoris constitucioni, ratihabicioni ac potestatis dicioni, omnibusque aliis et singulis, dum sic, ut premittitur, fierent et agerentur, una cum prenominatis testibus presens fui, eaque sic fieri vidi et audivi : ideirco hoc presens publicum instrumentum, manu mea propria conscriptum, exinde confeci et in hanc publicam formam reddegi signoque et nomine meis solitis et consuetis scripssi, subscripssi et signavi, rogatus et requisitus, in omnium et singulorum fidem et testimonium premissorum. Est scriptum super rasum in ultima linea descendendo, ubi dicitur *justo*, non noceat, quia non vicio, sed error scribentis. Est scriptum inter lineas, in undecima linea descendendo, ubi dicitur *vel ab eadem civitate*, non noceat, quia non vicio, sed error scribentis. Johannes Parpa, notarius appostolicus. »

Lequel Jehan de Coque, procureur dessus nommé et au nom et comme procureur dessus dit ayans pouvoir, comme plus applain est dessus contenu par lesdites lectres de procuration ou instrument, a fait, constitué, ordonné et estably, et par la teneur de ces présentes, fait, constitue, ordonne et establist son substitut et procureur de substitut dudit monseigneur le conte de Ribedieu, pour et en lieu d'icelui Jehan de Coque, Aloncille de Vielo, escuer, ad ce présent et acceptant, et lui a donné et donne autel et semblable pouvoir comme il a dudit monseigneur le conte, et que ledit monseigneur lui a donné et commis par les dictes lectres de procuracion ou instrument dessus transcriptes; et a promis ledit de Coque, sur l'obligacion de tous les biens dudit monseigneur le conte, d'avoir et tenir ferme, agréable et estable tout ce qui par ledit substitut ès choses dessus dictes sera fait, dit et procuré, et le relever de toutes charges, et payer le juge, si mestier est.

En tesmoing desquelles choses dessus dictes nous avons mis à ces présentes lettres le seel, royal jadiz, de ladicte prevosté de Paluel, en l'absence dudit seel dudit monseigneur le duc. Fait et donné, presens à ce Salidot de Besançon, Jehan Capellin, Jehan Garin et plusieurs autres, le sixyesme jour de juing, l'an mil quatre cens quarante et deux.

Il conste des interlignes contenant dc. *Donné comme dessus.*

Signé en deux endroits, à la marge inférieure, G. Bouchet.

LXXXII

Obligation de service contractée par Jean de Salazar envers le duc de Bourgogne. — Publié par M. Tuetey, *Les Écorcheurs sous Charles VII*, t. I, p. 51, d'après l'original des Archives de la Côte-d'Or, fonds de la Chambre des comptes de Dijon, B 11710.

(22 juin 1442.)

Sachent tuit que je, Jehan de Salasart, escuier d'escuierie des roys de France et de Castille, promet par la foy et serement de mon corps et sur mon honneur que ès païs de mon très redoubté seigneur monseigneur le duc de Bourgoigne, ne de ces serviteurs, amis, aliez et bienveillans, je ne feray ne souffreray faire dommaige ne desplaisir en quelque manière que ce soit, par moy ne par autre dont je auray puissance; mès les garderay et preserveray de tout mon pouvoir loyaulment, comme bon et loïal serviteur doit, car à tous jours me tieng et repute estre tel envers lui. Et en oultre je promet à mon dit très redoubté seigneur par la foy et serement de mon corps et sus mon honneur, comme dessus, que quant je sauray le dommaige ou deshonneur de lui, de cesdiz parans, amis, aliez et bienveillans, je luy feray incontinent savoir et de tout mon pouvoir et puissance y pourvoyeray, au bien, honneur et prouffit de ycellui monseigneur, de cesdiz parans, amis, aliez et bienveillans; et quant le plasir et vouloir de mon dit très redoubté seigneur sera et c'on y me vouldra mender pour avoir le service de moy et de tous ceulx que je pourray finer et dont je auray puissance, je promet par le serement que dessus de le servir loiaulment avec toutte ma compaignie et puissance envers tous et contre tous, soit en ce réaulme et dehors, et tout cellon le bon plaisir et vouloir d'ycellui monseigneur, reservé mon souverain seigneur le roy de Castille. En tesmoing de ce, j'é signé et seellé ces présentes de mon saing manuel et seellées de mon seel, le xxij[e] jour de juing l'an mil iiij[c] xlij.

Signé : J. Salazar.

LXXXIII

Bulle du pape Eugène IV, libérant les princes de Foix de leurs engagements envers Rodrigue de Villandrando, avec l'acte de publication par l'évêque de Rieux. — Archives des Basses-Pyrénées, E 439. Communiqué par M. Paul Raymond.

(13 septembre 1443, 24 mars 1444.)

Universis et singulis reverendissimis in Christo patribus et dominis, dominis miseratione divina sacrosante romane cardinalibus ecclesie, patriarchis, primatibus, archiepiscopis et reverendis episcopis, necnon chistianissimis dominis imperatoribus ac illustrissimis dominis regibus, presertim Francorum, Legionis et Castelle, Aragonum, et ceteris christianitatis regibus, principibus, ducibus, marchionibus, comitibus, vicecomitibus, baronibus, judicibus, ordinariis, delegatis, subdelegatis, ceterisque justiciariis, potestariis et officiariis, spiritualibus et temporalibus, et eorum locatenentibus, ac Christi fidelibus, quibus presentes litere pervenerint, Hugo, Dei gratia Rivensis episcopus, judex et commissarius ad infrascripta per sanctissimum in Christo patrem et dominum nostrum, dominum Eugenium, divina providente clemencia papam quartum, una cum quibusdam aliis nostris in hac parte collegis, cum illa clausula « quathinus vos vel duo aut unus vestrum *», auctoritate apostolica specialiter delegatus seu deputatus, salutem in Domino sempiternam, et obsequialem in omnibus voluntatem. Ad universitatis vestre noticiam deducimus per presentes nos literas dicti domini nostri pape, sua vera bulla plumbea cum cordula canapis more solito curie Romane bullatas, integras et sanas neque viciatas vel cancellatas nec in aliqua sui parte suspectas, sed omni prorsus vicio et suspicione carentes, nobis per magistrum Vitalem Sancii, procuratorem illustrium et magnificorum principum dominorum Gastonis Fuxi et Mathei Convenarum comitum, presentatas accepisse, que sunt tales :*

Eugenius, episcopus, servus servorum Dei, venerabilibus fratribus Conseranensi et Sancti-Papuli ac Rivensi episcopis, salutem et apostolicam benedictionem. Humilibus supplicum votis libenter annuimus eaque favoribus prosequimur opportunis. Sane pro parte dilectorum filiorum, nobilium virorum Gastonis Fuxi ac Mathei Convenarum comitum, nobis nuper exhibita peticio continebat quod olim, videlicet de anno Domini millesimo quadringentesimo tricesimo nono, cum dilectus filius Rodericus de Villandrando de Ispania, assertus comes de Ribadio, et nonnulli alii gentium armorum capitanei, maxima armigerorum Excoriatorum nuncupatorum multitudine associati, comitatum Convenarum ingressi fuissent ac plura et diversa castra, fortilicia, plateas et loca ejusdem comitatus, propria potencia dumtaxat suffulti, partim vi et violentia ac partim fraude ac partim timore occupassent, et tunc occupata detinerent ac plurima in illis et dicto comitatu dampna et detrimenta fecissent et tunc facerent : idem tunc Matheus comes, ad finem quod Rodericus et alii capitanei predicti, prout velle facere tunc minabantur, castra, fortilicia, plateas et loca occupata prefata in manibus antiquorum inimicorum domus de Fuxo non assignarent neque traderent, et ne prima illa ulteriora detrimenta paterentur, sed ut occupata predicta vel plura eorumdem de manibus ipsorum detentorum liberarentur, eidem Roderico nonnullas peccuniarum summas tunc expressas, in certis etiam tunc expressis locis et terminis, per se vel alium persolvere, tradere et assignare, tam ipse quam etiam dictus Gasto, quoad persolucio, tradicio et assignatio peccuniarum in locis et terminis hujusmodi integre fierent, ut prefertur, diversis temporibus ac vicibus, promiserunt et speciales promissiones fecerunt, se et bona sua omnia et singula propter ea obligantes; nec non eciam ipsi comites et eorum quilibet, super eo quod omnia et singula per ipsos promissa hujusmodi, juxta contenta in illis, plenarie servarent et adimplerent, seu servari et adimpleri facerent, plura et diversa corporalia prestiterunt juramenta, prout in diversis publicis instrumentis desuper confectis plenius dicitur contineri. Cum autem, sicut eadem peticio subjungebat, prefatus Matheus, qui certam ratione premissorum dicto Roderico peccunie summam jam persolvit, considerans violencias, rapinas et dampna per Rodericum et alios Excoriatores prefatos, ut prefertur, illata, non solum ab ulteriori satisfactione promissorum predictorum se retrahere velit, prout etiam hactenus retraxit, sed persolutam summam predictam ac dampna, rapinas et spolia a Roderico predicto ac suis gentibus in comitatu prefato contra Deum et justiciam ac omnem humanitatem violenter et fraudulenter facta et impensa, repetere, eumque ad illorum satisfactionem compelli facere intendat; quare pro parte Gastonis et Mathei, comitum predictorum, nobis fuit humiliter supplicatum ut eis juramenta hujusmodi relaxare et aliis super premissis ipsorum statui opportune providere de benignitate apostolica dignaremur : Nos igitur ad quorum noticiam ex plurimorum fide dignorum informacionibus de plurimis violenciis, rapinis, incendiis et dampnis per Rodericum ac alios capitaneos et armigeros supradictos in regno Francie factis et perpetratis, jam pluribus annis elabsis, devenisse dignoscitur, statui comitum exponentium predictorum super premissis consulere et providere volentes ac omnium et singulorum premissorum et juramentorum predictorum qualitates, quantitates, modos et formas necnon instrumentorum predictorum tenores presentibus pro expressis habentes, hujusmodi supplicationibus inclinati, fraternitati vestre per apostolica scribta mandamus quathinus vos, vel duo aut unus vestrum, absque eo quod super hoc Rodericus predictus et alii forsan evocandi aliqualibet evocentur, omnia et singula juramenta per Gastonem et Matheum comites in premissis prestita ac facta hujusmodi penitus et omnino eis relaxare, ipsos et eorum quemlibet ad illorum vel alicujus eorum de cetero ullo unquam tempore non teneri neque obligatos esse decernere et declarare, necnon ad habundantiorem cautelam prefatos Gastonem et Matheum, comites, et eorum singulos super eo quod summe in terminis et locis persolute ac alia promissa in instrumentis contenta hujusmodi observata neque fuerunt neque existunt, a reatibus perjuriorum quorumlibet, si que premissorum occasione forsan incurrerunt, absolvere et in pristinum statum in quo tempore promissionum hujusmodi existebant, necnon ab eis et eorum singulis omnem inhabilitatis et infamie maculam sive notam, per ipsos occasione premissa forsan contractam, penitus abolere auctoritate nostra studeatis et procuretis, non obstantibus premissis ac constitucionibus et ordinacionibus apostolicis ceterisque contrariis quibuscumque. Datum Senis, anno Incarnationis dominice millesimo quadringentesimo quatragesimo tercio, id[ib]us septembris, pontificatus nostri anno tercio decimo. P. de Gastonibus.

Post quarum quidem literarum apostolicarum preinsertarum presentacionem et receptionem, fuimus per dictum magistrum Vitalem Sancii, procuratorem nomine procuratorio dictorum dominorum comitum, cum instancia debita requisiti quod ad executionem earumdem procedere curaremus, juxta traditam seu directam per dictum dominum nostrum papam nobis formam. Nos igitur Hugo, Rivensis episcopus, judex et executor predictus, volens mandatum apostolicum supradictum nobis in hac parte directum reverenter exequi, prout tenemur, considerata diligenter continencia literarum ipsarum super nimium evidenti notorietate fundatarum, quod nullum reperimus canonicum obstans eisdem, per quod illarum execucio deberet impediri vel etiam retardari : idcirco, auctoritate apostolica nobis in hac parte comissa, prout melius de jure valuimus, juxta seriem dictarum nostre facultatis literarum, omnia et singula juramenta per dictos dominos Gastonem et Matheum comites in premissis facta seu prestita, penitus et omnino eis relaxamus; ipsos et eorum quemlibet ad illorum observacionem vel alicujus eorum de cetero ullo unquam tempore non teneri neque obligatos esse decrevimus ac eciam declaramus, sicuti serie presentium relaxamus, decernimus et declaramus, nec non ad uberiorem et habundanciorem cautelam, prefatos dominos Gastonem et Matheum, comites, et eorum utrumque, super eo quod summe in terminis et locis persolute ac alia promissa in instrumentis contenta hujusmodi observata neque fuerunt neque existunt, a reatibus perjuriorum quorumlibet, si que premissorum occasione forsan incurrerunt, dicto magistro Vitale, procuratore suo, pro ipsis id humiliter fieri petente, absolvimus et in pristinum statum, in quo tempore dictarum promissionum existebant, reduximus, in et cum hiis scriptis absolvimus et eciam reducimus, nec non ab eis ac eorum singulis omnem inhabilitatis et infamie maculam sive notam, per ipsos occasione premissa forsan contractam, penitus abolevimus ac eciam abstersimus, et tenore presentium abolemus et abstergimus omnium et singulorum premissorum et juramentorum predictorum qualitates, quantitates et alias circumstancias, modos et formas, necnon instrumentorum predictorum continencias et tenores presentibus pro sufficienter expressis habentes, prout dictus dominus noster pa[illegible] suis habuit et haberi voluit in literis preinsertis, et non o[illegible]tibus omnibus illis que voluit idem suis in literis non obstare. Quocirca precipimus, auctoritate apostolica nobis, ut prefertur, in hac parte comissa, qua fungimur, et mandamus universis et singulis quorum interest, in-

tererit vel interesse poterit in futurum, cujuscumque gradus, status, ordinis, preheminencie vel dignitatis existant, et quocumque nomine nuncupentur, in virtute sancte obedientie et sub excomunicacionis pena, quam in non parentes trina et canonica monicione premissa ferimus in hiis scriblis, quathinus dictos dominos Gastonem et Matheum, comites, et eorum utrumque, dictis nostris, seu verius apostolicis, relaxacione, decreto, declaracione, absolucione, reductione generalibus et abolicione, judicialiter et alias uti sinant pariter et gaudere sine respersione, denigracione, turba, susurro pariter et impedimento quibuscumque. Per hunc autem nostrum processum nostris non intendimus in aliquo prejudicare collegis quominus ipsi vel eorum alter valeant in hujus modi negocio procedere, servato nostro presenti processu, nil in prejudicium dictorum dominorum comitum inmutando; prefatas aut[em] literas apostolicas et hunc nostrum processum volumus penes ipsos dominos comites, vel eorum procuratores, remanere et non per aliquem vel aliquos, preter ipsorum vel suorum procuratorum voluntatem, quomodolibet detineri. Contrarium vero facientes, predicta canonica monicione premissa, prefatis nostris sententiis, prout in scriblis late sunt, eo ipso volumus subjacere, absolucionem omnium et singulorum, qui dictas nostras sentencias vel earum aliquam incurrerint quoquomodo, nobis vel superiori nostro dumtaxat reservantes. In quorum omnium et singulorum fidem et testimonium et certitudinem pleniorem, presentes literas seu publicum instrumentum vel instrumenta publica, tot quot habere voluerint, hujusmodi nostrum processum continentes, continens et continencia, per notarium publicum infrascriptum fieri concessimus et sigilli nostri jussimus appensione muniri. Datum et actum in civitate Rivensi, provincie Tholosane, et in episcopali domo nostra, die vicesima quarta mensis marcii, sub anno a nativitate Domini millesimo quadringentesimo quatragesimo quarto, indictione septima, pontificatus dicti domini nostre pape anno XIIII*°; presentibus ibidem providis viris, magistro Stephano Tornerii, jurisperito curie Rivensis, nobili Johanne Rigaldi, domicello Tutellensis, honorabili scutifero Petro de Abbacia, castellano Bastite-Seronis Conseranensis, magistro Jacobo de Bauro, notario Lemovicensis diocesum, testibus ad premissa vocatis specialiter et rogatis.* JOHANNES TEXTORIS.

Et me Johanne Textoris, presbitero Convenarum diocesis,

bacallario in legibus, publico auctoritate apostolica notario, qui premissarum literarum apostolicarum presentationi, receptioni, requisitioni, procurationum productioni, relaxationi, decreto ac declarationi, absolutioni, reduccioni, abolitioni, abstercioni, precepto atque monicioni et omnibus aliis et singulis, dum sic ut supra scripta sunt agerentur, dicerentur et fierent per prememoratum dominum episcopum, executorem prefatum, et per dictum procuratorem comitalem, ad hec plenam potestatem habentem, requirerentur, concederentur et acceptarentur, una cum prenominatis testibus presens fui, eaque sic fieri vidi et audivi, et in notam recepi, ex qua instrumentum hoc et instrumenta, tot quot erunt necessaria, retinui et abstraxi et per alium michi fidelem, me aliis occupato negociis, scribi feci et in hanc publicam formam redegi, hicque me manu mea propria subscribens una cum appensione sigilli autentici prefati domini episcopi, cujus mandato prefatas literas apostolicas transcribi feci et signum meum apposui consuetum, in fidem veritatis et testimonium omnium et singulorum premissorum, requisitus et rogatus.

LXXXIV

Note du legs fait par Rodrigue de Villandrando à son fils Charles des biens et créances qu'il avait en France. — Original en papier dans le ms. latin 6024, fol. 137, de la Bibliothèque nationale. Communication de M. Morel-Fatio.

(Avant 1460.)

Asi s'ensuiuet les deutes que moss^er^ le conte de Ribadeo, à que Dieu fassa mercy, laisset et mandet que fussen resceuas et balleas à son fils Charles en le royaume de France.

Premierament, tous achatz que le dit conte aia fet en le dit royaume de France, esi comme maysos, granges et toutes autres choses que se trouvaran estre sceuas, por maniera d'achat ou de dounacion ou en autre qualque maniera.

Item, la plassa et terra de Pusiñac en el Dalfiné, que le fu ballea et dounea per les trois estatz du Dalfiné, et confirmea per le roy et le daulphin, esi que apor per letras et escripturas passeas per le conseil du Delfiné et de Grenoble [1].

[1] Voyez ci-dessus, p. 216, et 218 note.

Item, plus VI^{m} escus d'or que le dit conte prestet à moss^{er} le duc de Borbon sur la place de Mongilibert, la quella plasse et terra et seigneurie devoya tenir le dit conte avec toutes sas revenues jusques à tant qu'el fusse payé de la dicte somme de VI^{m} coronas, asi que apar per instrument public qu'est de per deça.

Item, le dit moss^{er} de Borbon est tenu de baller et payer au dit conte XXX^{m} fr. tant pour ce que le fu promis en mariage avec madomisela sa fame, mère du dit Charles, de quoe le dit conte n'a rien resceu et ha esté tous jours detenu et levé jusques au jour d'uy, comme d'autres deutes, asi de chevaus que pris le dit moss^{er} de Borbon de li, comme d'autres choses et assignacions que ne li furent payeas.

Item, VIII^{c} frans que li son deus per un de ses secretaris, que se dit Martin la Sale, et mes XL marcs d'argen que restaient en lo dit Martin quan le dit moss^{er} le conte partit pour aler en Bourdalès; et après jamès n'a volu venir à conte pour letras nin pour messages que le dit conte li envoyet, ne vousit venir dever li.

Item, plus mille escuz vieulx que Eustasse de Pompierre li devoya et doit encora, come appert per public instrument le quel restet à Mongilivert.

Item, certaine somme d'argen quel señor de Ris devoit au dit conte, que li ballet en garde.

Item, du chanceller de la Marche que le doit certaine somme d'argen que resceu pour le dit conte.

Item XXX mars d'argen de Oriva de Touars.

LXXXV

Lettre de l'Archevêque de Tolède, don Alonzo Carillo, à Louis XI pour lui recommander la créance de feu Rodrigue de Villandrando sur la maison de Foix. — Original, dans le Ms. lat. 6024, f. 139, de la Bibliothèque nationale. Communiqué par M. Morel-Fatio.

(23 septembre 1462.)

Christianissime princeps ac potentissime rex et domine, relatum est michi quod dominus comes de Fuxo obligatus extitit quondam Roderico de Villandrando, comiti de Ribadeo, in certa quantitate auri ex valida obligacione, in cujus habenda solucione successit ejus filius, consanguineus meus, dominus Petrus de Villandrando, comes de Ribadeo. Qui, cum sit persona michi affecta, et pro qua ex animo vices interpono, confisus circa illustrissimam regiam celsitudinem vestram qu·d sua beniguitate proderit in ea re apud eumdem comitem de Fuxo, volui licteras meas ad eandem exarare, supplicans ut mea intercessione dignetnr rem hanc propiciam habere, taliter quod eidem comiti de Fuxo placeat sumam auri sic debitam huic creditori absque dilacione exsolvere libenter. Quod ad graciam suscipiam singularem ab eadem illustrissima regia celsitudine, quam Altissimus rex regum ad felix regnorum et dominiorum suorum regimen gloriosum conservare dignetur tempora per longeva, cui me plurimum recomendo. De Soria, XXIIIa septembris, LXIIo.

Vestre celsitudinis humilis servitor, ACHIEPISCOPUS TOLETANUS.

Audos : Christianissimo principi ac potentissimo domino, domino Ludovico, regi Francorum.

LXXXVI

Transport par Pierre de Villandrando, fils de Rodrigue, à son neveu D. Diego Gomez Sarmiento, comte de Salinas, du privilège accordé à Rodrigue de Villandrando en 1441. — Imprimé par Josef Pellizer, *Informe del origen, antiguedad, calidad i sucession de la excelentissima casa de Sarmiento de Villamayor*, Madrid 1665, f. 20.

(5 janvier 1512.)

Dona Juana, por la gracia de Dios reyna de Castilla, de Leon, de Granada, de Toledo, de Galicia, de Sevilla, de Cordova, de Murcia, de Jaen, de los Algarves, de Algecira, de Gibraltar, de las islas de Canaria é de las Indias islas é tierra ferma del mar oceano, princesa de Aragon é de las dos Sicilias é de Jerusalem, archiduquesa de Austria, duquesa de Borgogna et de Brabant, condesa de Flandres é Tirol, etc., señora de Vizcaya é de Molina, etc.

Por quanto por parte de vos, don Pedro de Villandrando, conde de Ribadeo, me fue suplicado que acatando é remunerando los servicios que vos o vuestros antepassados aveis fecho á la corona real d'estos reynos, hiziesse merced á don Diego Gomez Sarmiento conde de Salinas, vuestro sobrino i sucessor de vuestra casa, de la merced é preeminancia que el conde, vuestro padre, gaño el dia de los Reyes, de que el é despues vos, como sucessor, aveis gozado; para que el dicho conde de Salinas, vuestro sobrino, lo goze é tenga de aqui adelante, porque, segun vuestra disposicion, no estais para recibillo é ge lo traspassais é renunciais, como parece per una vuestra testacion é renunciacion, firmada de vuestro nombre é signada de escrivano publico, que ante algunos del nuestro consejo fue presentada; é yo acatando los muchos é buonos é leales servicios que aveis fecho et fazedes de cada dia é aviendo consideracion al servicio que el conde, vuestro padre, fizo al tiempo que le fizo la dicha merced é porque la memoria d'el no se pierda, tuvelo por bien. É porque al presente no estan aqui los titulos é otras escrituras de la dicha merced para se poder hazer en forma la provision d'ella, por la presente, durante los dias de vos, el dicho conde de Ribadeo, é entre tanto que se traen los dichos titulos é escrituras, es mi merced é voluntad que el dicho conde de Salinas, vuestro sobrino, aya é goze de la dicha preeminencia é merced en vuestro lugar, segun é como per la forma é manera que vos, el dicho conde é vuestro padre, la aveis gozado é posseido. É para que, durante el dicho tiempo, goze de la dicha merced, mande dar la presente, firmada del rey mi señor é padre, é sellada con mi sello.

Dada en Burgos, á cinco dias del mes de enero, de mil é quinientos é doze años.

Yo el Rey.

Yo Lope Conchillos, secretario de la reyna nuestra segnora, la fize escrivir por mandado del rey su padre.

Acordad[illegible] Lic[illegible]ciatus Zapata; doctor Carvajal.

FIN.

TABLE CHRONOLOGIQUE

DES PIÈCES ET EXTRAITS RAPPORTÉS TEXTUELLEMENT DANS CET OUVRAGE

1421, 31 août. — Notice d'une quittance de Rodrigue de Villandrando pour sa solde et celle de dix-neuf écuyers de sa chambre au service du dauphin (note) 21

1424, 30 janvier. — Mandement de Charles VII pour l'exécution d'une ordonnance cassant les compagnies de gens-d'armes et de trait. 211

1426, mars. — Extrait des instructions d'une ambassade de Charles VII au roi de Castille pour lui demander du secours (note). 26

— 18 septembre. — Extrait d'un mandat royal exposant la situation du château de Cabrières en Languedoc (note) . . 132

1427, 6 octobre. — Notice d'un mandement de Charles VII ayant pour objet de faire rendre l'argent d'une rançon extorquée par deux espagnols de la compagnie de Rodrigue de Villandrando 212

— Extrait d'un mémoire en béarnais sur les relations du comte d'Armagnac avec André de Ribes (note) 32

1428, octobre. — Délibérations du Conseil de la ville de Lyon au sujet de Rodrigue de Villandrando, campé près d'Anse. 213

1430, 11 juin. — Extraits de chroniques inédites sur la bataille d'Anthon (notes) 46, 49

— 13 septembre. — Lettre de la duchesse de Bourgogne au cardinal de Winchester en faveur du sire de Bussy, prisonnier de Rodrigue de Villandrando. 215

— 8 décembre. — Extrait des comptes de la maison de Bourgogne constatant la présence de Rodrigue de Villandrando sur la Loire (note). 59

1431, 20 février. — Condamnation à l'amende, aux assises de la châtellerie de la Tour en Jarret, d'un homme coupable d'avoir dilapidé une garde-robe reprise sur les routiers de Rodrigue, qui avait été mise en sequestre entre ses mains. 218

— 7 mars. — Acte de donation de la seigneurie de Puzignan en Dauphiné à Rodrigue de Villandrando. 216

— 25 juillet. — Présent du consulat du Bourg de Rodez au comte de Pardiac venu dans la ville pour chasser du pays Rodrigue de Villandrando. 218

— 15 septembre. — Extrait de la sentence de confiscation des château et terre de Puzignan (note). 218

— 12 novembre. — Extrait de l'acte d'envoi en possession de la seigneurie de Puzignan au profit de Rodrigue de Villandrando (note). 218

— 15 novembre. — Ordonnance d'indemnité à l'occasion de la levée d'une aide accordée par les habitants des diocèses de Mâcon, Chalon et Autun, pour recouvrer les places occupées par Rodrigue de Villandrando et autres capitaines du parti français. 219

— novembre. — Allocation à Rodrigue de Villandrando sur un impôt levé en Forez (note) 62

1432, janvier. — Articles concernant Rodrigue de Villandrando, extraits de l'état de répartition des deniers votés par les États d'Auvergne, réunis à Montferrand. 221

— 5 avril. — Lettres royales du don fait à Rodrigue de Villandrando de la terre et seigneurie de Talmont-sur-Gironde. 224

— 17 juillet. — Extrait des comptes de Bretagne relatif à un ambassadeur envoyé au duc par Rodrigue de Villandrando (note). 69

— 22 juillet. — Acte d'un emprunt de 2000 ducats d'or contracté par le cardinal Carillo sur Rodrigue de Villandrando, comte de Ribadeo. 226

— septembre. — Récit déguisé de la détrousse des Ponts-de-Cé dans le roman du Jouvencel 237

— septembre. — Extraits, relatifs à Rodrigue de Villandrando, du commentaire composé sur le Jouvencel par Guillaume Tringant, secrétaire de Jean de Beuil. 239

— octobre. — Extraits des registres de l'hôtel de ville de Tours concernant les démarches de Rodrigue de Villandrando après la détrousse des Ponts-de-Cé. 239

1433, 2 janvier. — Obligation par le chancelier de la Marche de rembourser Rodrigue de Villandrando d'une somme de deux cents écus d'or prêtée aux seigneurs de Saint-Sébastien, père et fils. 241

— 17 janvier. — Promesse donnée par Rodrigue de Villandrando au vicomte de Turenne d'être son ami et de le servir envers et contre tous, cinq personnes réservées . . . 244

— 22 février. — Allocation pour un message secret du comte de Foix au comte de Pardiac, sous le coup d'une menace des compagnies de Rodrigue de Villandrando contre le Languedoc. 244

— 10-13 mars. — Quittances de messagers envoyés par le consulat de Nimes aux nouvelles de Rodrigue de Villandrando à Béziers et à Meyrueis 246

— 4 avril. — Quittance pour une commission accomplie de la part du consulat de Nimes auprès de l'évêque de Laon, gouverneur des finances en Languedoc 246

— 4 avril. — Message au sujet de Rodrigue de Villandrando accompli de Nimes à Mazères de la part des officiers du roi et de plusieurs notables du Velay et du Gévaudan (note). 105

— 13 avril. — Délibération du chapitre de Lyon provoquée par la duchesse de Bourbon, afin de faire fermer de nuit les portes du cloître de la cathédrale, par crainte des gens-d'armes de Rodrigue. 247

— 23 avril. — Quittance du guetteur posté sur la Tour-magne de Nimes pour signaler les gens-d'armes de Rodrigue . . 246

— mai. — Article de la dépense occasionnée par les convocations écrites pour armer la noblesse bourguignonne contre Rodrigue (note). 92

— 10 mai. — Quittance d'un messager envoyé par les consuls de Nimes à ceux de Montpellier pour s'entendre sur le fait de Rodrigue 246

— 10 mai. — Allocation prouvant que la réunion des États de Languedoc eut lieu à Béziers au mois de mai 1433, et que cette assemblée vota des fonds pour défendre le pays contre Rodrigue de Villandrando. 248

— 24 mai. — Contrat de mariage de Rodrigue de Villandrando, comte de Ribadeo, et de Marguerite, bâtarde de Bourbon. . 249

— 26 mai. — Notification à Rodrigue de Villandrando du décret du concile de Bâle qui le chargeait de défendre le comtat Venaissin contre le cardinal et les princes de Foix. 252

1433, 14 juillet. — Allocation faisant connaître le chiffre de l'impôt voté par le Tiers-État du Languedoc à l'assemblée tenue en juin à Villeneuve en face d'Avignon, pour aider soi-disant à chasser Rodrigue de Villandrando de la province. 253

— 31 juillet. — Deux décharges du trésorier du comte de Foix pour dons faits par ledit comte à une dame de Beaucaire et au président de Provence sur l'aide votée par les États du Languedoc pour chasser de la province Rodrigue de Villandrando 254

— 1er septembre. — Quittance d'un épicier de Lyon pour une fourniture faite à Rodrigue de Villandrando aux frais de la ville. 255

— 14 septembre. — Protocole de l'enquête ordonnée par la justice du comte d'Armagnac au sujet des cruautés commises à Fernagnac par le bâtard d'Apchier, pendant l'irruption des compagnies de Rodrigue en Rouergue. 256

— 11 novembre. — Acquiescement du prieur de Saint-Romain le Puy à une requête des habitants du lieu à lui transmise par le bailli de Forez, tendant à obtenir l'acensement des terrains vagues de l'enceinte du bas-fort de Saint-Romain, dévasté depuis un certain temps par les gens d'armes de Rodrigue. 257

1434, 5 janvier. — Protocole des lettres décernées par le même prieur de Saint-Romain en exécution de l'acquiescement qui précède, où sont énumérés les excès commis par les gens-d'armes 259

— 3 février. — Décharge du trésorier du comte de Foix pour une somme par lui prise pour le sénéchal de Nébousan sur l'aide votée à Villeneuve pour chasser Rodrigue du Languedoc 255

— 25 février. — Quittance de la somme payée par le consulat de Nîmes pour la copie à plusieurs exemplaires des lettres d'avis envoyées de Milhau au sujet des gens-d'armes de Rodrigue 260

— 13 mars. — Lettre de Rodrigue de Villandrando au Conseil de la ville de Lyon pour hâter le recouvrement de diverses créances ou dépôts que lui et les siens avaient dans la ville. 261

— 15 avril. — Engagement de la terre de Montgilbert à Rodrigue de Villandrando jusqu'à l'acquittement d'une somme de six mille écus d'or qu'il avait prêtée au duc de Bourbon. 261

— 20 avril. — Reconnaissance d'un prêt de mille écus d'or fait par Rodrigue de Villandrando au vicomte de Comborn. . 264

1434, 21 mai. — Quittance du comte de Ventadour, rentrant dans les déboursés qu'il avait faits en 1431 pour aider la ville d'Ussel à se racheter de Rodrigue. 225

— 19 juillet. — Quittance de Marguerite, veuve Lasportas, rentrant dans les fonds d'un prêt fait par son défunt mari pour le patis d'Ussel. 223

— 14 août. — Quittance d'Étienne Charlat, marchand d'Ussel, remboursé d'une somme avancée par lui pour le rachat de la ville. 222

1435, 14-22 septembre. — Extraits des registres de l'hôtel de ville de Tours concernant le séjour de Rodrigue de Villandrando devant cette ville. 274

— septembre. — Rançon du capitaine de Peyrat, prisonnier de Rodrigue, allouée sur l'aide votée par les États du Haut-Limousin (note). 115

— 4 novembre. — Quittance du vicomte de Turenne de la somme à lui allouée par les États du Bas-Limousin pour le rachat de son château de Saint-Exupéry (note) 115

— 15 décembre. — Acquisition pour Rodrigue de Villandrando et en son nom d'une propriété sise au Puy-la-Forge, entre Chantelle et Charroux. 275

1436, 20 et 23 février. — Quittances de Nicolas de Malmon et de Louis d'Escorailles, rétribués par les États du Bas-Limousin pour avoir defendu Ussel et Meymac contre Rodrigue de Villandrando. 271

— 25 avril. — Avis envoyé à Orléans par le sire de la Trémoille de la présence des Rodrigais à Sully (note). 124

— Mai et juin. — Quittances de Jean de Lobertes et du comte de Ventadour, rétribués pour la défense d'Ussel et de Meymac 269, 270

— 2 août. — Convention entre le duc de Bourbon et Rodrigue de Villandrando pour l'assiette définitive des mille livres de revenu stipulées dans le contrat de mariage dudit Rodrigue et de Marguerite de Bourbon 277

— 3 août. — Ordonnancement par le duc de Bourbon au profit de Rodrigue de Villandrando de la somme de mille livres qu'il lui devait, tant pour l'évacution de Charlieu, que pour les réparations faites à cette place ainsi qu'au château de Châteldon 279

— 22 novembre. — Extrait d'une quittance de Louis Maréchal,

1436, chambellan du duc de Bourbon, rétribué sur les finances du Languedoc pour avoir servi d'intermédiaire entre les États, réunis à Béziers, et Rodrigue de Villandrando (note). 283

— 1er décembre. — Répartition d'indemnités aux magistrats des communes du Bas-Languedoc pour leur participation aux travaux des États tenus à Béziers pour voter l'aide dont les fonds devaient servir à débarrasser la province de la présence de Rodrigue de Villandrando. 280

— décembre. — Contribution votée par les États de la Basse-Auvergne en faveur de Rodrigue de Villandrando par l'entremise du duc de Bourbon (note) 151

— 17 décembre. — Extrait d'une quittance de Raymond de Villar, sénéchal de Beaucaire, rétribué sur les fonds votés à Béziers, pour avoir mis sa sénéchaussée en état de défense contre Rodrigue de Villandrando (note). 283

— 17-22 décembre. — Délibérations à l'Hôtel de ville de Béziers pour mettre la ville en état de défense contre Rodrigue et ses routiers. 285

1437, 20 janvier. — Ordonnancement par Charles VII d'une somme de trois cents livres au profit de Jean de Loupiac, capitaine de Cabrières, pour sa dépense en défendant cette place contre Rodrigue de Villandrando. 286

— 6 avril. — Quittance d'une allocation faite à Jean de Caramaing, seigneur de Noailles, sur les fonds votés à l'assemblée de Béziers, en novembre 1436. 282

— 10 avril. — Extraits des registres de l'Hôtel de ville de Tours concernant l'intervention de la reine et de la dauphine pour empêcher Rodrigue de Villandrando d'amener de nouveau ses compagnies en Touraine. 287

— mai. — Chapitre de la chronique inédite de Perceval de Cagny intitulé : « Comment le roy chassa Rodrigue ». . . . 290

Extraits de la complainte du Pauvre commun de France. . 158

1438, 20 février. — Fonds votés par les États de la Basse-Auvergne pour l'amélioration de la navigation de l'Allier, employés à payer les frais d'une alliance avec le Velay et le Gévaudan contre Rodrigue de Villandrando 292

— 10 février. — Quittance de Denis Boniod, secrétaire de l'évêque de Mende, rétribué pour une commission auprès de Rodrigue de Villandrando de la part des États du Gévaudan. 299

— 1er mai. — Quittance de Bertrand Teissier, consul de Salgue, rétribué pour avoir coopéré à la répartition de la taille imposée en Gévaudan au profit de Rodrigue. 297

1438, 13 mai. — Conversion d'une créance de Rodrigue de Villandrando en une rente perpétuelle de dix tonneaux de vin à prendre à Careil, en Bourbonnais, sur un fonds appartenant à Raymond de Montdragon du chef de sa femme, Marguerite de Neuville 303

— 10 juillet. — Quittance donnée par Rodrigue de Villandrando d'une somme à lui allouée par le roi de France pour l'entretien de ses troupes. 305

— 11 juillet. — Accise octroyée par le gouvernement anglais à la ville de Bayonne comme dédommagement de ses frais de guerre, particulièrement à cause de la résistance qu'elle avait opposée à Rodrigue. 306

— 15 septembre. — Injonction par Charles VII aux capitaines des Écorcheurs à son service, y compris Rodrigue de Villandrando, de s'abstenir de toute violence contre les terres et les sujets du duc de Bourgogne 307

— Octobre. — Consignation du passage de Rodrigue de Villandrando et de Poton de Xaintrailles à Condom (note) . . 162

— 10 novembre. — Institution des élus chargés de répartir et lever une aide accordée par les États de Bourgogne pour solder un corps de troupes destiné à résister à Rodrigue et autres capitaines des Écorcheurs 309

— 13 novembre. — Quittance de Rodrigue de Villandrando pour deux cents livres à lui votées par les États de la Basse-Auvergne 312

— 15 novembre. — Mandement pour la levée d'une contribution imposée à la sénéchaussée de Toulouse, afin d'empêcher Rodrigue et les autres chefs de l'armée de Guienne de venir prendre leurs quartiers d'hiver en Languedoc . . . 313

— 19 décembre. — Arrêté de compte au consulat du Bourg de Rodez pour le payement d'une contribution convenue entre le comte d'Armagnac et Rodrigue de Villandrando pour la délivrance définitive du pays. 315

1439, 16-18 mars. — Extraits d'un registre capitulaire de Besançon au sujet des Écorcheurs (note) 169

— 17 mars. — Quittance de Pierre de Bivar, grand-maître de la maison de Rodrigue de Villandrando, pour un don d'argent à lui fait par les capitouls de Toulouse. 318

— 9 avril. — Quittance de Robert de Montesquieu, pour indemnité d'assistance à une assemblée des États du Gévaudan, où avait été votée une contribution à Rodrigue de Villandrando 318

1439, 9 avril. — Engagement personnel de Rodrigue de Villandrando dans le traité d'alliance conclu par lui avec le comte de Foix et le comte de Comminges 319

— 21 avril. — Quittance du salaire payé à Jacques de Gamaches, secrétaire de Rodrigue de Villandrando, pour l'expédition de l'acte de sécurité délivré à la ville de Toulouse. . . 320

— 21 avril. — Quittance de deux mille écus d'or payés à Rodrigue de Villandrando, conformément au traité conclu entre lui et les capitouls de Toulouse 321

— 6 mai. — Allocation au viguier de Toulouse, sur l'impôt établi en vertu des accords passés entre Rodrigue de Villandrando, les capitouls et les gens du Conseil du roi. . . 321

— 19 mai. — Quittance des élus sur le fait des aides à Toulouse pour leur salaire à raison de la répartition par eux faite, l'année d'avant, du subside à payer pour l'entretien de l'armée commandée par Rodrigue de Villandrando, Poton de Xaintrailles et le bâtard de Bourbon. 315

— 12 juin. — Quittance de Rodrigue de Villandrando pour une somme à lui votée par les États d'Auvergne, en présence du roi. 322

— 27 juin. — Commission du roi de Castille pour faire retourner le comte de Ledesma à Valladolid, le comte de Ribadeo devant recevoir l'ordre de s'arrêter à Roa. . . . 323

— 30 juin. — Lettre de la ville de Besançon au gouvernement de la ville de Bâle sur les intentions prêtées aux Écorcheurs et à Rodrigue 324

— Autorisation accordée par le roi de Castille à Rodrigue de Villandrando d'employer un navire, dont il avait la propriété, à faire le commerce avec l'Angleterre, comme dédommagement de la rançon de plusieurs prisonniers que les Anglais avaient faits sur lui pendant son trajet en Espagne. 325

1440, 6 février. — Sommation aux habitants du diocèse de Lavaur et de la jugerie de Villelongue d'avoir à payer leur quote-part de la contribution consentie par la sénéchaussée de Toulouse pour se débarrasser de Rodrigue de Villandrando en 1439. 316

— 8 mai. — Déposition de Gratien de Gramont sur l'arrestation de Guillaume de Meny-Peny, écuyer du Dauphin, réfugié dans les compagnies de Rodrigue de Villandrando. 328

1440, Extrait d'une requête de la noblesse de Guienne au gouvernement anglais au sujet de l'invasion du Bordelais par les routiers en 1438 (note) 159

— Extraits des notes manuscrites de l'abbé de Fouilhac, concernant Sanche de Tovar et un autre espagnol, lieutenants de Rodrigue de Villandrando en Querci, pendant les années 1440 et 1441 (notes). 189, 190

1441, 9 janvier. — Privilège du dîner annuel avec le roi octroyé à Rodrigue de Villandrando par Juan II de Castille. . . . 329

— Éloge de Rodrigue de Villandrando par Garcia de Resende. 330

— Légende populaire sur l'origine du privilège des comtes de Ribadeo. 330

— 11 mai. — Procuration de Rodrigue de Villandrando à Juan de Coca, familier de sa maison, envoyé par lui en France avec charge de recouvrer les créances qu'il avait dans ce pays 332

1442, 6 juin. — Subdélégation, sous le sceau de la prévôté de Paluel en Auvergne, par laquelle Juan de Coca investit de ses pouvoirs Aloncillo de Viedo, écuyer. 335

— 22 juin. — Obligation de service contractée par Jean de Salazar envers le duc de Bourgogne 336

1443, Janvier. — Rémission des méfaits commis pendant les guerres par les seigneurs d'Apchier, père et fils (note). . 101

— 13 septembre. — Bulle du pape Eugène IV libérant les princes de Foix de leurs engagements envers Rodrigue de Villandrando 337

— Rémission à Brunet de Rampoux pour les méfaits de guerre par lui commis pendant l'occupation du Querci par Rodrigue de Villandrando. 300

1444, 24 mars. — Acte de publication par l'évêque de Rieux de la bulle d'Eugène IV. 337

1446, Mai. — Rémission à un habitant de Cahus en Quercy, complice de trois noyades perpétrées, au commencement de l'année 1438, sur des hommes de la compagnie de Rodrigue de Villandrando. 298

— Juillet. — Rémission pour le bâtard de Misery, homme-d'armes de la compagnie de Rodrigue de Villandrando, compromis dans la détrousse de l'abbé de Pontleroy, lors de la marche des routiers sur Lagni en 1432 234

1446, Octobre. — Extrait d'une rémission accordée à sept habitants de la châtellerie de Rochefort en Auvergne pour le meurtre, commis en 1438, d'Étienne Lardit, homme-d'armes de la compagnie de Rodrigue de Villandrando (note). . . 296

• 1447, Avril. — Rémission à Jean de Corail pour de nombreux méfaits de guerre, dont le meurtre d'Étienne Lardit 294

— Août. — Rémission accordée à Jean Delaporte, complice des ravages exercés par Rodrigue de Villandrando dans le Bas-Limousin, en 1435. 271

— Septembre. — Rémission à Mathurin de Cardaillac pour la détrousse d'Alonzo de Zamora et d'un autre espagnol appelé Alonzo de Benavent, sous-lieutenants de Rodrigue en 1438. 301

1448, 10 février. — Rémission pour le meurtre de deux hommes-d'armes de la compagnie de Rodrigue de Villandrando, commis en 1434 à Saint-Just d'Avray en Beaujolais. . . . 266

1460 (avant). — Note du legs fait par Rodrigue de Villandrando à son fils Charles des biens et créances qu'il avait en France. 342

1461, Octobre. — Rémission accordée par Louis XI pour le meurtre du petit Rodrigue, commis en 1437. 293

— Extrait des comptes de Louis XI relatif à la destitution du capitaine Martin Enriquez (note) 204

1462, 25 septembre. — Lettre de l'archevêque de Tolède, don Alonzo Carillo, à Louis XI, pour lui recommander la créance de feu Rodrigue de Villandrando sur la maison de Foix. . 343

1474. — Extrait des comptes de la maison de Bourbon, relatif à Charles de Villandrando (note) 204

1475, Mars. — Extraits concernant l'ambassade de Hernando del Pulgar auprès de Louis XI (note) 3

— Vie de Rodrigue de Villandrando, extraite des *Claros varones*. 207

1479, 12 novembre. — Épitaphe de Jean de Salazar (note) . . . 206

1512, 5 janvier. — Transport par Pierre de Villandrando, fils de Rodrigue, à son neveu D. Diego Gomez de Sarmiento, comte de Salinas, du privilége accordé à Rodrigue de Villandrando en 1441. 344

FIN DE LA TABLE CHRONOLOGIQUE.

[2261] Typographie A. Lahure, 9, rue de Fleurus, à Paris.

www.ingramcontent.com/pod-product-compliance
Lightning Source LLC
Chambersburg PA
CBHW050301170426
43202CB00011B/1776
* 9 7 8 2 0 1 2 6 2 4 4 4 3 *